职业教育校企合作双元课程思政新型教材
高等职业技术教育轨道交通类专业系列教材

铁路线路工

主　编 ◎ 王春荼
副主编 ◎ 刘文华　林瑞棋　林　淦
主　审 ◎ 陈天炎　王　烨

西南交通大学出版社
·成　都·

内容提要

本书为校企合作双元课程思政新型教材。全书共分为9个项目，分别为铁路线路工基础知识、轨道结构、曲线、无缝线路、道岔、线路设备维修、养路机械、工务安全、技术管理等，每个项目分成若干个任务。

本教材适用于城市轨道交通工程技术、铁道工程技术、高速铁路工程、地铁或高速铁路线路工岗位培训等专业或岗位的学生使用。学生通过教学与岗位培训相结合以及模块化+任务驱动模式的学习及考核，将更好地掌握本教材的内容，并能运用于实际工作中。

图书在版编目（CIP）数据

铁路线路工／王春荼主编．—成都：西南交通大学出版社，2023.9
职业教育校企合作双元课程思政新型教材　高等职业技术教育轨道交通类专业系列教材
ISBN 978-7-5643-9484-4

Ⅰ．①铁… Ⅱ．①王… Ⅲ．①铁路线路－高等职业教育－教材 Ⅳ．①U21

中国国家版本馆CIP数据核字（2023）第171884号

职业教育校企合作双元课程思政新型教材
高等职业技术教育轨道交通类专业系列教材

Tielu Xianlugong
铁路线路工

主编　王春荼

责任编辑　陈　斌
封面设计　何东琳设计工作室

出版发行　西南交通大学出版社
（四川省成都市金牛区二环路北一段111号
西南交通大学创新大厦21楼）
邮政编码　610031
发行部电话　028-87600564　028-87600533
网址　http://www.xnjdcbs.com
印刷　成都勤德印务有限公司

成品尺寸　185 mm×260 mm
印张　19
字数　462千
版次　2023年9月第1版
印次　2023年9月第1次
定价　58.00元
书号　ISBN 978-7-5643-9484-4

课件咨询电话：028-81435775

前言

PREFACE

本书是福建船政交通职业学院和中铁二十四局集团福建铁路建设有限公司共同编写的校企合作双元课程思政新型教材，可供校内相关专业学生学习或轨道线路维修岗位培训使用。

本书以培养职业能力为核心，以工作实践和岗位为主线，以工作过程为导向，用任务进行驱动，建立以行动（工作）体系为框架的现代课程结构，重新序化课程内容，按照“理论与岗位培训一体化”的教材编写思路，力求体现体系规范、内容先进、知识实用、使用灵活等特点。在教材设计上，本书以实际工作任务为引领，以城市轨道交通工程技术、高速铁路工程等专业岗位工建检修或铁路线路工要求为主线，贯穿课程的始终。本教材分为9个学习和培训项目，包括铁路线路工基础知识、轨道结构、曲线、无缝线路、道岔、线路设备维修、养路机械、工务安全、技术管理等。对每个项目给出了学习情境描述、学习目标、思政案例，以便老师教学和方便学生对章节内容的掌握和学习。本教材兼顾了高职学生学习与企业员工岗位培训需要，注重吸收最新的技术规程、规范，将教学与生产紧密结合，以必须、实用、够用为度，强调高职特色。由于本书内容涵盖城市轨道交通工程技术、铁道工程技术、高速铁路工程、地铁或高速铁路线路工岗位培训等，不同专业在选用上，可根据专业需要选用内容。

本书由福建船政交通职业学院轨道交通学院教师与中铁二十四局集团福建铁路建设有限公司工程师合作撰写而成，由福建船政交通职业学院王春茶担任主编，福建船政交通职业学院刘文华、林淦以及中铁二十四局集团福建铁路建设有限公司林瑞棋担任副主编。本书共分为九个项目，由王春茶撰写，刘文华协助调整完善教材内容和格式排版，林淦协助完善教材配套建设内容，林瑞棋主要负责对教材理实一体合理性提出修改建议。全书由王春茶负责策划、统稿。其中，王春茶撰写字数为205千，刘文华撰写字数为6千，其余由林瑞棋、林淦共同撰写。福建船政交通职业学院轨道交通学院院长陈天炎、中铁二十四局集团福建铁路建设有限公司人力资源部副部长王烨对本书进行审核。

国内外轨道交通工程技术研究与开发日新月异，相关标准与实践仍在不断发展变化中。本书作者力图充分吸收国内外同行的研究成果，尽可能在书中反映这些成果。由于作者的水平和经验有限，本书难免有不足之处，敬请读者批评指正。

为贯彻落实《中共中央关于认真学习宣传贯彻二十大精神的决定》，推动二十大精神进教材、进课堂、进头脑，根据《福建省大中小学教材委员会办公室关于做好党的二十大精神进教材工作的通知》（闽委教办〔2022〕10号）要求，本书新增二十大精神内容。

编　者

2023年3月

目录

CONTENTS

项目一　基础知识

◆ 学习情境描述

你知道铁路线路工需要掌握哪些轨道工程制图知识吗？

城市轨道交通包含哪些类型，它和道路交通的区别是什么呢？你知道信号系统在城市轨道交通中的作用吗？它经历了哪几个发展阶段呢？请你搜索并阅读相关资料，找到这些问题的答案。

◆ 学习目标

（1）使学生了解识读工程图的方法。
（2）掌握力学分析计算方法。
（3）了解测量的原理及基本方法。
（4）掌握线路的分类以及车站、桥隧建筑物构造。
（5）掌握线路标准、限界、路基结构。

◆ 思政案例（求实严谨，精益求精）

福建船政优秀校友詹天佑主持修建中国自主设计并建造的第一条铁路——京张铁路。

詹天佑（1861 年 4 月 26 日—1919 年 4 月 24 日），生于广东南海县，中国近代铁路工程专家，被誉为中国首位铁路总工程师，有“中国铁路之父”“中国近代工程之父”之称。

詹天佑主持修建中国自主设计并建造的第一条铁路——京张铁路；创设“竖井开凿法”和“人”字形线路，震惊中外；在筹划修建沪嘉、洛潼、津芦、锦州、萍醴、新易、潮汕、粤汉等铁路中，成绩斐然。

詹天佑担任京张铁路总工程师，完成中国人自己设计修筑铁路的梦想，这个总工程师，其实是从勘测设计到施工建设全部过程的总工程师。

詹天佑只要进入工作状态就非常投入，他一般不怎么讲话，多用手势向学员示意，徐士远与张鸿诰都了解他的这一习惯，因而都能做到配合默契。他们从柳村往彰仪门（广安门），重新勘测往万寿山去的线路。

詹天佑经常勉励工作人员说：“我们的工作首先要精密，不能有一点儿马虎。”他亲自带着学生和工人，扛着标杆，背着经纬仪，在峭壁上定点、测绘。

塞外常常狂风怒号，黄沙满天，一不小心还有坠入深谷的危险。不管条件怎样恶劣，詹天佑始终坚持在野外工作。白天，他攀山越岭，勘测线路；晚上，他就在油灯下绘图，计算。

为了寻找一条合适的线路，他常常请教当地的农民。遇到困难，他总是想：这是中国人自己修筑的第一条铁路，一定要把它修好；否则，不但惹外国人讥笑，还会使中国的工程师失掉信心。

詹天佑的事迹充分体现了他实干、精益求精的精神。詹天佑出身于平民之家，他将终生奉献给中国交通事业，他是铁路事业的科技骄子。詹天佑求学规矩勤勉，做事严谨认真，做人不卑不亢，学术兢兢业业。

二十大报告提出加快构建新发展格局，建设现代化产业体系，加快建设交通强国，我们要将思想认识统一到习近平总书记关于加快建设交通强国重要指示精神上来，深刻领悟加快建设交通强国的重大现实意义和深远历史意义。弘扬詹天佑“求实严谨，精益求精”的精神，为全面建设社会主义现代化国家和全面推进中华民族伟大复兴贡献力量。

【本思政案例参考文献：詹同济，等. 詹天佑生平志：詹天佑与中国铁路及工程建设[M]. 广州：广东人民出版社，1995.】

任务一　工程制图

一、图纸幅面和标题栏

1. 图纸幅面和格式

绘制工程图纸时，应优先采用表 1-1 中规定的基本幅面尺寸。绘图时必须在图纸上用粗实线画出图框，其格式分为留有装订边和不留有装订边两种，如图 1-1 所示，但同一套图纸只能采用一种格式。图纸可以横放也可以竖放，需要装订的图样，一般采用 A3 幅面横装或 A4 幅面竖装。

表 1-1　工程图纸基本幅面尺寸

幅面代号	A0	A1	A2	A3	A4
$B\times L$	841×1189	594×841	420×594	297×420	210×297
e	20		10		
a	25				
c	10			5	

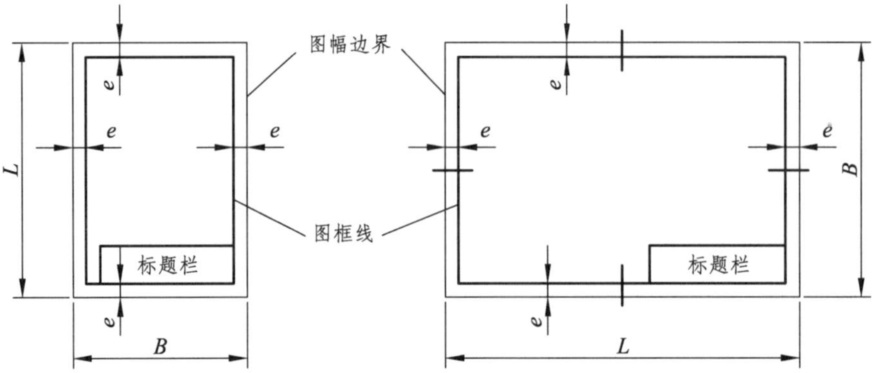

（a）不留装订边　　（b）不留装订边、有对中符号

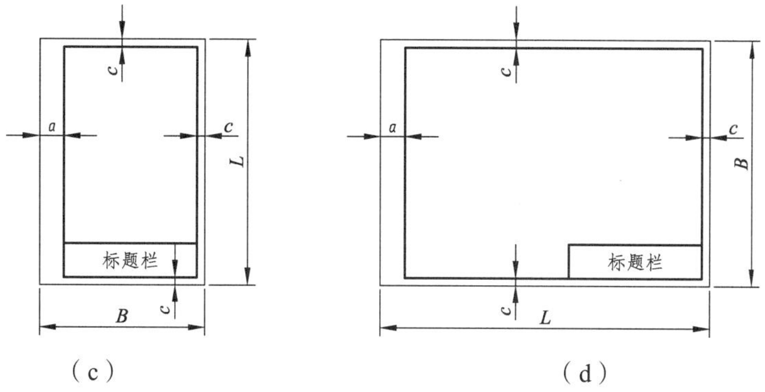

图 1-1　图纸幅面和图框格式

2．标题栏

图纸的标题栏简称图标，用来填写设计单位、工程名称、图名、图纸编号、绘图比例、设计者和审核者等内容，其位置在图纸的右下角，如图 1-2 所示。

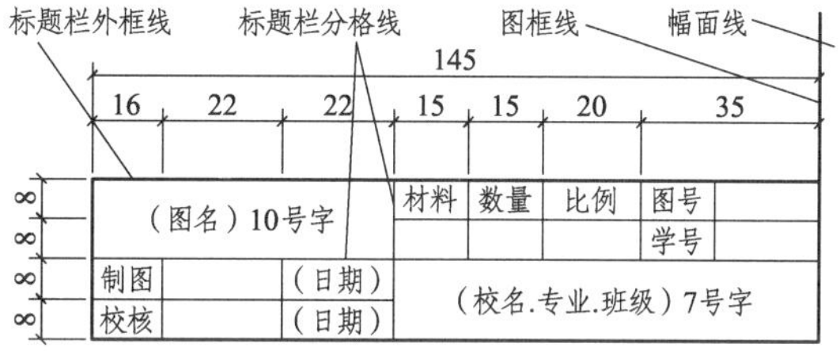

图 1-2　标题栏

3．比例

比例是指图中图形与其实物相应要素的线性尺寸之比。比例的大小是指比值的大小，如 1∶50 大于 1∶100。

4．尺寸标注

在工程样图中，除了要用视图表达工程物体各部分的形状外，还必须标注出其完整的尺寸，作为施工的依据，如图 1-3 所示。

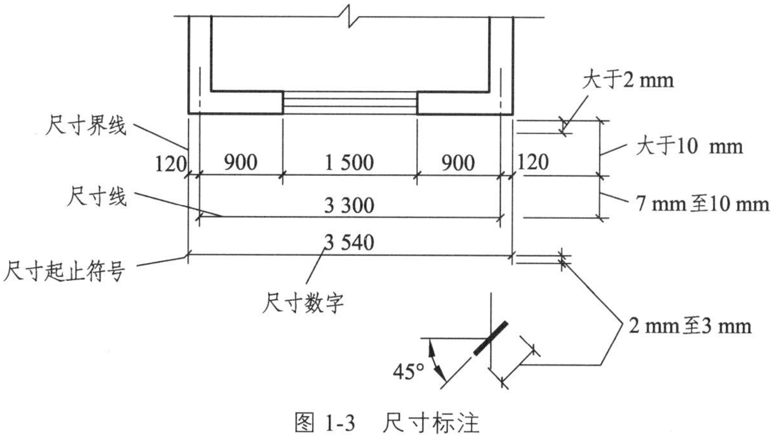

图 1-3　尺寸标注

二、三视图的画法

【例 1-1】 根据形体的直观图，如图 1-4 所示，画其三面投影图，并标注尺寸。

【解】 分析：作投影图时，应使正面投影较明显地反映形体的外形特征，故将形体具有特征的一面平行 *V* 面，并照顾其他投影图的虚线尽量少。图 1-4 中箭头所示为正面投影的方向，此时反映形体特征的前、后面平行 *V* 面，正面投影反映实形，形体的其他表面垂直 *V* 面，其正面投影均积聚前、后面投影的轮廓线上。同理，可分析 *H* 面、*W* 面的投影。

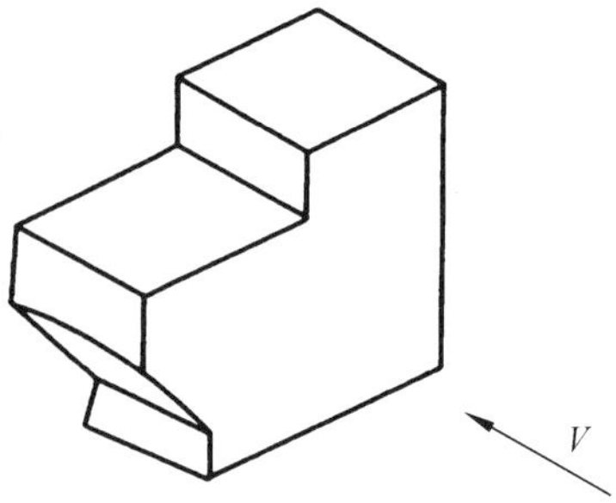

图 1-4 形体直观图

作图：一般先从反映实形的投影作起，再依据三面投影规律画出其他投影。其方法和步骤如表 1-2 所示。

表 1-2 画三面投影图的方法步骤

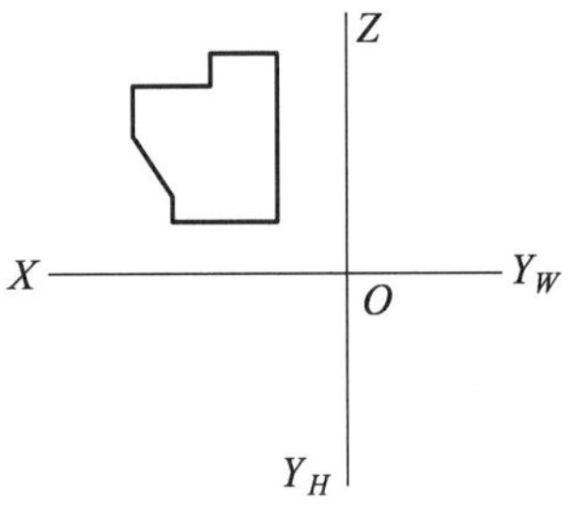	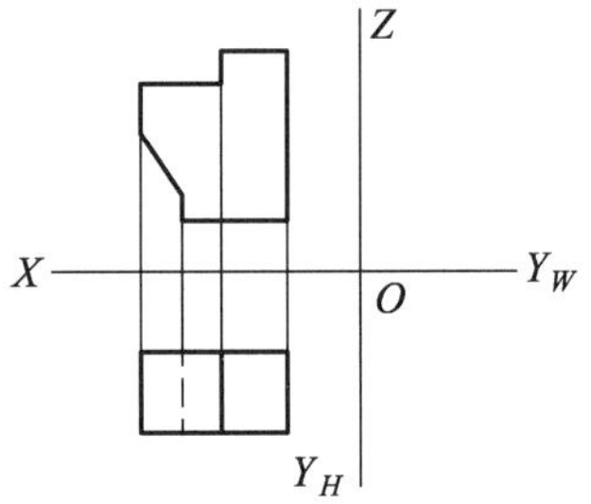
（a）画投影轴，按尺寸作正面投影（反映前面实形）	（b）画水平投影（量取宽度尺寸）
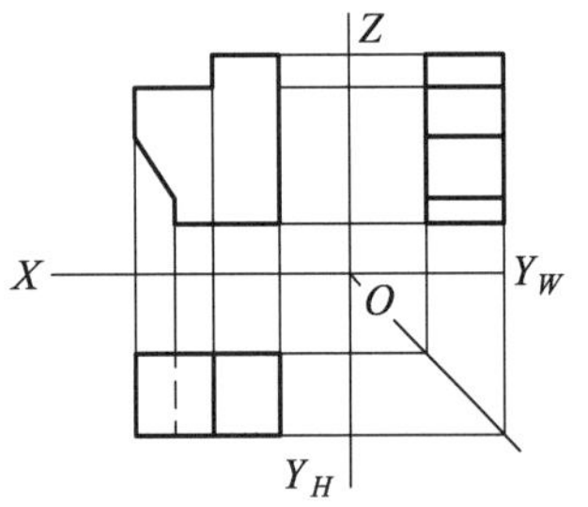	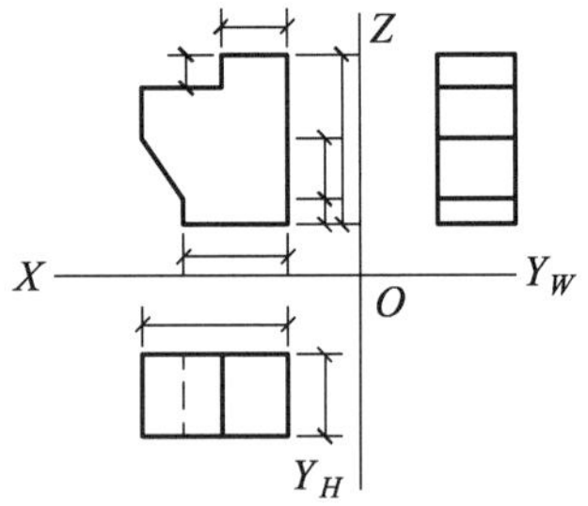
（c）根据正面投影、水平投影，作侧面投影	（d）去掉作图线，整理加深，标注尺寸

三、线路平面图

用一定的比例尺，把线路中心线及其两侧的地面情况投影到水平面上，就是线路平面图。线路平面图和纵断面图是勘测设计、施工和运营的重要文件。

图 1-5 中的粗实线为线路中心线，由图可以看出线路的走向及直、曲线情况。该段线路范围包括三段直线、两段曲线。

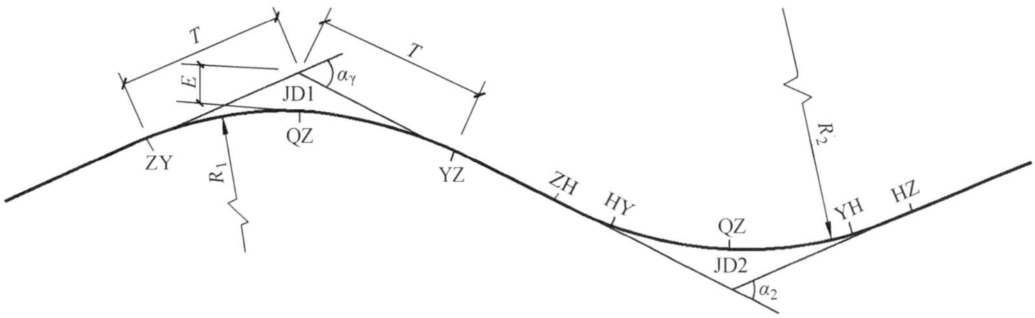

图 1-5　线路平面

四、线路纵断面图

线路纵断面图是用一定的比例尺（水平方向为 1∶10 000、垂直方向为 1∶1 000）和规定的符号，把平面图上的线路中心线展直后投影到铅垂面上，并注有线路平面和纵断面有关资料的图，如图 1-6 所示。

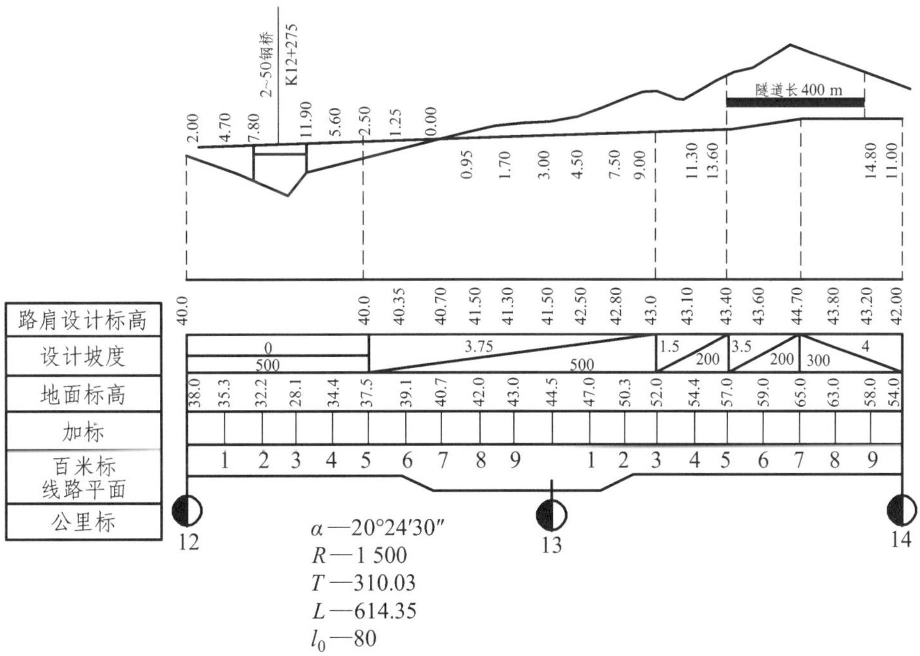

图 1-6　线路纵断面

线路纵断面图由图和资料两部分内容组成。

图的部分表示线路纵断面概貌和沿线主要建筑物特征。图 1-6 中细实线为地面线，粗实线为设计线。设计线上方数字为路基填方高度（m），下方数字为路基挖方深度（m）。路基填挖高度等于地面标高与路肩设计标高之差。图上还用符号和数字注明各主要建筑的位置、类型和有关尺寸。

任务二　工程力学

一、力的基本概念

力——物体间相互的机械作用，这种作用使物体的机械运动状态发生改变。

力的三要素：力的大小、力的方向、力的作用点。

力系——作用于物体上的一群力。

力矩——力矩就是衡量力使物体产生转动时其转动效果的物理量。如果用扳手拧螺母时，力矩等于力的大小和力臂的乘积，即 Fd（见图 1-7）。

平衡——物体相对于惯性参考系（如地面）保持静止或做匀速直线运动。作用在刚体上的两个力，使刚体保持平衡的必要和充分条件是这两个力的大小相等、方向相反，且在同一直线上，即 $F_1=-F_2$，如图 1-8 所示。

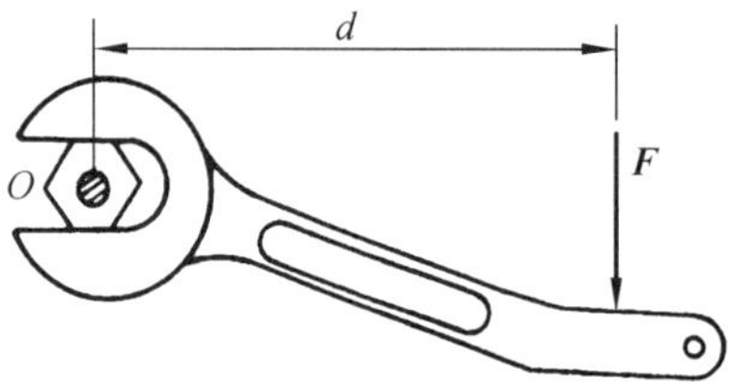

图 1-7　力矩示意图

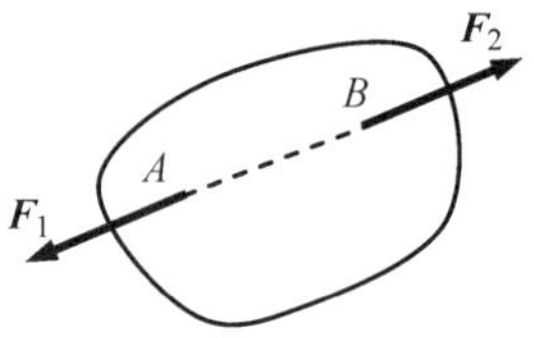

图 1-8　力的平衡

自由体——位移不受限制的物体，如飞机、小鸟等。

非自由体——位移受限制的物体，如火车、电机转子、挂在钢索上的重物。

约束——对非自由体的某些位移起限制作用的周围物体，如铁轨对于火车、轴承对于电机转子、钢索对于重物等。

约束的类型有以下几种：

（1）柔性约束：由绳索、皮带和链条等物体所形成的约束，称为柔性约束。这类约束只能受拉而不能受压。它们只能限制物体向绳索沿拉伸方向的运动。

（2）光滑接触面约束：由具有光滑接触面的物体所形成的约束，称为光滑接触面约束。它只能阻碍物体沿支承面的法线方向的运动，因此，光滑接触面的约束反力方向是沿着接触面的法线而指向物体，它是一种推力，反力作用点为接触点。通常用拉丁字母 N 表示这种约束反力。

（3）圆柱形铰接约束：如图 1-9 所示为圆柱形铰链约束，支座 1 和杆件 2 都有圆孔，用一个圆柱形销钉 3 将它们连接起来。由于支座与支承面固结，使杆件不能产生任何的移动，只能绕销钉轴转动。当杆 2 受荷载作用时，杆件的孔壁便压紧在销钉下，这样销钉将通过接触点给杆一个反力 R，这个反力的作用线沿接触面公法线而指向杆件，并通过销钉中心。但是，随着杆件所受的主动力不同，杆与销接触点的位置也随之不同，因此，约束反力的方向尚不能确定。通常用两个方向相互垂直的分力 R_x、R_y 来代替。

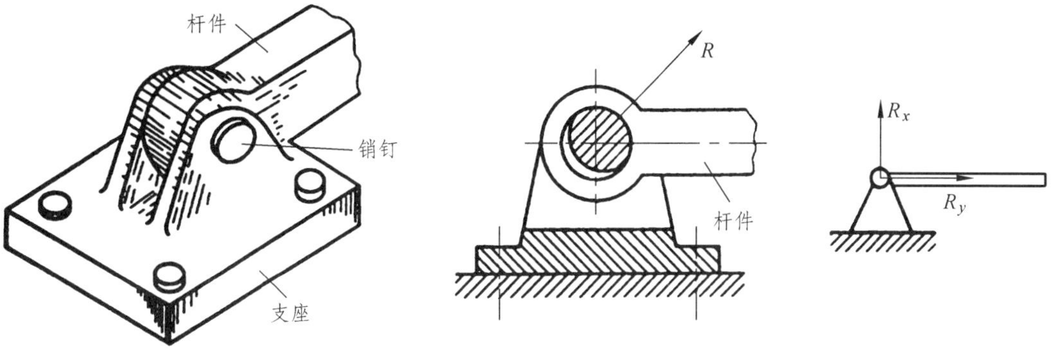

（a）　　（b）　　（c）

图 1-9　圆柱形铰接约束

图 1-10（a）所示圆柱形铰接支座可沿支承面移动，因此，它只能限制杆件沿支承面垂直方向的运动，这种可动铰接的约束反力 R 的作用线过铰接中心并垂直于支承面，如图 1-10（b）所示。可动铰接支座的简图如图 1-10（c）所示。

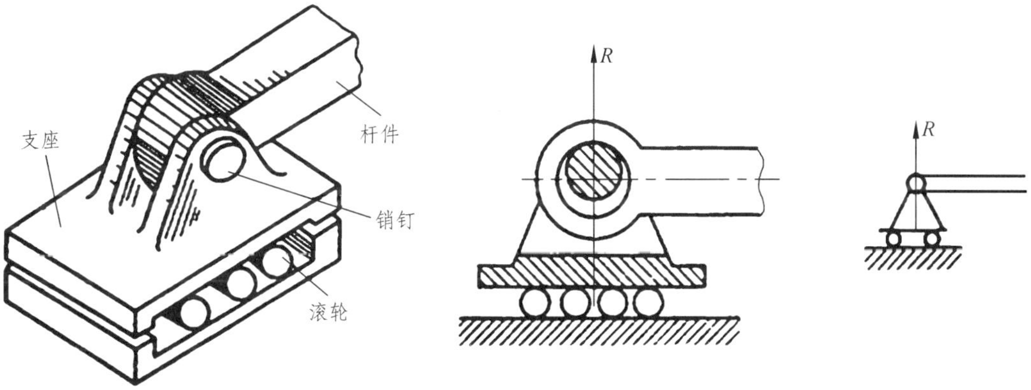

（a）　　（b）　　（c）

图 1-10　铰接支座

（4）轴承约束：轴可以在孔内任意转动，也可以沿孔轴线做微量移动，但是，轴不能沿径向向外运动。若不计摩擦，则轴承的约束反力 R 是由接触点沿公法线而指向圆心。但是，随着轴所受的主动力的不同，轴与孔的接触点位置也随之改变，所以约束反力的方向尚不能确定，一般用两个相互垂直的分力 R_x、R_y 来表示。

强度：构件抵抗破坏的能力称为强度。构件在外力作用下必须具有足够的强度才不致发生破坏，即不发生强度失效。

刚度：构件抵抗变形的能力称为刚度。在某些情况下，构件虽有足够的强度，但若刚度不够，即受力后产生的变形过大，也会影响正常工作。因此设计时，必须使构件具有足够的刚度，使其变形限制在工程允许的范围内，即不发生刚度失效。

稳定性：构件在外力作用下保持原有形状下平衡的能力称为稳定性。例如，受压力作用的细长直杆，当压力较小时，其直线形状的平衡是稳定的；但当压力过大时，直杆不能保持直线形状下的平衡，称为失稳。这类构件须具有足够的稳定性，即不发生稳定失效。

轴向拉伸或压缩：直杆受到与轴线重合的外力作用时，杆的变形主要是轴线方向的伸长或缩短。这种变形称为轴向拉伸或压缩，如图 1-11（a)、(b）所示。

扭转：直杆在垂直于轴线的平面内，受到大小相等、方向相反的力偶作用时，各横截面相互发生转动。这种变形称为扭转，如图 1-11（c）所示。

弯曲：直杆受到垂直于轴线的外力或在包含轴线的平面内的力偶作用时，杆的轴线发生弯曲。这种变形称为弯曲，如图 1-11（d）所示。

组合变形：杆在外力作用下，若同时发生两种或两种以上的基本变形，则称为组合变形。

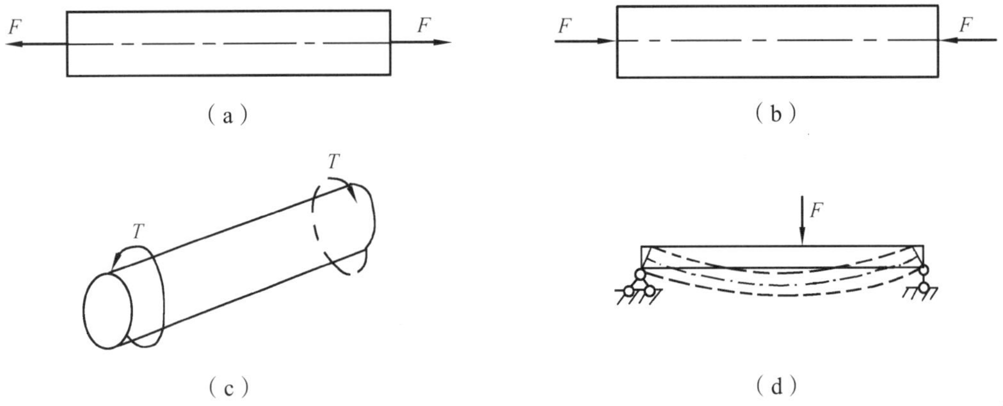

图 1-11　杆件的几种基本变形

二、画受力图

（1）取研究对象（即取分离体）——把要研究的物体从周围物体中分离出来，单独画出简图。

（2）画主动力。

（3）画约束力。

【例 1-2】　如图 1-12 所示，不计杆 CD 的自重，试分别画出杆 CD 和梁 AB（包括电机）的受力图。水平梁 AB 用斜杆 CD 支撑，*A*、*C*、*D* 三处均为光滑铰链连接，均质梁重 P_1，其上放置一重为 P_2 的电动机。

【解】（1）首先分析 CD 杆，CD 杆是二力杆。杆 CD 自重不计，只在两点受力，所以 *C*、*D* 点约束力必等值、反向、共线，当约束力指向不能事先判定时，可先假定为受拉或受压。

（2）分析 AB 梁受力。梁在 *D* 点受杆 CD 的约束力，该力与 F_D 是作用与反作用关系。

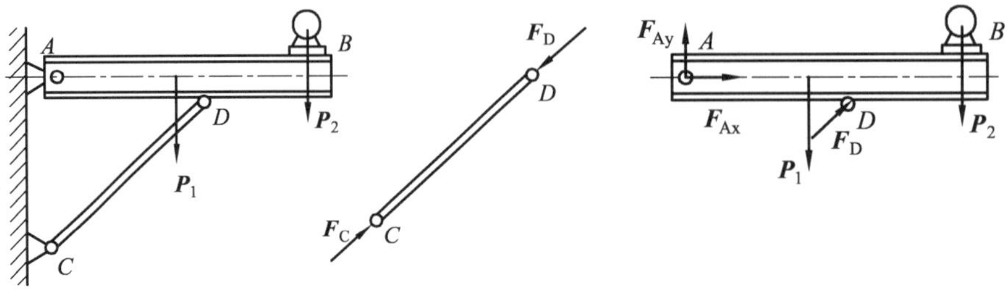

图 1-12　杆 CD 和梁 AB 受力图

根据平面任意力系的平衡方程：

一般式：$\sum F_x = 0$

$\sum F_y = 0$

$\sum M_O(F) = 0$

三个方程，可求解三个未知量。

【例 1-3】 已知：$q = 2\ \text{kN/m}$，$P = 1\ \text{kN}$，$M = 4\ \text{kN·m}$。求支座 A、B 处的约束力。

【解】（1）取刚架研究，受力分析如图 1-13 所示。

（2）列平衡方程。

$$\sum F_x = 0 \qquad P + F_{Ax} = 0$$

$$\sum F_y = 0 \qquad -3q + F_{Ay} + F_{NB} = 0$$

$$\sum M_A(\boldsymbol{F}) = 0 \qquad -P\times 2 - 3q\times 1.5 - M + F_{NB}\times 3 = 0$$

（3）解方程。

$F_{Ax} = -P = -1\ \text{kN}$（向左）

$F_{NB} = 5\ \text{kN}$

$F_{Ay} = 1\ \text{kN}$

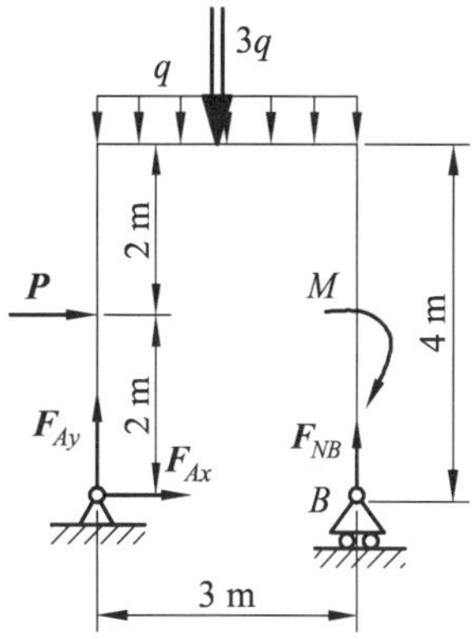

图 1-13　刚架受力分析

三、应力与强度

物体内部之间的作用力，这部分力叫内力，如一简支梁，我们假想用一平面将其截断后，则这两部分之间有作用力，这个力就是内力，内力我们又称之为应力。

由于外力作用在物体外部的方式不同，物体内部所产生的应力也不同。应力可分为：

（1）抗拉力：二人拉一根绳子，绳子就有拉长的倾向，在绳子断面上产生一种反抗拉力的应力，叫作抗拉力，也叫抗拉张力。

（2）抗压力：桥梁荷载通过支座压在桥墩上，桥墩有压缩的趋向，在桥墩的断面上产生一种反抗压缩的力，叫抗压力。

（3）抗剪力：外力作用在物体上像剪刀或铡刀一样，有两个力，一个向下，一个向上（不在同一直线上），物体有被剪切的倾向，在物体内产生一种抗剪切的力，叫作抗剪力。

（4）抗挠曲应力：外力作用在一物体上，使物体有弯曲的趋势（如人站在跳板上，跳板会发生弯曲），物体抵抗弯曲的力叫抗挠曲应力。这应力在物体的断面上，上部为抗压应力，下部为抗拉应力。中间不受力。应力的大小一般用单位面积所承受的内力来表示：

应力 = 力 ÷ 断面积

（5）应力的极限：凡一物体每单位面积所能承受的最大应力，称为极限强度。超过这一强度，物体就要破裂或折断。

（6）安全系数及容许应力：在工程结构及吊装作业中，无论钢丝绳、钢材、木材或混凝土材料，在使用时的容许应力，不能等于极限强度，而应低于极限强度。极限强度等于容许应力的多少倍，人们把这个倍数叫安全系数（俗称保险系数）。因此，容许应力可按下列式求得：

容许应力 = 极限强度 ÷ 安全系数

四、强度条件和强度计算

对于等截面直杆，内力最大的横截面称为危险截面，危险截面上应力最大的点就是危险点。拉压杆件危险点处的最大工作应力由公式计算，当该点的最大工作应力不超过材料的容许正应力时，就能保证杆件正常工作。

因此，等截面拉压直杆的强度条件为：

$$\sigma_{max} = \frac{F_{Nmax}}{A} \leqslant [\sigma]$$

式中，F_{Nmax} 为杆的最大轴力，即危险截面上的轴力。利用上式可以进行三方面的强度计算：

1. 校核强度

当杆的横截面面积 A、材料的容许正应力 $[\sigma]$ 及杆所受荷载为已知时，可由公式校核杆的最大工作应力是否满足强度条件的要求。如杆的最大工作应力超过了容许应力，工程上规定，只要超过的部分在容许应力的 5% 以内，仍可以认为杆是安全的。

2. 设计截面

当杆所受荷载及材料的容许正应力 $[\sigma]$ 为已知时，可由公式选择杆所需的横截面面积，即

$$A \geqslant \frac{F_{Nmax}}{[\sigma]}$$

再根据不同的截面形状，确定截面的尺寸。

3. 求容许荷载

当杆的横截面面积 A 及材料的容许正应力 $[\sigma]$ 为已知时，可由公式求出杆所容许产生的最大轴力为：

$$F_{Nmax} \leqslant A[\sigma]$$

再由此可确定杆所容许承受的荷载。

【例 1-4】 如图 1-14 所示支架，AB 杆为圆截面杆，$d = 30$ mm，BC 杆为正方形截面杆，其边长 $a = 60$ mm，$F = 10$ kN，试求 AB 杆和 BC 杆横截面上的正应力。

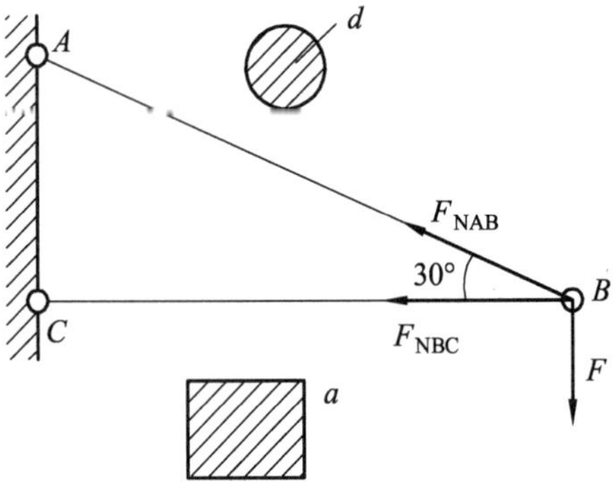

图 1-14 支架受力分析

【解】

$$F_{NAB}\cos 30° = -F_{NBC}$$

$$\sigma_{BC} = \frac{F_{NBC}}{A_{BC}} = -4.8 \text{ MPa}$$

任务三　工程测量

绝对高程（或称海拔），是指地面点沿垂线方向至大地水准面的距离（见图 1-15）。我国在青岛设立验潮站，长期观测和记录黄海海水面的高低变化，取其平均值作为绝对高程的基准面。目前，我国采用的“1985 年国家高程基准”，是以 1950 年至 1979 年青岛验潮站观测资料确定的黄海平均海水面作为绝对高程基准面，并在青岛市观象山建立了国家水准原点，其高程为 72.260 米，作为我国高程测量的依据。

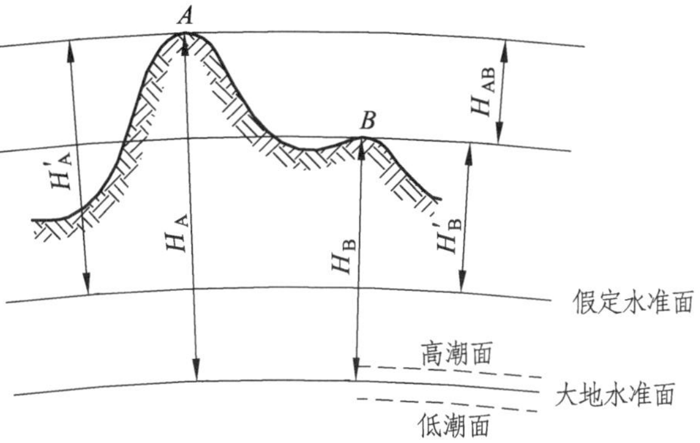

图 1-15　高程

一、水准测量原理

1．一个测站测量两点高差（见图 1-16）

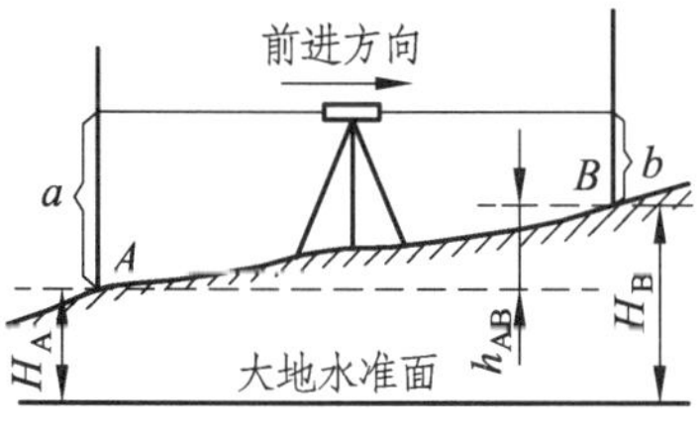

图 1-16　一测站高差

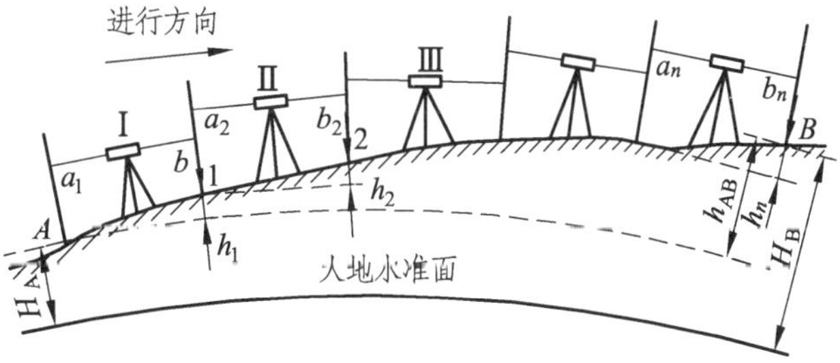

图 1-17　多测站高差

$$h_{AB} = a - b$$
$$H_B = H_A + h_{AB}$$

2．多个测站测量两点高差（见图 1-17）

$$h_1 = a_1 - b_1$$
$$h_2 = a_2 - b_2$$
$$\vdots$$
$$h_n = a_n - b_n$$
$$h_{AB} = \sum h = \sum a - \sum b$$

测站：置镜点。

转点：既有前视读数又有后视读数，起传递高程作用的点。

水准测量原理：利用水平视线来比较两点的高低，求出两点的高差。

二、DS_3微倾式水准仪的构造（见图 1-18）

（1）望远镜：提供视线，并读出远处水准尺上的读数。

（2）水准器：用于指示仪器或视线是否处于水平位置。

（3）基座：用于置平仪器，它支撑仪器的上部并能使仪器的上部在水平方向转动。

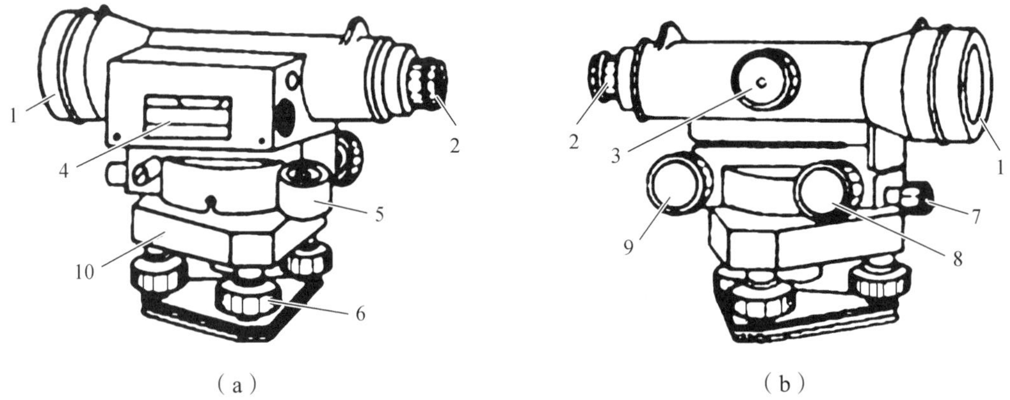

1—物镜；2—目镜；3—调焦螺旋；4—管水准器；5—圆水准器；6—脚螺旋；
7—制动螺旋；8—微动螺旋；9—微倾螺旋；10—基座。

图 1-18　水准仪构造

三、水准测量的方法

水准测量施测方法如图 1-19 所示。图中 *A* 为已知高程的点，*B* 为待求高程的点。首先在已知高程的起始点 *A* 上竖立水准尺，在测量前进方向离起点不超过 200 m 处设立第一个转点 Z_1，必要时可放置尺垫，并竖立水准尺。在离这两点等距离处 I 安置水准仪。仪器粗略整平后，先照准起始点 *A* 上的水准尺，用微倾螺旋使气泡符合后，读取 *A* 点的后视读数。然后照准转点 Z_1上的水准尺，气泡符合后读取 Z_1点的前视读数。把读数记入手簿（见表 1-3），并计

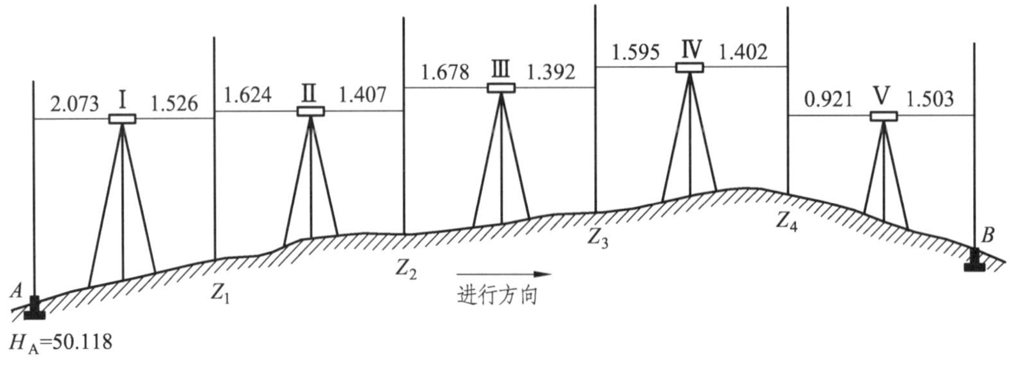

图 1-19　水准测量方法

算出这两点间的高差。此后在转点 Z_1 处的水准尺不动，仅把尺面转向前进方向。在 A 点的水准尺和 Ⅰ 点的水准仪则向前转移，水准尺安置在与第一站有同样间距的转点 Z_2，而水准仪则安置在离 Z_1、Z_2 两转点等距离处的测站 Ⅱ。按在第 1 站同样的步骤和方法读取后视读数和前视读数，并计算出高差。如此继续进行直到待求高程点 B。

表 1-3　水准测量记录手簿

日期：__________　地点：__________　观测：__________

天气：__________　仪器：__________　记录：__________

测点	后视读数	前视读数	高差		高程	备注
			+	−		
A	2.073				50.118	已知 A 点高程 = 50.118
Z_1	1.624	1.526	0.547			
Z_2	1.678	1.407	0.217			
Z_3	1.595	1.392	0.286			
Z_4	0.921	1.402	0.193			
B		1.503		0.582	50.779	
$\sum$	7.891	7.230	1.243	0.582		
计算检核	−)7.230 $\sum a-\sum b=+0.661$		−)0.582 $\sum h=+0.661$		−)50.118 $H_B-H_A=+0.661$	

四、水平角测量原理

确定地面点的空间位置：坐标与高程坐标是根据点之间的水平距离与水平角推算出来的。高程也可以根据点之间的水平距离或斜距与竖直角推算出来。

水平角：是地面上从一点出发的空间两直线之间的夹角在水平面上的投影所形成的夹角，用 β 表示。例如，空间三个点 A、B、C 所构成的水平角，如图 1-20 所示，水平角的取值范围：0°～360°。

竖直角：是在同一个竖直平面内倾斜视线与水平线之间的夹角，用 α 表示。倾斜视线在水平线的上方为仰角，用正号表示；倾斜视线在水平线的下方为俯角，用负号表示。

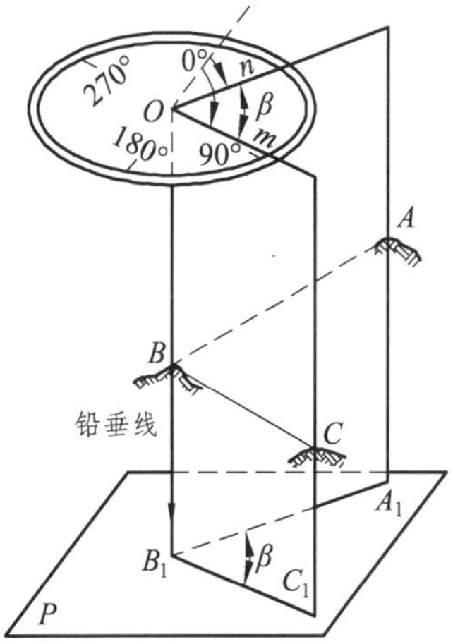

图 1-20　水平角观测原理

五、DJ_6 光学经纬仪

1. 基本构造

如图 1-21 所示，光学经纬仪由照准部、水平度盘、基座三部分组成。

（1）照准部：由望远镜、读数显微镜、竖直度盘、竖轴、支架、照准部水准管、圆水准器、照准部旋转轴、横轴、光学对中器组成。望远镜与竖直度盘安装在同一根旋转轴（横轴）

上，望远镜与竖直度盘一起旋转。照准部上设有望远镜制动螺旋与微动螺旋，以及竖直度盘指标水准管与竖直度盘指标水准管微动螺旋（用自动归零补偿器装置代替）。

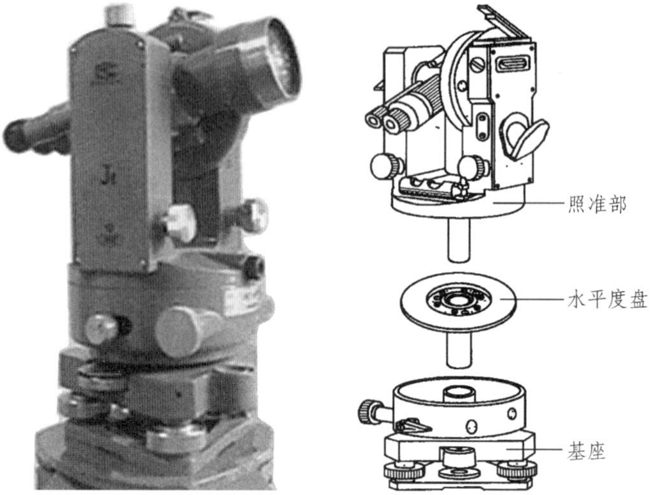

图 1-21　DJ_6 光学经纬仪的构造

（2）水平度盘部分：水平度盘用光学玻璃制造，有 0°～360° 的等间隔分划线，按照顺时针方向注记。度盘分划值：两相邻分划线间的弧长所对的圆心角，通常为 1° 或 30′。复测扳手（离合器）：扳下复测扳手，水平度盘与照准部连接一体，水平度盘与照准部一起旋转，读数显微镜上的读数不改变。扳上复测扳手，水平度盘与照准部分离，水平度盘不动，不与照准部一起旋转，读数显微镜上的读数改变。

（3）基座部分：由基座、脚螺旋、连接板组成。使用光学经纬仪时，要特别注意不要松开基座上的固定螺丝。

2．读数装置

如图 1-22 所示，光学经纬仪的读数采用显微放大装置和测微装置。

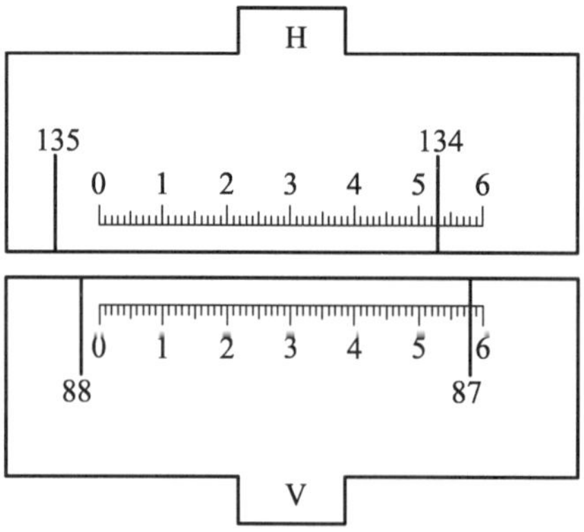

图 1-22　读数装置

DJ_6 光学经纬仪一般采用分微尺读数装置。其总长为度盘分划间隔长度。H 为水平读数，V 为竖直读数，度盘分划值为 1°，60 格，每格为 1′，估读 0.1′。

六、测回法测水平角（见图 1-23）

（1）在 O 点安置经纬仪，对中、整平后盘左位置精确瞄准左目标 A，调整水平度盘为零度稍大，读数 $A_{左}$。

（2）松开水平制动螺旋，顺时针转动照准部，瞄准右方 B 目标，读取水平度盘读数 $B_{左}$。以上称上半测回，角值为：

$$\beta_{左} = B_{左} - A_{左}$$

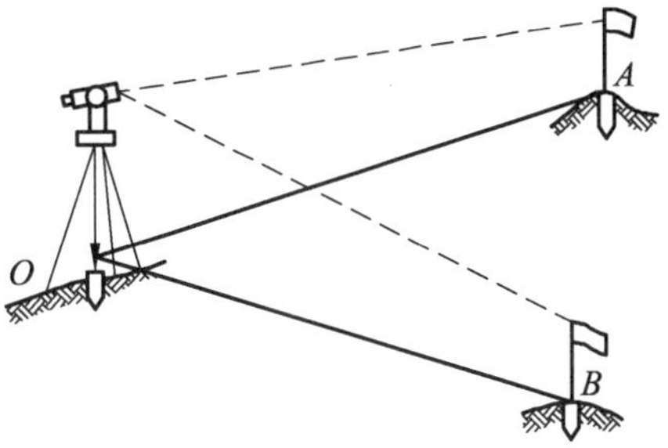

图 1-23　测回法观测

（3）松开水平及竖直制动螺旋，盘右瞄准右方 B 目标，读取水平度盘读数 $B_{右}$，再瞄准左方目标 A，读取水平度盘读数 $A_{右}$。以上称下半测回，角值为：

$$\beta_{右} = B_{右} - A_{右}$$

（4）上、下半测回合称一测回。

$$\beta = \frac{1}{2}(\beta_{左} + \beta_{右})$$

必须注意：

（1）上、下半测回的角值之差不大于 40″ 时，才能取其平均值作为一测回观测成果。

（2）水平度盘是按顺时针方向注记的，因此半测回角值必须是右目标读数减去左目标读数，当不够减时则将右目标读数加上 360°。

七、竖直角的观测与计算

如图 1-24 所示，竖直角的观测计算步骤如下：

（1）将仪器安置于测站点 O 上，盘左瞄准目标点 A（中丝切于目标顶部），如图 1-25 所示。

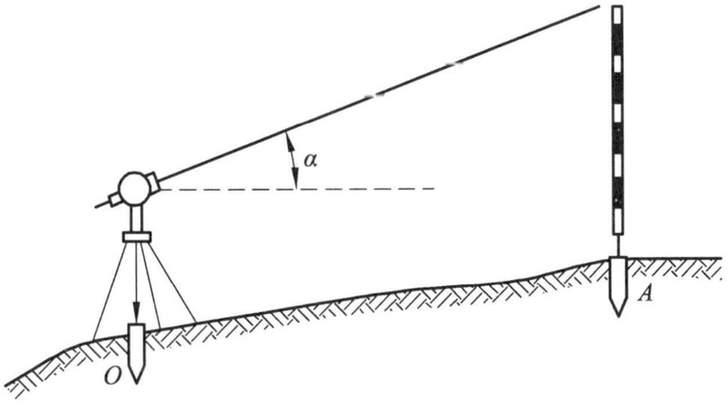

图 1-24　竖直角观测

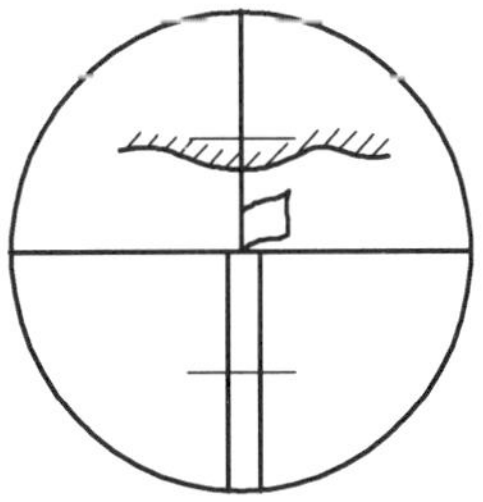

图 1-25　竖直角观测瞄准

（2）调节竖盘指标水准管气泡居中，读数为 L，并记录，计算盘左时的竖直角 α_L，$\alpha_L = 90° - L$。

（3）盘右再瞄准 A 点并调节竖盘指标水准管气泡居中，读数为 R，记录并计算盘右时的竖直角 α_R，$\alpha_R = R - 270°$。

（4）计算竖直角 α。

$$\alpha = \frac{1}{2}(\alpha_L + \alpha_R)$$

八、距离丈量

距离测量是确定地面点位之间的长度测量。距离测量的方法：钢尺量距、视距测量、电磁波测距，根据测距等级要求选择测距方法。

1. 量距工具

（1）钢尺：有钢卷尺、带状尺，宽 10 ~ 15 mm、厚 0.4 mm，有 20 m、30 m、50 m 尺长。

基本分划为厘米，每分米、每米处有数字注记。

端点尺是钢尺的最外端作为尺子零点，如图 1-26（a）所示。

刻线尺是尺子零点位于钢尺内部，如图 1-26（b）所示。

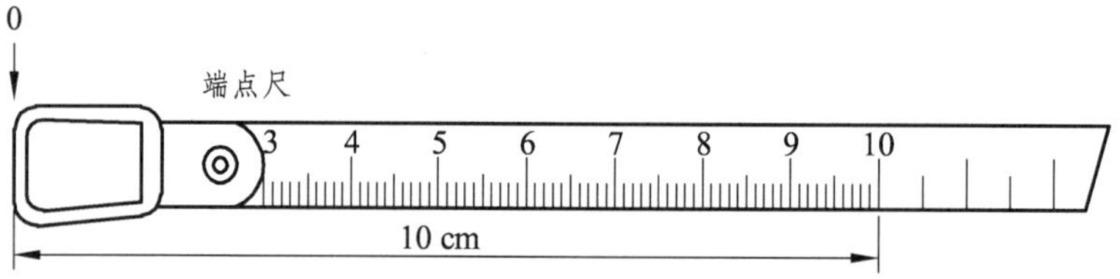

（a）

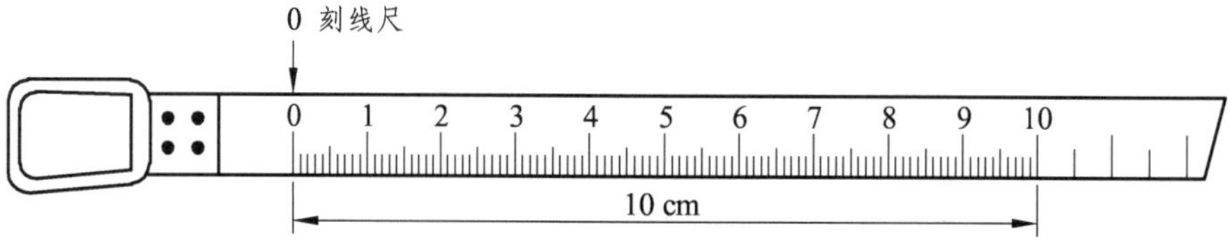

（b）

图 1-26　钢尺端点

（2）皮尺：用于低精度量距，伸缩较大，有 20 m、30 m、50 m 尺长。

皮尺基本分划为厘米，每分米、每米处有数字注记，用于地形碎部测量和施工放样。

（3）花杆（标杆）：长 2 m、3 m，20 cm 红白相间，用于显示目标，直线定线。

（4）测钎：确定尺端点位置，用于对点、标点、投点。

2. 直线定线

直线定线是指在量距过程中，两点距离过长，需分段丈量，保证每一尺段均沿着直线方向进行，需要在两直线之间标出一些点。根据丈量精度要求，直线定线分为标杆目测定线和经纬仪定线。

（1）标杆目测定线（单眼视线与花杆边缘相切）。

两点间通视定线如图 1-27 所示，*A*、*B* 两点之间定 1、2 点。

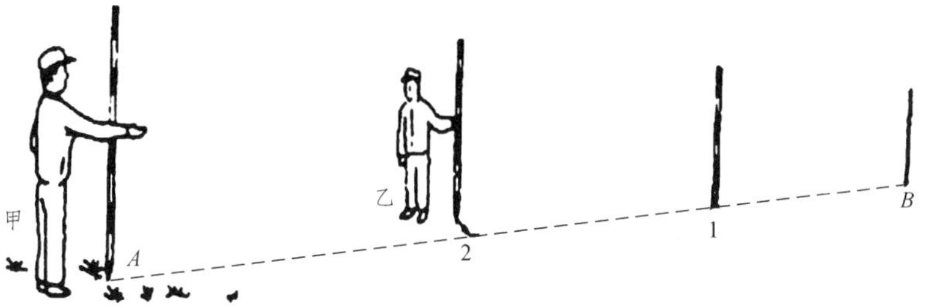

图 1-27　直线定线

（2）经纬仪定线。

在 A 点安置经纬仪，对中、整平、瞄准 B 点处花杆底部，固定水平制动螺旋，指挥定点。

3．距离丈量

（1）钢尺一般量距。

在一般量距中，花杆定线与尺段量距同时进行，需要三人（前尺手、后尺手、记录员）。

（2）平坦地面钢尺量距过程。

① 标点：直线起终点 A、B，中间点用测钎。

② 定线：后尺手拿尺的零端位于起点，前尺手拿尺的末端沿线前进，约一整尺，后尺手指挥前尺手移动花杆，用测钎标定一整尺。

③ 对点：对起点 A。

④ 持平：尺拉直拉平。

⑤ 投点：前尺手用测钎将尺的末端刻线投于地面上，以此循环前插后收测钎。

⑥ 测余长 $\varDelta_1$：由前尺手用尺上某整刻划线对准终点 B，后尺手用尺的零端读数至毫米。

A、B 两点之间的距离为：

$$D_0 = n \times L + \varDelta_{\mathrm{L}}$$

式中　n——整尺段数；

L——整尺段长；

$\varDelta_{\mathrm{L}}$——余长。

$$D = (D_{往} + D_{返})/2$$

$$\varDelta_{\mathrm{D}} = D_{往} - D_{返}$$

精度评定：

相对误差为：

$$K = \frac{|\varDelta_{\mathrm{D}}|}{D} = \frac{1}{D/|\varDelta_{\mathrm{D}}|}$$

精度要求：

平坦地段：1/2 000；困难地段：1/1 000。

九、直线定向

1. 方位角

以子午线北方向为起始方向顺时针转到该直线方向的水平夹角（0°~360°）。

以真子午线北端起算的方位角为真方位角，用天文学方法或陀螺经纬仪测量。

以磁子午线北端起算的方位角为磁方位角，用罗盘仪测量磁方位角。

由坐标子午线（坐标纵轴）起算的方位角，称为坐标方位角。

2. 正反方位角

设直线 AB 前进方向的 α_{AB} 为正方位角，其反方向 BA 的方位角 α_{BA} 为反方位角，同一条直线的正、反方位角相差 180°。

3. 象限角

由坐标纵轴的北端或南端起，沿顺时针或逆时针方向量至直线的锐角，称为该直线的象限角，其角值范围为 0°~90°。

十、切线支距法测设曲线

1. 坐标计算公式

如图 1-28 所示，它是以 ZH（或 HZ）为坐标原点，以切线为 x 轴，垂直切线方向为 y 轴。

（1）缓和曲线部分。

$$\left.\begin{aligned} x &= l - \frac{l^5}{40R^2 l_0^2} \\ y &= \frac{l^3}{4Rl_0} \end{aligned}\right\}$$

（2）圆曲线部分。

$$\left.\begin{aligned} x_i &= R\cdot\sin\alpha_i + m \\ y_i &= R(1-\cos\alpha_i) + P \end{aligned}\right\}$$

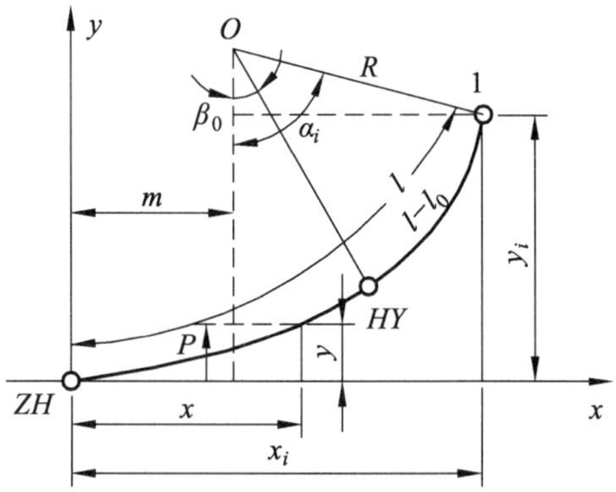

图 1-28 曲线测设

式中，$\alpha_i = \dfrac{l_i - l_0}{R}\cdot\dfrac{180°}{\pi} + \beta_0$

2. 测设方法

测设时从 ZY 或 YZ 开始，沿切线方向直接量出 x_i 并钉桩，若 y_i 较小时，可用方向架或直角器在 x_i 点测设曲线点，当 y_i 较大时，应在 x_i 处安置经纬仪来测设。或者利用全站仪，用坐标放样方法测设曲线。

任务四　线路基础

城市轨道线路是由轨道、路基和桥隧建筑物（桥梁、隧道、涵洞）等组成，是列车运行基础，它承受着由机车车辆轮对传来的巨大压力，并引导机车车辆轮对运行。

一、线路分类

地铁线路按其在运营中的作用，分为正线、辅助线和车场线。辅助线包括折返线、渡线、联络线、停车线、车辆基地出入线、安全线等。车场线指牵出线、车底（空车）停留线及车辆段内各种作业线和试车线。

1．正线

贯穿所有车站、区间供列车日常运行的线路；城市轨道交通系统的正线均采用上下行分行，一般实施右侧行车惯例，以便与城市地面交通的行车规则相吻合。

2．辅助线

1）折返线

在线路两端终点站（对于环线，也需要设两个“终点站”），或者准备开行折返列车的区间站，设置的专供列车折返调头的线路。

折返线视不同的折返方法可分为：

（1）环形折返线：俗称灯泡线，如图 1-29 所示。

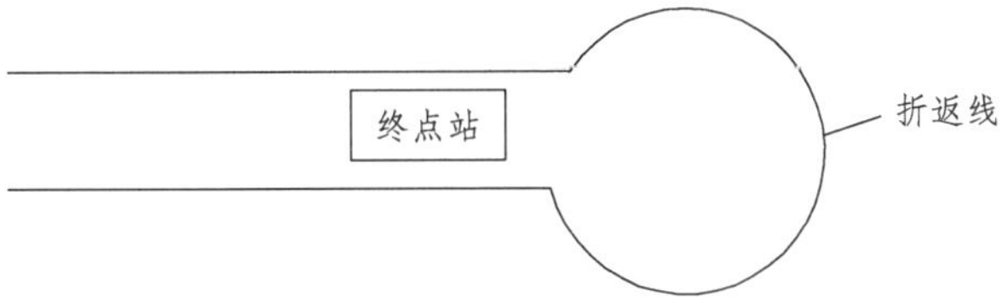

图 1-29　环形折返线

环形折返线实际上是将端点折返作业转化为沿一个环形单线区段运行的作业，实质上取消了折返过程，变为区间运行，有利于列车运行速度发挥，消除了因折返作业而形成的线路通过能力限制，不乏一种对提高运营效率有利的折返方法。

（2）尽端折返线：可分为单线折返与双线折返、多线折返等不同布置办法，如图 1-30 所示。

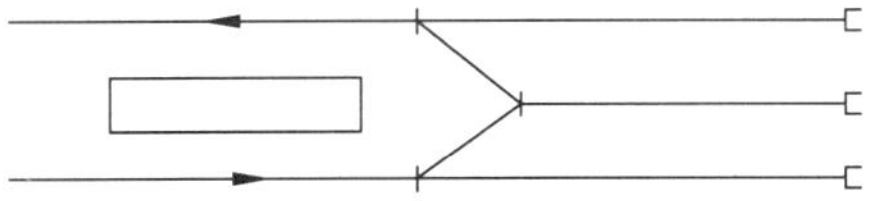

（a）单线折返

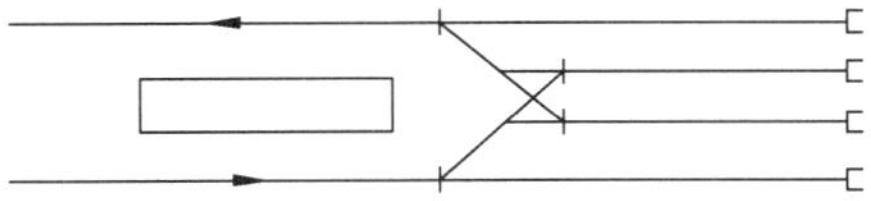

（b）双线折返

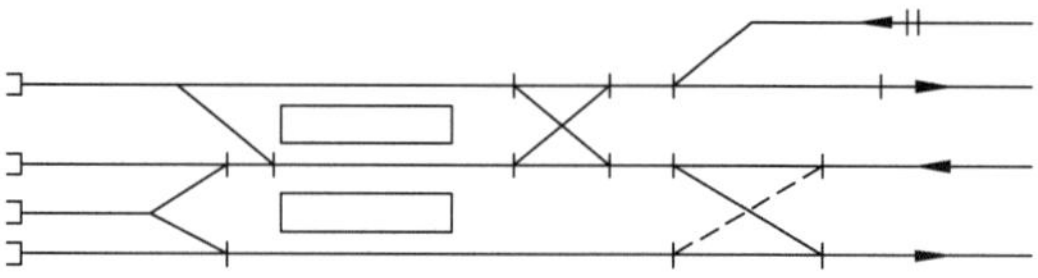

（c）多线折返

图 1-30 尽端折返线

（3）利用渡线折返：在站前或站后设置渡线，用以完成折返作业的布置方式，如图 1-31 所示。

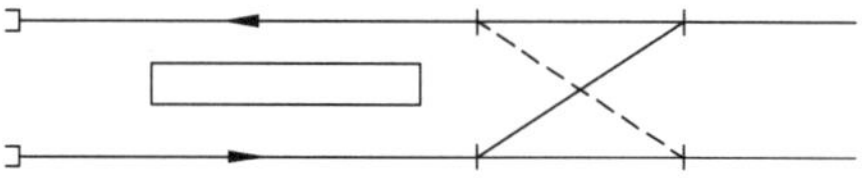

（a）站前渡线折返

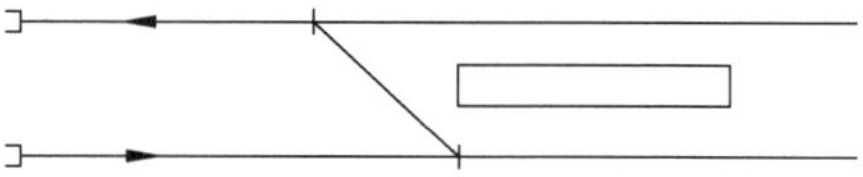

（b）站后渡线折返

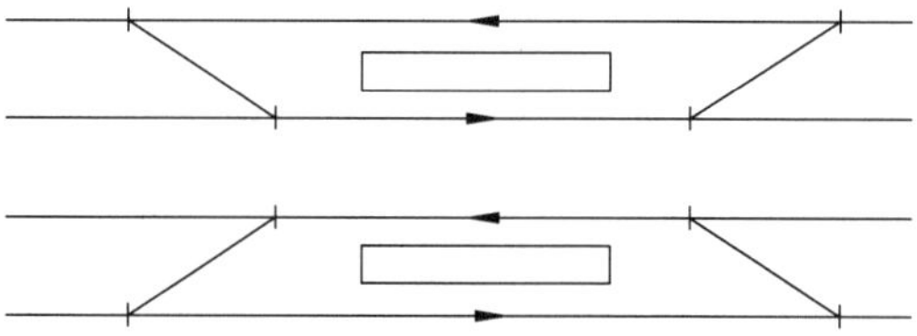

（c）区间站渡线折返

图 1-31 利用渡线折返

2）联络线

联络线是轨道交通线路之间为调动列车等作业而设置的连接线路，如图 1-32 所示。

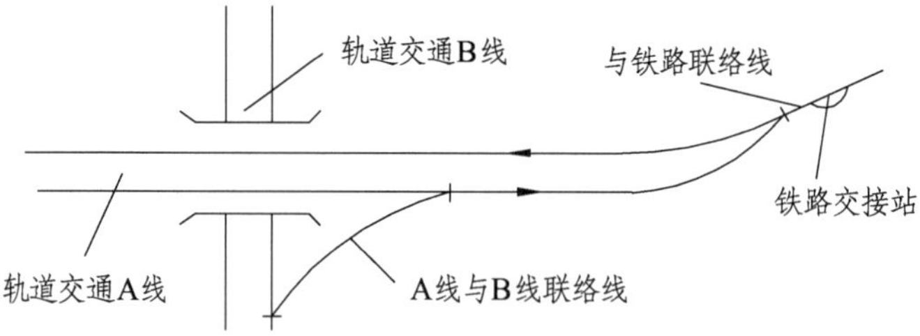

图 1-32 联络线

3）停车线

一般设置在端点站，专门用于停车，进行少量检修作业的尽端线。在车辆基地，则拥有众多的专用停车线，提供夜间停止运营后列车停放。需要进行检修作业的停车线设有地沟。

4）出入库线

车辆基地与正线车站联系线路，专供列车进出车辆基地，一般分为入库线和出库线。

5）安全线

为防止在车辆段（场）出入线、折返线和岔线（支线）上行驶的列车未经允许进入正线与正线列车发生冲突事故，在无其他列车运行隔开设备的下列情况，应设安全线，以保证列车安全、正常的运行。

（1）当出入线上的列车在进入正线前需要一度停车，且停车信号机至警冲标之间小于列车制动距离时（见图 1-33）。

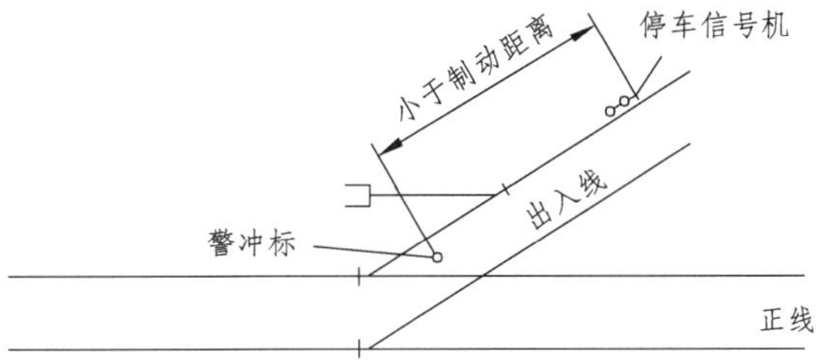

图 1-33　出入线接正线形式

（2）折返线末端和正线接通时。

（3）当岔线（支线）与正线接轨时。

安全线为尽头线，有效长一般不少于 40 m，如图 1-34 所示。

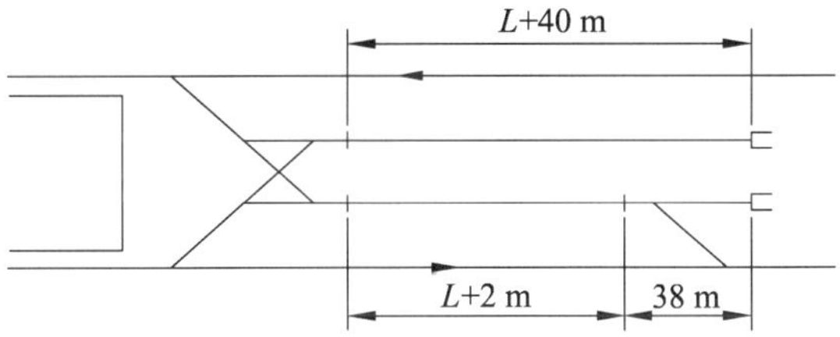

图 1-34　折返线末端接正线形式

二、线路平面与纵断面

1．线路平面

线路平面是线路中心线在水平面上的投影，线路平面由直线、圆曲线和缓和曲线所组成，曲线一般又分为圆曲线和缓和曲线。

1）曲线半径

城市轨道线路受都市建筑群的影响，曲线很多是不可避免的，但较小半径的曲线，增加了轮、轨的磨耗，加大了线路养护维修的工作量。因此，轨道无缝线路设计采用最小曲线半径为 600 m。

地下隧道内，区间正线最小曲线半径为 300 m，辅助线、车场线，一般地段不小于 200 m，困难地段不小于 150 m。

车站站台段线路一般设在直线上，困难条件下可设在半径不小于 800 m 的曲线上。

2）曲线有关长度

线路平面圆曲线与直线之间应根据曲线半径、超高设置及设计速度等因素设置缓和曲线，其长度应符合有关规定。

圆曲线最小长度为 20 m，困难条件下为一个全轴距长度。相邻曲线之间夹直线最小长度为 20 m。

缓和曲线长度按曲线半径及行车速度确定。区间正线按行车速度 80 km/h 选配，车站两端按 70 km/h 选配。

3）曲线超高

曲线最大超高值为 120 mm。

曲线超高值应在缓和曲线内递减，无缓和曲线时，应在直线段递减。

超高顺坡率不宜大于 2‰，困难地段不应大于 3‰。

隧道内及隧道外U形结构的整体道床地段轨道曲线超高，宜采用外轨抬高超高值的一半、内轨降低超高值一半的办法设置；高架线、地面线的轨道曲线超高，宜采取外轨抬高超高值的办法设置。

2．线路纵断面

线路纵断面是线路中心线展直后在纵向垂直面上的投影。

线路纵断面是由坡段及连接相邻坡段的竖曲线组成，坡段的特征由坡段长度和坡度值表示。线路坡度以轨面高程升降的高度与其长度之比的千分率来表示，上坡为正，下坡为负，平坡为零，不同坡段的分界点称为变坡点。

从行车角度来说线路坡度应尽可能平缓，但受城市地质条件以及穿越市区的河流等地理条件的影响，有时必须要设置较大的坡度；此外，轨道由地下延伸到地面的时候，也需要爬坡。除了这些情况以外，隧道内由于排水的需要，也不宜采取平坡。

正线的最大坡度不宜大于 30‰，困难地段可采用 35‰，联络线、出入线的最大坡度不宜大于 40‰（均不考虑各种坡度折减值）。

区间隧道的坡度以多大为宜，按照设计规范规定。

最大坡度：正线为 30‰，辅助线为 35‰。

最小坡度：一般地段为 3‰，个别地段为 2‰。

隧道内和路堑地段的正线最小坡度不宜小于 3‰，困难地段在确保排水的条件下，可采用小于 3‰ 的坡度；地面和高架桥上正线最小坡度在采取了排水措施后不受限制。

地下车站一般设在 3‰ 的坡道上，困难时设在 2‰ 或不大于 5‰ 的坡道上。

车站站台计算长度段线路坡度宜采用 2‰，在困难条件下，可设在不大于 3‰ 的坡道上。

最小坡段长度按一列车长，取为 140 m 并且应满足夹直线长度不小于 50 m。

线路城段长度不宜小于远期列车长度，并应满足相邻竖曲线间的夹直线长度的要求，其夹直线长度不宜小于 50 m。

地面和高架桥上的车站站台计算长度段线路宜设在平坡道上，在困难地段可设在不大于 3‰ 的坡道上。

车场线宜设在平坡道上，条件困难时，库外线可设在不大于 1.5‰ 的坡道上。

道岔宜设在不大于 5‰ 的坡道上，在困难地段可设在不大于 10‰ 的坡道上。

折返线和停车线应布置在面向车挡或区间的下坡道上，隧道内的坡度宜为 2‰，地面和高架桥上的折返线、停车线，其坡度不宜大于 1.5‰。

三、南京地铁二号线线路状况

正线线路全长 39.103 km（经天路—油坊桥），其中地下线及 U 形结构地段 23.753 km，占 60.7%，地面线 1.757 km，高架线 13.593 km，占 34.8%；全线正线碎石道床线路 4.816 km（已包含上下行线及辅助线）。正线为无缝线路，共有曲线 100 个，最小曲线半径 350 m。正线整体道床线路 79.489 km（已包含上下行线及辅助线）；全线最大纵坡 33‰，车辆最大轴重 16 t，列车最高行车速度 80 km/h；全线共铺设 60 kg/m-9 号钢轨单开道岔 44 组，60 kg/m-9 号钢轨交叉渡线 3 组，60 kg/m-7 号钢轨交叉渡线 1 组；全线温度调节器 10 组，为单向曲线型；设缓冲滑动式车挡 10 组。

四、限界

1．限界定义

地铁列车沿着固定轨道行进，需要在特定的空间运行。根据列车轮廓尺寸和性能、线路特性、设备安装及施工方法等因素经过综合分析确定的空间尺寸称为限界。为了确保运营的安全，各种建筑物和设备均不能侵入限界。限界是确定地铁与行车有关的建筑物净空大小和各种设备相互位置的依据。

2．限界分类

限界是保障地铁或轻轨车辆安全运行，用以限制沿线设备安装及确定建筑结构的有效净空尺寸。地铁设计规范中将限界分为车辆限界、设备限界和建筑限界，如图 1-35、图 1-36 所示。

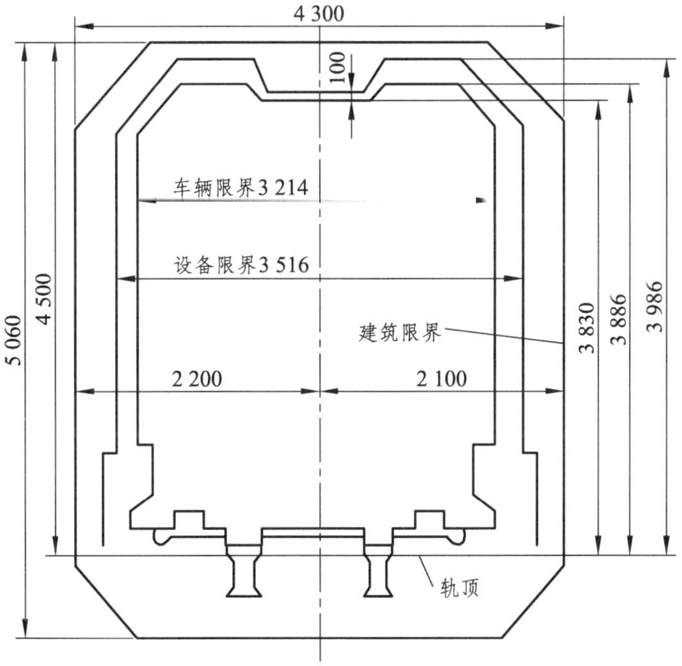

图 1-35　区间直线段矩形隧道、设备及车辆限界（单位：mm）

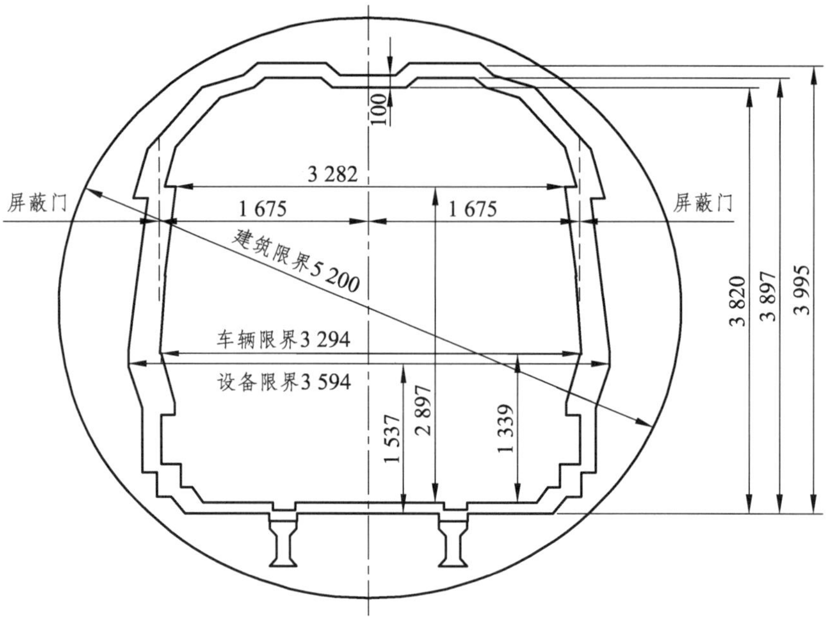

图 1-36 区间直线地段圆形隧道、设备及车辆限界（单位：mm）

1）车辆限界

车辆限界是车辆的制造、安装以及工程列车上所装载的施工料具不得向建筑物方向超出的安全警戒线。

2）设备限界

设备限界是指在沿线建筑物上所安装的一切设备，其外轮廓严禁向车辆运行空间方向侵入的安全警戒线。

3）建筑限界

建筑限界是指沿线一切建筑物的外轮廓严禁向车辆运行空间方向侵入的安全警戒线。

五、车 站

车站是城市轨道交通路网中一种重要的建筑物，它是供旅客乘降、换乘和候车的场所，应保证旅客使用方便、安全，迅速地进出车站，并有良好的通风、照明、卫生、防火设备等，给旅客提供舒适、清洁的环境。车站应容纳主要的技术设备和运营管理系统，从而保证城市轨道交通的安全运行。地铁车站里的辅助设备包括：自动扶梯、直升电梯、卷帘门、防洪门、旅客引导、照明、售检票系统、车站设备自控系统等。根据需要还可设置屏蔽门和防核辐射门等。

车站又是城市建筑艺术整体的一个有机部分，一条线上各车站在结构和建筑艺术上，应既要有共性，又要有各自的个性。

地铁车站由站台层、站厅层、设备层以及出入口组成。

1．车站分类

1）按位置分

分为地面车站、地下车站、高架站，如图 1-37 所示。

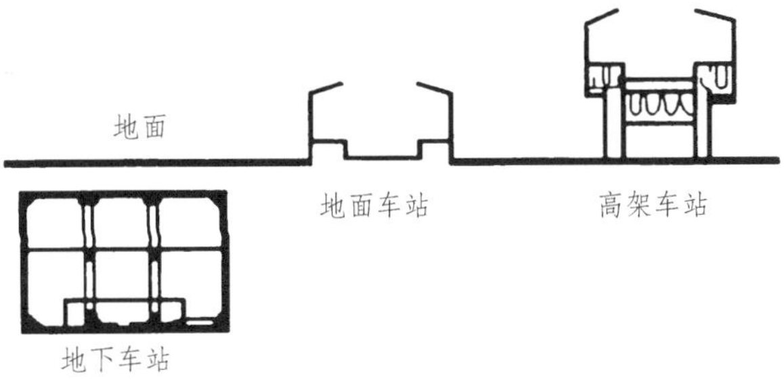

图 1-37　车站与地面的相对位置

2）按功能分

（1）终点站：线路两端车站。

功能：旅客乘降、旅客服务、列车折返、少量检修作业。

（2）中间站：线路中数量最多的基本站型。

功能：旅客乘降、旅客服务。

（3）换乘站：两条或两条以上轨道交通线交叉设置的车站。

功能：旅客乘降、旅客服务、旅客换乘。

（4）区间站：或称折返站、区域站，设在线路中间可供列车折返、开行区间列车的车站。

功能：旅客乘降、旅客服务、部分列车折返。

2．车站站台

车站站台形式主要有以下 3 种：

（1）岛式站台——站台位于上、下行线路之间，具有岛式站台的车站称为岛式站台车站（简称岛式车站），是常用的一种车站形式。岛式车站具有站台面积利用率高、能灵活调剂客流、乘客乘降方便等优点，因此，一般常用于客流量较大的车站，如图 1-38 所示。

（2）侧式站台——站台位于上、下行线路的两侧，具有侧式站台的车站为侧式站台车站（简称侧式车站），也是常用的一种车站形式。侧式车站站台在面积利用率、调剂客流功能、站台之间联系等方面不及岛式车站，因此，侧式车站多用于客流量不大的车站及高架车站，如图 1-39 所示。

图 1-38　岛式站台

图 1-39　侧式站台

（3）岛、侧混合式站台——岛、侧混合式站台是将岛式站台及侧式站台同设在一个车站内。岛、侧混合式车站可同时在两侧的站台上、下车，也可适应列车中途折返的要求。岛、侧混合式站台可布置成一岛一侧式或一岛两侧式。

六、线间距

区间及站内两相邻线路中心线间的距离为线间距。线间距是根据有关限界、相邻线路间设置的与行车有关的技术设备和办理不同性质作业而确定的距离，其规定如下：

（1）直线部分按表 1-4 的规定确定。

表 1-4 直线线间距

顺序	名称	线间最小距离/mm
1	区间	4 000
2	三线及四线区间的第二线与第三线	5 300
3	站内正线、到发线和其相邻线	5 000
4	铺设列检小轨道的两到发线	5 500
5	换装线	3 600
6	编组站、区段站的站修线与相邻一条线	8 000
7	牵出线与其相邻线	6 500
8	其他线	4 600

（2）曲线部分区间及站内线路中心线间的水平距离、线路中心线至建筑接近限界的水平距离，均按曲线半径大小，根据曲线上建筑接近限界加宽办法计算确定。

七、道岔编号及站场股道

为了作业和维修管理上的方便，站内线路和道岔都统一编号。

1．股道编号

站内正线用罗马数字（Ⅰ，Ⅱ，Ⅲ…）编号，站线用阿拉伯数字（1，2，3…）编号。

（1）单线区段内的车站，从靠近站舍的线路起，向远离站舍方向顺序编号。

（2）双线区段内的车站，从正线起顺序编号，上行为双号，下行为单号。

（3）尽头式车站向终点方向由左侧开始编号，如站舍位于线路一侧时，从靠近站舍的线路起向远离站舍方向顺序编号。

2．道岔编号

道岔用阿拉伯数字编号。

（1）从列车到达方向起顺序编号，上行为双号，下行为单号，一般以车站站舍中心线作为划分单号、双号的分界。

（2）对于渡线、交分道岔等联动道岔，应编为连续的单号或双号。
（3）车站划分车场时，每个车场的道岔单独编号。一个车站不准有相同的编号。

3．股道有效长

1）股道全长

股道全长是股道的实际长度，从股道一端的道岔尖轨尖端至另一端的道岔尖轨尖端沿线路中心线的长度（尽头线为至车挡的长度）。

2）股道有效长

股道有效长是在股道全长范围内可以停留机车车辆而不影响邻线行车的股道长度。股道有效长的起止位置可根据警冲标、道岔的尖轨尖端、出站信号机和车挡的位置分别确定。

任务五　路　基

一、路基工程的组成

路基是线路的重要组成部分。它与桥梁、隧道相连，共同组成一个线路整体。路基工程主要由三部分建筑物构成。

1．路基本体

路基本体是直接铺设轨道结构并承受列车荷载的部分，如路堤、路堑等。它是路基工程中的主体建筑物。

2．路基防护和加固建筑物

路基防护和加固建筑物属路基的附属建筑物，如挡土墙、护坡等。

3．路基排水设备

路基排水设备也称路基的附属建筑物，如排除地面水的排水沟、侧沟、天沟和排除地下水的排水槽、渗水暗沟、渗水隧洞等。

二、路基横断面的基本形式

路基横断面是指垂直于线路中心线截取的断面。依其所处的地形条件不同，有两种基本形式：

（1）路堤，如图 1-40 所示。

（2）路堑，如图 1-41 所示。

此外，还有半路堤、半路堑、半路堤半路堑、不填不挖路基，如图 1-42 ~ 图 1-45 所示。

在进行路基设计时，先要进行横断面设计。路基横断面设计要解决的主要问题是确定横断面各部分的形状和尺寸，如路基面的形状和宽度、路基边坡的形状和坡度等。

横断面确定以后，再全面综合考虑路基工程在纵断面上的配合以及路基本体工程与其余各项工程的配合等，如路堤与路堑的过渡、纵向排水设计、挡土墙纵向设计等。

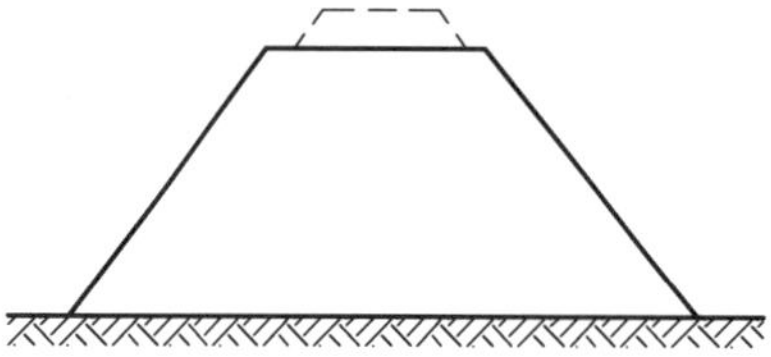

图 1-40 路堤

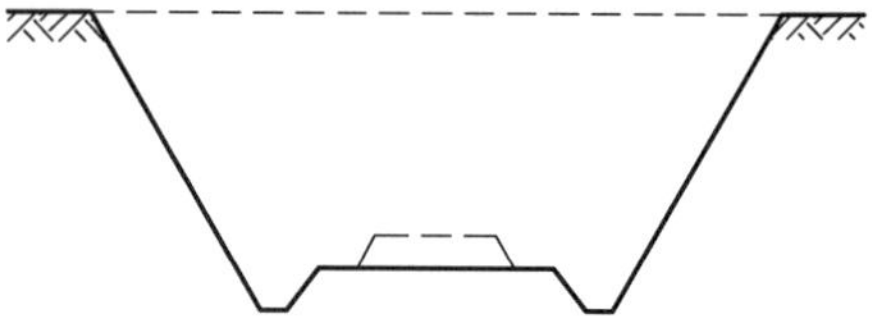

图 1-41 路堑

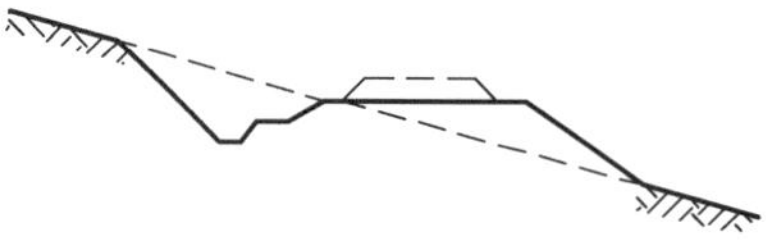

图 1-42 半路堤

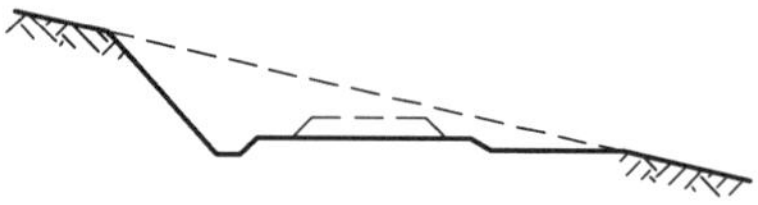

图 1-43 半路堑

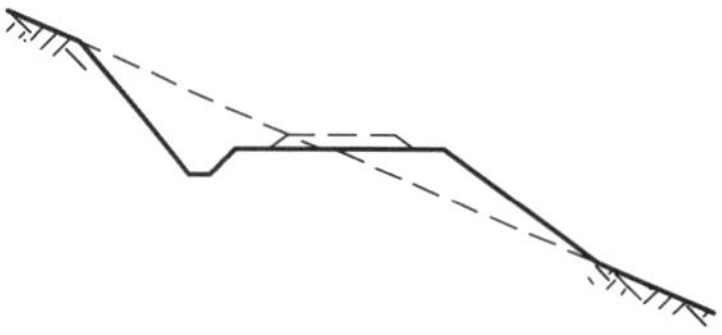

图 1-44 半路堤半路堑

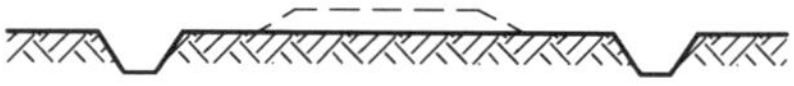

图 1-45 不填不挖路基

三、路基横断面与线路平、纵面的空间关系

图 1-46（a）表示一个土质路堤横断面。在路基面上，铺设道砟，未被道砟覆盖的那部分路基面称为路肩。路肩与边坡的交点即路基顶肩的连线 aa' 与横断面中线的交点 O，这个特征点 O 位于线路平、纵断面的中心线上。而它在地面上的投影 O' 即为线路中心桩的位置。因此，在纵断面图上线路中心线的高程就是横断面图上 O 点的高程，即所谓路基高程。因为 O 点的高程又与路肩高程（路基顶肩的高程）相同，所以，为测量工作方便起见，常用路肩高程代替路基高程。

对于某一个横断面，路基中心高度是指横断面上 O 点所表示的高度，也就是纵断面图上线路中心线所表示的填挖高度，对于路堑则称为路堑深度，如图 1-46（b）所示；路基边坡高度指坡顶与坡脚的高程差，如果左右两侧的高度不等，则规定以大者代表该横断面的边坡高度。

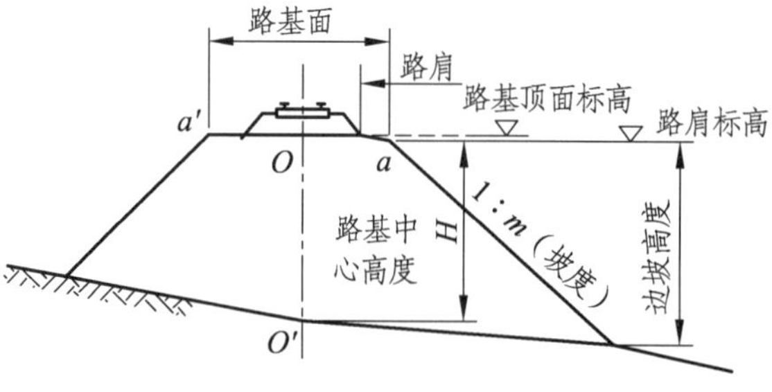

（a）

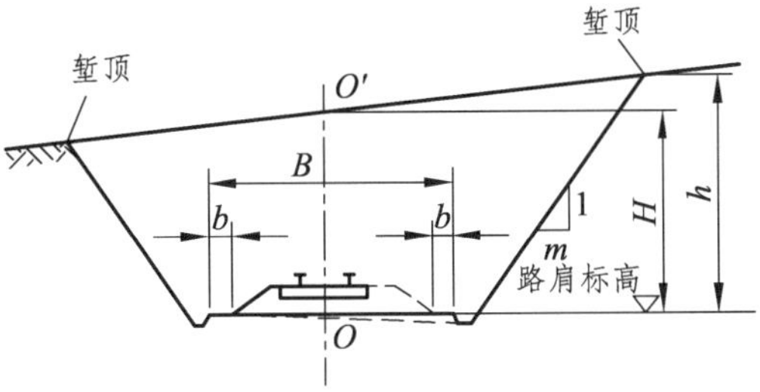

（b）

图 1-46　路基横断面与线路平、纵断面的几何关系

四、路基横断面各组成部分

1．路肩高程

路肩的高程应保证路基不致被洪水淹没，也不致在地下水最高水位时因毛细水上升至路基面而产生冻胀或翻浆冒泥等病害。因此，对路基高程有一个最小值要求。规范规定，路肩的最小高程应包括设计洪水频率的水位连同波浪侵袭高和壅水现象在内，再加 0.5 m 富余量，如图 1-47 所示。通常，路肩的设计高程在线路平纵断面设计时先已确定。

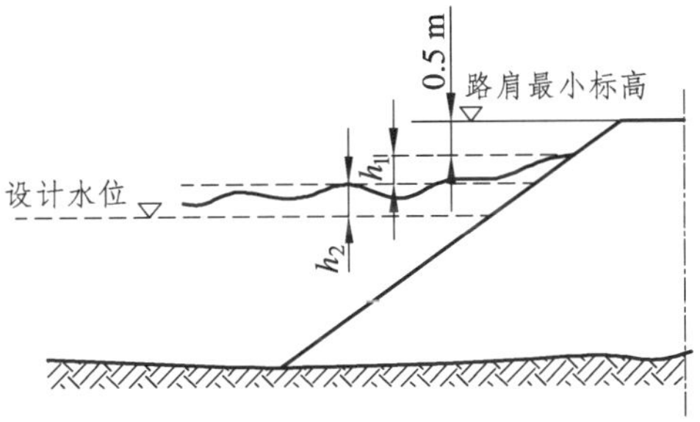

h_1—波浪侵袭高；h_2—壅水高。

图 1-47　路肩最小高程

2．路基面形状

水的危害是造成路基病害的重要原因，保证良好的排水条件是路基设计的重要原则。

因此，当路堤或路堑的土质为非渗水性土时，路基面不是做成水平状，而是做成有横向排水坡的拱状，称为路拱，以利于排除雨水，避免路基面处积水使土软化，造成病害。而岩质路基或用渗水材料（如碎石、卵石、砾石、粗砂或中砂）修筑的路基，因具有良好的渗水性能，降雨时短暂的湿润对强度影响不大，故路基面不需设成路拱而做成水平状即可。但对于多雨地区易风化的泥质岩石，因其在动荷载长期作用下易于软化，而发生翻浆冒泥病害，因此路基面应按土质路基做出路拱，这样，路基面的形状便视路基材料是否为渗水材料而分为有路拱和无路拱两种。

路拱的形状为三角形。单线路拱高 0.15 cm，一次修筑的双线路拱高 0.20 cm。

站场内路基面的形状可根据站内股道数目的多少选用单坡形、人字形或锯齿形，并在低谷处设置排水设备，如图 1-48 所示。

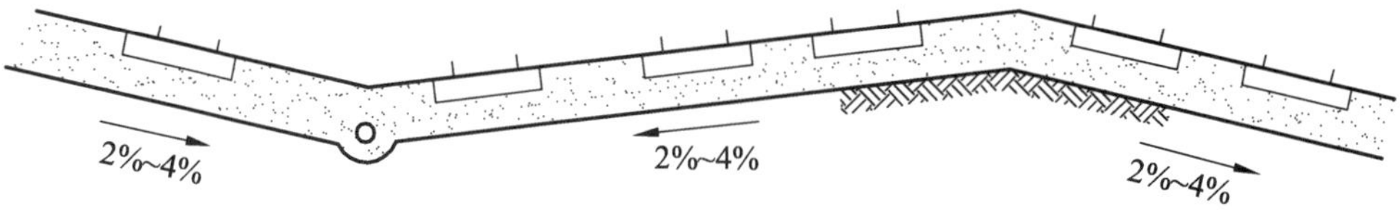

图 1-48 站场内的路基面形状

五、路基排水

水的危害，如对土体的浸泡、饱和、冲刷作用，是路基病害发生的重要原因之一。路基范围内排水处理的好坏对路基的整体稳定和防止基床病害影响甚大。

1．地面水的排除

线路两侧必须设置侧沟。侧沟使线路上的降水能顺利排走，同时阻止路基范围外的地面水流入路基。在路堑坡顶应设置天沟，如图 1-49 所示，以截断山坡地面水流入路堑。在汇水面积或地形特殊地段，常需设置多道截水沟排除山坡地面水。

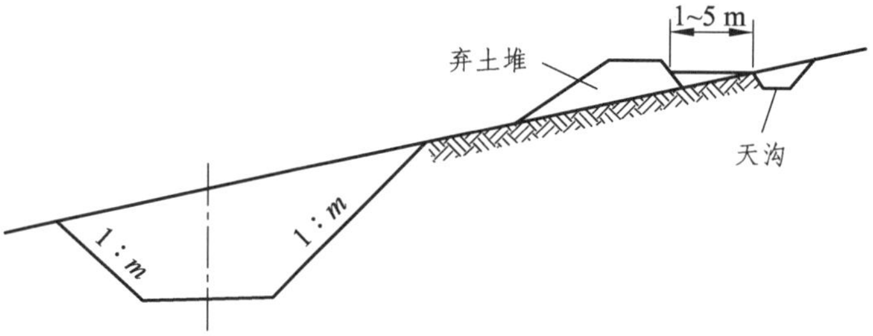

图 1-49 堑顶有弃土堆时天沟布置

设计地面排水设施时，横向排水坡度一般不宜小于 4%（路拱的高度就是按此横坡确定的），以便迅速排走降水。纵坡不宜小于 2‰，但不宜大于 8‰，以免沟底被冲刷。需按流量设计的侧沟、天沟、排水沟，其横断面应按洪水频率为 1/25 的流量进行计算。沟顶应高出水位 0.2 m。不需计算流量的排水沟，底宽一般为 0.4 m，深度为 0.6 m。流速较大可能引起冲刷或渗漏的排水沟应予铺砌或采取其他加固措施。

若流水纵坡过大，可采用缓流井以缓和流速避免冲刷。在地形陡峻地段，天沟或截水沟的沟顶和沟谷的高差太大时，可用跌水或急流槽连接。在不得已情形下，需自天沟向侧沟排水时，采用路堑边坡吊沟（急流槽的一种形式）。

2．地下水的排除

地下水丰富地区的路堑，应根据地下水或含水层埋藏的深浅和地层的渗透性质，在路堑范围内或范围外设置明沟、暗沟、渗水隧道或其他排水设施将地下水拦截排走，使其不流入路基范围，或降低地下水位以保证路基基床的稳定性。

图 1-50 所示为边坡渗沟简图，用于疏干潮湿的边坡和上层滞水，也常用于加固潮湿的容易发生溜坍的土质路堤边坡。

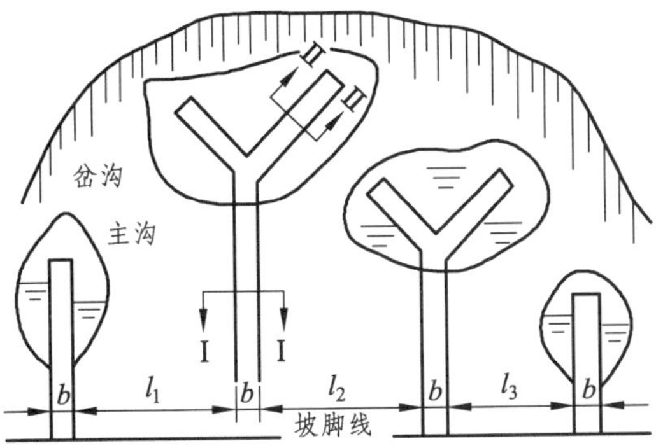

图 1-50　边坡渗沟

六、路基工程常见病害

路基裸露在自然界中，经常受到自重、列车荷载和各种自然因素的作用。由于水、温度和各种荷载的作用，路基的各部分将产生可恢复的变形和不能恢复的变形。那些不能恢复的变形，将引起路基标高和边坡坡率、形状的改变，甚至造成土体位移和路基横断面几何形状的改变，危及路基及其各组成部分的完整和稳定，形成路基的病害。路基常见病害有以下几种。

1．基床翻浆冒泥

基床翻浆冒泥（见图 1-51）是指含黏粒、粉粒的基床表层土，在水和列车反复振动的作用下，发生软化或触变、液化，形成泥浆，列车通过时轨枕上下起伏使泥浆受挤压抽吸而通过道床孔隙向上翻冒，造成道砟脏污、板结，丧失弹性。

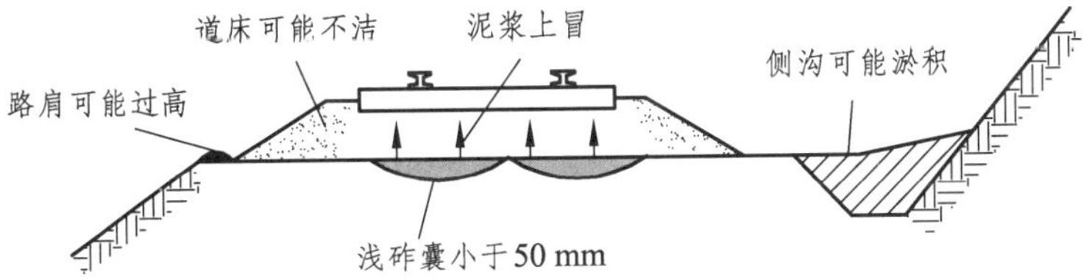

图 1-51　基床翻浆冒泥的原因

基床翻浆冒泥分为土质基面翻浆、风化石质基面翻浆、裂隙泉眼翻浆三类。典型的翻浆冒泥多发生在基床表层 30 ~ 50 cm 以内，此时，道砟压入基床而形成的道砟囊也较浅，轨道下沉常不明显，且多发生于雨季，路堤、路堑均可发生，是基床病害的早期现象。泥浆使道床板结，失去弹性，加剧了列车对轨道的冲击力，缩短了轨道的使用寿命，增加了线路的维修工作量。基床翻浆如不及早整治，病害将向基床深部发展，导致道砟囊加深，轨道沉陷，从而转化为基床下沉或挤出等严重变形现象。

2．路基下沉

路基下沉是指由于路基土压实度不足或松软，在水、荷重、自重及列车振动作用下发生局部或较大面积的竖向变形。一般经过列车运行一段时间后，下沉会趋于缓解，但有时因荷重增加或水的作用使沉降速率加大，局部下沉也会造成陷槽，使线路不平顺。路基下沉分为基床下沉、地基下沉及边坡外臌三类。

1）基床下沉

由于基床填料的压实度不足、土质不良或由于线路荷重增加而造成的基床面标高局部或大范围的明显沉陷的变形现象。

2）地基下沉

由于地基土质不良且路基填筑时处理不当，或由于线路荷重增加而造成地基面标高的降低。

3）边坡外臌

在黏性土或粉土路堤上，受水和列车动力影响，道砟囊向边坡方向发展，从而使边坡中下部向外臌出。

3．基床外挤

基床外挤主要是指由于基床的软弱层被水饱和，在列车动力作用下，软弱层顺其下的刚卧层发生剪切滑动或塑性流动，向路肩一侧或两侧挤出的变形现象。图 1-52 所示是发生于路堑的基床外挤。外挤分为路肩隆起和路肩外挤两类。路肩隆起指基床土处于软塑状态，基床发生剪切破坏，在路肩单侧或双侧发生向上隆起的变形；路肩外挤指基床内的土经常处于软塑状态，而基床下部某一深度处存在刚卧层或土质密实，阻碍了道砟陷坑向下发展，同时侧向阻力较小，剪切沿交界面发生，使路肩向外挤出的变形。

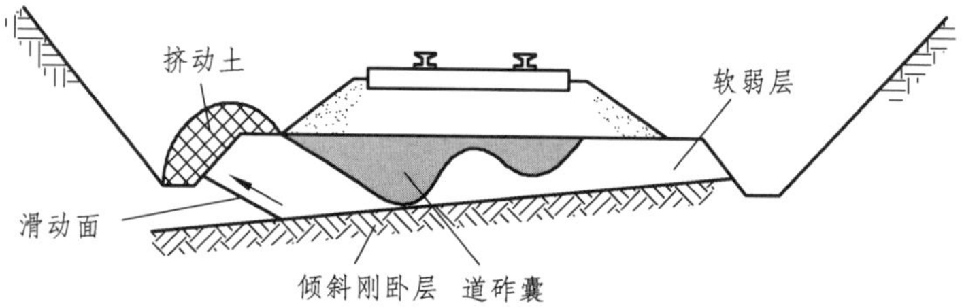

图 1-52　基床外挤的原因

4．基床冻害

路基在土质、水和温度的不利组合下，低温季节基床土冻结，短距离地段内出现不均匀冻胀或左右股道的不均匀冻胀，导致线路不平顺或方向不良，称为基床冻害。基床冻害可分为表层冻害和深层冻害两类。表层冻害指发生在基床土体临界冻结深度上半部分的冻害，或冻结深度小的地区发生的冻害，易造成线路不均匀冻胀。深层冻害指产生冻害的部位较深，多兼因地下水位较高，冻结过程中不断出现冰层而引起。

5．边坡溜塌

边坡溜塌是指路堤或路堑边坡表层受水流侵蚀软化，或由于列车振动作用，失去稳定而形成的边坡浅层溜滑或坍塌。边坡溜塌对于路堤而言其溜塌范围不超过轨枕端部，对于路堑地段，边坡的溜塌不影响到基床的稳定性，超出此范围，即不属于边坡溜塌病害，边坡溜塌分为堤坡溜塌和堑坡溜塌两类。

6．风化剥落

风化剥落是指风化的石质路堑边坡，在外界环境因素，如降水、强风、振动等影响下，成片或块体剥落，从而危及线路和行车安全。一般多指因地形、地质原因而造成的体积较小而数量较多的风化岩石剥落，现场常用设防护网或喷射水泥浆等方法处理。

7．滑坡

滑坡是指一部分土体在重力作用下沿路堤的某一滑动面滑动。滑坡现象主要是由土体的稳定性不足而引起的，分路堤滑坡和路堑滑坡，如图 1-53 所示。边坡坡率过陡，或边坡坡脚被冲刷挖空，或填土层次安排不当，这些是路堤边坡发生滑坡的主要原因。路堑边坡滑坡的主要原因是边坡高度和边坡坡率与天然岩土层次的性质不相适应。黏性土层和蓄水的砂石层交替分层蕴藏，特别是有倾向路堑方面的斜坡层理时，就更容易造成滑坡。

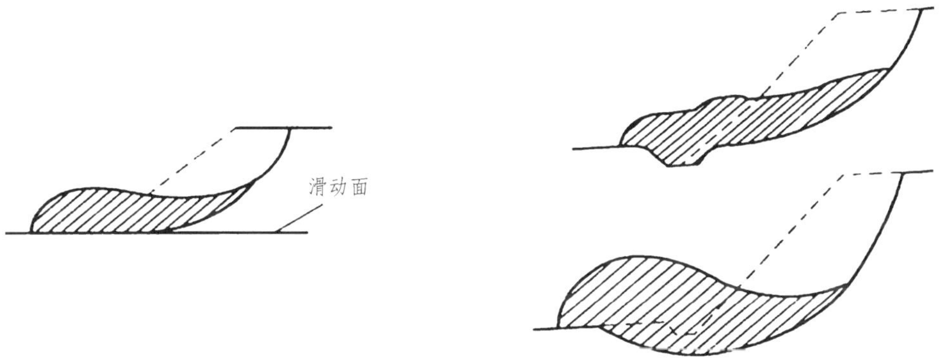

（a）路堤边坡滑坡　　（b）路堑边坡滑坡

图 1-53　滑坡

8．路基毁坏

不良地质和水文条件易造成路基破坏。铁路路基通过不良地质条件（如泥石流、溶洞等）和较大自然灾害（如大暴雨）地区时，均可能导致路基的大规模毁坏。在勘测设计过程中，应力求避开这些地区或采取相应的工程技术措施，以保证路基的安全和稳定。

任务六　桥隧建筑物

桥隧建筑物是桥梁、隧道、涵洞、明渠、天桥、地道、调节河流建筑物等的总称。

一、桥梁的组成与分类

1．桥梁组成

桥梁由上部结构、下部结构及附属结构构成，如图 1-54 所示。

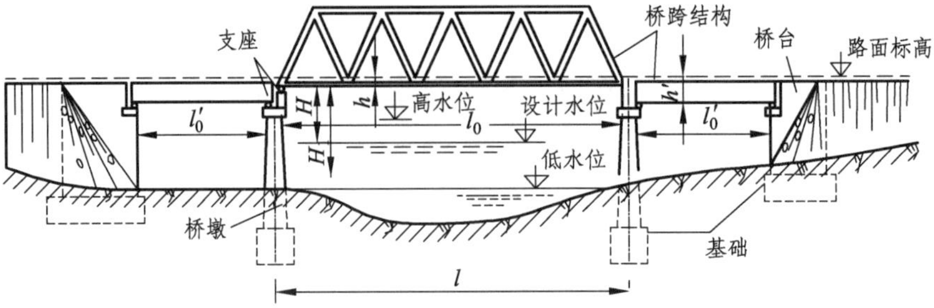

图 1-54 桥梁的基本组成

桥梁
- 上部结构（桥跨结构）
  - 梁（拱）
  - 桥面
  - 支座

  ：主要支承结构
- 下部结构
  - 桥墩
  - 桥台
  - 基础

  ：支承桥跨结构，将上部荷载传到地基, 也称为主体工
- 附属结构
  - 桥头锥体护坡：保证桥台与路堤很好衔接与路堤的稳定
  - 护基：保护墩台基底不受河流冲刷
  - 导流堤：引导水流顺畅地从桥下宣泄，使桥梁免遭水害
  - 丁坝护岸：保护桥头或附近河岸

1）上部结构（桥跨结构）

包括桥面（钢轨、轨枕或者道砟这类直接承受列车荷载的部分）、梁（跨越墩台间的架空承重结构）及支座（支承上部结构并按其静力条件将其竖向及纵、横向水平反力传给下部结构的部件）。

2）下部结构

包括桥墩（支承相邻的两孔桥跨）、桥台（前端支承桥跨，后端支挡路基填土）和基础。它支承桥跨并把其传来的荷载连同自身所受的荷载及恒载传到下面的地基上去。

3）附属结构（防护设备及河流调节建筑物）

包括护锥（保护桥台与路基的连接部分免受水流冲淘）、护基（保护墩台基底不受河流冲刷）、导流堤（引导被桥头路堤约束阻挡的水流能均匀顺畅地通过桥孔，以减少桥下河床冲刷变形）及丁坝护岸。

2．桥梁分类

1）按桥梁长度分类

（1）特大桥——桥长 500 m 以上。

（2）大桥——桥长 100 m 以上至 500 m。

（3）中桥——桥长 20 m 以上至 100 m。

（4）小桥——桥长 20 m 及以下。

注：桥长——梁桥系指桥台挡碴前墙之间的长度，拱桥系指拱上侧墙与桥台侧墙间两伸缩缝外端之间的长度，刚架桥系指刚架顺跨度方向外侧向的长度。

2）按梁拱材质分类

（1）钢桥：梁拱材料为钢材。

（2）圬工桥：梁拱材料为石、砖、混凝土、钢筋混凝土等圬工材料。

（3）混合桥：一座桥上有两种以上不同的材料。

（4）木桥：梁拱为木材。

3）按桥面位置分类

（1）上承式桥：桥面位于桥跨的顶部［见图 1-55（a）］。

（2）中承式桥：桥面位于桥跨中部［见图 1-55（b）］。

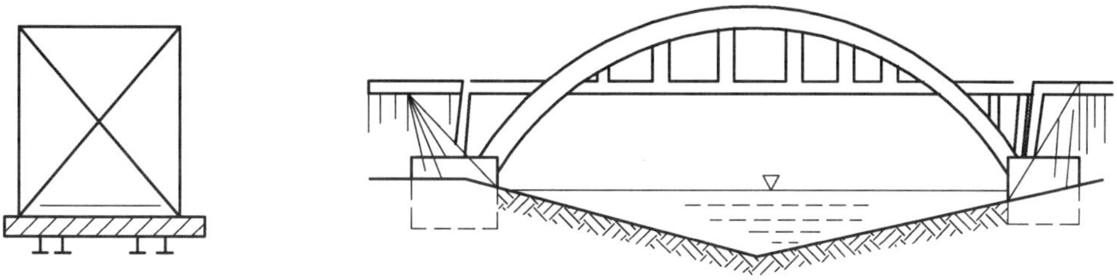

（a）上承式　　（b）中承式

图 1-55　上承式、中承式桥梁

（3）下承式桥：桥面位于两主梁（架或板梁）或两拱肋之间。下承式又分为穿式桥和半穿式桥。桥面上方有横向联结系者称为穿式桥［见图 1-56（a）］，桥面上方无横向联结系者称为半穿式桥［见图 1-56（b）］。

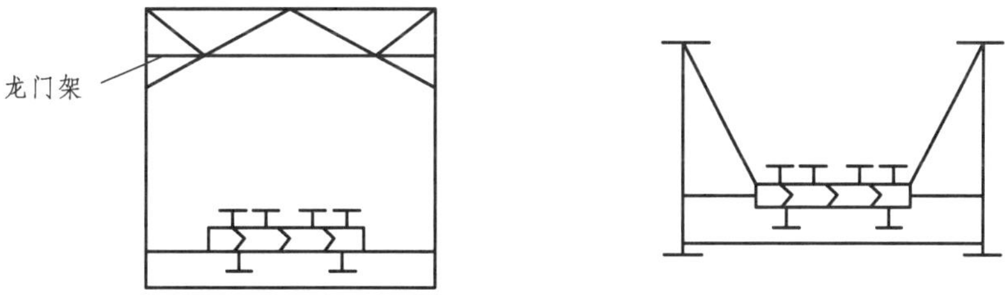

（a）穿式　　（b）半穿式

图 1-56　下承式桥梁

4）按桥跨结构承受荷载的特征分类

（1）梁桥：桥跨结构通过仅能传递垂直反力和水平反力的支座支承在墩台上，有简支梁桥、连续梁桥、悬臂梁桥三种。

（2）拱桥：桥跨结构为拱。拱桥又可按结构形式分为无铰桥、双铰桥、三铰桥；按有无推力分为推力拱、无推力拱。

（3）刚构桥：墩台（支柱）与桥跨连成刚性整体结构。

（4）箱形桥（或称框构桥）：桥跨为闭合刚性结构。

（5）悬索桥：桥跨结构的承载部分主要由柔性的链或悬索构成。

（6）斜拉桥：斜拉索在垂直荷载下承受拉力并传至高出桥面的塔柱上。

（7）综和体系桥：桥垮同时有几个体系特征结构，相互联系结合而成，如结合梁等。

二、桥梁各部尺寸的规定（见图 1-57）

1．跨度（计算跨度）

（1）简支梁桥、连续梁桥、悬臂梁桥、斜拉桥、悬索桥和双铰桥拱为各孔两端支座中心之间距离。

（2）无铰拱桥、刚构桥和箱形梁为其净孔。

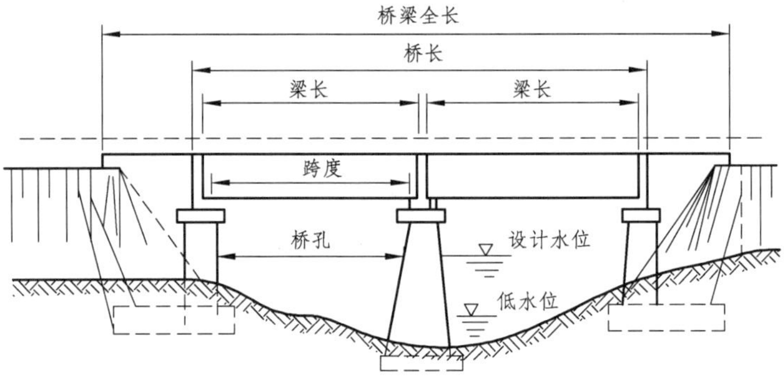

图 1-57　桥梁尺寸

2．梁的全长

（1）钢桁梁为沿纵梁（下承）或上弦（上承）的全梁长度。

（2）板梁、工字钢梁为上边的长度。

（3）圬工梁为两端外边至外边的长度。

（4）连续梁为相连各孔的总长。

（5）扣轨梁或工字钢束梁各为轨束或工字钢的实际长度。

3．梁的净跨度（净孔）

沿计算水位量出的相邻墩台边缘之间的距离。

4．桥梁长度（桥长）

（1）梁桥系指桥台挡碴前墙之间的长度。

（2）拱桥系指拱上侧墙与桥台侧墙间两伸缩缝外端之间的长度。

（3）刚构桥系指刚构顺桥方向外侧间的长度。

5．桥梁全长

指两桥台边墙外端（包括托盘及基础间）的距离，两边墙不相等时以短边计；曲线桥为中心线上墩台之间各段折线之和。

6．桥孔总长

指桥梁排水宽度，即桥梁各孔净跨度的总和。斜桥为各两墩（台）间垂直距离之和；拱桥为各孔起拱线处净长之和。当锥体填土凸出桥台之外时，则改沿计算水位与低水位之间的中线来量度。

7．桥梁高度

由桥面的轨底至河床最凹点的距离。

8．桥下净空高度

由桥跨结构的底部到计算水位（通航河流则为计算航行水位）的距离；跨线桥为桥跨结构底部至其下线路轨顶的高度。

9．温度跨度

指梁跨受温度影响而伸长和缩短的区段长度（见图 1-58）。

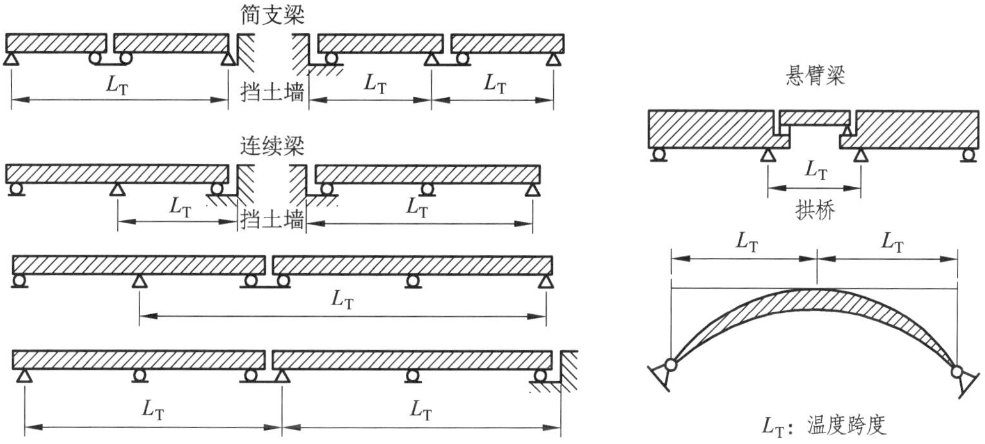

图 1-58　温度跨度

三、隧道的组成与分类

1．隧道构造

在地下工程中，用以保持地下空间作为运输孔道的称之为“隧道”。

隧道的构造包括主体建筑物和附属设备两部分。主体建筑物由洞身和洞门组成；隧道洞身内应做衬砌，衬砌一般由边墙、拱圈和仰拱所组成（见图 1-59）。附属设备包括避车洞和防排水设施，长大隧道还有专门的通风及照明设备。

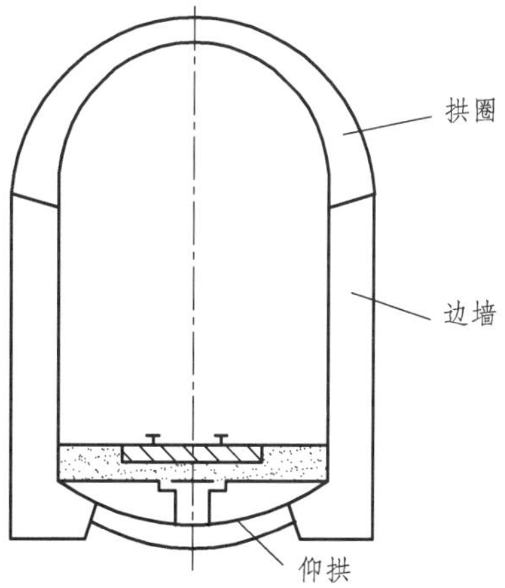

图 1-59　衬砌

2．隧道按长度分类

（1）特长隧道——全长 10 000 m 以上。

（2）长隧道——全长 3 000 m 以上至 10 000 m。

（3）中隧道——全长 500 m 以上至 3 000 m。

（4）短隧道——全长 500 m 及以下。

注：隧道长度系指进出口洞门端墙之间的距离，即以墙面与内轨顶面的交线同线路中线的交点计算，计算时，双线隧道以下行线为准，位于车站上的隧道以正线为准。

3．隧道的洞门、衬砌

1）洞门

隧道的两端均通至地表，靠近地表一段的外露面，一般都修建有支护洞口仰坡和边坡的结构物，即为“洞门”。隧道洞口应设置洞门。洞门端墙顶面高出仰坡脚不少于 0.5 m，仰坡脚至洞门端墙顶帽背的水平距离应不少于 1.5 m。洞门端墙与仰坡之间的水沟底至衬砌拱顶外缘的厚度不宜小于 1.0 m。洞口其他设施设置应符合如下规定：

（1）洞口仰坡周围须设置排水、截水设施。

（2）洞口仰坡及进出口路堑边坡有剥落可能时，坡面应予防护。

（3）洞口应有必要的检查设施和有关的标志。

2）衬砌

修建隧道时，在一般情况下，都是先在地层内挖出一个称为“坑道”的孔道后，然后沿坑道周边修建永久性支护结构，即隧道衬砌。

四、涵渠的组成与分类

涵洞、明渠、渡槽、倒虹吸管统称为涵渠。

涵洞由洞身、基础、进出口建筑物（即端墙、翼墙等）以及附属设备组成（见图 1-60）。

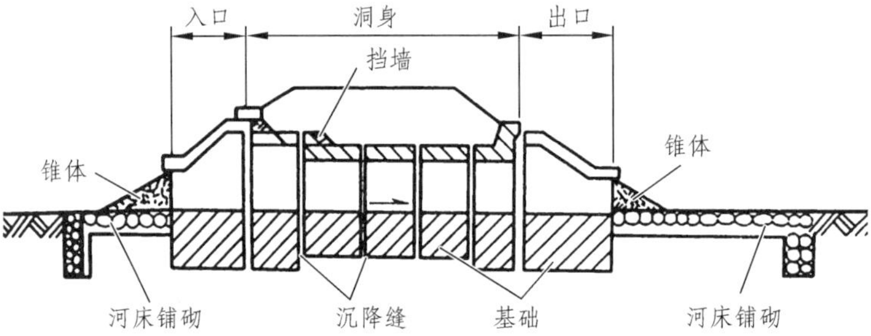

图 1-60　涵洞的组成部分

1．涵洞的分类

（1）按结构形式分：拱涵、圆涵、框构涵、盖板涵等。

（2）按水力特性分：有压涵、无压涵。

（3）按孔数分：单孔、双孔、多孔等。

各式涵洞的最大长度应视其净高（或内径）h 而定：

$h = 1.0$ m，长度不宜超过 15 m。

$h = 1.25$ m，长度不宜超过 25 m。

$h \geqslant 1.5$ m，长度不受限制。

当采用 0.75 m 孔径用于无淤泥地区的灌溉涵，长度不宜超过 10 m；当 $h \geqslant 1.0$ m 时，长度不宜超过 15 m。

2．涵洞有关尺寸的规定

涵洞的净孔：拱涵为起拱间的水平距离；框构涵为涵内水平距离；圆涵为内径（卵形或

扁圆形的为水平方向最大距离）；盖板涵为墩台间净距。

涵洞的全长即涵洞的轴长，包括端墙在内；框构涵和盖板涵的全长为边墙间横向宽度，以长边计。

3．涵洞一般规定

排洪涵洞的最小孔径不应小于 1.25 m，且全长不应大于 25 m；当全长大于 25 m 时，孔径还应相应加大。无淤积的灌溉涵孔径不应小于 0.75 m；当孔径为 0.75 m，且净高（或内径）小于 1.0 m 时，长度不宜大于 10 m；净高（或内径）大于等于 1.0 m 时，长度不宜超过 15 m。城市或车站范围内涵洞的孔径，需酌情加大。

涵洞必须保持状态完好，如发现下列状态之一时，应及时处理：

（1）钢筋混凝土结构裂缝宽度大于等于 0.3 mm；混凝土拱形结构（含砖、石等砌体拱形结构）裂缝宽度大于等于 20 mm。

（2）涵身破损变形、错位、拉开造成漏土或排水不畅；冻害引起线路变形。

（3）涵身，端、翼墙基础冲坏，基底全部或局部冲空。

（4）涵洞基底冒水潜流，洞内渗漏水，影响路基稳定。

（5）涵洞严重腐蚀风化，脱落深度≥20 mm，面积≥0.5 m^2。

（6）涵洞淤积严重，影响排洪。

（7）涵洞进出口护锥及防护设施冲毁。

复习思考题

1. 画出工程图纸标题栏。
2. 简述力学强度、刚度的定义。
3. 受拉杆件的强度条件是什么？
4. 水准测量方法是什么？
5. 测绘法测量水平角的步骤是什么？
5. 简述地铁线路的分类。
6. 什么叫建筑接近限界？
7. 简述地铁车站的分类。
8. 简述线间距的规定。
9. 简述路基的组成。
10. 路基工程常见病害有哪些？
11. 简述桥梁的组成及其分类。
12. 桥梁长度是如何定义的？
13. 简述隧道的组成及其分类。
14. 简述涵洞的组成及其分类。

项目二　轨道结构

◆ 学习情境描述

轨道是地铁运营的主要技术装备之一，是行车的基础。轨道是由钢轨、轨枕、道床、道岔、联结零件及防爬设备组成。它的作用是引导机车车辆运行，直接承受由车轮传来的荷载，并把它传递给路基或桥隧建筑物。轨道必须坚固稳定，并具有正确的几何形位，以确保机车车辆的安全运行。地铁列车轴重轻、行车密度大、运营时间长、维修时间短。因此，与国家铁路相比，两者要求不尽相同。南京地铁一号线的轨道结构除了要求具有足够的强度、稳定性和耐久性等基本特征外，还提出了以下要求：

（1）适应维修时间短的特点，养护工作量要少、使用寿命要长。

（2）具有适量的弹性，使列车运行所引起的振动与噪声控制在容许值范围内。

（3）要具有一定的绝缘性能，以减少迷散电流对周围金属构件的电腐蚀。

（4）减少轨道结构零部件的非标品种，尽可能选用铁道部通用件，以降低工程造价和养护费用。

◆ 学习目标

（1）使学生了解钢轨、轨枕、道床的材料及类型。

（2）掌握钢轨伤损、轨缝及其设置。

（3）掌握混凝土轨枕的布置及失效与伤损标准。

（4）掌握钢轨接头的类型、扣件类型以及无砟轨道的结构。

（5）了解车挡及线路标志。

◆ 思政案例（鹰厦铁路，修筑困难）

福建的第一条铁路其实很难修，市市通高铁真的不容易。

对于福建省来说，它的铁路修起来异常的艰难，很多有过了解的网友都知道，当年的鹰厦铁路是解放军用血肉之躯筑起来的，如今的福建市市通高铁，真的是非常不容易。

直到20世纪50年代的时候，福建才有了第一条通往内地的安全可靠大动脉，即著名的鹰厦铁路。当年的鹰厦铁路修筑困难可以说是“前无古人，后无来者”，因为要在工程技术上克服重峦叠嶂的闽西闽中山地造成的修筑困难之外，还要设法通过大海将铁路修到厦门岛。有一部分解放军战士在修建隧道的时候牺牲了，所以每个隧道口都有纪念雕像。

二十大报告指出，前进道路上，必须牢牢把握坚持发扬斗争精神的原则。知难而进、迎难而上，全力战胜前进道路上各种困难和挑战，依靠顽强斗争打开事业发展新天地。

【本思政案例参考文献：曾昭铎. 鹰厦铁路的修建及其历史意义[J]. 福建党史月刊，1990（3）：5.】

任务一　钢　轨

一、钢轨的功用与特性

钢轨是轨道的主要部件，用于引导机车车辆车轮的前进，承受车轮的巨大压力，并将所承受的荷载传递于轨枕、道床及路基。钢轨必须为车轮提供连续、平顺和阻力最小的滚动表面。在电气化的铁道或自动闭塞区段，钢轨还可以兼做轨道电路之用。

钢轨的工作条件十分复杂。在列车动荷载的作用下，钢轨产生纵向弹性挠曲和横向弹性变形，故应有足够的承载能力、抗弯强度、断裂韧性及稳定性、耐久性、耐腐蚀性等。

1．化学成分

钢轨除含铁（Fe）外，还含有碳（C）、锰（Mn）、硅（Si）及磷（P）、硫（S）等元素。

1）磷、硫

磷含量大于 0.1% 时，会使钢轨具有冷脆性；硫会使金属在 – 800 ~ 1 200 °C 时发脆，在轧制及热加工时易出现裂纹。

2）碳、锰、硅

钢的含碳量高，可提高其抗拉强度、硬度和耐磨性。但含碳量过高，会使钢轨的塑性和韧性明显下降，还会使钢轨内部产生微小裂纹进而诱发钢轨断裂。

硅易与氧化合，能除去钢中气泡而使钢轨材质致密，能提高钢轨的耐磨性能；锰可提高钢的强度和韧性。

3）合金钢轨

为进一步提高钢轨的耐磨性能和强度，可对钢轨进行全长淬火或采用合金钢轨，如在钢轨中增加铬（Cr）、镍（Ni）、钼（Mo）、铌（Nb）、钒（V）、钛（Ti）和铜（Cu）等元素，制成合金钢轨。

2．断面

钢轨可视为弹性基础上的连续长梁，而梁抵抗挠曲的最佳断面为工字形。因此，钢轨断面形式为宽底式工字形断面，由轨头、轨腰和轨底组成，参数为轨头顶宽（b）、轨腰厚（c）、轨身高（H）及轨底宽（B），如图 2-1 所示。

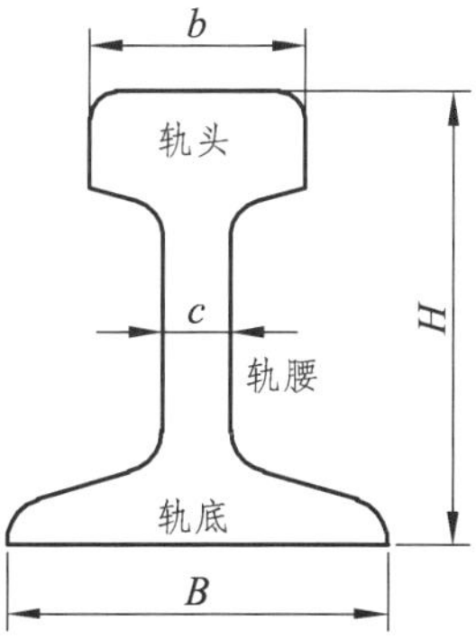

图 2-1　钢轨断面

（1）轨头是直接接触轮对的部分，需抗压、耐磨，轨头宜大而厚。

（2）轨腰是承载和抗弯的关键部位，须有足够的厚度和高度；轨腰与钢轨头部及底部的连接，须保证夹板支承面，并避免断面应力集中。

（3）轨底直接支承在轨枕面，应有足够的宽度和厚度、刚度和抗锈蚀能力。

二、钢轨类型

钢轨的类型，以每米大致质量（kg）表示。目前，我国钢轨类型主要有 75 kg/m、60 kg/m、50 kg/m。钢轨类型的选择要根据运输条件综合考虑。在技术上要能保证足够的强度、韧性、耐磨性和稳定性；在经济上要能保证合理的大修周期，减少养护维修工作量。

当前选择钢轨类型的主要依据是：按轨道大修周期所要求的钢轨安全使用寿命。钢轨上道后，由于轨型、材质、使用环境、运营条件及养护作业等诸多原因，在使用过程中钢轨的伤损、修复乃至更换是不可避免的。随着钢轨使用时间的延长，钢轨折损的数量会逐年增加，折损数量越多，行车的安全水准越低，修复、抽换伤损钢轨的费用越大。从行车安全、换轨修理的综合经济指标考虑，当平均每千米线路钢轨的折损数量超过某一限度之后，就可认定该批钢轨继续使用已无经济价值，必须成批更换下道并进行线路大修。一批钢轨从上道使用直至平均每千米线路钢轨累计折损根数达到某一规定限度之后而成批更换下道的整个使用期限内，线路累计通过的总质量称为钢轨的安全使用寿命。钢轨使用的安全度指标取决于区段的重要性、运输性质及行车速度。钢轨安全使用寿命通常用累计通过总质量表示。

轨道养护维修的主要作业是整治轨道几何状态的恶化，而轨道几何状态的恶化又与轨道结构的累计残余变形密切相关。因此，一般把轨道结构的累计残余变形量作为轨道几何状态恶化及为整治这种恶化所要求的轨道维修工作量及维修费用的评估指标。

福州地铁一号线正线采用 60 kg/m 钢轨（见图 2-2），铺设无缝线路地段采用无孔新轨，其余地段采用有螺栓孔新轨，车辆基地采用 50 kg/m 钢轨。60 kg/m 钢轨与 50 kg/m 钢轨连接采用异型轨。钢轨接头一般采用对接，在曲线地段，采用现行标准缩短轨。

三、钢轨接头和轨缝

钢轨标准长度有 12.5 m 和 25 m 两种，还有用于曲线内股的缩短轨。对于 12.5 m 标准轨系列的缩短轨有短 40 mm、80 mm、120 mm 三种；对于 25 m 标准轨的缩短轨有短 40 mm、80 mm、160 mm 三种。钢轨轧制后应具备下列外观要求：

（1）轧制后的钢轨应尽量避免弯曲。经矫直后钢轨应正直，不得有波浪弯曲和硬弯。钢轨均匀弯曲不得超过钢轨全长的 0.5/1 000。钢轨全长扭转不得超过钢轨全长的 1/10 000。

（2）轨底中间较两边凸出不得超过 0.5 mm，钢轨两端在与夹板相接触处如有凸出部分应予以清除。

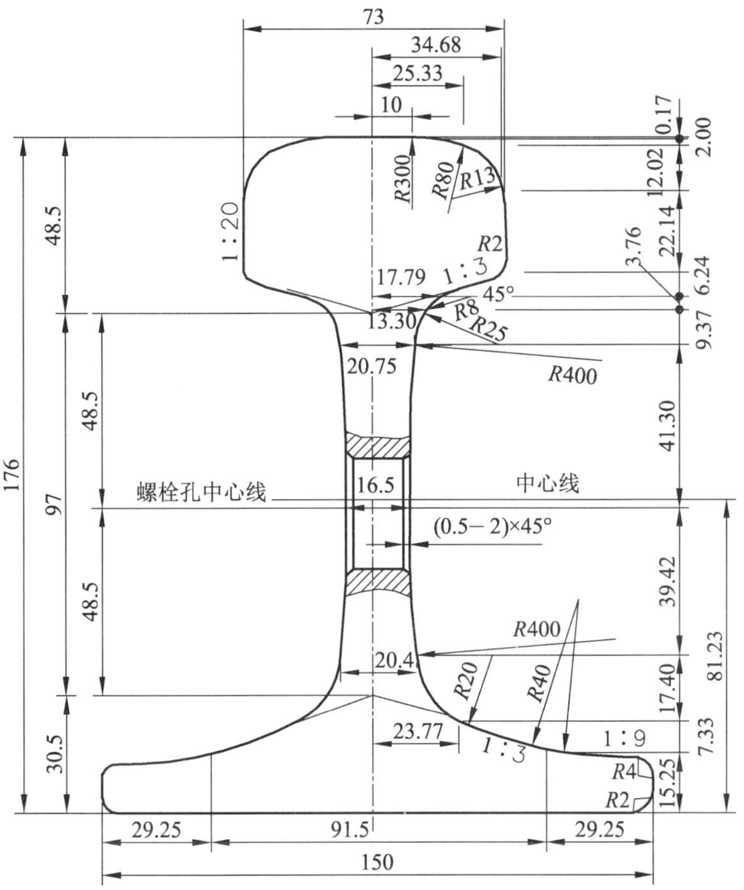

图 2-2　60 kg/m 钢轨断面尺寸（单位：mm）

（3）钢轨表面不得有裂纹、折叠和横向划痕，允许有深度不超过 1 mm 的结疤、压痕、碰伤和个别线纹。纵向划痕深度不得超过 0.5 mm。在轨底中央 1/3 处，不得有线纹，其他上述缺陷深度不得超过 0.5 mm。钢轨端面和螺栓孔表面不得有缩孔残余、分层、裂纹，其边缘上的毛刺应予清除。

轨道上钢轨与钢轨之间用夹板和螺栓连接，称为钢轨接头。接头处轮轨动力作用大，养护维修工作量大，接头是轨道结构的薄弱环节之一。

钢轨接头联结零件由夹板、夹板螺栓和弹簧垫圈等组成。通过联结零件把钢轨连接起来，保持接头范围与其他部位钢轨一样的整体性，以抵抗弯曲和位移。接头的联结形式按其相对于轨枕位置，可分为悬空式和承垫式两种。按两股钢轨接头相互位置来分，可分为相对式和相错式两种。

普通线路钢轨接头，应根据钢轨长度与钢轨温度预留轨缝。预留轨缝应满足如下条件：

（1）当轨温达到当地最高轨温时，轨缝应大于或等于零，使轨端不受挤压力，以防温度压力太大而胀轨跑道。

（2）当轨温达到当地最低轨温时，轨缝应小于或等于构造轨缝，使接头螺栓不受剪力，以防止接头螺栓拉弯或拉断。构造轨缝是指钢轨、接头夹板及螺栓尺寸限制，在构造上能实现的轨端最大缝隙值。

普通线路预留轨缝标准尺寸按下列公式计算：

$$a_0 = \alpha L(t_z - t_0) + 1/2a_g$$

式中 a_0——更换钢轨或调整轨缝时的预留轨缝（mm）；

α——钢轨线膨胀系数，为 0.011 8 mm/（m·°C）；

L——钢轨长度（m）；

t_z——更换钢轨或调整轨缝地区的中间轨温（°C）；

$$t_z = 1/2(T_{max} + T_{min})$$

式中 T_{max}、T_{min}——当地历史最高和最低轨温（°C）；

t_0——更换钢轨或调整轨缝时的轨温（°C）；

a_g——构造轨缝，50、60 kg/m 钢轨 a_g 均采用 18 mm。

（1）最高、最低轨温差不大于 85 °C 地区，可以按上式计算以后，根据具体情况将轨缝值减小 1 ~ 2 mm。

（2）25 m 钢轨铺设在当地历史最高、最低轨温差大于 100 °C 的地区应个别设计。

（3）南京地区的最高、最低轨温，以上海铁路局提供的依据为准。

四、钢轨伤损及养护标准

钢轨在极其复杂的条件下运用，不可避免地会产生各种伤损。其伤损的原因，既有钢轨在冶炼过程中出现的缺陷，又有在运输、使用过程中出现的破损。钢轨伤损对运输安全的威胁很大，因此，及时发现钢轨伤损，并积极采取措施，掌握伤损钢轨情况并及时向冶金部门反馈信息，摸清钢轨伤损规律，进而加强对钢轨的管理工作，这对工务部门是极为重要的。

1. 钢轨伤损的定义

钢轨伤损是指钢轨在使用过程中发生钢轨折断、钢轨裂纹以及其他影响和限制钢轨使用性能的伤损。

钢轨折断是指钢轨发生下列情况之一者：

（1）钢轨全截面至少断成两部分。

（2）裂纹已经贯通整个轨头截面。

（3）裂纹已经贯通整个轨底截面。

（4）轨头顶面上有长大于 50 mm 同时深大于 10 mm 的掉块。

钢轨裂纹是指除上述情况之外，钢轨部分材料发生分离形成的裂纹。

2. 轻、重伤钢轨标准

1）钢轨重伤标准

（1）钢轨头部磨耗超过表 2-1 所列限度之一者。

（2）钢轨在任何部位有裂纹。

（3）轨头下颏透锈长度超过 30 mm。

（4）轨端或轨顶面剥落掉块，其长度超过 30 mm，深度超过 8 mm。

表 2-1　钢轨头部磨耗重伤标准

钢轨/(kg/m)	垂直磨耗/mm	侧面磨耗/mm
60	9	17
60 以下至 50	8	15

（5）钢轨在任何部位变形（轨头扩大、轨腰扭曲或鼓包等），以及经判断确认内部有暗裂。

（6）钢轨锈蚀，除锈后轨底边缘处厚度不足 5 mm 或轨腰厚度不足 8 mm。

（7）钢轨顶面擦伤深度超过 2 mm。

（8）钢轨探伤人员或养路工长认为有影响行车安全的其他缺陷（含黑核、白核）。

2）钢轨轻伤标准

（1）钢轨头部磨耗超过表 2-2 所列限度之一者。

表 2-2　钢轨头部磨耗轻伤标准

钢轨/(kg/m)	总磨耗/mm		垂直磨耗/mm		侧面磨耗/mm	
	正线、试车线	车场线	正线、试车线	车场线	正线、试车线	车场线
60	13	15	8	9	13	15
60 以下至 50	11	13	7	8	11	13

注：① 总磨耗 = 垂直磨耗 + 1/2 侧面磨耗。
② 垂直磨耗在钢轨顶面宽 1/3 处（距标准工作边）测量。
③ 侧面磨耗在钢轨踏面（按标准断面）下 16 mm 处测量。

（2）轨头下颚透锈长度不超过 30 mm。

（3）钢轨低头（包括轨端踏面压伤和磨耗在内）超过 3 mm（用 1 m 直尺测量最低处矢度）。

（4）轨端或轨顶面剥落掉块，其长度超过 15 mm，深度超过 4 mm。

（5）钢轨顶面擦伤深度达到 1 ~ 2 mm，波浪形磨耗谷深超过 0.5 mm。

（6）钢轨探伤人员或养路工长认为有伤损的钢轨。

3）钢轨伤损养护标准

（1）预防和整治钢轨病害，延长钢轨使用寿命。

（2）钢轨硬弯用 1 m 直尺测量，矢度大于 0.5 mm 时应矫直。

（3）钢轨接头轨面或内侧错牙不得大于 3 mm。

（4）轨面擦伤和剥落掉块接近或达到轻伤标准时应焊补；轨端飞边大于 2 mm 时，应及时处理。

（5）波浪形磨耗谷深大于 0.5 mm 时，应进行打磨。

（6）有计划地用打磨、焊补以及更换道砟、垫砟、垫枕下大胶垫等方法，综合整治钢轨接头病害。

（7）普通线路（道岔）和无缝线路缓冲区的重伤和折断钢轨应及时更换。换下的重伤和折断钢轨应有明显的标记，防止再用。无缝线路钢轨重伤和折断，应按有关的规定处理。在正线和试车线上的轻伤钢轨，应有计划地进行更换。

（8）对易受盐碱侵蚀地段和隧道的钢轨，必要时可在钢轨上涂抹防锈剂。

（9）曲线地段侧面磨耗未达到轻伤标准的钢轨，应有计划地调边使用。

线路上换下来的旧钢轨，应及时回收集中，按旧轨使用、整修技术条件的规定，鉴定分类，划分等级与整修，并应分类堆码，建立台账。

任务二　轨　枕

轨枕承受来自钢轨的各向压力，并弹性地传布于道床，同时，有效地保持轨道的几何形位，特别是轨距和方向。轨枕应具有必要的坚固性、弹性和耐久性，并能便于固定钢轨，有抵抗纵向和横向位移的能力。轨枕按其材料分主要有木枕、混凝土枕和钢枕。南京地铁的轨枕主要有混凝土短轨枕、Ⅱ型轨枕、Ⅲ型轨枕以及木枕。

一、木枕

木枕分为普通木枕、岔枕和桥梁木枕三种（见图 2-3）。木枕的弹性和绝缘性较好，受周围介质的温度变化影响小，质量轻，加工和在线路上更换简便，并且有足够的位移阻力。经过防腐处理的木枕，使用寿命也大大延长，在 15 年左右。但木枕要消耗大量优质木材，由于资源有限，其价格较贵。同时，由于木枕种类和部位的不同，其强度、弹性不完全一致，在机车车辆作用下会形成轨道不平顺，增大了轮轨动力作用。

图 2-3　木枕

1. 普通木枕

标准长度为 2.5 m，其断面形状分为Ⅰ、Ⅱ两类。Ⅰ类：宽度 22 cm，厚度 16 cm；Ⅱ类：宽度 20 cm，厚度 14.5 cm。两类分别用于不同等级的线路上。

2. 道岔木枕

用于道岔上的木枕，断面尺寸有两种标准：

（1）75 型标准：宽度 22 cm，厚度 16 cm；长度从 260 cm 至 485 cm，每种长度相差 15 cm，共 16 个长度规格。

（2）92 型标准：宽度 24 cm，厚度 16 cm；长度从 260 cm 至 480 cm，每种长度相差 20 cm，共 12 个长度规格。使用时根据道岔的实际宽度分组选用。

3．桥梁木枕

用于桥梁上的木枕，其截面尺寸因主梁（或纵梁）中心间距的大小而异。

木枕（含木岔枕）失效标准：

（1）腐朽失去承压能力，钉孔腐朽无处改孔，不能持钉。

（2）折断或拼接的接合部分离，不能保持轨距。

（3）机械磨损，经削平或除去腐朽木质后，其厚度不足 100 mm。

（4）劈裂或其他伤损，不能承压、持钉。

二、混凝土枕

钢筋混凝土轨枕使用寿命长，稳定性高，养护工作量小，损伤率和报废率比木枕要低得多。

轨枕因应用范围不同，长度也不同。普通轨枕长度为 2.5 m，道岔用的岔枕和钢桥上用的桥枕，长度有 2.6 ~ 4.85 m 多种。每千米线路上铺设轨枕的数量是根据运量和行车速度等运营条件来确定的，一般而言，在 1 520 ~ 1 840 根之间。不言而喻，轨枕数量越多，轨道强度越大。

1．Ⅱ型轨枕

Ⅱ型轨枕的设计是根据重载线路承受荷载大、重复次数多的特点，采用疲劳可靠性进行设计的。设计标准是按年运量 60 Mt，轴重机车 25 t、货车 23 t，最高行车速度 120 km/h，铺设 60 kg/m 钢轨。与Ⅰ型轨枕相比，轨下截面正弯矩的计算承载能力提高 13% ~ 25%，中间截面正弯矩提高约 8.8%，中间截面负弯矩提高 14% ~ 41%。J-2 型轨枕（见图 2-4）是采用 4 根直径 10 mm 的高强度钢筋和 C58 级混凝土。

Ⅱ型轨枕是目前我国轨枕中强度较高的类型，也是主型轨枕，基本上能适用于次重型、重型轨道。Ⅱ型轨枕的不足是安全储备还不够大，对提高轨道的整体稳定性能力还不足。现场使用情况调查表明，在重型、次重型轨道上使用的轨枕，在某些区段出现轨中顶面横向裂缝、沿螺栓孔纵向裂缝、枕端龟裂、侧面纵向水平裂缝、挡肩斜裂等，轨枕年失效下道率平均约 1.2%。由此可知，Ⅱ型轨枕难以适应重型和特重型轨道的承载条件。为适应强轨道结构的要求，又研制了Ⅲ型轨枕。

2．Ⅲ型轨枕

Ⅲ型轨枕是从 1988 年开始，由铁道部专业设计院、铁道部科学研究院等单位研制，分有挡肩和无挡肩两种形式。为适应不同线路的需要，长度有 2.6 m 和 2.5 m 两种，其结构强度相同。设计参数采用机车（三轴）最大轴重 23 t、最高速度 160 km/h、轨枕配置 1 760 根/km 设计。有挡肩 2.6 m 长Ⅲ型轨枕如图 2-5 所示。

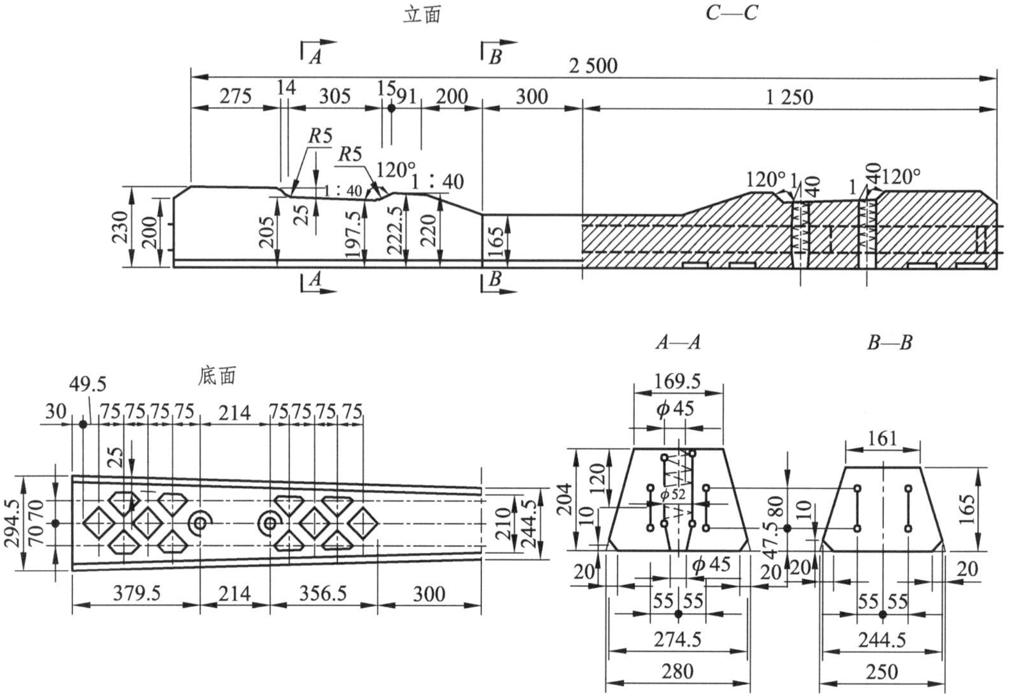

图 2-4 J-2 型混凝土轨枕（单位：mm）

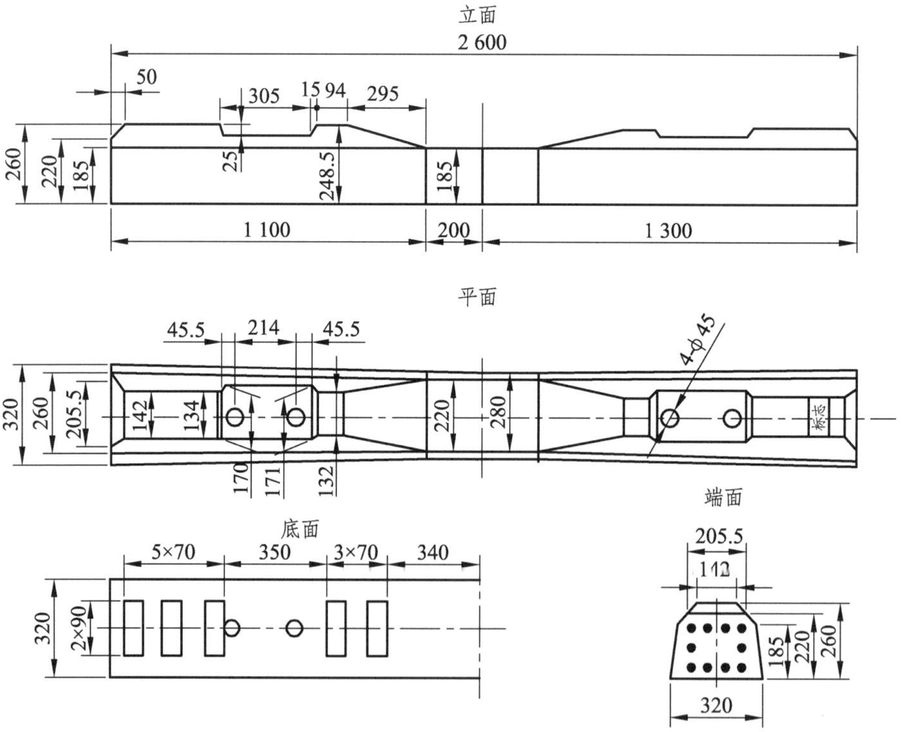

图 2-5 有挡肩 2.6 m 长Ⅲ型混凝土轨枕（单位：mm）

Ⅲ型轨枕的主要特点：

（1）结构合理，强化了轨道结构。由于轨枕长度增加到 2.6 m，并适当加宽了枕底，使枕下支承面积约增加了 17%，端侧面积约增加 20%，轨枕质量约增加 31%。因此，可有效提高道床的纵、横向阻力，减缓重载运输所产生的道床累积变形，提高线路的稳定性。

（2）轨下和中间截面的设计承载力，较Ⅱ型轨枕分别提高了约 43% 和 65%，提高了轨枕的强度。

（3）采用无螺栓扣件的扣压力能保持线路稳定。无纵、横向移动，有利于保持轨道的几何形位，减少养护维修工作量。

此外，为适应山区运营条件，由西南交通大学和成都铁路局共同设计开发了新Ⅲ型混凝土轨枕及与其相适应的扣件系统。在Ⅲ型混凝土轨枕设计荷载条件下，主要对轨枕挡肩结构及相应的挡板座进行了重新设计，可提高挡肩极限承载能力一倍以上，有效地解决了混凝土枕挡肩易破损的问题。

3．短轨枕

短轨枕结构与我国普通有砟轨道用混凝土轨枕（如Ⅱ型、Ⅲ型轨枕）差异较大，与之相比其结构特点为：短轨枕非常短，不到普通轨枕长度的五分之一。短轨枕为无挡肩结构，通常为梯形断面，而普通轨枕为不规则断面，沿长度方向断面变化大。短轨枕中预埋 2 个塑料套管用以固定钢轨扣件，而普通轨枕只需预留孔采用硫黄锚固形式固定钢轨扣件，且短轨枕中套管顶部外露 4 mm，两套管不在一直线上。结构内钢筋形式差异较大，短轨枕中埋置钢筋骨架并部分外露底部，普通轨枕中采用预应力钢筋，无钢筋外露。普通轨枕底部为平面仅需压花，而短轨枕底部需形成 20 mm 高人字坡并拉毛。

短轨枕采用强度等级为 42.5 号的硅酸盐水泥或普通硅酸盐水泥，其技术要求应符合《硅酸盐水泥、普通硅酸盐水泥》（GB 175—1999）的规定。粗骨料宜采用碎石，细骨料宜采用硬度天然砂。

短轨枕各部尺寸应满足精度要求，承轨面的平面度不大于 1 mm，钢筋保护层不得小于 15 mm。

在短轨枕的端面及侧面宜设两条 30 mm 宽、5 mm 深的凹槽，并将其底面拉毛，以加强与道床混凝土的连接。

4．混凝土枕严重伤损标准

（1）横裂缝长度为枕高的 1/2 ~ 2/3。

（2）产生纵向裂纹。

（3）两螺栓孔间纵裂（挡肩顶角处缝宽不大于 1.5 mm）。

（4）纵向水平裂缝基本贯通（缝宽不大于 0.5 mm）。

（5）挡肩破损长度为挡肩长度的 1/3 ~ 1/2。

（6）严重网状龟裂和掉块。

（7）承轨槽压溃，深度超过 2 mm。

（8）钢筋（或钢丝）外露（钢筋未锈蚀，长度超过 100 mm）。

（9）斜裂长度为枕高的 1/2 ~ 2/3。

三、轨枕间距

轨枕间距与每千米配置的轨枕根数有关（见表 2-3），轨枕根数应根据运量、行车速度及线路设备条件确定，并结合钢轨及道床等综合考虑，合理配套，以求在最经济的条件下，保证轨道具有足够的强度和稳定性。轨枕密一些，道床、路基面、钢轨以及轨枕本身受力都可小一些。同时，使轨距、方向易于保持，对行车速度高的地段尤为重要。但也不能太密，太密则不经济，而且净距过小，也会在一定程度上影响捣固质量。有缝线路的轨枕间距不完全平均分布。为加强接头，悬空式接头处的轨枕间距 c 要比钢轨中部的轨枕间距 a 小，而 a 与 c 之间还有一个过渡的轨枕间距 b，一般 $a > b > c$。

接头处两根轨枕的间距 c 可根据接头构造而定：对于 50 kg/m 及以上钢轨，木枕接头间距为 440 mm，混凝土枕接头间距为 540 mm；43 kg/m 及以下钢轨 c 值均采用 500 mm。

表 2-3 轨枕配置及间距

轨枕	钢轨长度/m	每千米配置根数	每节钢轨配置根数	木枕/mm			混凝土枕/mm		
				c	b	a	c	b	a
60 kg/m 或 50 kg/m	12.5	1 440	18	500	604	720	500	604	720
		1 680	21	440	544	610	540	584	600
		1 760	22	440	524	580	540	569	570
	25	1 440	36	500	622	705	500	622	705
		1 680	42	440	487	605	540	573	598
		1 760	44	440	497	575	540	549	570

四、轨枕铺设根数

1）每千米最少、最多铺设轨枕数量

每千米最少铺设轨枕根数均为 1 440 根。每千米线路最多铺设的轨枕根数：木枕为 1 920 根，Ⅰ型、Ⅱ型混凝土枕为 1 840 根，Ⅲ型混凝土枕为 1 667 根，混凝土宽枕为 1 760 根。地铁铺设轨枕根数，如表 2-4 所示。

表 2-4 轨枕数量

序号	道床形式	轨枕铺设数量				
		正线及试车线		辅助线	车场线	
		一般地段	$R \leqslant 400$ m 或坡度 $i \geqslant 20‰$		库外线	库内线
1	整体道床、混凝土碎石道床	1 600/1 680	1 680	1 600	1 440	1 440
2	混凝土枕碎石道床（无缝线路）	1 680/1 760	1 760/1 840	1 680	—	—
3	木枕碎石道床	—	—	—	1 440	—

2）加强轨枕地段

（1）正线铺设Ⅱ型混凝土枕及木枕地段，符合下列条件之一的应加强：

① 半径为 400 m 及以下的曲线地段。

② 坡度大于 20‰ 的下坡地段。

（2）加强办法：Ⅱ型混凝土枕每千米增加 80 根；木枕每千米增加 160 根；条件重合时只增加一次，但不能超过前述允许最大铺设数量。

任务三　联结零件

在有缝轨道上，钢轨与钢轨联结处称为钢轨接头，用夹板和螺栓联结。接头处轮轨动力作用大，养护维修工作量大，接头是有缝轨道结构的薄弱环节之一。

扣件是联结钢轨和轨枕的部件，应具有足够的强度、耐久性及一定的弹性，能长期地保证钢轨与轨枕的可靠联结、保持轨距、防止钢轨做相对于轨枕的纵向移动、持久地保持其稳固位置。此外，还有构造简单、便于安装及拆卸的特点。扣件性能的好坏，直接影响到轨道结构整体的稳定性及养护维修工作量。

一、钢轨接头按其用途和性能分类

分为普通接头与异型接头、导电接头与绝缘接头、伸缩接头与冻结接头、胶接绝缘接头等。

1．普通接头

同类型钢轨的接头。

2．异型接头

不同类型钢轨的接头，使用异型夹板。

3．导电接头

轨间用两根 5 mm 左右镀锌铁丝连接，作为轨道电路或牵引电流回路，用于自动闭塞及电力牵引区段，如图 2-6 所示。

图 2-6　导电接头

4．绝缘接头

用于隔断自动闭塞分区信号电流，在钢轨、夹板与螺栓之间，螺栓孔四周以及轨端之间用尼龙绝缘套管和尼龙绝缘垫片将电流隔断，如图 2-7、图 2-8 所示。

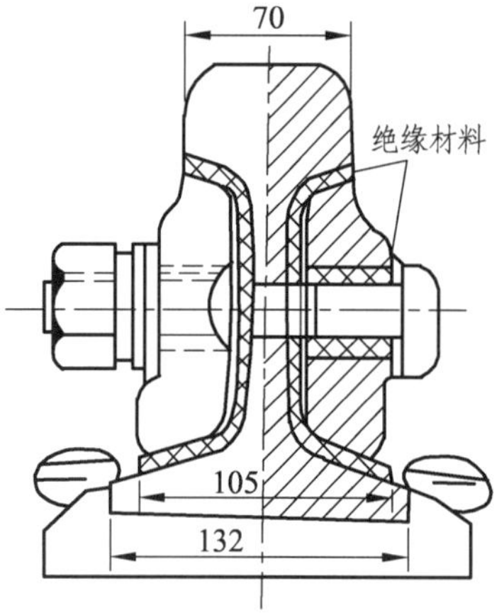

图 2-7 绝缘接头（单位：mm）

图 2-8 绝缘接头

5．胶接绝缘接头

将钢轨和夹板用高强度绝缘胶粘剂胶合成一整体的接头。

6．伸缩接头

也称温度调节器或尖轨接头，将接头以尖轨的形式联结。轨端伸缩量较大时采用，如无缝线路或温度跨度大于 100 m 的两跨钢梁活动端的钢轨接头，如图 2-9 所示。

7．冻结接头

用月牙垫片填塞螺栓孔阻止钢轨自由伸缩的接头，如图 2-10 所示。

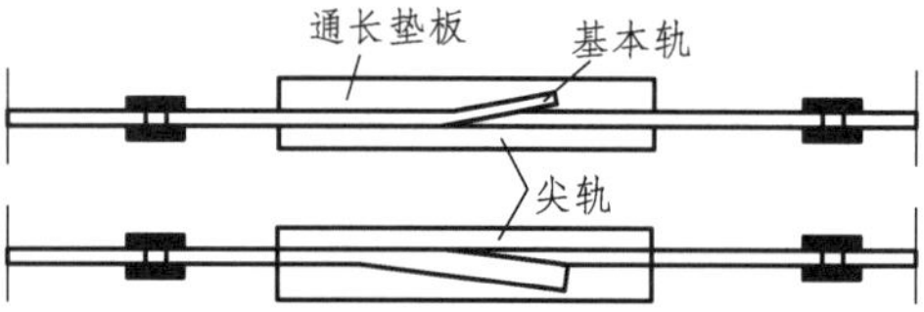

图 2-9 伸缩接头

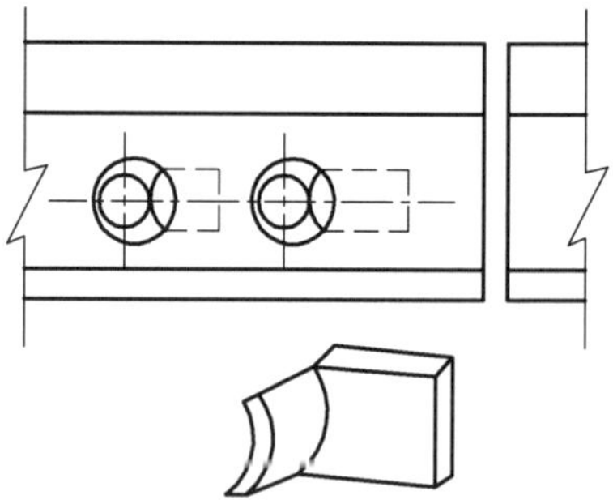

图 2-10 冻结接头

二、接头配件

1．构成及作用

（1）构成：包括夹板、螺栓、螺母、垫圈等，如图 2-11、图 2-12 所示。

（2）作用：联结两根定长的钢轨以保持连续的轨线，并传递和承受有关作用力和弯矩。

图 2-11　接头夹板

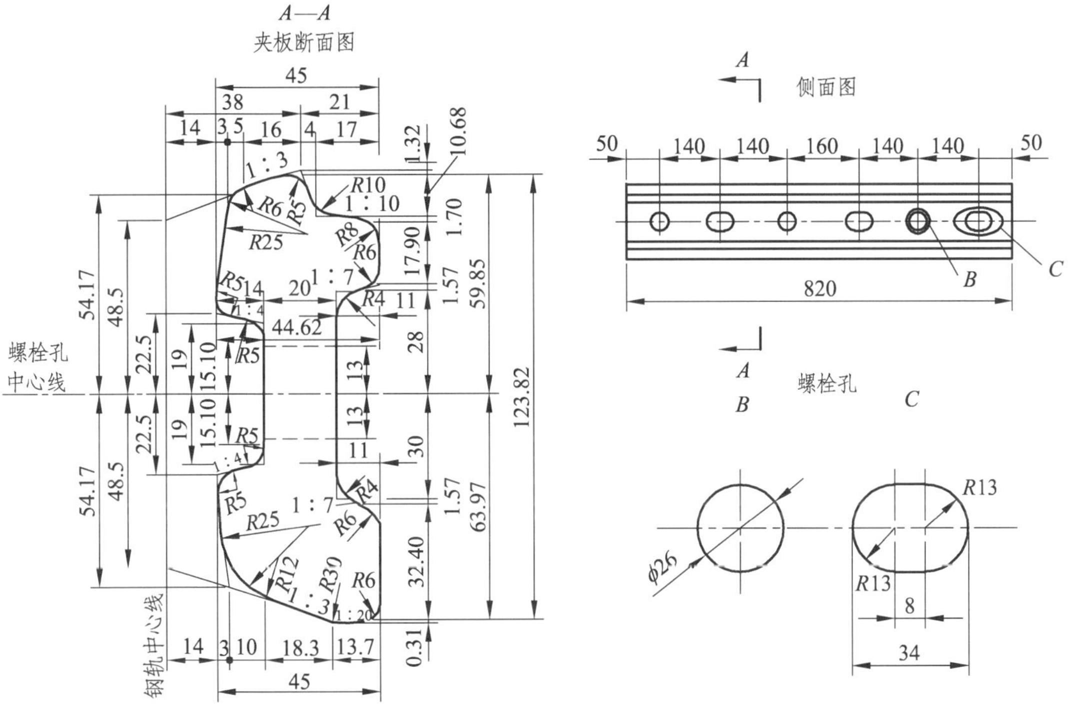

图 2-12　60 kg/m 钢轨接头夹板尺寸

2．夹板

夹板是钢轨与钢轨之间的连接紧固配件。

1）作用

承受弯矩、传递纵向力、阻止钢轨伸缩的重要部件。

2）特点

（1）每块夹板上有 6 个螺栓孔，圆形孔与长圆孔相间，钢轨螺栓孔与螺栓直径、夹板圆形螺栓孔与螺栓直径都有差值，钢轨可以在预留轨缝值范围内随轨温变化而伸缩。

（2）夹板与钢轨接触的上下两面均为斜坡，楔入轨腰空间但不贴住轨腰。当夹板稍有磨耗，可重新拧紧螺栓，保持接头联结的牢固。

3）断面及尺寸

目前，我国标准钢轨使用的夹板主要为双头式夹板，60 kg/m 钢轨夹板如图 2-12 所示。

各种双头夹板的尺寸（见表 2-5）。

表 2-5 双头夹板尺寸 单位：mm

适用钢轨类型/(kg/m)	夹板长	1～2、5～6 孔距	2～3、4～5 孔距	3～4 孔距	圆孔直径	长圆孔半径	长圆孔直线长
75	1 000	130	210	220	26	13	8
60	820	140	140	160	26	13	8
50	820	140	150	140	26	13	8
43/38	790	160	110	120	24	12	8

3．接头螺栓、螺母及垫圈

接头螺栓、螺母是钢轨接头处用来夹紧夹板和钢轨的配件。

1）作用

牢固、可靠地联结夹板与钢轨，使它们贴合紧密，在轨温变化时确保轨端能在两夹板间做有限的伸缩、移动，释放部分温度应力，维持线路稳定。

2）特点

（1）螺栓由螺栓头、颈和杆组成，螺杆的长度和直径与钢轨型号相适应。螺栓分 10.9 和 8.8 两级（相当于抗拉强度为 109 N/mm^2、88 N/mm^2），10.9 级螺栓直径为 24 mm，8.8 级螺栓直径分为 24 mm 和 22 mm 两种。接头螺栓外形如图 2-13 所示。

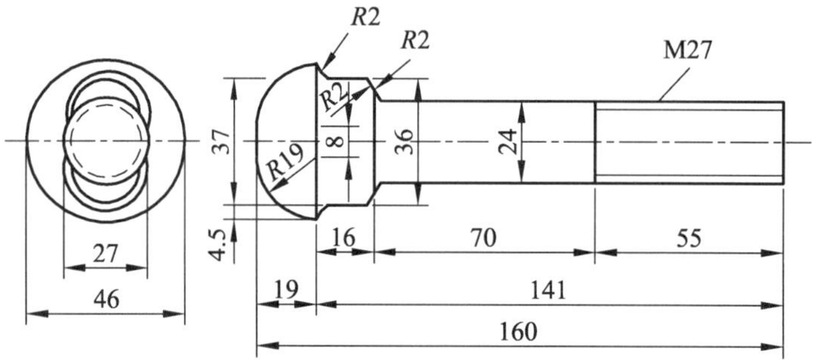

图 2-13 60 kg/m 钢轨接头夹板螺栓（单位：mm）

（2）螺栓各部分的尺寸见表 2-6，螺栓的主要机械性能见表 2-7。

表 2-6 螺栓各部分的尺寸 单位：mm

螺栓等级	螺杆长	带螺纹部分		无螺纹部分杆径	长圆径	螺帽厚	螺母厚	适用范围
		杆长	纹径					
10.9	160	66	24	20.051	32	16	24	75 kg/m 钢轨
	135	60	24	22.051	32	16	24	60 kg/m 钢轨
	145	60	24	22.051	32	16	24	50 kg/m 钢轨
8.8	145	60	24	22.051	32	16	24	50 kg/m 钢轨
	135	50	22	20.376	30	15	22	43/38 kg/m 钢轨

表 2-7 螺栓的主要机械性能

螺栓等级	抗拉强度 σ_b /(N/mm^2)	屈服极限 σ_s /(N/mm^2)	洛氏硬度 HRC/（min/max）	伸长率 σ_s /%	螺栓等级标志
10.9	1 040	940	34/41	9	螺帽为平锥头
8.8	830	650	25/35	12	螺帽为半圆球头，加两圈突棱

三、扣件分类

根据近十多年来在各地方城市轨道所采用的各类轨道扣件的分类，可以归纳为以下四大系列，第一：传统系列；第二：DT 系列；第三：WJ 系列（在建线路采用）；第四：减振系列。

1．传统系列扣件

1）木枕扣件

（1）木枕扣件通常应用于站场 P50 轨木枕线路，木枕扣件包括道钉、扣板、垫板及弹性垫层，扣件方式主要有分开式和混合式两种，如图 2-14 和图 2-15 所示。分开式又称“K”形扣件，分开分别扣紧，即将钢轨与扣板、垫板与木枕分别单独扣紧，由于零件多，更换钢轨非常麻烦，所以已经很少使用了；混合式扣件是木枕轨道上使用最广泛的一种扣紧方式，用道钉将钢轨、铁垫板与木枕一起扣紧，零件少，安装方便，但容易受振动影响，道钉浮起，降低扣压力。

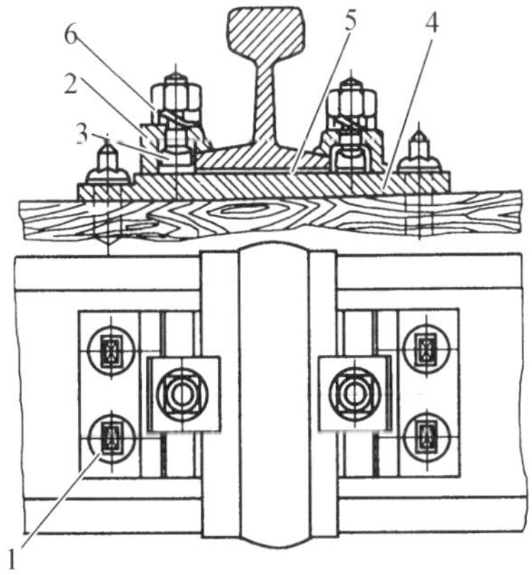

1—螺旋道钉；2—扣轨夹板；3—底脚螺栓；4—垫板；5—木片；6—弹簧垫圈。

图 2-14 分开式扣件

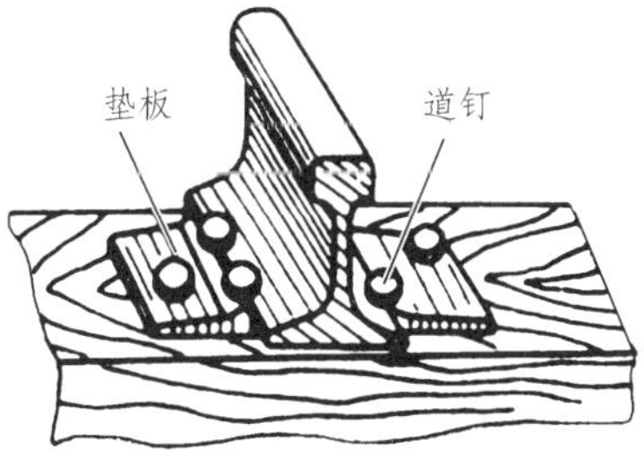

图 2-15 混合式扣件

（2）DT-IV-1 型扣件。

由于木枕的传统型扣件存在扣压力不足、防爬能力低等特点，现在新设计的木枕线路已开始采用 DT-IV-1 型扣件，如图 2-16 所示。

DT-IV-1 型扣件为分开式扣件，钢轨、垫板、木枕三者之间分开扣紧。铁垫板与木枕之间的联结采用螺旋式道钉，铁垫板与钢轨之间的联结采用弹条式扣件。这样克服了普通木枕道钉的缺点，提高了扣件的扣压力，提高了线路的强度。

本扣件通过轨距垫来调整轨距，调整的方法见表 2-8。

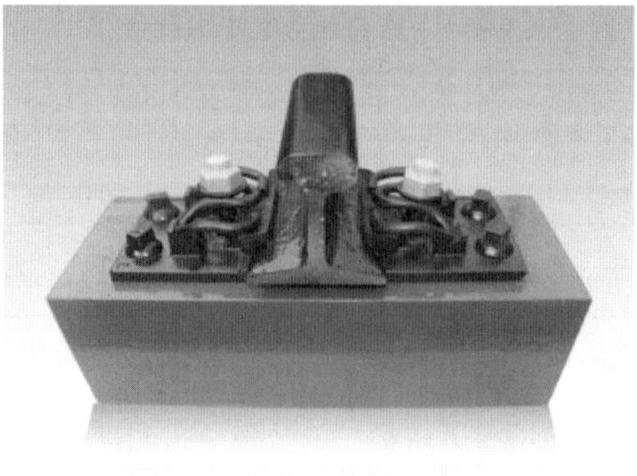

图 2-16　DT-IV-1 型扣件

表 2-8　调整轨距的方法

一股钢轨调整量	钢轨外侧轨距垫号码	钢轨内侧轨距垫号码	铁垫板位置
0	8	10	△
2	6	12	△
2	10	8	△
4	12	6	△

2）混凝土枕扣件

（1）扣板式扣件。

扣板式扣件用于国家铁路次要线路和站场线路，在城市轨道交通站场混凝土轨枕线路上使用也较多，如图 2-17 所示。

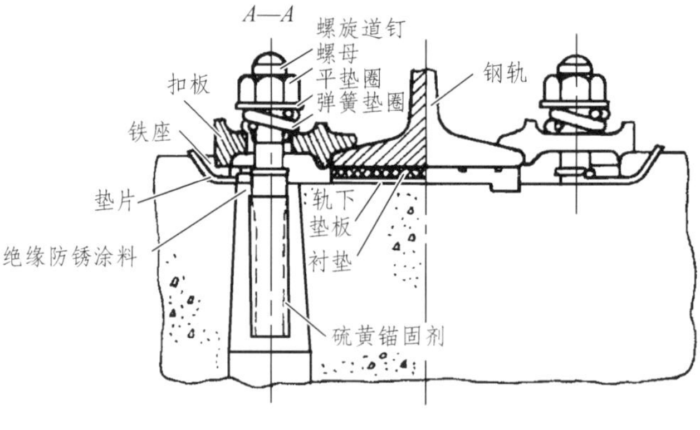

图 2-17　70 型扣板式扣件

扣板式扣件的主要特点是扣板的作用既能扣压钢轨，又能调整轨距。

（2）弹片式扣件。

由于弹片比较单薄，刚度衰减极快，对钢轨的扣压力不足，很快被淘汰，城市轨道交通业从来没用过，如图 2-18 所示。

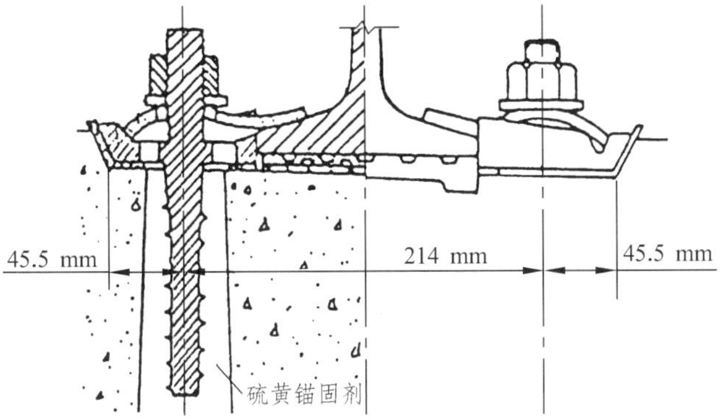

图 2-18　67 型拱形弹片式扣件

（3）弹条式扣件。

常规所指的弹条式扣件，为最原始的传统的弹条式扣件。其应用最广泛的是弹条Ⅰ型扣件。

弹条Ⅰ型扣件主要由ω弹条、螺旋道钉、轨距挡板、挡板座及弹性垫板等组成，组装方式如图 2-19 和图 2-20 所示。

钢轨通过ω弹条扣压固定，螺旋扭力矩必须达到 80 ~ 120 N · m 才能使线路稳定，阻止钢轨在轨枕上纵向爬行，同时，弹条还能提供一定程度的弹性。

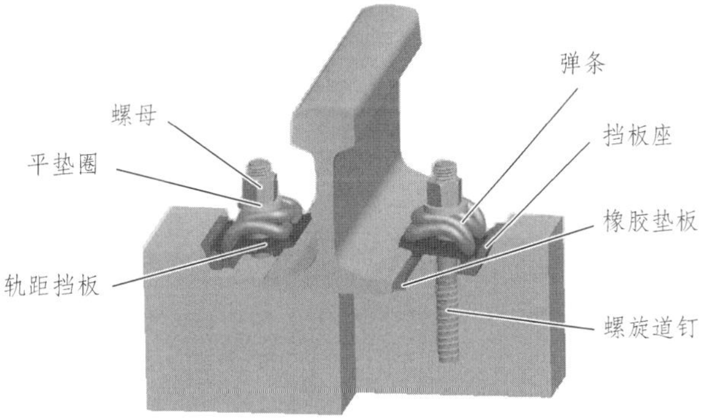

图 2-19　弹条Ⅰ、Ⅱ型扣件

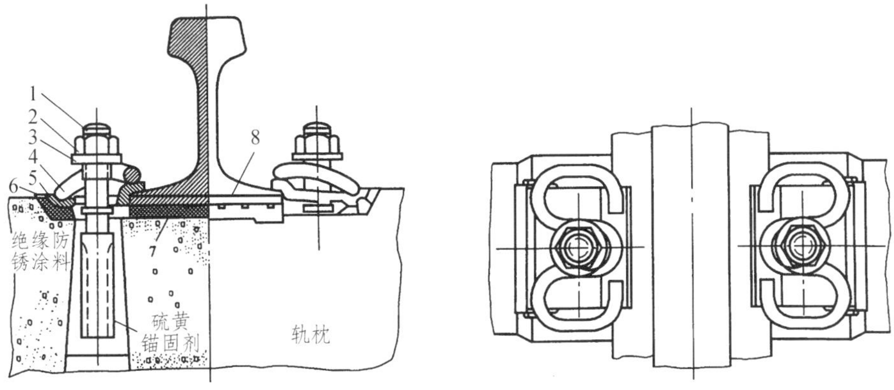

1—螺旋道钉；2—螺母；3—平垫圈；4—弹条；5—轨距挡板；6—挡板座；7—调高垫板；8—橡胶垫板。

图 2-20　弹条Ⅰ型扣件

轨底与轨枕承轨台之间加设 10 mm 厚度的橡胶垫，以提高弹性。当左右两股钢轨的水平发生变化时，可以采取在轨底和橡胶之间增加薄型竹木垫层来进行调整。

除了弹条Ⅰ型扣件，还有弹条Ⅰ型调高扣件、弹片Ⅰ型调高扣件、弹条Ⅱ型扣件、弹条Ⅲ型扣件等。

弹条Ⅰ型扣件弹条分 A、B 两种类型，A 型弹条单个弹条扣压力为 8 kN，弹程为 9 mm；B 型弹条单个弹条扣压力为 9 kN，弹程为 8 mm，轨下胶垫的静刚度为 90 ~ 120 kN/mm。

弹条Ⅱ型扣件单个弹条扣压力为 10 kN，弹程为 10 mm，轨下胶垫的静刚度为 55 ~ 80 kN/mm、40 ~ 60 kN/mm（钢轨接头地段）。

弹条Ⅰ、Ⅱ型扣件的轨距调整通过调整挡板座和轨距挡板来实现，轨距调整量见表 2-9。

表 2-9 轨距调整量

部件名称	50 kg/m 钢轨		60 kg/m 钢轨	
	调整方式	调整量/mm	调整方式	调整量/mm
挡板座	调边、更换	0 ~ 6	调边、更换	0 ~ 6
轨距挡板	内外侧调换	6	内外侧调换	4
挡板座、轨距挡板	两者配合	−8 ~ +16	两者配合	−8 ~ +12

轨距挡板及挡板座号码配置见表 2-10。

表 2-10 轨距挡板及挡板座号码配置

轨型/(kg/m)	轨距/mm	轨距调整量/mm	左股钢轨				右股钢轨			
			外侧		内侧		内侧		外侧	
			挡板座号码	轨距挡板号码	轨距挡板号码	挡板座号码	挡板座号码	轨距挡板号码	轨距挡板号码	挡板座号码
50	1 435	−8	6	20	14	0	0	14	20	6
		−6	4	20	14	2	0	14	20	6
		−4	4	20	14	2	2	14	20	4
		−2	2	20	14	4	2	14	20	4
		0	2	20	14	4	4	14	20	2
		+2	4	14	20	2	2	14	20	4
		+4	4	14	20	2	4	14	20	2
		+6	2	14	20	4	4	14	20	2
		+8	4	14	20	2	2	20	14	4
		+10	2	14	20	4	2	20	14	4
		+12	2	14	20	4	4	20	14	2
		+14	0	14	20	6	4	20	14	2
		+16	0	14	20	6	6	20	14	0

续表

轨型/(kg/m)	轨距/mm	轨距调整量/mm	左股钢轨				右股钢轨			
			外侧		内侧		内侧		外侧	
			挡板座号码	轨距挡板号码	轨距挡板号码	挡板座号码	挡板座号码	轨距挡板号码	轨距挡板号码	挡板座号码
60	1 435	−8	6	10	6	0	0	6	10	6
		−6	6	10	6	0	2	6	10	4
		−4	4	10	6	2	2	6	10	4
		−2	2	10	6	4	2	6	10	4
		0	2	10	6	4	4	6	10	2
		+2	4	6	10	2	4	6	10	2
		+4	4	6	10	2	2	10	6	4
		+6	2	6	10	4	2	10	6	4
		+8	2	6	10	4	4	10	6	2
		+10	0	6	10	6	4	10	6	2
		+12	0	6	10	6	6	10	6	0

注：表中负调整量一般用于钢轨、扣件磨耗等原因造成轨距扩大需调整至规定轨距的情况下。

弹条Ⅰ型调高扣件结构与弹条Ⅰ型扣件基本相同，如图 2-21 和图 2-22 所示。将型钢轨距挡板用铸造轨距挡板替代，挡板座也做相应改变，仅采用 A 型弹条，其调高量可达 20 mm。

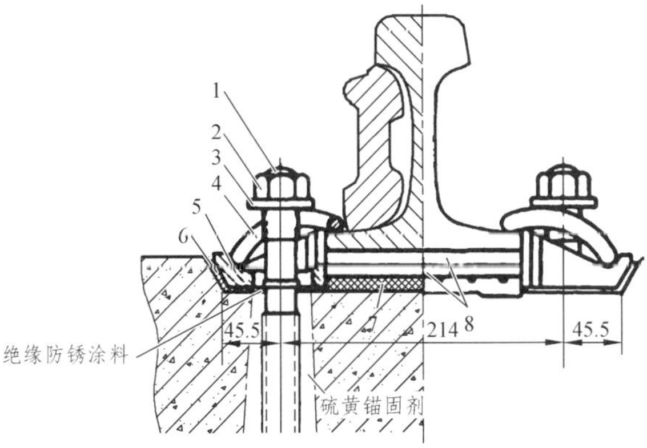

1—螺旋道钉；2—螺母；3—平垫圈；4—弹条；5—轨距挡板；6—挡板座；7—调高垫板；8—橡胶垫板。

图 2-21　弹条Ⅰ型调高扣件（单位：mm）

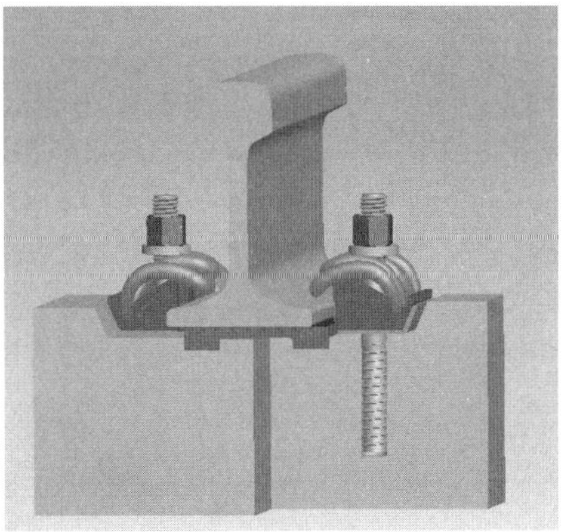

图 2-22　弹条Ⅰ型调高扣件

2．DT 系列扣件

DT 即“地铁”的意思。DT 系列扣件主要有 DT-Ⅰ型、DT-Ⅱ型、DT-Ⅲ型、DT-Ⅲ-2 型至 DT-Ⅶ-2 型扣件等。

（1）DT-Ⅰ型扣件是我国早期的城轨线路扣件，如图 2-23 所示，该扣件为全弹性分开式，性能较好，扣压件为弹性扣件。

① 组装方式。

组成扣件的零部件分为两个部分：第一部分扣紧铁垫板与钢轨，第二部分扣紧铁垫板与轨枕。

第一部分零部件有：T 形螺栓、螺母、弹性扣板、弹簧垫圈、轨距垫、轨下胶垫。

第二部分零部件有：螺纹道钉、弹簧垫圈、玻璃钢套管、螺旋钢箍、铁垫板、板下槽型橡胶垫板。

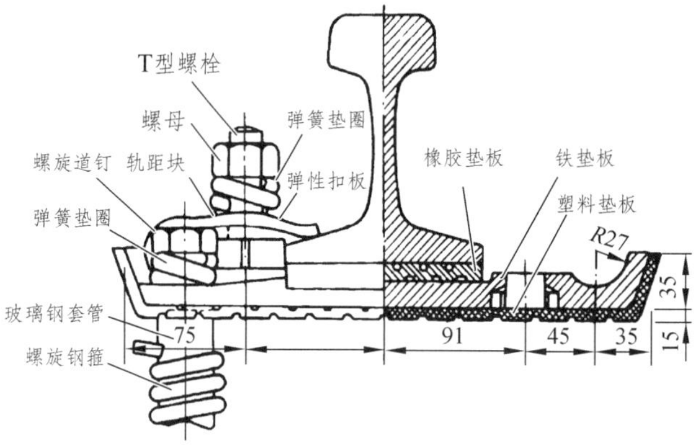

图 2-23 DT-Ⅰ型扣件（单位：mm）

② 扣件的特点和技术指标。

轨距调整量为 + 8 mm ~ － 12 mm，高低调整量为 – 5 mm ~ + 10 mm。轨下设一层 10 mm 厚的橡胶垫板，铁垫板下设一层 8 mm 厚的塑料垫板，不仅起弹性作用，还起绝缘作用，扣件弹性一般。扣件与轨枕的联结，采取在轨内预埋玻璃钢套管、用螺旋道钉拧紧的方式。

（2）DT-Ⅲ-2 型扣件主要用于上海、天津、苏州、无锡、南京等地地下线长枕埋入式整体道床地段。轨距调整量为 + 8 ~ － 12 mm。水平调整量一般为 30 mm。扣件组装图如图 2-24 所示。

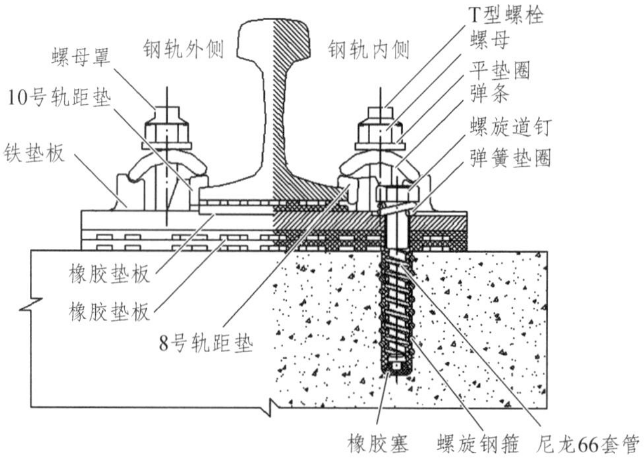

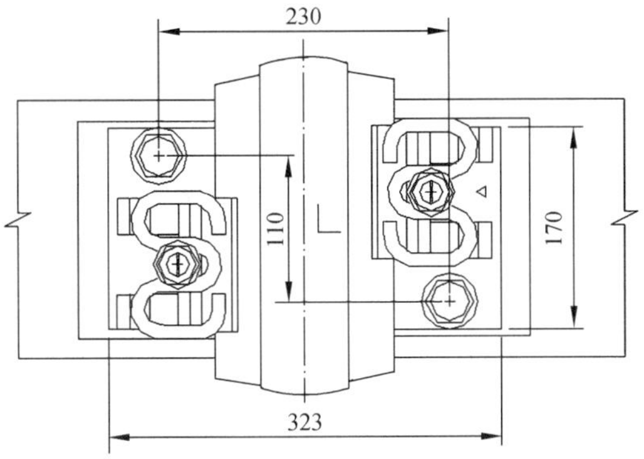

图 2-24　DT-Ⅲ-2 型扣件（单位：mm）

（3）DT-VI-2 型扣件主要用于北京、南京、杭州等地地下线一般地段整体道床，与短轨枕配套使用。如图 2-25 和图 2-26 所示，DT-Ⅵ-2 型扣件为弹性分开式，扣压件为 DI 弹条（ϕ18），分中间和接头两种，轨距垫分中间和接头轨距垫，各有 6、8、10、12 共四个号码，6、12 号为调整轨距备用。

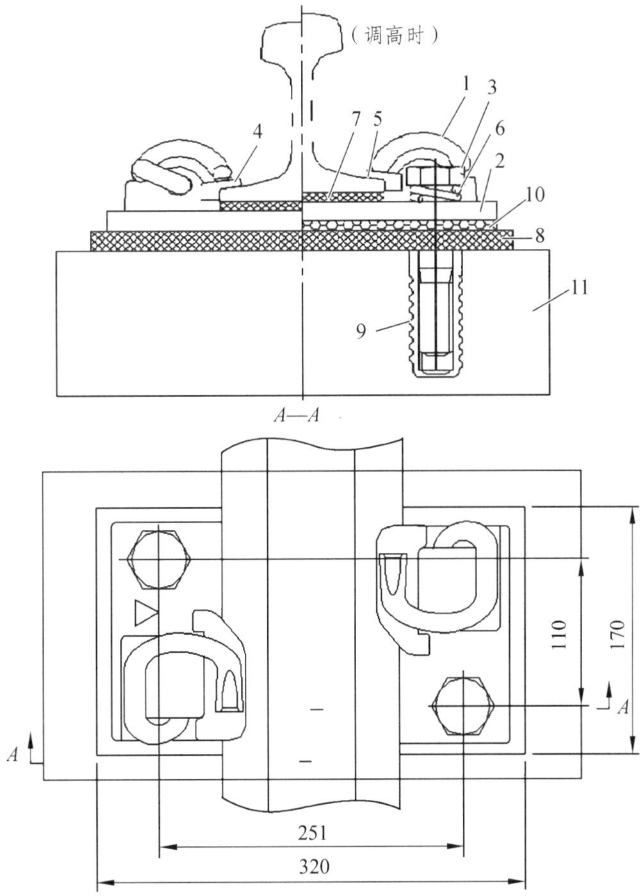

1—弹条；2—铁垫板；3—螺纹道钉 ϕ30；4—8 号轨距垫；5—10 号轨距垫；6—弹簧垫圈；7—橡胶垫板Ⅰ；8—橡胶垫板Ⅱ；9—尼龙套管；10—调高垫板；11—支撑块。

图 2-25　DT-Ⅵ-2 型扣件（单位：mm）

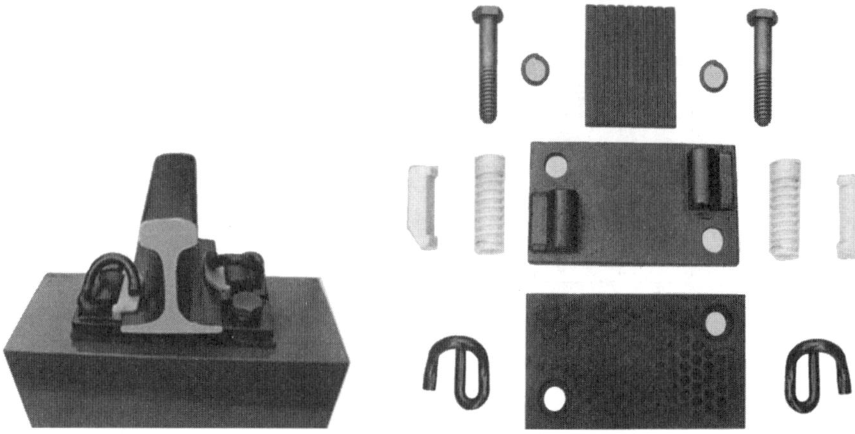

图 2-26 DT-Ⅵ-2 型扣件

扣件技术指标：

（1）中间单个弹条扣压力为 8.25 kN，弹程为 10.5 mm。

（2）接头单个弹条扣压力为 8.5 kN，弹程为 9.5 mm。

（3）扣件节点的垂直静刚度为 20～40 kN/mm。

（4）扣件抗横向疲劳荷载为 35 kN，荷载循环 3×10^{6} 次。

（5）一组扣件防爬阻力不小于 11.5 kN。

（6）预埋尼龙套管抗拔力大于 60 kN。

（7）轨距调整量为 +8～－12 mm；水平调整量一般为 20 mm。

3．WJ 系列扣件

WJ 即“无挡肩”的意思。WJ 系列扣件主要有 WJ-1 型、WJ-2 型至 WJ-5 型扣件等。

1）WJ-1 型扣件

WJ-1 型扣件为带铁垫板的弹性分开式扣件，如图 2-27 所示。由预埋于混凝土短轨枕的塑料套管和锚固螺栓配合紧固铁垫板，铁垫板上设有 T 型螺栓座，扣压件采用弹片形式，由 T 型螺栓紧固弹片扣压钢轨，轨下使用粘贴不锈钢板的复合胶垫以降低摩擦系数，铁垫板与承轨台间设置 5 mm 厚的绝缘缓冲垫板。扣件钢轨调高量为 40 mm，通过在铁垫板下和轨下垫入调高垫板实现。单股钢轨左右位置调整量为 ± 10 mm，通过移动带有长圆孔的铁垫板来实现，为连续无级调整。弹片设计扣压力为 4 kN，前端弹程为 7 mm，T 型螺栓螺母扭矩为 80 N · m。

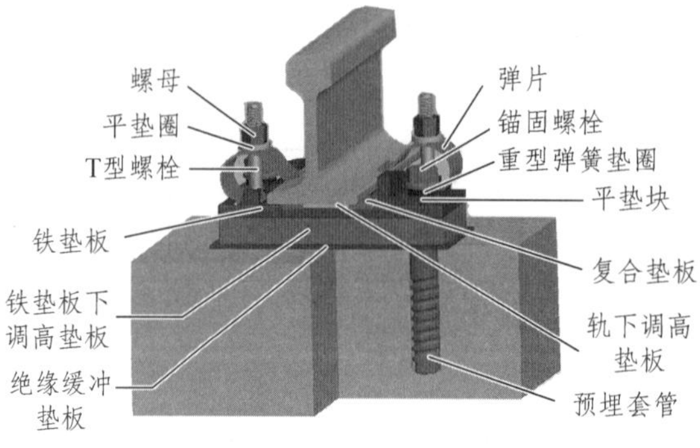

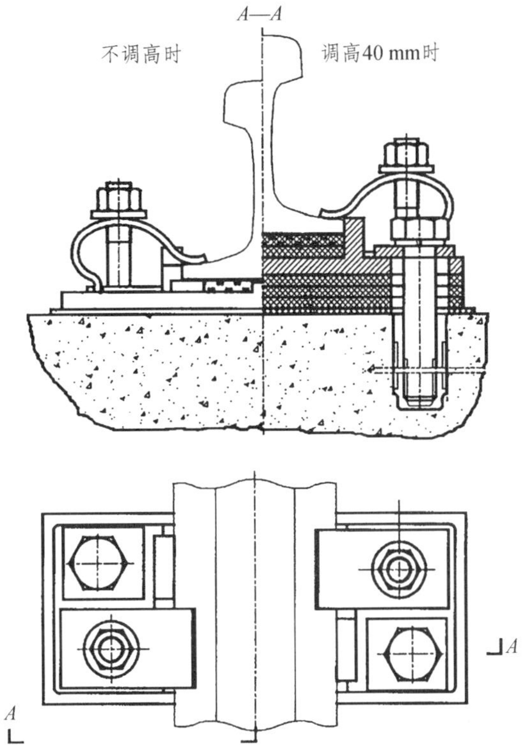

图 2-27　WJ-1 型扣件

由于弹片扣压件工作时主要利用材料的弯曲变形性能，加工相对简易，造价也往往较低，但由于为螺栓紧固而开孔，在该部位容易出现应力集中，而且弯矩最大处恰恰是截面削弱最大处。由于存在着各种缺陷，没有得到推广应用。

2）WJ-2 型扣件

在城市轨道交通线路设计过程中，WJ-2 型扣件成为适合于高架线路的新型扣件，使用于上海地铁及武汉地铁的高架线路。如图 2-28 所示，该型扣件结构与 WJ-1 型扣件相似，只是将弹片扣压件改为弹条扣压件，该弹条设计扣压力为 4 kN，前端弹程为 11.5 mm。

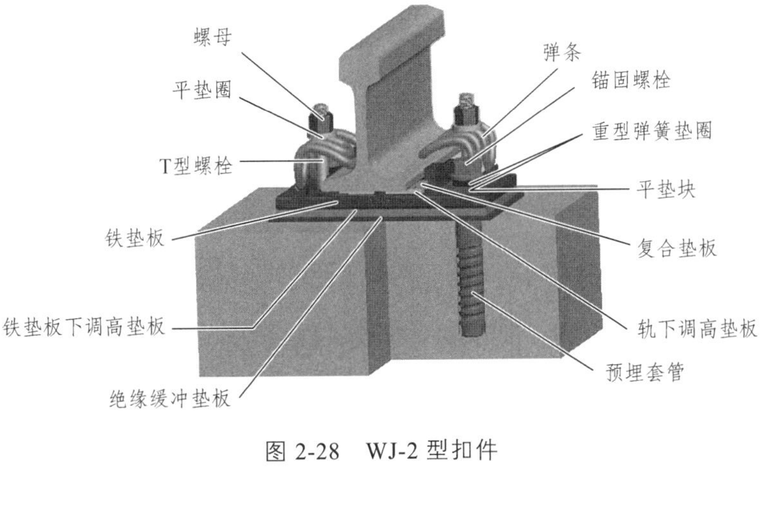

图 2-28　WJ-2 型扣件

3）WJ-4 型扣件

弹条Ⅲ型分开式扣件，类似于国外的 PANDROL 扣件，无螺栓、无挡肩，扣压件为ϕ18 的弹条，弹程大于 10 mm，调高量为 15 mm，轨距调整量为 + 8 mm ~ － 12 mm，扣件节点防爬阻力大于 11 kN，单个弹条扣压力为 9 kN，节点刚度为 35 kN/mm。扣件结构简单，有利于制作、安装和养护维修。

4．弹簧系列扣件

弹簧系列扣件有单趾弹簧扣件和双趾弹簧扣件两种，主要用于广州、深圳、成都等地城市轨道交通短轨枕整体道床地段。

1）单趾弹簧扣件

（1）扣件的组成如图 2-29 所示。

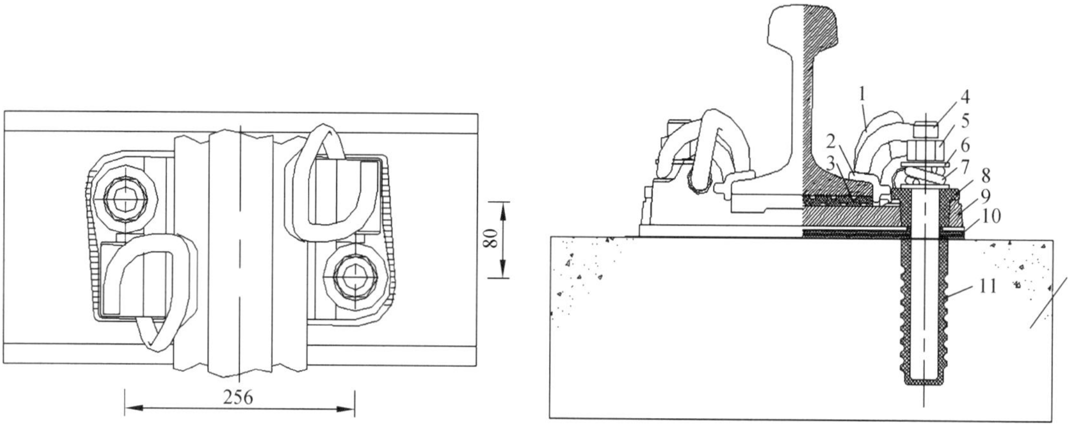

1—扣轨弹条；2—轨距垫；3—轨下橡胶垫板；4—螺栓；5—螺母 M27；6—平垫圈；7—双层弹簧垫圈；8—绝缘套管；9—铁垫板；10—铁垫板下橡胶垫板；11—螺纹套管；12—钢筋混凝土支承块。

图 2-29 单趾弹簧扣件（单位：mm）

（2）单趾弹簧扣件的特点。

① 扣件适用于铺设 60 kg/m 钢轨轨道的直线及半径≥300 m 的曲线地段。

② 扣件应具有一定的调距、调高能力以及足够的、稳定的扣压力和纵、横向阻力，以保证行车安全。

③ 扣件应提供一定的弹性和电气绝缘性能，以满足地铁减振降噪和列车自动驾驶、防杂散电流的需要。

2）双趾弹簧扣件

（1）扣件的组成如图 2-30 所示。

（2）双趾弹簧扣件的特点。

双趾弹簧扣件包括缓冲垫板、铁垫板、连接二者且带螺纹套管的一组螺栓、与螺栓配合并安装在铁垫板偏心孔内的偏心轮、垫圈、位于铁垫板上的缓冲垫板，以及安装在铁垫板上的扣轨弹簧。其特征在于轨距调整件是偏心轮，无级调整轨距，扣压力稳定，电气绝缘性能可靠，结构简单，安装使用方便，养护维修工作量小。

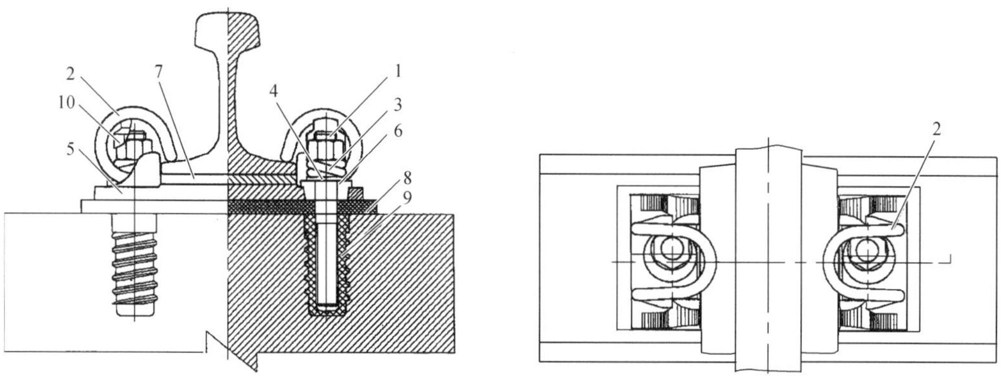

1—螺栓；2—扣轨弹条；3—双层弹簧垫圈；4—平垫圈；5—铁垫板；6—调距偏心轮；
7—轨下缓冲橡胶垫板；8—铁垫板下缓冲橡胶垫板；9—螺纹套管；10—防护罩。

图 2-30　双趾弹簧扣件

5．减振系列扣件

1）D-T 扣件减振器（俗称克隆蛋）

主要用于上海、广州、深圳、北京、南京、杭州等地城市轨道交通对减振降噪有中等要求地段的短轨枕整体道床。

（1）扣件的组成，如图 2-31 所示。

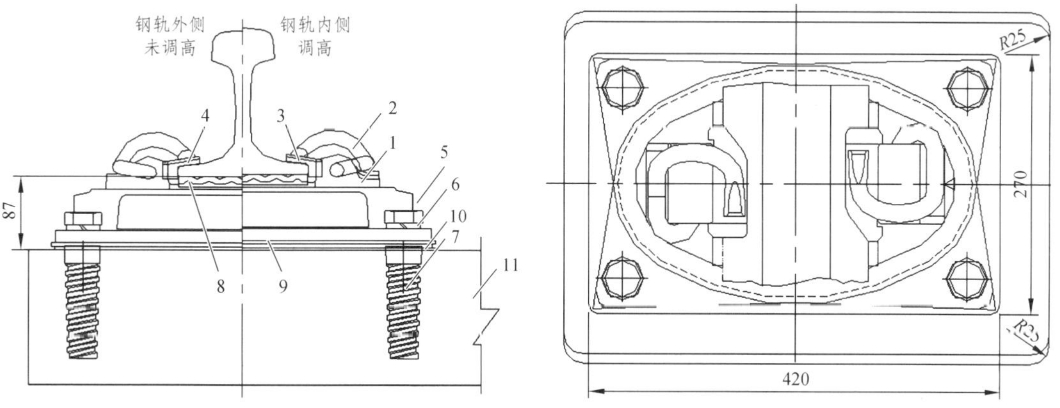

1—轨道减振器；2—中间 DI弹条；3—8 号中间轨距垫；4—10 号中间轨距垫；5—螺旋道钉 T24；
6—弹簧垫圈 24；7—尼龙套管 T25；8—新型高弹性垫板；
9—橡胶垫板Ⅱ；10—调高垫板；11—轨枕。

图 2-31　D-T 扣件减振器（单位：mm）

（2）D-T 扣件减振器的技术参数。

① 设计最大垂向荷载：40 kN。

② 最大横向荷载：35 kN。

③ 设计垂向静刚度：10 ~ 12 kN/mm。

④ 横向静刚度：12 ~ 15 kN/mm。

⑤ 扣件轨距调整量：+ 4 mm ~ − 16 mm。

⑥ 一组扣件防爬阻力：≥8 kN。

2）Vanguard 扣件

主要用于广州、深圳、北京等地城市地铁对减振降噪要求较高的地段，上海也有部分地段采用。

Vanguard 轨道减振器是英国 Pandrol 公司开发的一种新型减振扣件，它通过采用弹性楔形支承载钢轨轨头下颚，从而使轨道轨底离开轨座，而楔形支承块由固定在轨下基础的侧板托架支承定位，该扣件系统既可用于有砟轨道，也可用于无砟轨道。Vanguard 轨道系统的每个扣件节点由 1 个铸铁底座、2 个铸铁侧板托架、2 个铸铁楔形固定件、2 个橡胶楔形钢轨支撑块、1 个轨下安全支承橡胶垫和 2 个弹簧夹片组成。正常情况下，安全支承橡胶垫不与钢轨接触，这样可以有效限制荷载引起的过量变形。Vanguard 扣件结构简单，稳定性有保证，易于安装，养护维修方便。扣件节点垂直动刚度可以达到 6 kN/mm，刚度动静比为 1.5 ~ 1.6，减振效果良好。通过调整铁垫板及楔形支承块，扣件调高量和轨距调整量可以分别达到 36 mm 和 51 mm。

现有的 Vanguard 扣件系统有两种形式：底板型和嵌入型。两种形式具有很低的刚度，达到高效的减振效果。嵌入型 Vanguard 扣件主要部件有：橡胶楔块、侧挡板、铸铁锁紧楔块、挡肩，其次还有锁紧弹条、锯齿状可调垫圈、防撞垫板。底板型 Vanguard 如图 2-32 所示，扣件主要部件有：橡胶楔块、侧挡板、铸铁锁紧楔块、活动挡肩。

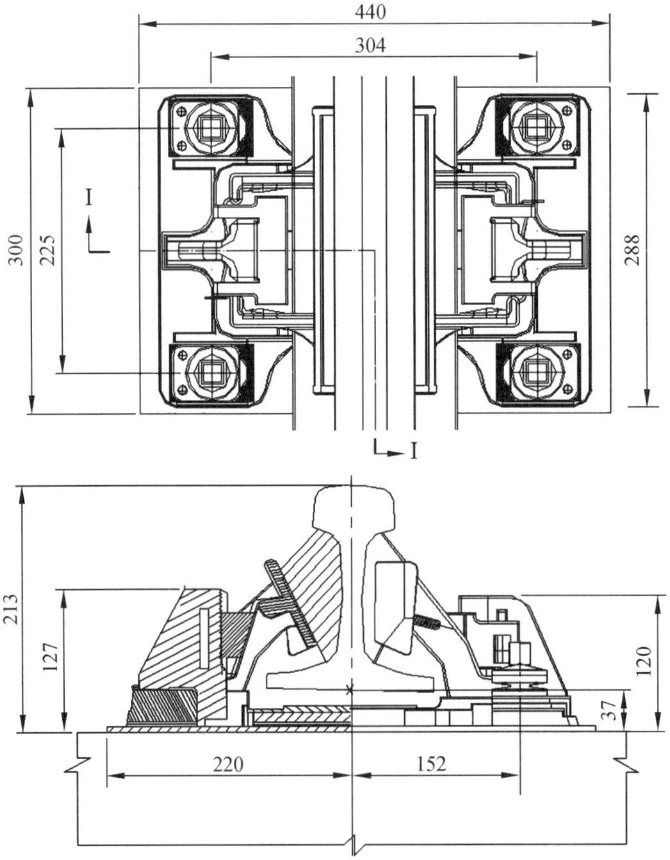

图 2-32 Vanguard 扣件（单位：mm）

3）洛德扣件

该扣件为近年来所引进的新扣件，由于它的减振效果比较明显，所以在近年建设的新线中，凡减振地段要求较高的，均采用本扣件。但缺点是调高量太小，对于沉降量较大的地段，不宜采用。

除了上述的五大系列扣件外，还有 ZB 型扣件和 DJK5-1 型扣件，ZB 型扣件目前主要用于上海城市轨道交通地下线一般减振要求地段的长轨枕整体道床，如图 2-33 所示。

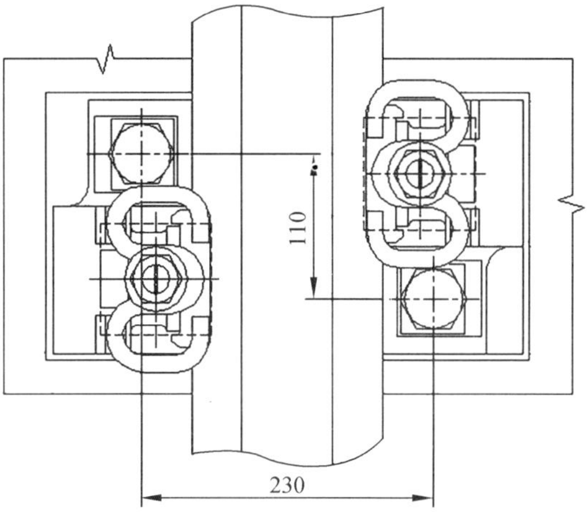

图 2-33　ZB 型扣件（单位：mm）

DJK5-1 型扣件主要用于北京、天津、南京、杭州等地车辆基地库内检查坑整体道床，适用于 50 kg/m 钢轨。

（1）DJK5-1 型扣件的组成如图 2-34 所示。

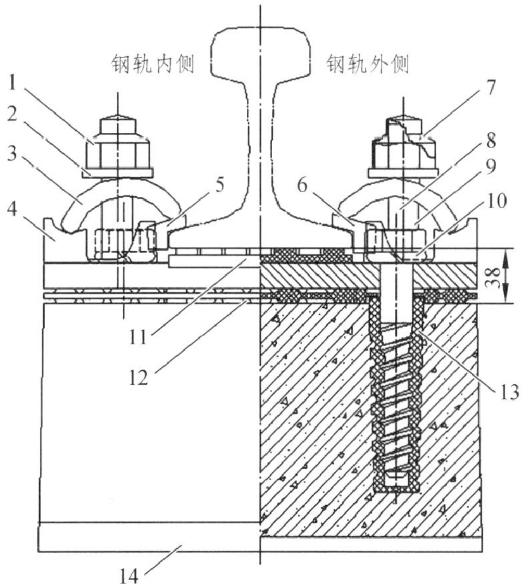

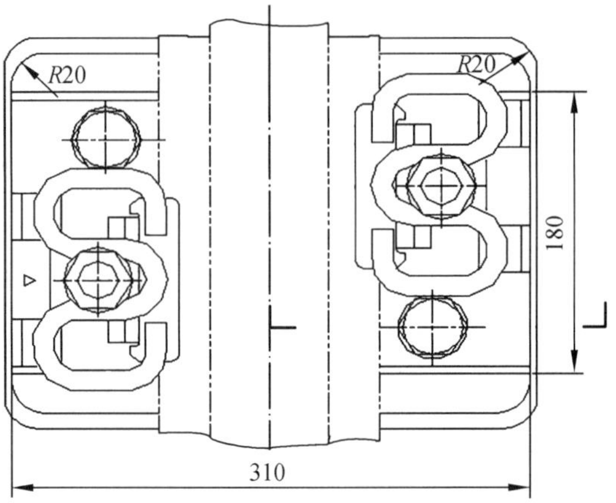

1—螺母罩；2—垫圈；3—A 型弹条；4—铁垫板；5—10 号轨距垫；6—8 号轨距垫；
7—螺母 M22；8—T 形螺栓 M22；9—螺旋道钉 T24×160；10—弹簧垫圈 24；
11—橡胶垫板I；12—橡胶垫板II；13—尼龙套管；14—短轨枕。

图 2-34　DJK5-1 型扣件（单位：mm）

（2）DJK5-1 型扣件的特点和技术指标。

① 扣件为弹性分开式，适用于 50 kg/m 钢轨车场线库内检查坑及短枕式整体道床地段。

② 扣件节点的垂直静刚度为 30 ~ 50 kN/mm。

③ 一组扣件防爬阻力不小于 11 kN。

④ 预埋尼龙套管抗拔力大于 60 kN。

⑤ 轨距调整量为 + 8 ~ − 12 mm；最大水平调整量为 30 mm。

四、轨道加强设备

混凝土枕碎石道床线路，曲线半径小于等于 600 m 的地段，按表 2-11 设置轨距杆。木枕有缝线路和木岔枕的道岔应安装防爬设备，铺设混凝土枕的有缝线路轨道、道岔，使用弹条扣件时可不设防爬设备。

表 2-11　轨距杆设置

曲线半径/m	轨距杆/根	
	25 m 钢轨	12.5 m 钢轨
$R \leq 450$	10	5
$450 < R \leq 600$	6 ~ 10	3 ~ 5

任务四　碎石道床

一、功用

道床是指铺设在路基之上、轨枕之下的道砟层，它作为轨排的基础，承受轨排荷载，且均匀地传布于路基顶面，具有以下功用：

（1）为轨道提供纵、横向阻力，阻止轨枕发生纵向和横向移动，保持轨道稳定。

（2）由于道砟具有缓冲和减震的弹性特征，为轨道提供必要的弹性，缓和机车车辆的冲击作用。

（3）由于道床材料的可透性和道床断面便于排水的特点，具有良好的排水性能。

（4）校正轨道的平面和纵断面。

二、道床材料的选用

道床的材料道砟必须具备：质地坚韧，不易磨碎，不易捣碎，有弹性，吸水度低，排水性好，耐冻性强，不易风化，不易被风吹动和被水冲走。

三、道床材料技术要求

道床由标准级配的碎石或卵石、沙子、熔炉矿渣等松散材料所组成。

道砟粒径级配应符合表 2-12 中的规定。

表 2-12　道砟粒径级配

方孔筛孔边长/mm	16	25	35.5	45	56	63
过筛质量百分率/%	0～5	5～15	25～40	55～75	92～97	97～100

四、道床的压力分布及最小厚度

荷载作用下，从轨枕传到道床的压力是不均匀的。沿轨枕方向，两股钢轨中心线下轨枕受力较大，轨枕中间和两端部受力较小，轨枕四边的压力几乎为零。

随着深度逐渐扩散，道床厚度越大，路基面上的压力越均匀，单位面积上压力越小。当达到某一深度时，相邻轨枕的两条压力线相交，此时的道床厚度为允许最小厚度（见表 2-13）。混凝土宽枕线路的道床，有垫层时道床厚度不得小于 250 mm，无垫层时不得小于 350 mm；在岩石、渗水土路基上，隧道内及有砟桥面上，不得小于 200 mm。每股轨下两侧宽度应各为 450～500 mm，底层为普通碎石道砟。

表 2-13　道床厚度

五年内年计划通过总重（Mt）			$W_{年} \geq 50$	$50 > W_{年} \geq 25$	$25 > W_{年} \geq 15$	$W_{年} < 15$
道床厚度/mm	无垫层的碎石道床	一般路基	450	450	400	350
		不易风化的岩石、碎石路基	350	350	300	300
	有垫层的碎石道床		300/200	300/200	250/200	250/200
	有砟桥面上的碎石道床	$V_{max} \leq 120$ km/h	250			
		$V_{max} > 120$ km/h	300			

注：允许速度大于 120 km/h 的线路，无垫层时碎石道床厚度不得小于 450 mm；有垫层时碎石道床厚度不得小于 300 mm，垫层厚度不得小于 200 mm。

线路大中修后，无垫层的碎石道床，枕下清砟厚度不得小于 300 mm；特殊困难条件下道床厚度不足 300 mm 时，应清筛至路基面，并做好排水坡。

运量小、允许速度低的线路或在隧道内、桥梁上和车站内受建筑物限制时，可酌情降低道床厚度。但正线木枕地段碎石道床厚度不得小于 200 mm，混凝土枕地段不得小于 250 mm，站线不得小于 200 mm。

五、道床横断面及轨枕埋入道床要求

道床顶面宽度及边坡坡度应符合表 2-14 的规定。

表 2-14　道床顶面宽度及边坡坡度

线路类别			顶面宽度/m	曲线外侧道床加宽		砟肩堆高/m	边坡坡度
				半径/m	加宽/m		
正线	无缝线路	V_{max} >160 km/h	3.5			0.15	1：1.75
		V_{max} ≤160 km/h	3.4	≤600	0.10	0.15	1：1.75
	普通线路	年通过总重不小于 8 Mt	3.1	≤800	0.10		1：1.75
		年通过总重小于 8 Mt	3.0	≤600	0.10		1：1.75
站线			2.9				1：1.50

轨底处道床顶面应低于轨枕顶面 20 ~ 30 mm。Ⅰ型混凝土枕中部道床应掏空，其顶面低于枕底不得小于 20 mm，长度应为 200 ~ 400 mm；Ⅱ型和Ⅲ型混凝土枕中部道床可不掏空，但应保持疏松。有砟桥上无缝线路应设挡砟板。

六、南京地铁一号线南延线介绍

正线地面线地段道床结构，具体里程：K12 + 912.500—K12 + 972.037，曲线半径 $R = 500$ m。铺设 60 kg/m 钢轨，采用弹条Ⅰ型扣件及Ⅱ型预应力混凝土。轨枕铺设间距为 1 680 根/km。路基面形状为三角形路拱，由路基中心线向两侧设 4% 的人字形排水坡。左右线圆曲线地段超高分别为 100 mm、105 mm；超高采取外轨抬高超高值（全超高）的办法设置。

路基地段采用双层碎石道床，其中面砟厚不小于 0.25 m，底砟厚 0.2 m。道床边坡 1：1.75。过渡段采用单层碎石道床，道砟厚不小于 0.25 m。曲线地段外侧肩宽加宽至 500 mm，砟肩均堆高 150 mm。

任务五　整体道床

混凝土整体道床，也称无砟道床，如图 2-35 所示，是一种在坚实基底上直接浇筑混凝土以取代传统道砟层的轨下基础，常用于铁路隧道和地下铁道、无砟桥梁以及有特殊需要、基础又经过适当处理的土质路基。

一、整体道床的特点

图 2-35　无砟道床

整体道床具有以下优点：整体性强，稳定性好，轨道几何形位易于保持，有利于铺设无缝线路及高速行车。其轨道变形很小，发展较慢，从而减少养护维修工作量，改善劳动工作条件，这对于运量大、行车速度和密度较高的线路，以及通风照明条件差的长大隧道，效果尤为显著。此外，还可减少隧道的开挖面积，增加隧道或桥梁净空，外观整洁美观，坚固耐久。但整体道床工程投资费用高，并要求较高的施工精度和特殊的施工方法，对扣件和垫层也有特殊要求，在运营过程中，一旦出现病害，整治非常困难。

目前，我国在隧道内铺设的混凝土整体道床，主要由钢筋混凝土支承块（也称短枕）、钢筋混凝土道床、排水设施及隧道基底等部分组成。

钢筋混凝土支承块用来支承钢轨，并保持轨道的正确几何形位。它必须具备外形简单、便于加工制造、满足钢轨扣件组装及埋入混凝土道床一定深度的要求。支承块的外形尺寸，直线上为 500 mm × 200 mm × 200 mm；曲线上为 600 mm × 240 mm × 200 mm。

支承块用 C50 级混凝土预制。支承块的钢筋应伸入挡肩，加大抗推能力，底部伸入的弯钩与道床混凝土黏结，增加抗拔能力。承轨台顶面高出道床混凝土顶面至少 30 mm，并有 1：40 的轨底坡。

混凝土道床的宽度一般为 240 cm，厚度为 35 cm，混凝土标号用 C30。混凝土道床因受混凝土收缩、温度效应及在荷载作用下产生弯曲拉力等影响，应分段修筑并设置相应的伸缩缝，防止混凝土道床出现裂缝。伸缩缝的间距，洞口 300 m 范围内采用 6.25 m、以外采用 12.5 m 最为相宜。此外，在隧道衬砌沉降缝处，混凝土道床也应设置伸缩缝。伸缩缝的位置要与钢轨接头错开。伸缩缝一般宽 2 cm，用木板浸沥青或预制沥青板填塞。

隧道基底的处理，对消除整体道床产生严重病害的隐患有重要意义。灌注道床混凝土前，应用高压水和高压风将基底冲洗干净，并对封底混凝土进行凿毛处理。隧道设仰拱时，应在仰拱与整体道床之间用低标号混凝土回填，作为铺底。混凝土道床直接浇筑在坚硬完整的岩基上时，如基地欠挖，则应按设计标高加深；如基底超挖，小于 20 cm 时，应与道床混凝土一次灌注补足，大于 20 cm 时，应先用 C15 混凝土回填，严禁用浆砌片石或弃砟铺筑。

地下水对整体道床危害极大。合理安排排水设施，迅速排除地下水，是决定整体道床成败的关键。要求地下水位经常处于混凝土道床底面之下。排水设施有中心水沟式及两侧水沟式两种。前者只适用于无地下水的干燥隧道，对有地下水的隧道，必须采用双侧水沟。多水隧道的侧沟要求沟底应在轨面下 1 180 mm 以上，无水或少水隧道应在 670 mm 以上。混凝土道床顶面，应有流向水沟的 3% 横坡，边墙及靠近混凝土道床一侧的水沟均需预留泄水孔。除整体道床应有良好的排水设施外，还要求隧道有防治水害的综合措施，保证隧道竣工后拱部不漏水，边墙不渗水，整体道床不积水，不冒水。

混凝土整体道床轨道与普通轨道衔接处，由于两种不同形式轨道的整体弹性相差很大，为使行车平稳，旅客舒适，减轻轮轨互相作用的动力响应，应在两者之间设置道床弹性逐渐变化的过渡段，如图 2-36 所示。

图 2-36　过渡段

二、浮置板轨道

浮置板轨道结构主要包括：浮置板基础、隔振器、钢筋混凝土道床板、钢轨及其扣配件，如图 2-37 所示。

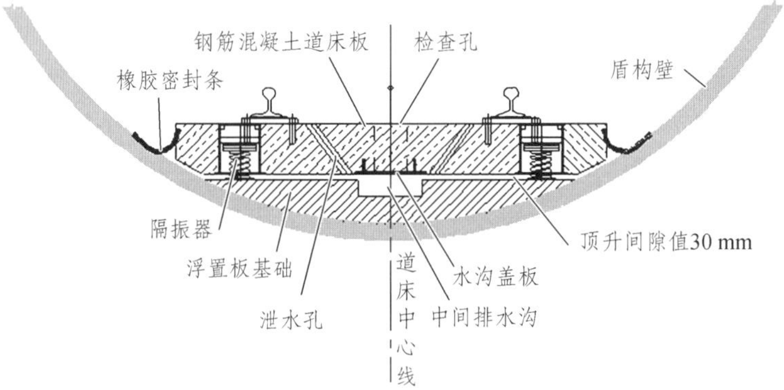

图 2-37　浮置板轨道

浮置板基础：隧道底板进行混凝土回填，为了解决排水问题，在隧道底板回填时，需设置道床中间排水沟。

隔振器：主要由三部分组成，外套筒（置于钢轨下、铁垫板之间，浇筑于钢筋混凝土内）、螺旋弹簧隔振器（包含螺旋钢弹簧和黏滞阻尼）、弹簧隔振器上的高度调节片及锁紧系统。

剪力铰：径向刚度很大，可以传递垂向载荷，纵向可以相对自由伸缩。为消除相邻两轨道板端接缝处的垂直剪切力，在相邻两块浮置板端位置分别设置剪力铰和剪力筒。

钢筋混凝土道床板：具有一定的质量和刚度的钢筋混凝土结构。道床板内预埋外套筒，道床板与结构基础用置于外套筒内的隔振器（弹性体）整体隔离，达到减振降噪的目的。

钢轨及其扣配件：钢轨为列车走行的基础，用扣件将钢轨同道床板连接。

任务六　直线轨道的几何形位

轨道的几何形位按照静态与动态两种状况进行管理。静态几何形位是轨道不行车时的状况，采用道尺等工具测量。动态几何形位是行车条件下的轨道状况，采用轨道检查车测量。

一、轨距

轨距是指钢轨顶面下 16 mm 范围内两股钢轨作用边之间的最小距离。因为钢轨头部外形由不同半径的复曲线所组成，钢轨底面设有轨底坡，钢轨向内倾斜，车轮轮缘与钢轨侧面接触点处在钢轨顶面下 10 ~ 16 mm 之间，我国规定轨距测量部位在钢轨顶面下 16 mm 处，如图 2-38 所示，在此处，轨距一般不受钢轨磨耗和肥边的影响，便于轨道维修工作的实施。

目前，世界上的轨道轨距，分为标准轨距、宽轨距和窄轨距三种。标准轨距尺寸为 1 435 mm。大于标准轨距的称为宽轨距，如 1 524 mm、1 600 mm、1 670 mm 等，用于俄罗斯、印度、澳大利亚、蒙古等国。小于标准轨距的称为窄轨距，如 1 000 mm、1 067 mm、762 mm、610 mm 等，日本采用 1 067 mm 窄轨距。

我国轨距绝大多数为标准轨距，仅在云南省境内尚保留有 1 000 mm 轨距。台湾地区铁路采用 1 067 mm 轨距。也有少数地方铁路和工矿企业铁路采用窄轨距。

轨距用道尺测量，容许偏差值为 + 6 mm 和 – 2 mm，即宽不能超过 1 441 mm，窄不能小于 1 433 mm。轨距变化应和缓平顺，其变化率：正线、到发线不应超过 2%（规定递减部分除外），站线和专用线不得超过 3%，即在 1 m 长度内的轨距变化值；正线、到发线不得超过 2 mm，站线和专用线不得超过 3 mm。为使机车车辆能在线路上两股钢轨间顺利通过，机车车辆的轮对宽度应小于轨距。当轮对的一个车轮轮缘紧贴一股钢轨的作用边时，另一个车轮轮缘与另一股钢轨作用边之间便形成一定的间隙，这个间隙称为游间，如图 2-39 所示。

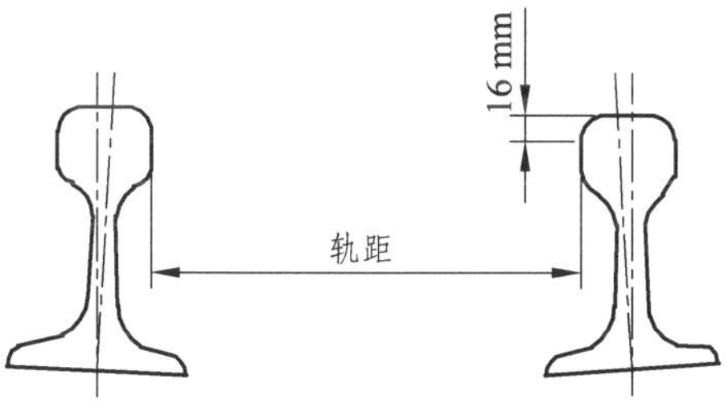

图 2-38　测量轨距示意图

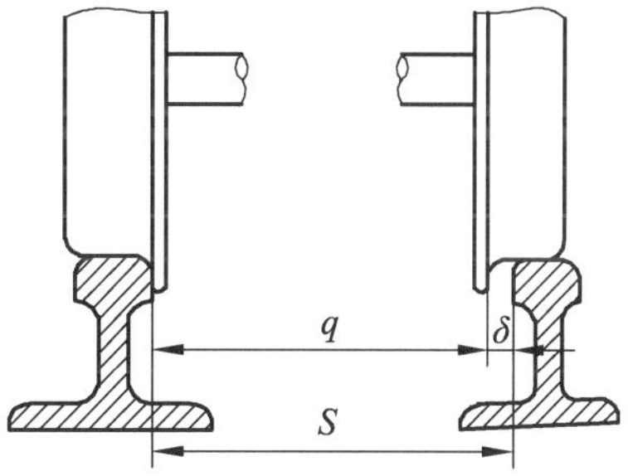

图 2-39　游间示意图

轮距和轮对宽度都规定有容许的最大值和最小值。若轨距最大值为 S_{max}，最小值为 S_{min}，轮对宽度最大值为 q_{max}，最小值为 q_{min}，则

$$\text{游间最大值}\ \delta_{max} = S_{max} - q_{min}$$

$$\text{游间最小值}\ \delta_{min} = S_{min} - q_{max}$$

轮轨游间见表 2-15。

表 2-15　轮轨游间

车轮名称	轮轨游间值 δ/mm		
	最大	正常	最小
机车轮	45	16	11
车辆轮	47	14	9

轮轨游间 δ 的大小，对列车运行的平稳性和轨道的稳定性有重要的影响。如 δ 太大，则列车运行的蛇行幅度就大，列车左右摆动就大，作用于钢轨的横向力就大，动能损失就大，轮轨间撞击也大，加剧轮轨磨耗和轨道变形，严重时将引起撑道脱线，危及行车安全。如 δ 太小，则增加行车阻力和轮轨磨耗，严重时还可能楔住轮对、挤翻钢轨或导致爬轨事件，危及行车安全。为了提高列车运行的平稳性和线路的稳定性，减少轮轨磨耗和动能损失，确保行车安全，需要把游间限制在一个合理的范围内。根据现场测试和养护维修经验，认为减小直线轨距有利。改道时轨距按 1 434 mm 或 1 433 mm 控制，尽管轨头有少量侧磨发生，但达到轨距超限的时间得以延长，有利于提高行车平稳性，延长维修周期。

二、水　平

水平是指线路左右两股钢轨顶面的相对高差。在直线地段，两股钢轨顶面应置于同一水平面上，使两股钢轨所受荷载均匀，以保持列车平稳运行。水平用道尺或其他工具测量。线路维修时，两股钢轨顶面水平误差不得超过规定值。规定：两股钢轨顶面水平的容许偏差，正线及到发线不得大于 4 mm，其他站线不得大于 5 mm。两股钢轨顶面的水平偏差值，沿线路方向的变化率不可太大。在 1 m 距离内，这个变化不可超过 1 mm，否则即使两股钢轨的水平偏差不超过允许范围，也将引起机车车辆的剧烈摇晃。

实践中有两种性质不同的钢轨水平偏差，对行车的危害程度也不相同。一种偏差称为水平差，这就是在一段规定的距离内，一股钢轨的顶面始终比另一股高，高差值超过容许偏差值。另一种称为三角坑，其含义是在一段规定的距离内，先是左股钢轨高于右股，后是右股高于左股，高差值超过容许偏差值，而且两个最大水平误差点之间的距离，不足 18 m。在一般情况下，超过允许限值的水平差，只是引起车辆摇晃和两股钢轨的不均匀受力，并导致钢轨不均匀磨耗。但如果在延长不足 18 m 的距离内出现水平差超过 4 mm 的三角坑，将使同一转向架的四个车轮中，只有三个正常压紧钢轨，另一个形成减载或悬空。如果恰好在这个车轮上出现较大的横向力，就有可能使浮起的车轮只能以它的轮缘贴紧钢轨，在最不利的情况下甚至可能爬上钢轨，引起脱轨事故。因此，一旦发现必须立即消除。

三、轨　向

轨向是指轨道中心线在水平面上的平顺性。严格地说，经过运营的直线轨道并非直线，而是由许多波长 10 ~ 20 m 的曲线所组成，因其曲度很小，故通常不易察觉。若直线不直则必然引起列车的蛇行运动。在快速行驶列车的线路上，线路方向对行车的平稳性具有特别重要的影响。相对轨距来说，轨道方向往往是行车平稳性的控制性因素。只要方向偏差保持在容许范围以内，轨距变化对车辆振动的影响就处于从属地位。在无缝线路地段，若轨道方向不良，还可能在高温季节引发胀轨跑道事件（轨道发生明显的不规则横向位移），严重威胁行车安全。规定：直线方向必须目视平顺，用 10 m 弦测量，正线上正矢不超过 4 mm；站线及专用线，不得超过 5 mm。

四、前后高低

轨道沿线路方向的竖向平顺性称为前后高低。新铺或经过大修后的线路，即使其轨面是平顺的，但是经过一段时间列车运行后，由于路基状态、捣固坚实程度、扣件松紧、枕木腐朽和钢轨磨耗的不一致性，就会产生不均匀下沉，造成轨面前后高低不平，即在有些地段（往往在钢轨接头附近）下沉较多，出现坑洼，这种不平顺，称为静态不平顺；有些地段，从表面上看，轨面是平顺的，但实际上轨底与铁垫板或轨枕之间存在间隙（间隙超过 2 mm 时称为吊板），或轨枕底与道砟之间存在空隙（空隙超过 2 mm 时称为空板或暗坑），或轨道基础弹性的不均匀（路基填筑的不均匀、道床弹性的不均匀等），当列车通过时，这些地段的轨道下沉不一致，也会产生不平顺，这种不平顺称为动态不平顺，随着高速铁路的发展，动态不平顺已广泛受到关注。

轨道前后高低不平顺，危害甚大。列车通过这些地方时，冲击动力增加，加速道床变形，从而更进一步扩大不平顺，加剧机车车辆对轨道的破坏，形成一个恶性循环过程。一般来说，前后高低不平顺的破坏作用同不平顺（坑洼）的长度成反比，同它的深度则成正比。当车轮通过这些不平顺时，动压力增加。根据试验，连续三个空吊板可以使钢轨受力增加一倍以上。一般来说，长度在 4 m 以下不平顺，将引起机车车辆对轨道产生较大的破坏作用，从而加速道床变形。因此，养路工区决不能允许这种不平顺存在，一旦发现，应在紧急补修中加以消除。

长度在 100 ~ 200 mm 范围内的不平顺，主要起因于钢轨波浪形磨耗，焊接接头低塌，或轨面擦伤等。通过该处的车轮，形成对轨道的冲击作用，行车速度越高，冲击越大。例如，根据沪宁线混凝土轨枕道床板结地段的一个试验，将钢轨人为地打磨成如图 2-40 所示的不平顺（模拟焊接接头打塌后的形状）。列车以 90 km/h 的速度通过时，一个动轮产生的冲击力达到 300 kN 左右，接近于 3 倍静轮重。但是，对于这种不平顺，往往容易忽视，轨道检查车也不能完全反映出来。经过维修或大修的轨道，要求目视平顺，前后高低偏差用 10 mm 量测的最大矢度不应超过 4 mm。

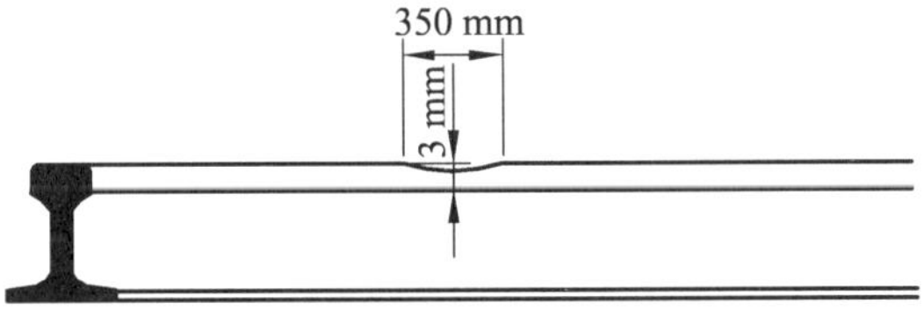

图 2-40　钢轨不平顺

五、轨底坡

由于车轮踏面与钢轨顶面主要接触部分是 1/20 的斜坡，为了使钢轨轴心受力，钢轨也应有一个向内的倾斜度，因此轨底与轨道平面之间应形成一个横向坡度，称之为轨底坡。钢轨设置轨底坡，可使其轮轨接触集中于轨顶中部，提高钢轨的横向稳定能力，减轻轨头不均匀磨耗。分析研究指出，轨头中部塑性变形积累比之两侧较为缓慢，故而设置轨底坡也有利于减小轨头的塑性变形，延长使用寿命。

我国线路在 1965 年以前，轨底坡设定为 1/20。但在机车车辆的动力作用下，轨道发生弹性挤开，轨枕产生挠曲和弹性压缩，加上垫板与轨枕不密贴、道钉的扣压力不足等原因，实际轨底坡与原设计轨底坡有较大的出入。另外车轮踏面经过一段时间的磨耗后，原来 1/20

的斜面也接近 1/40 的坡度。所以 1965 年以后，我国线路的轨底坡统一改为 1/40。

曲线地段的外轨设有超高，轨枕处于倾斜状态。当其倾斜到一定程度时，内轨钢轨中心线将偏离垂直线而外倾，在车轮荷载作用下有可能推翻钢轨。因此，在曲线地段应视其外轨超高值而加大内轨的轨底坡，调整的范围见表 2-16。

表 2-16 内股钢轨轨底楔形或枕木砍削倾斜度

外缘超高/mm	轨枕面最大倾斜	铁垫板或承轨槽面倾斜度		
		0	1/20	1/40
0～75	1∶20	1∶20	0	1∶40
80～125	1∶12	1∶12	1∶30	1∶17

应当说明，以上所述轨底坡的大小是钢轨在不受列车荷载作用情况下的理论值。在复杂的列车动荷载作用下，轨道各部件将产生不同程度的弹性和塑性变形，静态条件下设置的 1/40 轨底坡在列车动荷载作用下不一定保持 1/40。轨底坡设置是否正确，可根据钢轨顶面上由车轮碾磨形成的光带位置判断。如光带偏离轨顶中心向内，说明轨底坡不足；如光带偏离轨顶中心向外，说明轨底坡过大；如光带居中，说明轨底坡合适。线路养护工作中，可根据光带位置调整轨底坡的大小。

任务七　车　挡

一、固定式液压挡车器

1. 结构形式

固定式液压挡车器大致由钢结构主架及液压缓冲器两大部分组成，如图 2-41 所示。

图 2-41 固定式液压挡车器

DDCQY 系列长行程液压缓冲挡车器直接通过螺栓连接安装在混凝土基础台上；车辆撞

击引导小车其一端设有车钩导入装置及车钩撞击座，另一端与液压缓冲器相接，它的下部设有四组滚轮，通过挡车器夹板直接定位在线路标准轨上，并可沿轨道纵向滚动。

2．工作原理（见图 2-42）

图 2-42　工作原理

钢结构件承受失控车辆的惯性撞击，并将失控车辆的惯性动能传递给液压缓冲器直至传递至线路标准轨或混凝土基础。液压缓冲器在受力过程中不断压缩，迫使缓冲器中液压油在两腔流动（节流做功），产生大量的热量，消耗失控车辆的惯性动能。

3．安装、保养与维修

固定式液压挡车器的结构形式相对简单，安装比较方便，按照说明书要求通过高强度螺栓直接安装在轨道或混凝土基础上。

日常保养和维修要点：

（1）每年对所有紧固件进行一次检查，及时拧紧已松动的螺栓。

（2）在日常检查中及时清除挡车器安装距离内标准轨上部的障碍物。

（3）若固定式液压缓冲挡车器被撞击后，应对其做全面检查，确保无零部件损坏后，方可重新使用。

二、滑移式挡车器（含液压缓冲）

1．结构形式

滑移式挡车器一般由一台制动主架总成和若干对制动摩擦块组成，如图 2-43 所示。如挡车器配置制动摩擦块较多或考虑车辆防爬结构形式等其他要求时，一般增加液压缓冲器作为缓冲辅助设备。

图 2-43　滑移式挡车器

滑移式挡车器直接安装在轨道线路的标准轨上。挡车器的制动摩擦块可通过调整锁紧螺栓的预紧扭矩，预压弹性零件（双层铁路弹垫），达到控制制动摩擦块与线路标准轨的接触压力，从而保证挡车器有较合适的制动力。

当制动主架总成中含有液压缓冲器时，当受控车辆撞上挡车器的制动主架时，液压器随即压缩，当液压缓冲器压缩到根部时，制动主架总成随即向后滑移，将与布置在后面的制动摩擦块相接触。直至所有制动摩擦块同时协同制动主架总成对失控车辆进行强制制停。

2. 工作原理

制动主架总成是挡车器的主要受力部件，能承受失控车辆巨大的惯性撞击，并将失控车辆的惯性冲力通过其钢结构传递至制动摩擦块。通过液压缓冲器吸收动能结合挡车器制动摩擦块与线路标准轨间的摩擦制动力消耗失控车辆的惯性动能。

3. 保养与维修

（1）每半年对所有紧固件进行一次检查，及时拧紧已松动的螺栓。

（2）每年将所有制动摩擦块的紧锁螺栓完全放松后，重新按预紧要求预紧一次。

（3）在日常检查中及时清除挡车器滑移方向标准轨轨头部位上的油污及障碍物，如发现缓冲器漏油时应及时通报有关管理部门，及时通知生产商检查更换。

（4）在日常检查中若发现挡车器已发生位移，应及时通报有关管理部门，并对被撞挡车器做全面检查，确证无零部件损坏后，方可重新安装使用。

三、固定式车轮挡

1. 结构形式

固定式车轮挡与两侧钢轨固定连接，挡车器的受撞击部位依据不同车辆的结构形式相匹配设计，如图 2-44 所示。

图 2-44 固定式车轮挡

2. 工作原理

固定式挡车器的撞击座与钢结构主架为滑动配合，撞击座的前撞击面与后部支撑装有缓冲橡胶。当失控车辆撞击固定式挡车器时，其通过压缩缓冲橡胶及钢结构主架的微量变形来吸收车辆的动能，使其在挡车器前安全停下。

由于这种挡车器没有足够的做功距离来吸收动能，因此只能适用于车速很低、动能较小的场合。

任务八 标志标记

轨道交通线路和行车标志是轨道交通的组成部分之一，它完整地标明线路的平、纵断面等设计要素，为轨道线路技术状态提供了鲜明的测量、界定标记。工作人员据此掌握线路技术状态的变化，十分方便。它既为列车运行的位置和地点起提示作用，也为列车运行（包括停放）起限制和警示作用，与列车运行信号共同对运营安全起着重要作用。

轨道交通标志（标牌）按使用性质划分有线路标志、桥涵标志、车场标志、行车标志、道路标志、观测标志以及供电标志、导向标志等。

1．标面颜色、标志

（1）轨道交通标志标面的颜色，考虑城市轨道交通位于城市、多为地下的特点，结合国家铁路和道路交通的习惯，选用红、黄、蓝、白和黑等五种习惯用的基本色。根据需要，互相协调配合使用。

（2）线路标志标面，一般选用白底黑字；行车标志标面除有特殊要求和规定外，一般标志选用蓝底白字；警示标志选用黄底黑字；禁止标志选用白底红字或全红色。

（3）标面皆加涂反光材料，反光材料可选用Ⅰ级或Ⅱ级反光膜。

（4）图案及字样均采用与反光材料相适应的油墨喷刷。

（5）标志所用数字、汉字写法采用仿宋体 GB 2312 或黑体。

（6）标面有效数字的使用规定：

① 里程单位一般写至厘米，曲线半径、坡段等长度单位标写至米，超高单位标写至毫米。

② 坡率 ‰ 写至小数点后两位，例：28.65‰，表示坡率为千分之二十八点六五。

（7）立柱、柱墩混凝土表面应光洁平整，皆用白色涂料打底。

2．标志和标牌形式、材料

1）形式

（1）按几何形状分，有弯折形、平板形（圆形和长方形）、扁柱体形、圆柱体形等。

（2）按安装方式分，有立柱式、埋入式、挂壁式、悬挂式等。

2）材料

（1）地下线和高架线标志一般采用铝合金板材（厚 1.5 mm），地面线标志一般用混凝土材料（厚度 100 ~ 150 mm）制作。

（2）立柱采用钢管（ϕ60 mm）或混凝土立柱。

3．标志和标牌安装

（1）按各标志标牌的功能和使用要求进行安装，必须牢固可靠。标志标牌标面设计要求一致，安装方式不做强行规定，可根据安装地点现场实际情况，因地制宜地选用埋入式、挂壁式、悬挂式或其他形式。

① 弯折形标志设置于隧道边墙或桥梁栏杆上时，弯折棱向线路凸出，均用 ϕ6 mm 螺栓或膨胀管螺栓固定。

② 安装在隧道壁上的标志，可安装在电缆架的上方或下方等合适地点，应错开管片接缝和管片连接螺栓位置。

③ 安装在高架桥上的标志，必要时应设置单独支架，支架设计应结合高架桥护栏、电缆支架、声屏障等综合考虑。

④ 设置于线路路肩上的标志，标面与线路垂直，底边高出路基顶面 20 cm，埋入路基内 50 cm 固定。

（2）标志的金属件包括底板、构架和紧固件，均需进行防锈处理，高架和地面线路宜采用不锈钢材质的螺栓。

4．其他标志

（1）全线沉降观测桩的设置，按照有关测量管理办法执行；“高架徐变观测点”“地下车站、高架立柱沉降点”及“整体道床沉降点”的设置按既有规定办理。标志式样可比照“水准基点标”。

（2）线路中线控制桩，统一采用预埋不锈钢圆柱（ϕ18 mm）方式，设置于线路直线整千米、半千米，曲线始终点（直缓、缓圆、圆缓、缓直各处）的轨道中心，并标明线路中心位置。

（3）无缝线路位移观测桩应根据需要设置，并附有效的观察记录。

（4）道岔编号、钢轨伸缩器编号、轨节编号、桥梁编码、墩台编码、管片编码均由维护单位自行制定编制办法并实施，但每条线要尽量统一。

5．部分标志图例（见图 2-45～图 2-54）

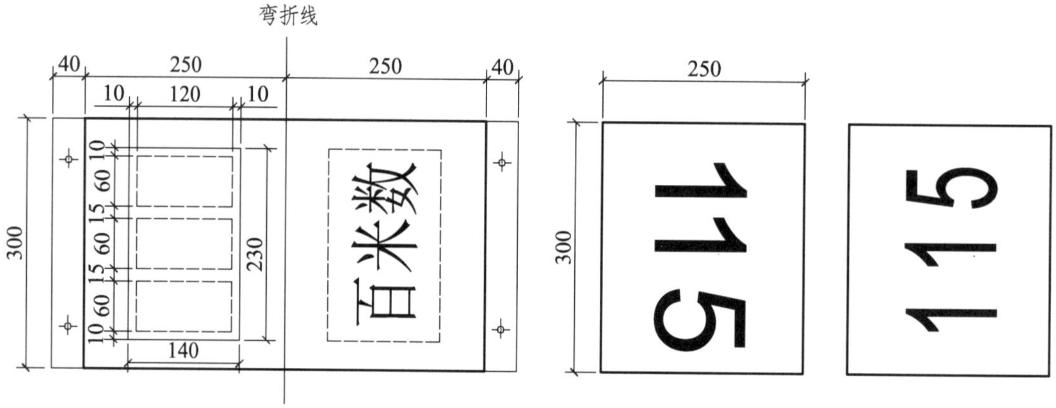

百米标（高架）　　单侧面示意　　单侧面示例

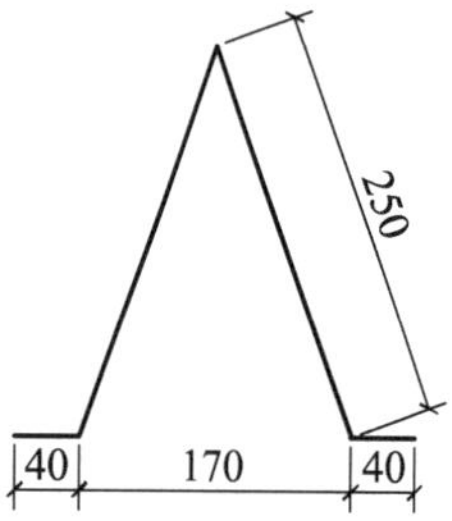

弯折图

注：
1. 本图尺寸均以“mm”计。
2. 本标志安装在线路行车方向右侧，线路百米处，用 ϕ6 mm 膨胀螺栓固定在适当位置。按现场实际情况安装，必要时应设置单独支架，支架设计应结合高架桥护栏、电缆支架、声屏障等设置情况综合考虑。标志为弯折形，弯折棱与线路垂直并向上凸出。
3. 采用铝合金板材制作，厚度 1.5 mm；白底黑字，表面涂刷反光材料（Ⅰ级或Ⅱ级反光膜）。
4. 虚线框内填写百米标的数值，前两位表示公里数，最后一位表示百米数。公里数为个位数时，表示方法与图“线 001”一致。

图 2-45　百米标（高架）

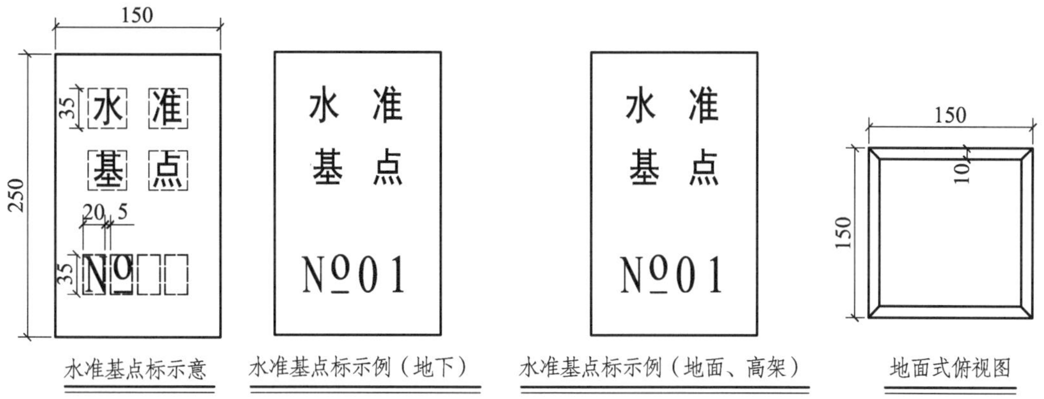

注：
1. 本图尺寸均以“mm”计。
2. 本标志安装在水准点附近。高架、地下式为平板形，固定在隧道壁或高架栏杆上。地面式为柱体，埋设于适当地点。
3. 地下、高架采用铝合金板材制作，厚 1.5 mm，地面式材质为混凝土，白底黑字。

图 2-46　水准基点标

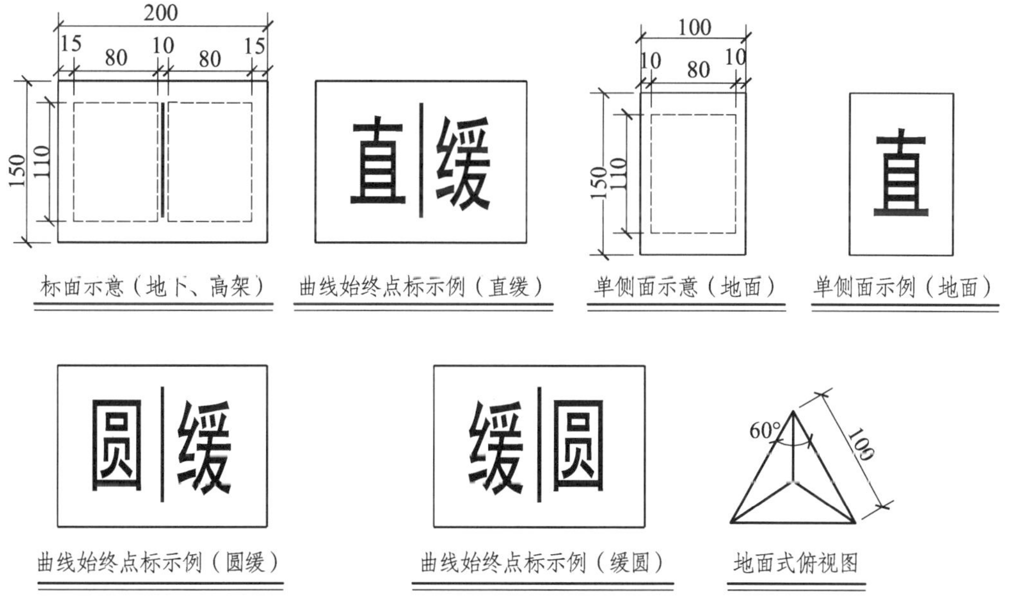

注：
1. 本图尺寸均以“mm”计。
2. 本标志安装在线路上股钢轨外侧，线路曲线始终点对应位置。地下式、高架式标志为平板形，隧道内用ϕ6 mm膨胀螺栓固定在隧道壁上,高架式固定在承轨台上，地面式为三角棱柱体形，埋设在道砟坡脚处。
3. 地下、高架式采用铝合金板材制作，厚 1.5mm；地面式材质为混凝土。
白底黑字，表面均涂刷反光材料（Ⅰ级或Ⅱ级反光膜）。
4. 标志上标写“直缓”“圆缓”“直圆”等字样均与线路曲线线形相对应。

图 2-47　曲线始终点标

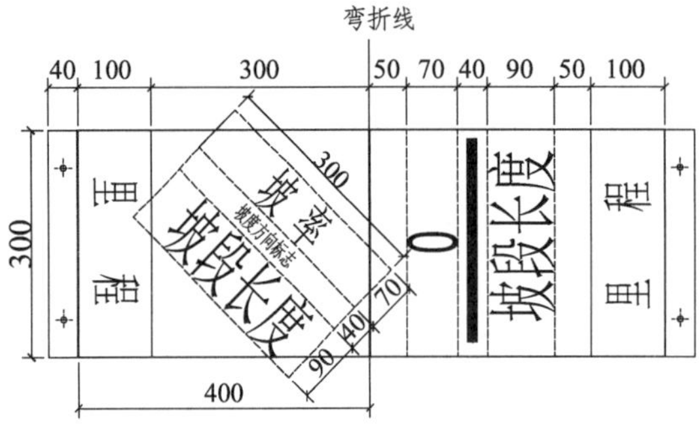

坡度标示意

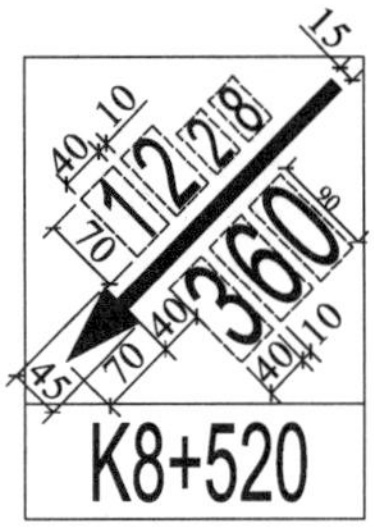

单侧面示意（高架）

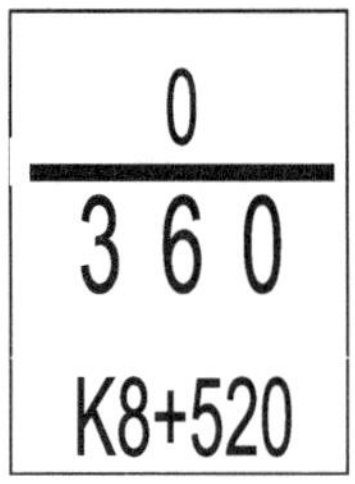

单侧面示例（高架）

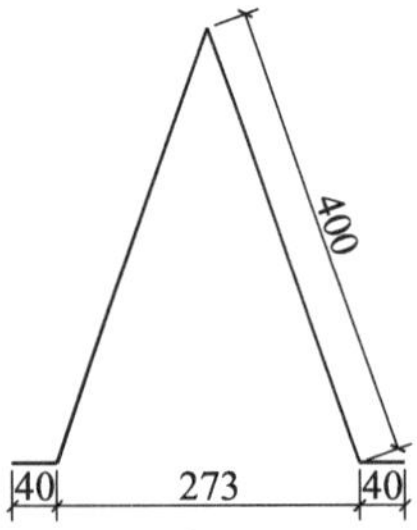

弯折图

注：

1. 本图尺寸均以“mm”计。
2. 本标志安装在线路行车方向右侧，线路变坡点的对应位置，用ϕ6mm膨胀螺栓固定。按现场实际情况安装，必要时应设置单独支架。支架设计应结合高架桥护拦、电缆支架、声屏障等设置情况综合考虑；标志为弯折形，弯折棱垂直线路并向上凸出。
3. 高架式采用铝合金板材制作，厚 1.5 mm，白底黑字，表面涂刷反光材料(Ⅰ级或Ⅱ级反光膜)。
4. 坡率以‰为单位，标写至小数两位。坡段长度以 m为单位，里程标写至cm。

图 2-48　坡度标

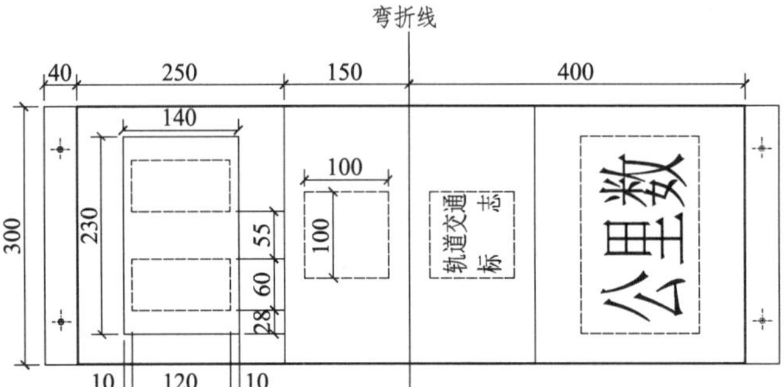

公里标（高架）

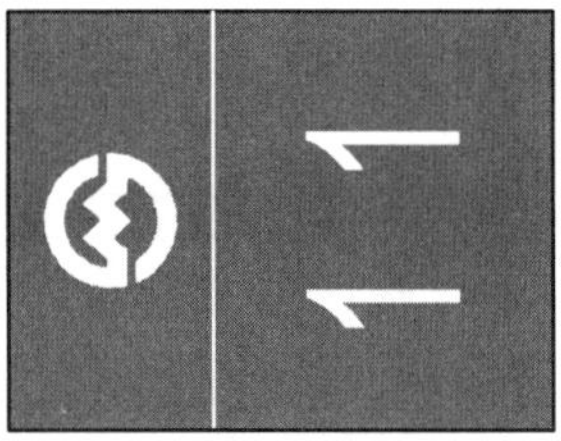

单侧面示例

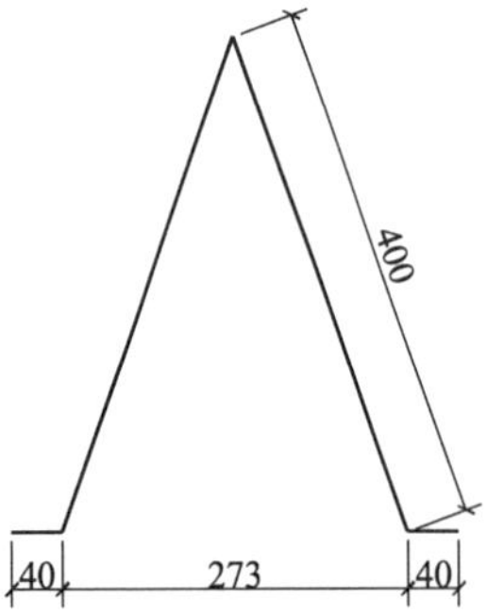

弯折图

注：

1. 本图尺寸均以“mm”计。
2. 本标志安装在线路行车方向右侧，线路整公里处，用 ϕ6 mm 膨胀螺栓固定在适当位置。具体安装结构按实际情况设计，必要时应设置单独支架；标志为弯折形，弯折棱垂直线路并向上凸出。
3. 铝合金板材制作，厚1.5 mm，蓝底白字，表面涂刷反光材料（Ⅰ级或Ⅱ级反光膜）。
4. 图中虚线框内填公里数，上方标记轨道交通标志。

图 2-49　公里标（高架）

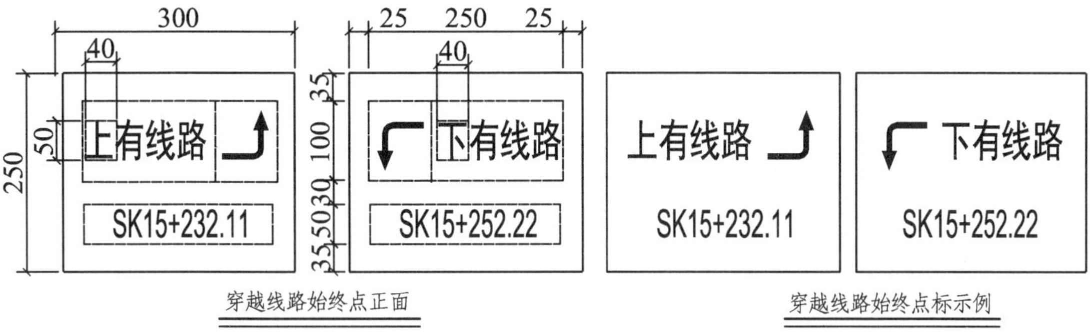

注:
1. 本图尺寸均以“mm”计。
2. 本标志安装在线路行车方向右侧，线路穿越轨道始终点对应位置。只有地下式，标志为平板形，用ϕ6 mm膨胀螺栓固定在隧道壁上。
3. 采用铝合金板材制作，厚1.5 mm，白底黑字，表面涂刷反光材料（Ⅰ级或Ⅱ级反光膜）。
4. 本标志里程标写至cm。
5. 本标志仅在穿越其他轨道交通线路时设置。标面方框内根据实际情况标记“上”或“下”。

图 2-50　穿越线路始终点标

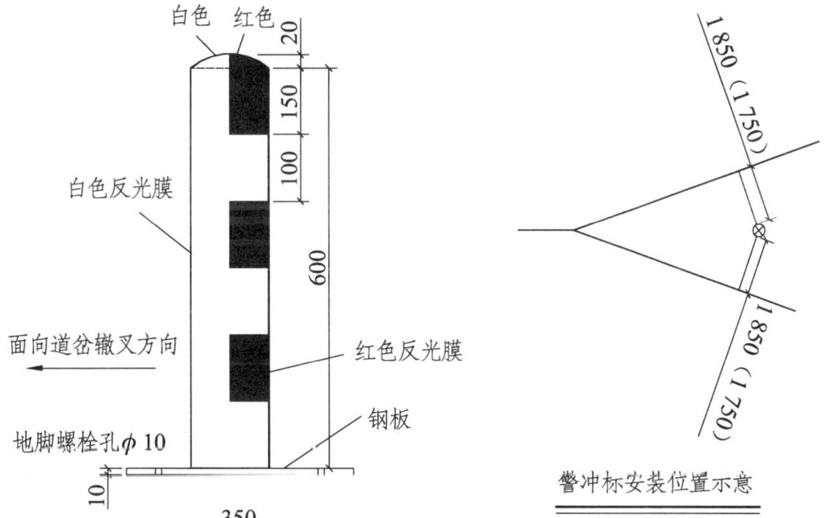

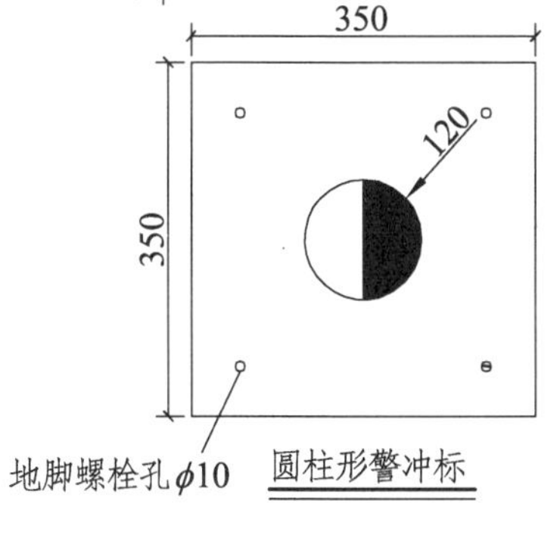

注:
1. 本图尺寸均以“mm”计。
2. 本标志安装在道岔后两线设备限界的会合处，大型车取值1 850 mm，小型车取值1 750 mm（括号内表示），位于曲线范围内应按规定加宽。
3. 标志为圆柱体形，顶端为球面。警冲标顶面不宜超过相邻轨顶250 mm，底部与轨道下部结构可靠连接。
4. 采用铝合金管（ϕ120 mm）制作，标志顶面着红色，半圆柱正面红白着色相间100 mm，背面着全白色。标面涂刷反光材料。钢板应清理干净，并涂防锈漆或树脂两遍再涂两遍浅灰色调和漆。地脚螺栓进行必要的防腐蚀处理。
5. 安装时，警冲标的红白相间着色面背对辙叉方向，位置要符合轨道交通信号设备（信号机、绝缘接头等）安装的相关规定。

图 2-51　圆柱形警冲标

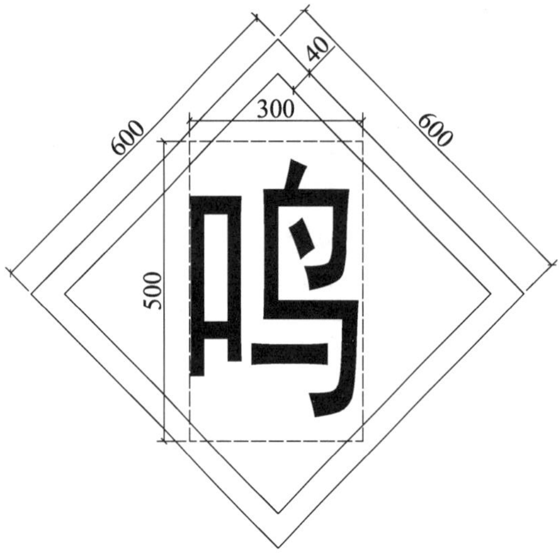

鸣笛标示意

鸣笛标示例

注：
1. 本图尺寸均以“mm”计。
2. 鸣笛标只在地面线设置，安装在线路行车方向右侧，需要提示列车鸣笛的适当地点。标志中心至轨顶面的高度不小于2 000 mm，至线路中心线的水平距离不小于2 150 mm，不得侵入限界。
3. 采用铝合金板材制作，平板形，白底黑字黑框，表面刷反光材料。

图 2-52　鸣笛标

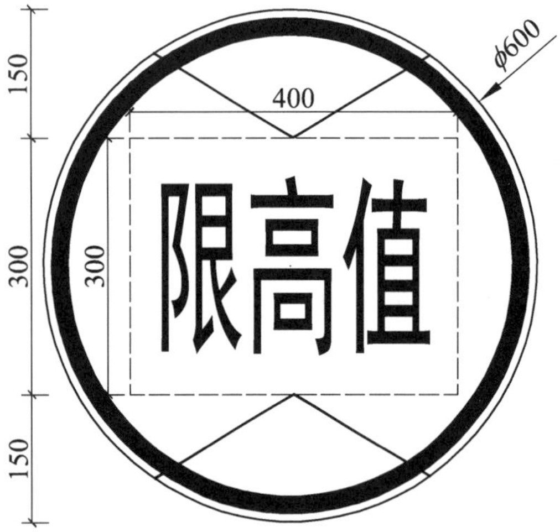

限高牌示意

限高牌示例

注：
1. 本图尺寸均以“mm”计。
2. 本标志安装在道路右侧，需要限高地点两端外的适当地点。安装时不得侵入轨道交通线路限界。
3. 采用铝合金板材制作，标面面向来车方向；平板形，立柱式；白底黑字红内框；表面涂刷反光材料。
4. 标志的限高值和安装位置，由运管部门和后勤部门根据要求决定。

图 2-53　限高牌

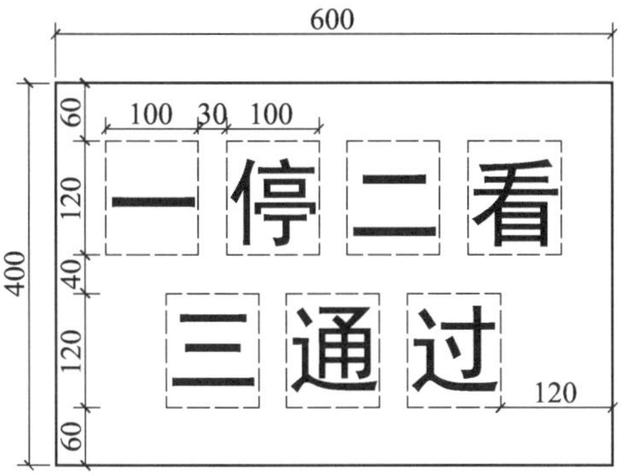

一停二看三通过标牌示意

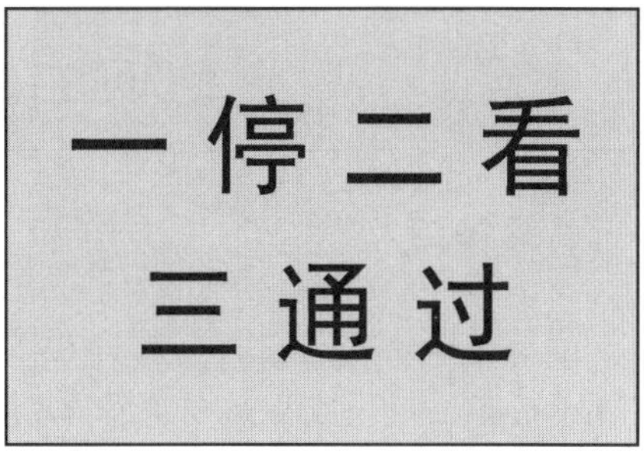

一停二看三通过标牌示例

注：
1. 本图尺寸均以“mm”计。
2. 一停二看三通过标志只在地面线设置，安装在平交道口两边，道路的右侧，标志中心至路面的高度不小于2 000 mm，不得侵入轨道交通线路限界。
3. 采用铝合金板材制作，平板形，黄底黑字，表面刷反光材料。

图 2-54　一停二看三通过牌

复习思考题

1. 轨道的组成及功用是什么？
2. 钢轨接头零件有哪些？
3. 钢轨的作用和功能是什么？
4. 按强度分类夹板螺栓有几种？弹簧垫圈起什么作用？
5. 钢轨折断标准是什么？
6. 木枕失效标准是什么？
7. 普通线路预留轨缝的条件是什么？
8. 测得某处钢轨头部的垂直磨耗为 7 mm，侧面磨耗为 10 mm，问其总磨耗是多少？
9. 郑州地区某地调整 25 m 长的 60 kg/m 钢轨轨缝，钢轨线膨胀系数为 0.001 18 mm/(m·°C)，已知最高轨温是 61 °C，最低轨温为 −15 °C，求预留轨缝为多少？
10. 试述重伤钢轨的标准。
11. 某线路钢轨为 60 kg/m，每根长 25 m，配轨枕 46 根，接头轨枕间距为 540 mm，求轨枕间距是多少？
12. 设每节钢轨的长度为 25 m，每千米线路设置轨枕 1 840 根，试问每节钢轨的轨枕根数为多少？
13. 每千米轨枕配置根数为多少？
14. 混凝土枕失效标准是什么？
15. 对钢轨接头的位置有何规定？
16. 线路爬行是哪些主要原因造成的？
17. 产生线路方向不良的原因是什么？

项目三　曲　线

◆ 学习情境描述

列车行车对铁路曲线的圆顺性有着较高的要求，特别是行车速度较快时，不圆顺的铁路曲线将造成行车质量下滑、降低乘坐的舒适性、增加轮轨磨耗等一系列问题，严重的还会影响到行车安全。因此，铁路曲线的学习从来都是铁路线路学习的重要组成部分。

◆ 学习目标

（1）使学生了解曲线要素。
（2）掌握曲线加宽标准。
（3）掌握曲线超高计算。
（4）掌握缩短轨配置。
（5）掌握曲线正矢计算及整正曲线。
（6）掌握常见病害原因及整治方法。

◆ 思政案例（不畏困难，迎难而上）

电影《攀登者》介绍了中华人民共和国成立后我国第一次完成测量珠峰海拔高程情况。队员们跋山涉水，面对的是环境险恶、地势险要，面临的是生命安危，但是队员们没有畏惧退缩，而是迎难而上，勇闯生命禁区，最终让五星红旗高高飘扬在世界之巅。

工程测量在国家建设、社会经济发展中起着重要的作用。从 1975 年第一次测量珠峰采用的进口测量仪器到 2005 年第二次测量珠峰采用经典测量 + GPS 测量 + 冰雪深雷达探测仪，再到 2020 年第三次测定珠穆朗玛峰海拔高度采用北斗 + 5G + 国产仪器，珠峰的测量进程见证了我国测绘测量技术及测量高端仪器生产能力的进步和发展。

二十大报告指出，为实现中华民族伟大复兴的目标，我们必须准备付出更为艰巨、更为艰苦的努力。

【本思政案例参考文献：党亚民，郭春喜，蒋涛，等. 2020 珠峰测量与高程确定[J]. 测绘学报，2021.50（4）：556-561.】

任务一　曲线要素

一、曲线的基本要素

如图 3-1 所示，曲线的基本要素是：
（1）曲线中心角（α）。
（2）曲线半径（R）。

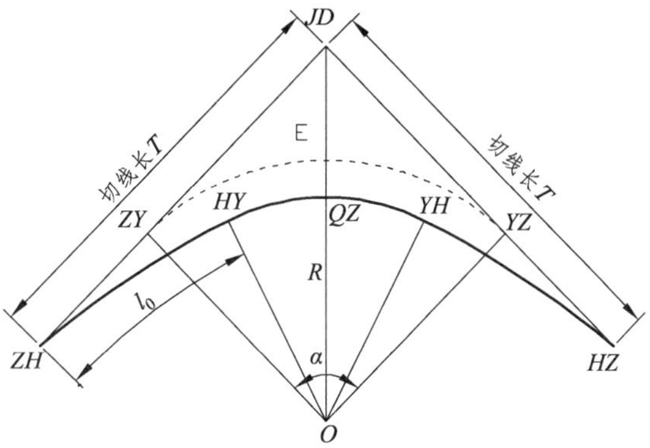

图 3-1 曲线要素

（3）曲线切线长（T）。

（4）曲线外矢距（E）。

（5）曲线长度（K）。

（6）缓和曲线（l_0）。

图中虚线为无缓和曲线的情况，实线为有缓和曲线的情况。

ZY——单圆曲线始点（直圆点）。

YZ——单圆曲线终点（圆直点）。

ZH——缓和曲线始点（直缓点）。

HY——缓和曲线接圆曲线交点（缓圆点）。

YH——圆曲线接缓和曲线交点（圆缓点）。

HZ——缓和曲线终点（缓直点）。

QZ——整个曲线的中央点（曲中点）。

二、曲线种类

曲线分为单曲线、复曲线、同向曲线、反向曲线四种类型。

1．单曲线

只有一个圆心、一个半径的曲线一般统称为单曲线，如图 3-2（a）所示。

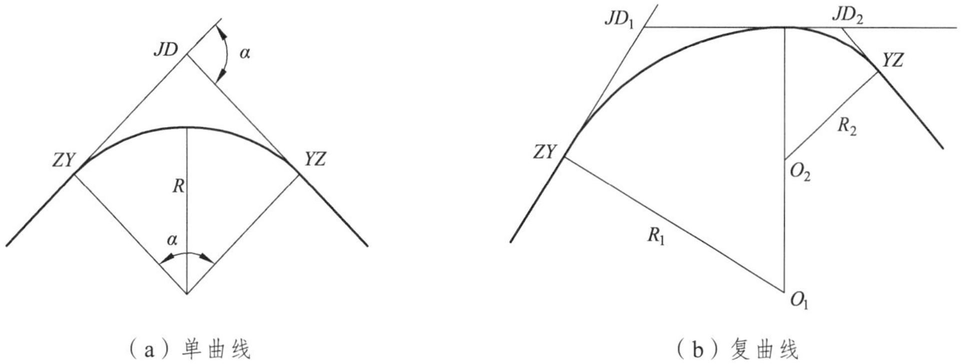

（a）单曲线　（b）复曲线

图 3-2 单曲线、复曲线

2．复曲线

由两个及以上不同的圆心和半径组成的曲线，称为复曲线，如图 3-2（b）所示。

3．同向曲线

由两个转向角方向相同的圆曲线组成，但两曲线中间设有一段直线，称为同向曲线，如图 3-3 所示。

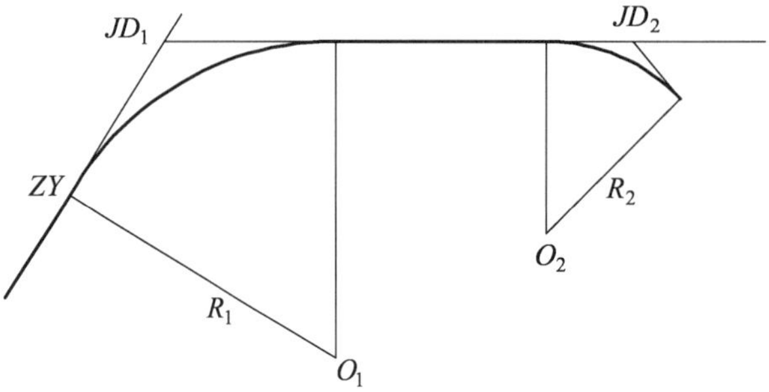

图 3-3　同向曲线

4．反向曲线

由两个转向角方向相反的圆曲线组成，但两曲线中间设有一段直线，称为反向曲线，如图 3-4 所示。

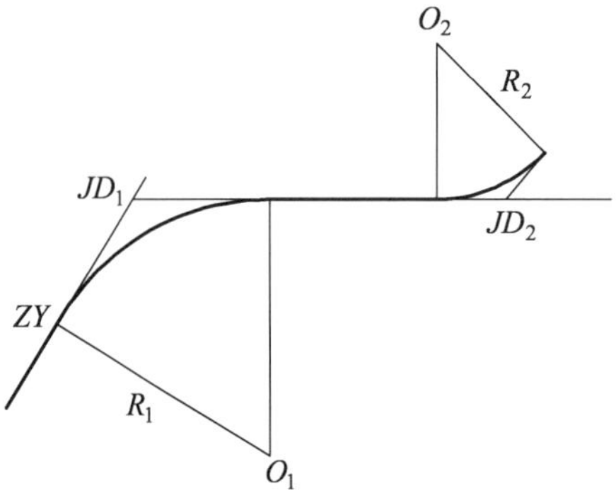

图 3-4　反向曲线

地铁线路不宜采用复曲线。在困难地段，有充分技术经济依据时可采用复曲线。当两圆曲线的曲率差大于 1/2 500 时，应设置中间缓和曲线，其长度根据计算确定，在困难情况下不得小于 20 m。

三、曲线半径

线路根据不同的地形条件，选择一定的交角（转向角）和曲线半径。转向角越小，列车运行条件越好。因此，若地形条件允许，应尽量采用大半径、小转向角曲线，但半径太大了又难以保证正确位置。

线路平面曲线半径应根据车辆类型、列车设计运行速度和工程难易程度经比选确定，线路平面的最小曲线半径不得小于表 3-1 中规定的数值。

表 3-1　最小曲线半径

车型	A 型车			小型车	
线路	速度	一般地段	困难地段	一般地段	困难地段
区间正线	$80\ km/h < V_{max} \leqslant 100\ km/h$	550	500	—	—
	$100\ km/h < V_{max} \leqslant 120\ km/h$	650	500	—	—
车站	—	1 000	800	1 000	800
出入线、联络线	—	250	150	200	150
车场线	—	150		110	

四、缓和曲线

为了使列车从直线进入圆曲线时不致因离心力加速度和垂直加速度突然发生而使旅客产生不适，同时也不至于因曲线外轨超高突然增加而使列车产生颠覆，要求直线与圆曲线间有一个曲率渐变的过程。直线与圆曲线间应采用缓和曲线连接。

1．缓和曲线的作用

（1）为了使列车从直线驶入曲线或从曲线驶入直线时，离心力不致突然产生或消失，就需要在圆曲线和直线之间增加相当长的曲线，其曲率从零逐渐增大到与圆曲线相同的曲率 $1/R$，或从圆曲线的曲率 $1/R$ 逐渐减小到零。

（2）为平衡离心力，曲线外轨需要设置超高。为了使超高逐渐增加或减小，也需要有一段相当长的曲线（缓和曲线）来完成。

（3）对于半径小于 250 m 的曲线，轨距需要加宽，其加宽值也需要逐渐增加，因此也需要一段曲线来实现。

（4）缓和机车车辆对钢轨的冲击。

（5）使机车车辆在曲线上行驶平稳，保障旅客乘坐的舒适度。

2．缓和曲线的线型

缓和曲线的线型有螺旋线、三次抛物线和更多级的抛物线型等。我国目前一般主要考虑平面形状的要求，采用三次抛物线型缓和曲线，而立面形状采用直线型内轨超高顺坡。

线路平面圆曲线与直线之间应根据曲线半径 R、设计速度 v 等因素设置缓和曲线长度 l，其长度可按表 3-2 的规定采用。

表 3-2　缓和曲线长度

v/(km/h)	120	115	110	105	100	95	90	85	80	75	70	65	60	55	50	45	40	35	30
l/m R/m	l	l	l	l	l	l	l	l	l	l	l	l	l	l	l	l	l	l	l
7 000	20	20																	
6 000	25	20	20																

续表

v/(km/h)	120	115	110	105	100	95	90	85	80	75	70	65	60	55	50	45	40	35	30
R/m \ l/m	l	l	l	l	l	l	l	l	l	l	l	l	l	l	l	l	l	l	l
5 000	30	25	25	20	20														
4 000	35	30	25	25	20	20													
3 500	40	35	30	30	25	20	20												
3 000	45	45	35	30	30	25	20	20											
2 500	55	50	45	40	35	30	25	20	20										
2 000	70	65	55	50	40	35	30	25	20	20									
1 500	95	85	75	65	55	50	45	35	30	25	20	20	20						
1 200	120	105	90	80	70	60	50	40	35	30	25	20	20	20					
1 000	125	120	110	95	85	70	60	50	45	35	30	25	25	20	20				
800	125	120	115	110	100	100	75	65	55	45	40	35	30	25	20	20			
700			115	110	105	100	85	75	60	50	45	35	30	25	20	20			
600					105	100	95	85	70	60	50	45	35	30	20	20	20		
500							95	90	70	65	60	50	45	35	20	20	20	20	
450								90	70	65	60	55	50	40	25	20	20	20	
400										65	60	60	55	45	25	20	20	20	
350											60	60	60	50	30	25	20	20	20
300												60	60	60	35	30	25	20	20
250													60	60	40	35	30	20	20
200														60	40	40	35	25	20
150																40	40	35	25

五、竖曲线

在线路纵断面上，以变坡点为交点，连接两相邻坡段的曲线称为竖曲线。竖曲线有凸形和凹形两种。

竖曲线有两种形式，通常采用的是圆弧形竖曲线，还有一种是用具有一定变坡率的 20 m 短坡段连接起来的抛物线形竖曲线。为了保证列车通过变坡点时，不脱轨、不脱钩和行车平稳的要求，当相邻坡度差大于一定限度时，应在变坡点处设置竖曲线，新建城市轨道的竖曲线多为圆弧形。

在线路纵断面上两个相邻纵坡线的交点，被称为变坡点。为了保证行车安全及舒适的需要，在变坡处设置竖曲线。竖曲线的主要作用是：缓和纵向变坡处行车动量变化而产生的冲击作用，确保行车安全。

竖曲线技术指标主要有竖曲线半径和竖曲线长度。两相邻坡段的坡度代数差等于或大于 4‰ 时，应设圆曲线形的竖曲线连接，竖曲线的半径应符合表 3-3 中的规定。

表 3-3　竖曲线半径

线别			一般情况	困难情况
正线	区间	$V_{max} \leqslant 100$ km/h	5 000	3 000
		100 km/h $< V_{max} \leqslant 120$ km/h	10 000	6 000
	车站端部	$V_{max} \leqslant 120$ km/h	3 000	2 000
联络线、出入线			2 000	
车场线			2 000	

六、相邻曲线间夹直线长

正线及辅助线上两相邻曲线间的夹直线长度（不含超高顺坡及轨距递减段的长度），A 型车不宜小于 25 m，B 型车不宜小于 20 m，在困难情况下不得小于一个车辆的全轴距；车场线上的夹直线长度不得小于 3 m。

任务二　曲线加宽

一、曲线轨距加宽标准

半径小于 250 m 的曲线，轨距应加宽，加宽标准如表 3-4 所示。

表 3-4　轨距加宽标准

曲线半径 R/m	加宽值/mm	
	A 型车	小型车
$200 < R < 250$	5	—
$150 < R \leqslant 200$	10	5
$100 < R \leqslant 150$	15	10

轨距加宽标准主要是按以下两个条件确定的：

1. 按我国机车最大固定轴距，保证最小运营半径条件

“最小运营半径”是指机车通过曲线时，不会对轨道引起急剧破坏，也不致危害行车安全所允许的最小通过半径。根据运营实践，后轴外轮的轮轨游间 δ_c 等于机车在直线上的正常轮轨游间 δ_o，即能有足够的安全。

2. 按车辆最大固定轴距，满足力学自由内接条件

“力学自由内接”是指在车辆的一个转向架上、前轴外轮轮缘靠贴外股钢轨，有导向力，后轴内轨不导向，作用于里股钢轨上的横向力为零，依此条件减小轮轨之间的横向作用力。

二、曲线轨道的最大容许轨距

曲线轨道的最大轨距，为确保行车安全，在最不利的情况下，即在轮对的一个车轮的轮

缘紧靠一股钢轨的情况下，另一车轮踏面的 1/10 坡面与 1/20 坡面的变坡点仍在轨头侧面小圆弧之上而不脱轨，此时的轨距即为最大轨距。

最大轨距 S_{max} 应为：

$$S_{max}=d_{min}+T_{min}-\varepsilon_r+a-r-\varepsilon_s$$

式中 d_{min}——车轮的最小轮缘厚度 22 mm；

T_{min}——轮对的最小内背距离 1 350 mm；

ε_r——车辆的车轴弯曲时，轮背距的缩小量为 2 mm；

a——轮背至踏面变坡点的距离 100 mm；

r——钢轨头部上圆角宽度 12 mm；

ε_s——钢轨的弹性挤开量 2 mm。

若不考虑轮背距的可能缩小量 ε_r 和轨道的弹性挤开可能值 ε_s，则最大轨距为：

$$S_{max}=22+1\,350-2+100-12-2=1\,456\text{ mm}$$

因轨道轨距的容许正误差不得超过 6 mm，所以曲线轨道的最大轨距为 1 450 mm、曲线轨道轨距最大加宽 15 mm。

曲线轨距加宽是把曲线内轨向内侧移动，曲线外轨位置则保持不变。

（1）在加宽的曲线轨距与直线轨距之间，需要有一定的过渡段，使轨距递减均匀，保持较好的轨向。有缓和曲线时，应在整个缓和曲线内递减，使其与超高顺坡和正矢递减三者同步。虽缓和曲线较长，轨距递减率很小，也不宜在缓和曲线内缩短递减范围。

无缓和曲线时，则由圆曲线的始终点向直线上递减，在一般条件下，递减率不得大于 1‰。

（2）两曲线轨距加宽按 1‰ 递减的终点，避免直接连接形成折线，应有直线段过渡，而过渡的直线段也不宜太短，所以规定应不短于 10 m。

两曲线轨距加宽递减终点间的直线段不足 10 m 时，如直线部分两轨距加宽相等，则直线部分保留相等的加宽度；如不相等，则直线部分从较大轨距加宽向较小轨距加宽均匀递减。

在站线上一些曲线半径较小，轨距有加宽，且缓和曲线较少，有的夹直线较短，但行车速度不高，故规定在困难条件下，站线上的曲线轨距加宽允许按不大于 2‰ 递减。例如，反向曲线的夹直线长 10 m，两曲线轨距加宽皆为 15 mm，因无缓和曲线需在直线上递减，如按 1‰ 递减时，皆需递减至对方曲线内，并在对方曲线外股形成加宽。这种条件下，可在整个直线上递减，递减率各为 1.5‰，即整个直线上轨距为 1 450 mm。

任务三 曲线正矢

一、曲线计划正矢的计算

1. 圆曲线计划正矢

由图 3-5 可知：$BD=f$ 即曲线正矢。

$$AD = \frac{L}{2}$$

正矢的计算公式如同轨距加宽的原理：

$$f = \frac{\left(\frac{L}{2}\right)^2}{2R - f} = \frac{L^2}{4(2R - f)}$$

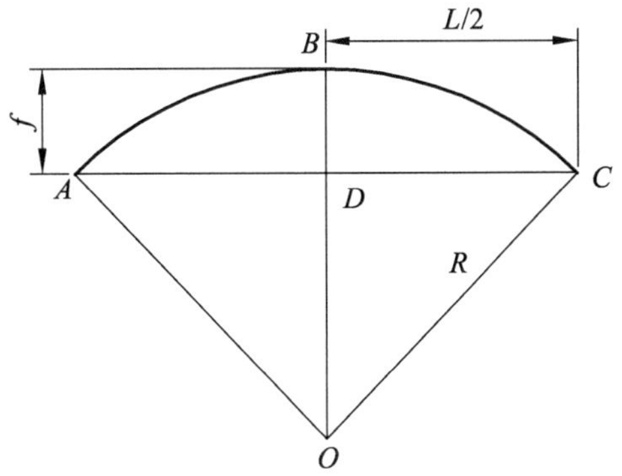

图 3-5　圆曲线正矢

由于 f 与 $2R$ 相比较，f 甚小，可忽略不计，则上式可近似写为：

$$f = \frac{L^2}{8R}$$

弦长 L 现场一般取 20 m，当 $L = 20$ m 时：

$$f = \frac{50\ 000}{R}\ (\text{mm})$$

【例 3-1】　已知曲线半径 $R = 500$ m，弦长为 20 m，求圆曲线的正矢值。

【解】

$$f = \frac{50\ 000}{R} = \frac{50\ 000}{500} = 100\ (\text{mm})$$

$$f_y = 100\ (\text{mm})$$

2．有缓和曲线时，缓和曲线上各测点的正矢

1）缓和曲线中间各点的正矢 f_i

$$f_i = m_i f_d$$

式中　m_i——缓和曲线由始点至测点 i 的测量段数；

f_d——缓和曲线相邻各点正矢递变率。

$$f_d = \frac{f_y}{m}$$

式中 f_y——圆曲线计划正矢；

m——缓和曲线全长按 10 m 分段数。

2）缓和曲线始点（ZH、HZ）相邻测点的正矢

如图 3-6 所示，设 1、2 两测点分别在 ZH 点两侧，与 ZH 点相距分别为 $a\lambda$、$b\lambda$，则：

$$f_1 = \frac{b^3}{6} f_d$$

$$f_2 = \left(b + \frac{a^3}{6}\right) f_d$$

当缓和曲线始点（ZH）位于 1 点时，此时 $a = 0$、$b = 1$，则：

$$f_1 = \frac{1}{6} f_d \qquad f_2 = f_d$$

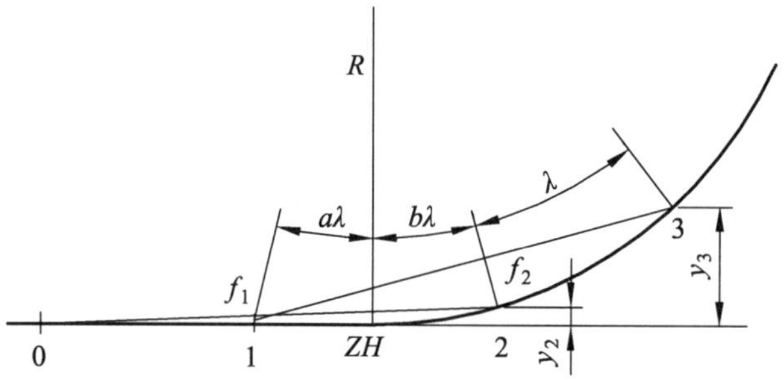

图 3-6 缓和曲线正矢

【例 3-2】 缓和曲线正矢递变率 $f_d = 30\ \text{mm}$，1 测点和 2 测点距 ZH 点分别为 $a = 0.75$ 段，$b = 0.25$ 段，求 f_1 和 f_2。

【解】 $f_1 = \frac{b^3}{6} f_d = \frac{0.25^3}{6} \times 30 = 0.1\ (\text{mm})$

$$f_2 = \left(b + \frac{a^3}{6}\right) f_d = \left(0.25 + \frac{0.75^3}{6}\right) \times 30 = 9.6\ (\text{mm})$$

3）缓和曲线终点（HY、YH）相邻两点的正矢

如图 3-7 所示，n 和 $n+1$ 为与缓圆点相邻的两个测点，距缓圆点分别为 $b\lambda$ 和 $a\lambda$，则：

$$f_n = f_y - \left(b + \frac{a^3}{6}\right) f_d$$

$$f_{n+1} = f_y - \frac{b^3}{6} f_d$$

当缓和曲线始点（ZH）位于 n 点时，$a = 1$、$b = 0$，则：

$$f_n = f_y - \frac{1}{6} f_d$$

$$f_{n+1} = f_y$$

即当缓和曲线始点（ZH）位于测点时，其正矢为圆曲线正矢减缓和曲线正矢递减变率的六分之一。

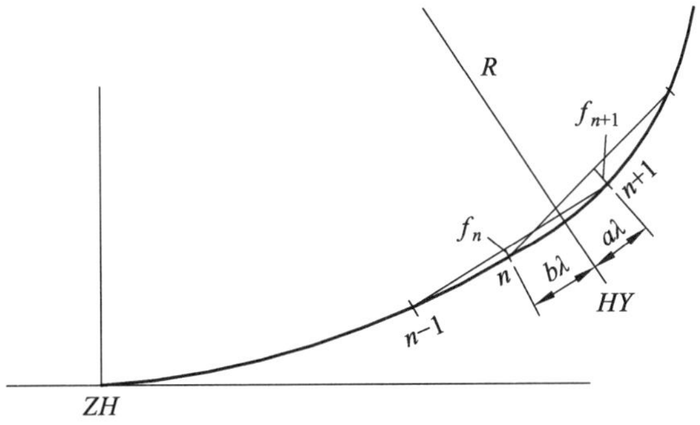

图 3-7　YH 相邻两点的正矢

【例 3-3】　圆曲线计划正矢 $f_y = 90$ m，缓和曲线正矢递减变率 $f_d = 30$ m，设 n 测点距 HY 点 0.75 段，$n+1$ 测点距 HY 点 0.25 段，求 f_n 和 f_{n+1}。

【解】　$$f_n = f_y - \left(b + \frac{a^3}{6}\right) f_d = 90 - \left(0.75 + \frac{0.25^3}{6}\right) \times 30 = 67.4\ \text{(mm)}$$

$$f_{n+1} = f_y - \frac{b^3}{6} f_d = 90 - \frac{0.75^3}{6} \times 30 = 87.9\ \text{(mm)}$$

二、曲线整正

1．两条假定

（1）假定曲线两端切线方向不变，即曲线始终点拨量为零。

假如曲线始点和终点拨量不是零，那么切线也将移动，这就意味着改变曲线两端直线方向，这样曲线拨道就无法进行了。

（2）曲线上某一点拨道时，其相邻测点在长度上并不随之移动，拨动后钢轨总长不变。

2．检查计划正矢是否满足曲线整正前后两端的直线方向不变的要求

曲线整正前后，其两端直线方向不变的控制条件是 $\sum_0^n d_f = 0$，亦即 $\sum f - \sum f' = 0$。

3．计算拨量

$e_n = 2\sum_0^{n-1}\sum_0^{n-1} d_f$，曲线上任一测点的拨量，等于到前一测点为止的全部正矢差累计合计的 2 倍。故计算拨量应首先计算正矢差，再计算差累计，最后计算拨量。

1）计算各测点的正矢差

曲线上各测点的正矢差等于现场正矢减去计划正矢，$d_f = f - f'$。

2）计算正矢差累计

某测点的正矢差累计等于到该测点为止的以前各测点正矢差的合计。因此，可按表 3-5 中第五、六栏箭头所示，用“斜加平写”的方法累计。

表 3-5 曲线整正计算（点号差法）

测点	现场正矢	计划正矢	正矢差	正矢差累计	半拨量	正矢修正	修正后计划正矢	修正后正矢差	修正后差累计	修正后半拨量	拨量	拨后正矢	注
一	三	四	五	六	七	八	九	十	十一	十二	十三	十四	十五
1	4	3	1	1	0		3	1	1	0	0	3	*ZH*
2	21	21	0	1		−1	20	1	2	1	2	20	
3	46	42	4	5	2		42	4	6	3	6	42	
4	56	63	−7	−2	7		63	−7	−1	9	18	63	
5	84	84	0	−2	5		84	0	−1	8	16	84	
6	107	105	2	0	3		105	2	1	7	14	105	
7	121	123	−2	−2	3		123	−2	−1	8	16	123	*HY*
8	123	126	−3	−5	1	−1	125	−2	−3	7	14	125	
9	125	126	−1	−6	−4		126	−1	−4	4	8	126	
10	126	126	0	−6	−10		126	0	−4	0	0	126	
11	133	126	7	1	−16		126	7	3	−4	−8	126	
12	128	126	2	3	−15		126	2	5	−1	−2	126	
13	125	126	−1	2	−12		126	−1	4	4	8	126	
14	122	126	−4	−2	−10		126	−4	0	8	16	126	
15	131	126	5	3	−12	+1	127	4	4	8	16	127	
16	124	126	−2	1	−9		126	−2	2	12	24	126	
17	114	120	−6	−5	−8		120	−6	−4	14	28	120	*YH*
18	102	101	1	−4	−13		101	1	−3	10	20	101	
19	83	80	3	−1	−17		80	3	0	7	14	80	
20	55	59	−4	−5	−18		59	−4	−4	7	14	59	
21	40	38	2	−3	−23		38	2	−2	3	6	38	
22	19	17	2	−1	−26	+1	18	1	−1	1	2	18	
23	3	2	1	0	−27		2	1	0	0	0	2	*HZ*
24													
∑	1 992	1 992	+30 −30	+17 −44			1 992	+29 −29	+28 −28			1 992	

第六栏最后一测点的正矢差累计必为零，否则说明计算有误。

3）计算半拨量

某点的半拨量等于该点前所有测点正矢差累计的合计（不包括该测点）。因此，可按表中第七栏箭头所示，用“平加下写”的方法计算。

半拨量的符号为正时，表示该测点应向外拨（上挑），半拨量的符号为负时，表示该测点应向内拨（下压）。

为了不使曲线两端直线发生平移，应使 $e_n = 2\sum_{0}^{n-1}\sum_{0}^{n-1} d_f = 0$，即必须使最后一测点的半拨量为零。而在表第七栏中，最后第 23 测点的半拨量为 – 27，这表示曲线终端直线要向内拨移（下压）2×27 mm，显然，此方案是违背整正曲线的基本原理的，必须重新修正计划正矢，以使最后一测点的半拨量为零，从而满足曲线两端直线位置不变的要求。

4）使终点半拨量调整为零

终点半拨量不为零且数值不大时，通常采用点号差法对计划正矢进行修正。

由半拨量的计算过程可知，如果在某测点上，将计划正矢减少 1 mm，同时在其下边相距为 M 个点号的测点上，将计划正矢增加 1 mm（计划正矢在上一测点减 1 mm，在下一测点加 1 mm，简称“上减下加”），其结果将使下一测点以后的各测点的半拨量增加 $1 \times M$ mm。反之，如果在相距为 M 个点号的一对测点上，对其计划正矢进行“上加下减”的修正，其结果将使下一测点以后各测点的半拨量减少 $1 \times M$ mm。

由于计划正矢的修正是在一对测点上进行的，修正值为 1 mm，且符号相反，故不会影响曲线整正的原则，即 $\sum d_f = 0$ 这一条件，仍能保证曲线两端直线方向不变的要求。

以上调整半拨量的方法，是通过在一对相距为 M 个点号的测点上，各调整 1 mm 的计划正矢，而使这对测点以后各测点的半拨量变化 $1 \times M$ mm，由于 M 为这对测点的点号之差，故称此法为点号差法。

5）使用点号差法调整半拨量时的注意事项

（1）点号之差 M 值应尽可能地大。

（2）如果一对测点的调整量不足以达到所需调整的值时，可以酌情使用几对测点。

（3）选择测点时，应考虑该点计划正矢的修正历史，避免与曾经进行过计划正矢修正的点发生同号重复修正。

（4）“先加后减”的各对测点，最好安排在负半拨量最大的点号之后，“先减后加”的各对测点，最好安排在正半拨量最大的点号之后，以避免使某些点的半拨量增大，对拨道不利。

（5）曲线的始点和终点不要进行正矢修正，以保证曲线始、终点的半拨量为零。

（6）在修正值的正值与负值之间，最好间隔两个测点以上，以保证曲线的圆顺。

在表 3-5 的实例中，曲线最后一点的半拨量为 – 27，且负半拨量最大值位于最后一点，因此，用点号差法，以两对测点采用“先减后加”格式进行正式修正。将计划正矢修正值填入表的第八栏。第九至第十二栏的计算方法与第四至第七栏相同。

第十三栏为拨量，其值为第十二栏中各点半拨量值的 2 倍。

第十四栏的值是用曲线上各点拨道量和拨后正矢的关系，即 $f_n' = f_n + e_n - \left(\dfrac{e_{n-1} + e_{n+1}}{2}\right)$ 计算的。其目的是检查计算是否有误，各测点的拨后正矢应与各点修正后的计划正矢（在第九栏）相吻合，否则应重新复核。

三、曲线正矢标准

为使曲线方向能够得到巩固，除了加强养护维修外，在进行曲线整正时，应高标准、严要求，计算的曲线计划正矢必须遵守下面计算计划正矢的要求：

（1）圆曲线部分各点的计划正矢原则上应完全相等，如在计算中有余数需要调整时，最大最小正矢差不得超过 1 mm。

（2）缓和曲线上各点的计划正矢，应按照计算的正矢递增数增减，如在计算中有余数需要调整，较计算的计划正矢不得超过 1 mm。

（3）用 20 m 弦在钢轨踏面下 16 mm 处测量的曲线正矢，其偏差不得超过表 3-6 中规定的限度。

表 3-6 曲线正矢容许偏差

曲线半径/m	缓和曲线正矢与计算正矢差/mm		圆曲线正矢连续差/mm		圆曲线正矢最大最小差/mm	
	正线及到发线	其他线	正线及到发线	其他线	正线及到发线	其他线
250 及以下	7	8	14	16	21	24
251～350	6	7	12	14	18	21
351～450	5	6	10	12	15	18
451～650	4	5	8	10	12	15
651 及以上	3	4	6	8	9	12

四、曲线整正的外业测量

测量现场正矢是曲线整正计算前的准备工作，这项工作的质量好坏，直接关系到计算工作，并影响到拨后曲线的圆顺。因此注意以下几点：

（1）测量现场正矢前，先用钢尺在曲线外股按计划的桩距（一般为 10 m）丈量，并划好标记和编出测点编号，测点应尽量与直缓、缓圆、圆缓、缓直点重合。

（2）测量现场正矢时，应在好天气下进行，弦线必须拉紧，弦线的两端位置和量尺位置要正确，测量时应在轨距线处量，有飞边应在飞边处量，飞边大于 2 mm 时应铲除。每个曲线至少要丈量 2～3 次，取其平均值，精确到毫米。

（3）尺在下，弦在上，尺不要顶弦，也不要离开。读数时，视线、弦线、量尺三者应保持垂直；要读弦线靠钢轨一侧的数。

（4）如果直线方向不直，就会影响到整个曲线，首先应将直线拨正后再量正矢；如果曲线头尾有反弯（鹅头）应先进行整正；如果曲线方向很差，应先粗拨一次，但应在新拨动部分经列车滚压以后再量取现场正矢，以免现场正矢发生变化，从而影响拨道量计算的准确性。

（5）在测量现场正矢的同时，应注意线路两旁建筑物的界限要求，以及桥梁、隧道、道口等建筑物的位置，以供计划时考虑。

五、绳正法拨正曲线的基本要求

（1）保持好曲线两端直线方向和位置，能够使曲线头尾位置正确，控制住曲线变化的范围，便于进行曲线整正。如曲线两端直线的轨向不良，在一定条件下应事先拨正。但对较短夹直线的方向和位置不易控制，因其短而难以拨正，其变化时对两个曲线圆顺程度都有很大影响，因此，可与两曲线同时计算拨正，兼顾三者的线路方向。

（2）现场曲线是按规定标准测设的，缓和曲线长度多采用 10 m 整倍数，而圆曲线长度一般不是 10 m 整倍数。但在整正时通常采用的测点间距为 10 m，因而两缓和曲线的头尾不可能都在测点上，实际可使一个缓和曲线的头尾在测点上，也可使两个缓和曲线的头尾都不在测点上，需要按实测点位置量取和计算正矢。

（3）为减少测量误差的影响，需要认真细致地量取正矢，一般需量取三次取平均值。通常的算法是：三次各不相同者采用量取的中间值，有两次相同者采用量取的相同值。

（4）按曲线绳正法基本原理，曲线始终点的拨道量应为零。但实际整正计算时往往不为零，需要经过调整才能使其为零，这主要是由于量取正矢误差的影响，有的是曲线位置不对，这是绳正法不可避免的问题。拨道量的大小除与正矢误差有关系外，主要与曲线原有的圆顺程度有关。为使拨后曲线圆顺，延长曲线整正周期，不宜为减少拨道量而对计划正矢做大量的调整。

（5）设置拨道桩，按桩拨道，保证拨道效果与计算一致。

六、拨道后轨缝影响量

测量曲线正矢的同时，要估计将来拨道量大小和观察轨缝情况。

如拨道量小而且轨缝正常可以不考虑；如拨道量大，轨缝状态不好，就要考虑轨缝影响量，其计算公式为：

$$轨缝影响量=\frac{平均拨道量\times拨道地段长}{曲线半径}$$

式中：轨缝影响量、平均拨道量均以毫米计算；拨道地段长、曲线半径均以米计算；平均拨道量为各测点拨道量代数和的平均值，以毫米计算。计算结果，负号为缩短，正号为伸长，是拨道地段轨缝的总影响量。

【例 3-4】 曲线半径为 300 m，拨道地段长 100 m，该段有 11 个测点，其拨道量分别为 +40、−15、+17、−16、−13、+5、−6、+18、−19、+30、+10，求轨缝影响量。

【解】 平均拨道量 =（+40 − 15 + 17 + 16 − 13 + 5 − 6 + 18 − 19 + 30 + 10）/11 = +7.55 mm

$$轨缝影响量=\frac{平均拨道量\times拨道地段长}{曲线半径}=+7.55\times100/300=+2.5\ \text{mm}$$

计算结果，该曲线拨道后，预计轨缝总量将伸长 2.5 mm。

任务四　曲线超高

一、设置曲线外轨超高的目的

列车由直线进入曲线时，所产生的离心力的大小，取决于列车前进的速度和曲线半径。

速度越高，半径越小，则离心力就越大，外轨磨耗加剧，钢轨外挤。为克服离心力对列车的影响，应该有一个与离心力相反、大小相等的向心力。这就需要将曲线外轨抬高（即设置超高），使车体内倾产生一个向心力，以平衡这个离心力，如图 3-8 所示。

设置曲线外轨超高能达到下列三个目的：

（1）减小曲线外股钢轨所受的垂直力和水平力，使两股钢轨受力均匀、垂直磨耗均匀等。

（2）保证轨道稳定，防止车辆倾覆。

（3）将离心力限制在一定范围内，保证旅客乘坐的舒适度。

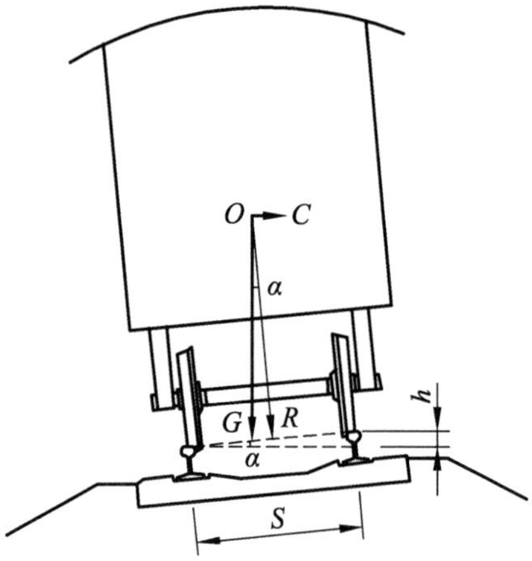

图 3-8　外轨超高

二、曲线外轨超高计算公式

列车在曲线上运行产生的向外离心力，以 F 表示，则：

$$F=\frac{GV^2}{gR}$$

式中　F——离心力（N）；

G——列车重量（N）；

V——运行速度（m/s）；

g——重力加速度（m/s^2）；

R——曲线半径（m）。

为了平衡离心力而设置超高为：

$$h=\frac{S_1V^2}{gR}$$

将 $g=9.8\ m/s^2$ 、$S_1=1\,500$ mm（约为两股钢轨中心距离）代入上式，将速度单位由 m/s 换算为 km/h，则计算超高理论公式为：

$$h=\frac{1\,500V^2}{9.8R}\times\left(\frac{1}{3.6}\right)^2=\frac{11.8V^2}{R}$$

式中　h——外轨超高（mm）；

V——经实测计算而得的平均速度（km/h）；

R——曲线半径（m）。

为便于管理，超高一般按 5 mm 的倍数设置。

如果用最高速度来计算超高，则采用上式的平均速度为最高速度的 80%（即 $V=0.8V_{max}$）代入得：

$$h=\frac{11.8\times(0.8V_{\max})^2}{R}\approx\frac{7.6V_{\max}^2}{R}$$

在运营线上，一般都用平均速度来计算超高；在新线设置超高时，一般用最高速度（容许速度）来计算超高。

外轨超高的数值应以保证行车安全为前提，超高不能太小，要保证列车以较高速度通过时不致因为离心力发生脱轨和倾覆事故；外轨超高也不能太大，要保证低速列车通过或在曲线上停车时产生的向心力，即使有侧向大风也不致发生向内侧倾覆的危险。

规定：超高按公式 $h=\frac{11.8V^2}{R}$ 计算，实设最大超高，不得大于 120 mm。所规定的是实际设置超高的最大限度，不包括水平误差在内。

三、曲线外轨超高计算

计算未被平衡欠超高和未被平衡过超高：由于各次列车通过曲线时的速度不可能完全相同，且与计划处超高时的平均速度也不相同，因此，外轨超高不可能与行车速度完全适应，必定会产生未被平衡的离心力或向心力，为了保证旅客舒适，要限制这些力的大小，一般是把这些力换算成未被平衡的超高加以限制。超高不足部分称为欠超高，超高剩余部分称为过超高。欠超高和过超高统称为未被平衡超高。线路容许最大的未被平衡欠超高，一般应不大于 75 mm，未被平衡过超高不得大于 50 mm。在按公式计算出超高以后，对未被平衡过超高和欠超高按下列公式计算：

$$\Delta h_c=\frac{11.8V_{\max}^2}{R}-h$$

$$\Delta h_g=h-\frac{11.8V_{\max}^2}{R}$$

式中　Δh_c——未被平衡欠超高（mm）；
Δh_g——未被平衡过超高（mm）；
$V_{\max}$——实测最高行车速度（km/h）；
R——曲线半径（m）；
h——曲线外轨超高（mm）。

四、超高顺坡

1．单曲线

曲线超高顺坡一般应在整个缓和曲线内完成，顺坡坡度一般应不大于 $1/9V_{\max}$，如缓和曲线长度不足，按 $1/9V_{\max}$ 顺坡。若顺坡未完成，顺坡可顺至直线上，如无缓和曲线，则在直线上按不大于 $1/9V_{\max}$ 顺坡。在直线上顺坡的超高，有缓和曲线时不得大于 15 mm，无缓和曲线时不得大于 25 mm。

在困难条件下，可适当增加顺坡率，可按不大于 $1/7V_{\max}$ 顺坡，如果还不能顺完，则应考虑降低速度，使超高减少来保证顺坡率不超过 2‰。

以上规定 V_{max} 为线路容许速度，$1/9V_{max}$ 或 $1/7V_{max}$ 大于 2‰ 时，按 2‰ 计算。

最大顺坡坡度 2‰，只适用于线路容许速度为 70 km/h 及以下的曲线。经计算，顺坡坡度小于 2‰ 时，不得采用 2‰。在一个缓和曲线上，超高顺坡、正矢递减和轨距加宽递减三者最好是同步的，超高顺坡一般应在整个缓和曲线内顺完。

2．反向曲线

反向曲线两超高顺坡终点间直线长度应不短于 25 m，不足 25 m 时，正线上可不短于 20 m（车辆两转向架距离），站线上可不短于 10 m（机车最大固定轴距）。在困难条件下，顺坡不能保证 25 m 直线时可按不大于 $1/7V_{max}$ 的顺坡率顺坡。

必要时超高顺坡可以延至圆曲线上，但圆曲线始点未被平衡超高度不得超过规定的限值。

超高顺坡原则上应与正矢递减和轨距加宽递减相结合进行。

特殊条件下的超高顺坡，可根据情况确定，但不得大于 2‰。

任务五　曲线缩短轨

为保持钢轨接头的对接形式，在曲线上，内股钢轨须使用缩短轨，使其两股钢轨接头相对。曲线内股钢轨缩短量与曲线半径和圆曲线、缓和曲线长度有关。曲线外股轨线与内股轨线长度之差，即为曲线内股的缩短量。

一、曲线内股缩短量的计算

圆曲线和缓和曲线内股缩短量的计算公式如下：

（1）圆曲线内股的缩短量用 ε_1 表示。

$$\varepsilon_1 = \frac{S_1 L}{R}$$

式中　S_1——两股钢轨中心距离，采用 1 500 mm（近似值）；

L——圆曲线长度（m）；

R——圆曲线半径（m）。

（2）缓和曲线内股的缩短量用 ε_2 表示。

$$\varepsilon_2 = \frac{S_1 l_0}{2R}$$

式中　l_0——一端缓和曲线长度（m）。

如果两端缓和曲线长度不等，则按上式分别计算缩短量。复心曲线要根据不同半径分别计算。

（3）缓和曲线内股任意一点的缩短量用 ε_2'' 表示。

$$\varepsilon_2'' = \frac{S_1 l_n^2}{2Rl_1}$$

式中　l_n——缓和曲线起点至计算点的长度。

（4）整个曲线的总缩短量用 ε 表示。

$$\varepsilon = \varepsilon_1 + 2\varepsilon_2 = \frac{S_1 L}{R} + 2\frac{S_1 l_1}{2R} = \frac{S_1(L+l_1)}{R}$$

缩短轨所需根数计算：

$$N = \frac{\varepsilon}{K}$$

式中　ε——总缩短量（mm）；

K——曲线选用缩短轨的缩短量（mm）。

外股轨线所需标准轨的根数 N_0 为：

$$N_0 = \frac{2l_1 + L}{l_{标} + \delta}$$

式中　$l_{标}$——标准轨长度；

δ——轨缝。

显然，曲线里股铺设的缩短轨根数 N 不应大于曲线外股轨线上铺设的标准轨的根数 N_0。即 $N \leqslant N_0$，否则，应选用缩短量更大的缩短轨。一般来说，当 $R > 500$ m 时，可选用 $K = 40$ mm 的缩短轨，R 在 250 ~ 450 m 之间时，可选用 $K = 80$ mm 的缩短轨。

二、缩短轨铺设规定

钢轨接头应采用对接式，两股轨线的轨缝相错量应符合以下规定：正线和到发线上，直线不超过 40 mm，曲线不超过 40 mm 加采用的缩短轨缩短量的一半。

【例 3-5】　已知某线第 56 号曲线，曲线半径为 $R = 600$ m，缓和曲线长 $l_0 = 100$ m，圆曲线长 $L = 119.73$ m，铺设标准轨 25 m。曲线起点至第一根钢轨进入曲线的长度为 5.5 m。试问如何配轨？

【解】　（1）选用的缩短轨的类型。

$$L_0 < L(1 - S_1/R) = 25 \times (1 - 1.5/600) = 24.937\ 5\ (\text{m})$$

选用 $L_0 = 24.92$ m（缩短量 80 mm）。

（2）计算里股钢轨总缩短量为：

$$\varepsilon_{总} = S_1 \frac{L + l_0}{R} = 1\ 500 \times \frac{119.73 + 100}{600} = 549\ (\text{mm})$$

（3）计算缩短轨根数：

$$N = \frac{\varepsilon}{K} = \frac{549}{80} = 6.8\ (根)$$

故采用 7 根。

（4）缩短轨布置。

缩短轨的布置一般按列表进行（见表 3-7），最后布置结果见图 3-9。

表 3-7　曲线缩短轨计算

配轨里程	K259 + 186.45 ~ 506.18	缩短轨长度 L	24.92 m
圆曲线半径 R	600 m	曲线总缩短量 Δl_2	549 mm
圆曲线长度 L	119.73 m	使用缩短轨根数 N	7 根
缓和曲线长度 l_0	100 m	进入曲线第一个接头后的长度	5.5 m

轨排编号	接头号数	由 *ZH* 或 *HY* 点到接头处的长度/m	计算缩短量/mm	钢轨类型	实际缩短量/mm	接头错开量/mm	附注
1	2	3	4	5	6	7	8
K259-8	1	至 ZH5.5	$\frac{1500}{2\times600\times100}\times5.5^2$ $=0.012\,5\times5.5^2=0.38$	○	0	+0.38	进入缓和曲线 5.5 m
9	2	30.508	$0.012\,5\times30.508^2=11$	○	0	+ 11	
10	3	55.516	$0.012\,5\times55.516^2=38$	○	0	+ 38	
11	4	80.524	$0.012\,5\times80.524^2=80$	×	80	0	
12	5	至 HY5.532	$125+\frac{1\,500\times5.532}{600}$ $=125+5.532\times2.5=138$	×	160	− 22	进入圆曲线 5.532 m
13	6	30.540	$125+30.540\times2.5=201$	×	240	− 39	
14	7	55.548	$125+55.548\times2.5=264$	○	240	+ 24	
15	8	80.556	$125+80.556\times2.5=326$	×	320	+ 6	
16	9	105.564	$125+105.564\times2.5=389$	×	400	− 11	
17	10	至 HZ89.158	$549-0.0125\times89.158^2=450$	×	480	− 30	进入缓和曲线 10.842 m
18	11	64.150	$549-0.0125\times64.150^2=498$	○	480	+ 18	
19	12	39.142	$549-0.0125\times39.142^2=530$	×	560	− 30	
20	13	14.134	$549-0.0125\times14.134^2=547$	○	560	− 13	

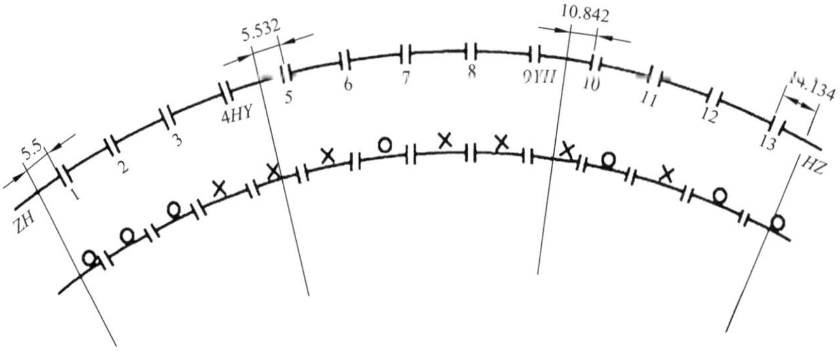

图 3-9　缩短轨布置

任务六　曲线常见病害原因及整治方法

一、列车摇晃摆动原因

列车摇晃摆动的因素是由于曲线头尾及两端的连接直线方向不良，曲线正矢不均，缓和曲线长度不足，超高不符，递减不顺，水平轨距有误差，轨枕捣固不实有吊空，轨面有坑洼，钢轨有硬弯，夹板有弯曲，联结零件及配件有松动、失效的磨耗，道床石砟坍塌、不足，曲线整正作业方法不当等都会影响线路稳定。曲线整正作业方法不当如下：

（1）简易拨道法和计划正矢调整法，最容易把圆曲线部分正矢拨到缓和曲线内或直线上去，促使缓和曲线正矢变化过大，曲线头尾连接直线方向出现“鹅头”。总之，难控制曲线位置各两端连接直线方向。如果要恢复曲线圆度和位置，保持曲线两端的直线方向，必须把逃在直线上的正矢赶进曲线里来，所以，必然会引起很大的曲线拨量。

（2）测量曲线正矢时，只量取曲线头尾处 10 mm 范围之内的正矢，没有把逃在直线上的正矢量尽。所以曲线拨整后，两端仍存在着长距离的“鹅头”现象。

（3）曲线头尾与直线的连接方向，不用弦线去量取“鹅头”影响的正矢（“正”“负”），计算后再拨整，而是用目视瞄测方法，把不准确的曲线头尾方向往直线地点拨顺，引成曲线两端的“鹅头”方向越顺越长，达到 100 m 左右的长度，造成列车摇晃进入曲线转换运行方向。

（4）线路养护维修作业不细，所产生的水平误差及三角坑，以及曲线连接直线的方向不良，都会直接导致列车摇晃摆动。

二、曲线钢轨外挤磨耗原因

钢轨外挤磨耗，是由于曲线半径小、曲线加强设备不全或失效、超高与行车速度不符、曲线圆顺度不好、轨面高低不平顺、缓和曲线长度不能满足实际需要等，其原因为：

（1）列车在曲线上运行，由于惯性，而使机车车辆的轮缘抵紧外轨产生横向力，并随着行车速度提高而增大。

（2）机车车辆的车轮是固定在车架及轮架上，当车轮转向时，在轮轨接触面上作用着滑动摩擦力，由于转向，滑动摩擦所产生的横向力，随着曲线半径及转向架的构造而异。

（3）由于曲线轨道的轨距、水平、轨面高低、方向等不平顺，导致列车摇晃摆动而产生蛇行，使车轮轮缘产生周期性的横向游动，时而接触钢轨、时而离开钢轨反复运动，在此过程中，当车轮轮缘撞击钢轨时，即产生横向力，并随行车速度提高而增大。

（4）钢轨位置不正确，使里外股钢轨受力不均匀和钢轨偏压，列车行车不平稳产生附加力，打击钢轨而加速轨面磨耗。主要表现为两种：一种是超高不适应，引起外股钢轨受偏载和轮轨的不正常接触，从而加速钢轨的磨耗；另一种是轨低坡不正确，使钢轨顶面与车轮踏面不相吻合，钢轨顶面受偏压，也会加速钢轨磨耗。

（5）曲线不圆顺，方向不良，钢轨受轮缘的冲击就大，速度越高，磨耗越大。

（6）轨距超限，使轮轨之间的内接情况不好，车轮左右游动，增加了行车阻力与摇晃，增加了钢轨磨耗。

（7）缓和曲线长度过短，超高顺坡，轨距递减距离不够，引起列车在缓和曲线运行时发生振动、摇晃和冲击，使钢轨磨耗加速。

（8）轨道爬行，影响线路上部质量的巩固和稳定，也会引起钢轨磨耗。

（9）养护作业不良，是造成曲线病害的关键因素，它会引起曲线位置变动，曲线两端产生“鹅头”，使钢轨被挤磨耗。

三、曲线病害的防治

1．曲线方向保持不住

曲线方向不良，说明在圆曲线上不是由一个同样的半径所形成的圆弧，列车通过时必然要发生摇晃，越来越大地破坏曲线方向，并引起挤道、坑洼等病害，使钢轨磨耗不均，如不及时整治，将危及行车安全。预防和整治的主要措施是：

（1）加强曲线综合维修，彻底拨好曲线方向。要拨好曲线必须认真按要求做好调查测量、计算和拨正工作，坚决执行拨道制度，加强日常养护，使曲线半径经常保持良好状态。

（2）道床填足夯实，加强捣固，以增强道床阻力。根据曲线具体情况，必要时应采取加宽曲线外股道床等综合加强措施，稳定曲线状态。

（3）彻底锁定曲线，根据不同条件，在曲线两端外适当长度的直线地段加强防爬，以控制整个曲线内的爬行。

（4）矫直或更换曲线地段的硬弯钢轨，整修和更换不良道钉，上紧轨距杆，各种零件做到完整良好。

（5）注意作业方法，防止曲线方向变化，路基松软处要加强捣固及整正坑洼，及时清筛曲线下股道床，疏通道床排水，保持路基经常干燥。

2．曲线“鹅头”

曲线两端“鹅头”是曲线的头或尾偏离应有的平面位置，向曲线外侧凸出，越出直线方向形成小反向曲线，形似“鹅头”。产生“鹅头”的主要原因是曲线附近直线方向不正、拨道作业的拨道量计划不当、目测拨道误差大等。在小半径曲线上，列车进入曲线头尾的冲击力较大，道床横向阻力不足也能产生“鹅头”。

曲线有“鹅头”方向不圆顺，会致使钢轨磨耗，行车摇晃，破坏线路质量，影响行车安全。

曲线有“鹅头”病害可以分为以下几种情况：

（1）直线方向不是曲线的切线方向，偏里或偏外都在曲线头尾产生“鹅头”。

（2）曲线头尾不固定、标桩位置内移或外移、将直线拨成曲线、将曲线拨成直线，在曲线始、终点产生“鹅头”。

（3）经常盲目进行局部正矢小调整，把正矢赶到一起而产生“鹅头”。

（4）为了拨道时省工省力，长时期向上挑，任意减小半径，将正矢集中到直缓、缓直点附近而产生“鹅头”。

预防产生和消除曲线“鹅头”病害，可以结合具体情况采用下列方法：

（1）在全面调整现场正矢以前，先拨好曲线两端的直线方向，用目测或简易拨道法压除“鹅头”，然后再实测正矢，计算拨道，每次拨道时，在一般情况下不得变更原来的直线方向。

（2）凡有“鹅头”的曲线，缓和曲线都不好，因此，缓和曲线应按规定计划正矢，将 *ZH* 点、*HY* 点、*YH* 点、*HZ* 点各点固定在正确位置。

（3）曲线拨道必须用半拨距绳正法经过计算后彻底拨好，防止单纯为了减少拨道量，不考虑曲线的原设计条件，不根据计算数值，盲目进行小调整，任意改变正矢而采取上挑、下压的做法。

（4）为避免拨道作业中所产生的一些误差赶到一头，可分别从曲线两端拨起，逐渐拨到圆曲线中点汇合。

（5）由于现场希望一次将曲线调整好，先拨正“鹅头”，再测量现场正矢，然后拨正整个曲线，这样做比较费工时，且如果对“鹅头”认识不清，不但不能消灭“鹅头”，反而使曲线头尾拨出很长的漫弯。

3．曲线钢轨接头“支嘴”

钢轨接头“支嘴”是指曲线上的钢轨接头离开应有的圆弧位置，向曲线外侧支出。产生“支嘴”的主要原因是接头部分道床阻力不足、轨道框架刚度低、零配件联结作用不良、钢轨有硬弯等。

曲线上钢轨接头处的“支嘴”，多数发生在小半径曲线，特别是相对式接头的曲线上，“支嘴”病害导致列车冲击接头、钢轨磨耗、方向破坏、轨距扩大、鱼尾板弯曲等不良现象。

预防和整治接头“支嘴”，可采用以下方法：

（1）加强“支嘴”处的轨道连接，控制轨道横向移动，在“支嘴”处前后五个枕木盒的两股钢轨底部，安设防止横移木撑，顶紧枕木填满夯实道床。

（2）根据曲线“支嘴”程度的大小，局部地适当增加外股道床厚度，并注意分层夯实，以增加道床的阻力作用。

（3）加强接头捣固，更换接头失效枕木和不良道钉，防止接头下沉，减轻列车对接头的冲击力，避免接头外移。

（4）矫正或调换有硬弯的钢轨，锁定线路，防止挤瞎轨缝。

（5）调换“支嘴”接头的里外口鱼尾板，拧紧螺丝，利用调后鱼尾板的反弯，控制接头支嘴。

（6）必要时可铺设反弯钢轨，当彻底拨好曲线圆度后，钉在“支嘴”处线路中间，利用其弹性，抵消线路上铺设钢轨的变形。

4．缓和曲线状态不良

缓和曲线状态不良，列车从直线进入缓和曲线，从缓和曲线进入圆曲线时就会发生急剧冲击，造成列车摇晃、钢轨磨耗、方向变形。

预防和整治缓和曲线状态不良可采取以下方法：

（1）按规定计算始、终点位置和各点计划正矢，始、终点计划正矢必须采用查纵距率表的方法，准确计算。

如按整桩计算时，必须做到“零点不零，顶点不顶”（即 *ZH* 点、*HZ* 点增加六分之一正矢递减量，*HY* 点、*YH* 点减少六分之一正矢递减量），采用“削顶补坑”的方法，正确做好缓和曲线始、终点的超高顺坡。

（2）圆曲线超高顺坡原则上应在缓和曲线内均匀顺完，为减缓列车进入曲线的冲击，在缓圆、圆缓点可使圆曲线超高减少 3 ~ 4 mm、在缓和曲线前方 20 ~ 30 m 的直线上保持外轨水平高出内轨 3 ~ 4 mm。

（3）圆曲线正矢、超高、轨距加宽除按规定在缓和曲线内进行均匀顺坡和递减外，三者应结合进行，保持互相吻合。

（4）加强技术管理，曲线上各种标记的数值及位置必须正确，字迹清晰，作为技术作业的可靠依据，并健全检查验收制度，切实提高缓和曲线养护维修质量。

5．曲线钢轨不正常磨耗

防止和减轻曲线钢轨不正常磨耗的措施是：

（1）加强曲线综合养护检修，特别是认真计算和彻底拨正曲线方向，全面提高曲线养护质量。

（2）按规定正确设置曲线超高，定期进行测速工作，根据偏磨情况，合理调整，使超高适当，预防曲线钢轨不正常磨耗的发展。

（3）凡偏大和偏小的轨底坡，都要按规定及时整修，使钢轨踏面坡度符合车辆踏面，防止钢轨倾斜不适当而产生不正常磨耗。

（4）在小半径或钢轨有磨耗的曲线上，应经常进行钢轨涂油工作，减轻和消灭钢轨的不正常磨耗现象。

（5）必要时，在小半径的曲线下股可安设防磨护轨，在新轨地段，也可有计划地推行直线和曲线地段钢轨换用方法，以减轻钢轨磨耗程度，延长钢轨使用寿命。

四、小半径曲线产生的病害

列车通过小半径曲线时，产生较大的横向力，使线路出现许多病害。

（1）钢轨向外横向移动，造成轨距扩大，动态弹性挤开量大，木枕线路道钉后仰，混凝土轨枕挡肩破损，不易保持轨距。

（2）钢轨向外倾斜，木枕线路里口道钉离缝，铁垫板切入枕木，混凝土轨枕垫板向内串动。

（3）线路横移，曲线正矢超限，曲线圆顺度受破坏，动态晃车。

（4）列车在曲线上行驶时，车体向内倾斜，蒸汽机车、保温车、煤炭车等车内的水洒在曲线内股，使轨枕螺栓及扣件锈腐。

五、加强小半径曲线措施

由于小半径曲线存在上述病害，给养护维修带来很大的工作量，因此，必须采取有效措施，对小半径曲线进行加强。

（1）为防止轨距扩大，可安设轨距杆，25 m 标准轨每节钢轨安装 10 根。

（2）为防止钢轨出现小弯，可在曲线两股钢轨外侧安设轨撑，25 m 标准轨每节安装 7 ~ 14 对。

（3）有条件时，用橡胶垫板改变轨底坡。

（4）小半径曲线木枕线路轨道框架刚度较小，为防止钢轨带动枕木，在整个曲线内采用联排锁定，即在轨枕中心处安设宽石支撑，其长度为轨枕孔间距，宽 300 mm，厚 150 mm。安设后，即可减轻线路纵向爬行，又可减少线路横向移动。

（5）为减缓曲线侧面磨耗，对曲线外股钢轨可采用地面涂油器涂油，也可采用人工涂油的方法定期涂油。曲线里股轨枕螺栓和扣件，用防腐机油涂油，并定期点油。

（6）加强曲线检查整修，综合整治病害，计算拨正曲线，补充道床石渣，使外股砟肩宽度不少于 450 mm。

复习思考题

1. 曲线轨距加宽递减有什么规定？

2. 某单线区间曲线半径为 800 m，实测最高行车速度为 100 km/h，平均速度为 80 km/h，货车平均速度为 60 km/h，问需设置多少超高？试验算。

3. 已知曲线半径为 400 m，超高为 125 mm，允许最大未被平衡超高采用 75 mm，求该曲线最高允许速度。

4. 已知某曲线超高为 120 mm，最高速度为 80 km/h，求该曲线的缓和曲线长度。

5. 线路上为什么要设置竖曲线？

6. 曲线整正的基本原则是什么？

7. 简述小半径曲线为什么要加强。

8. 已知某曲线半径为 320 m，曲线长 200 m，缓和曲线长 70 m，实测正矢 21 点，实测正矢合计 2 013 mm，实测正矢倒累计合计为 22 046 mm，试计算出曲线中点位置及圆曲线长。

9. 设某一曲线的圆曲线正矢为 50 mm，缓和曲线长 50 m，试求缓和曲线各点的正矢。

项目四　无缝线路

◆ 学习情境描述

无缝线路是当今轨道结构的最佳选择，世界各国竞相发展，无缝线路铺设长度近年来迅速增长，从无到有、从少到多、积极发展全区间和跨区间无缝线路，无缝线路在数量和质量上取得了快速发展。在发展高速铁路的今天，强化轨道结构、铺设跨区间无缝线路是技术发展方向。同时，无缝线路的快速发展也给我们提出了很多新课题，要我们去研究、去探索，在实践中不断总结经验，提高技术管理水平。

◆ 学习目标

（1）使学生了解无缝线路的基本概念及原理。

（2）掌握无缝线路轨温变化引起轨道温度力变化规律。

（3）掌握无缝线路稳定性。

（4）掌握无缝线路故障处理。

（5）掌握无缝线路养护维修方法。

◆ 思政案例（新技术新工艺——无缝线路）

1957 年 1 月 22 日，铁道部技术局在铁道科学研究院召集了焊接长钢轨铺设试验讨论会，确定由唐山铁道学院，铁道科学研究院，北京铁路局及铁道部工务局、材料局、技术局组成工作组，并做了相应的分工，随后展开了这项研究工作。当时，世界各国长钢轨的焊接方法基本上有四种，即手工电弧焊、铝热焊、气压焊、接触焊。鉴于当时我国焊接技术及设备水平，决定首先采用手工电弧焊法进行试焊和铺设，随即进行铝热焊和气压焊的试焊研究。当年 7 月室内手工电弧焊法焊接钢轨试验工作进行完毕，写出了试验报告，其他工作如无缝线路的理论计算及线路设计、铺设地段等准备工作也已就绪。

9 月，首先在北京局管内北京—门头沟支线的 9 ~ 10 km 间（田村—西黄村），用手工电弧焊法，现场焊接铺设了 1 km 无缝线路。该段线路为直线，坡度 3.17‰，使用 43 kg/m 的钢轨，将 12.5 m 长一根的钢轨焊接成 250 m 长的钢轨条铺设而成。这就是我国铺设的第一千米无缝线路。

二十大报告指出，必须坚持科技是第一生产力、人才是第一资源、创新是第一动力，深入实施科教兴国战略、人才强国战略、创新驱动发展战略，开辟发展新领域、新赛道，不断塑造发展新动能、新优势。在实现铁路现代化的过程中，铁路科技创新起着至关重要的作用。

【本思政案例参考文献：我国的第一公里无缝线路[J]. 铁道建筑，2007（1）：1.】

任务一 无缝线路的基本概念

一、无缝线路的定义及特点

无缝线路是用焊接长轨条铺设的轨道，因长轨条没有轨缝而得名；就是把标准长度的钢轨（未经钻眼和淬火）焊接成具有相当长度的长钢轨用以代替标准钢轨而铺设的线路，如图4-1所示。

图 4-1 无缝轨道

早在20世纪20年代，国外就已经开始铺设无缝线路。

我国从 1957 年开始试铺无缝线路，随着铺设技术的日趋完善，特别是全区间和跨区间无缝线路铺设技术的不断成熟，无缝线路已成为我国轨道正线的主型轨道结构。

有缝线路是由钢轨通过钢轨接头连接而成的线路，钢轨接头是轨道的薄弱环节之一，其缺点体现在：

（1）列车通过钢轨接头时发生冲击和振动，冲击力最大可达到非接头区3倍以上，并伴随着打击噪声，影响行车平稳和旅客乘坐的舒适度。

（2）重伤钢轨60%发生在接头区，钢轨及连接零件和机车车辆的使用寿命缩短。

（3）加剧线路的爬行、促使道床破坏、接头处线路病害、线路状态恶化，接头区线路养护的费用占养护总经费的35%以上，增加线路养护的费用。

随着列车轴重、行车速度和密度的提高，上述缺点更加突出，有缝轨道已不能适应现代高速重载运输的需要。

与有缝线路相比，无缝线路在很大程度上消灭了钢轨接头，其优点体现在：

（1）减少列车对轨道的动力冲击和振动作用，噪声低，有利于列车平稳运行，提高旅客乘坐的舒适度。

（2）延长维修周期、延长线路设备和机车车辆的使用寿命。

（3）降低轨道养护维修费用。

二、无缝线路轨道的类型

按长轨节长度的不同，无缝线路可分为普通无缝线路、全区间无缝线路和跨区间无缝线路等三种类型。

1）普通无缝线路

普通无缝线路指长轨节的长度为1 000～2 000 m的无缝线路。

2）全区间无缝线路

全区间无缝线路指只跨越闭塞分区、不跨越车站，整个区间用一根长钢轨联结的无缝线路；长轨节长度为相邻两车站进站、出站信号机之间的距离，在绝缘接头处采用高强度胶接绝缘接头。

3）跨区间无缝线路

跨区间无缝线路也称超长无缝线路，指轨节长度跨越车站道岔并贯穿区间的无缝线路；是在全区间无缝线路的基础上，轨节长度进一步延长，将区间无缝线路长轨节与道岔胶接起来；轨节长度可达几十甚至几百千米。跨区间和全区间无缝线路和无缝道岔上的绝缘接头必须采用胶接绝缘，跨区间无缝线路的关键技术是胶接绝缘接头、无缝道岔等。

在我国城市轨道交通中，无缝线路采用普通无缝线路和区间无缝线路两种形式。

三、温度应力式无缝线路轨道的构造

1．轨道结构的一般技术条件

（1）路基必须稳定，无翻浆冒泥、冻害及下沉挤出等路基病害。

（2）普通无缝线路应采用 50 kg/m 及以上钢轨，全区间及跨区间无缝线路应采用 60 kg/m 及以上钢轨。

（3）无缝线路长轨条及缓冲区钢轨的联结应采用接头夹板和高强度螺栓。

（4）无缝线路应铺设混凝土枕或混凝土宽枕，有砟桥面应铺设混凝土桥枕，特殊情况可使用木枕。

（5）混凝土枕或混凝土宽枕应使用弹条扣件，木枕应使用分开式扣件。

（6）无缝线路的道床应采用一级碎石道砟，碎石材质、粒径级配应符合标准，道床应保持清洁、密实、均匀。跨区间无缝线路道岔范围内道床肩宽应达到 450 mm。

2．平面构造

由固定区、伸缩区、缓冲区三部分构成。

1）固定区

固定区是长轨条中间完全不能伸缩的部分。

在长轨中间一定长度范围内，当轨温变化时，长轨的伸缩受到接头阻力和钢轨基础部分阻力的约束，完全不能伸缩。

固定区长度不得短于 50 m，跨区间无缝线路内铺设的道岔必须设在固定区。

2）伸缩区

伸缩区是长轨条两端可能发生伸缩的部分。

在长轨的两端，当钢轨温度力大于接头最大阻力后，将有一段钢轨发生伸缩，当轨温变化幅度达到最大时，发生伸缩的钢轨长度也达到最大。

伸缩区长度根据计算确定，一般为 50 ~ 100 m。

3）缓冲区

两根长轨之间铺设标准轨（含厂制缩短轨）的部分。

缓冲区的主要作用是调节轨缝，应力放散时调换调节轨，或设置绝缘接头，以及作为与道岔连接的过渡段等。

缓冲区一般由 2 ~ 4 节同类型标准轨组成，如图 4-2 所示。普通绝缘接头为 4 节，采用胶接绝缘接头时，可将胶接绝缘钢轨插在 2 节或 4 节标准轨中间。

缓冲区钢轨接头必须使用不低于 10.9 级的螺栓，螺栓扭矩应保持在 700 ~ 1 100 N · m。

图 4-2　缓冲区示意图

3. 长钢轨的布置

无缝线路上铺设的焊接长钢轨，在理论上不受长度限制，但要考虑与桥梁、隧道、道岔的衔接及自动闭塞区段绝缘接头的要求，并兼顾铺设、养护维修的特点。

1）一般规定

（1）普通无缝线路一般焊接长钢轨的长度为 1 000 ~ 2 000 m。

（2）在自动闭塞区段，每段长钢轨的长度，原则上应与自动闭塞区段的长度一致，如受条件限制，固定区也不应短于 50 m。

（3）焊接长钢轨各段长度及缓冲区的布置确定后，应根据每段焊接长钢轨的设计长度，向焊轨厂提出配轨计划。

2）跨区间无缝线路和区间无缝线路的长轨条布置

（1）跨区间无缝线路长轨条长度不受限制，区间无缝线路的长轨条长度应按车站最外道岔间的距离减两个缓冲区长度计算。

（2）长轨条可由若干单元轨节组成。区间内单元轨节长度宜为 1 000 ~ 2 000 m，最短不应小于 200 m；每组无缝道岔应按一个单元轨节计。

（3）下列地段宜单独为一个或数个单元轨节：

长大桥梁及两端线路护轨梭头范围之内；长度超过 1 000 m 的隧道；大跨度连续梁的两端设置调节器时，单元轨节长度应与每连续梁长度相同。

3）普通无缝线路长轨条布置

（1）轨条长度不应小于 200 m。

（2）下列地段宜单独布置长轨条，并在其两端设置缓冲区：

站内线路；设有胶接绝缘接头的每个自动闭塞区间；道岔与长轨条之间或两段长轨条之间；小半径曲线钢轨伤损严重的区段；其他特殊地段。

任务二　无缝线路的原理

温度应力式无缝线路与传统的有缝线路在受力方面的根本区别在于其钢轨承受着较大的温度力。

一、 钢轨内的温度力、温度应力

1．钢轨的自由伸缩量

当轨温变化时，不受任何限制的钢轨的自由伸缩量可按下式计算：

$$\Delta L = \alpha \cdot L \cdot \Delta t \tag{4-1}$$

式中 ΔL——钢轨的自由伸缩量（mm）；

α——钢轨的线膨胀系数，$\alpha = 0.011\,8\ \mathrm{mm/(m \cdot ^\circ C)}$；

L——钢轨长度（m）；

Δt——轨温变化幅度（°C）。

【例 4-1】 现有一根长钢轨，其长度为 2 000 m，轨温变化幅度为 25 °C，求其自由伸缩量。

【解】 根据式（4-1）得：

$$\Delta L = \alpha \cdot L \cdot \Delta t = 0.011\,8 \times 2\,000 \times 25 = 590.0\ (\mathrm{mm})$$

2．钢轨内的温度应力和温度力

1）温度应力

（1）概念。

无缝线路铺设、锁定后，因轨温变化，长轨不能自由伸缩而在其内部产生的应力，称为温度应力。特别是在轨温很高或很低时，钢轨内将产生巨大的温度应力。

（2）计算。

根据胡克定律，在一股钢轨上产生的温度应力为：

$$\sigma_t = E \cdot \varepsilon_t = E \cdot \Delta L \cdot \frac{1}{L} = E \cdot \alpha \cdot L \cdot \Delta t \cdot \frac{1}{L} = E \cdot \alpha \cdot \Delta t \tag{4-2}$$

式中 σ_t——钢轨内部的温度应力（$\mathrm{N/cm^2}$）；

E——钢轨的弹性模量，$E = 2.1 \times 10^7\ \mathrm{N/cm^2}$；

ε_t——钢轨的温度应变。

将 E、α 代入式（4-2）计算，得 $\sigma_t = 247.8\Delta t$（$\mathrm{N/cm^2}$）。

2）温度力

（1）概念。

对整个钢轨断面而言，由轨温变化产生的力，即整个钢轨断面上的温度应力，称为温度力。钢轨的温度力均以受拉为正。

（2）计算。

$$P_t = \sigma_t \cdot F = E \cdot F \cdot \alpha \cdot \Delta t = 247.8F \cdot \Delta t\ (\mathrm{N})$$

式中 P_t——钢轨的温度力（N）；

F——钢轨横断面面积（$\mathrm{cm^2}$），见表 4-1。

（3）单位轨温变化下钢轨温度力的变化。

长轨轨温每变化 1 °C，我国各类钢轨温度力的变化率见表 4-1。

表 4-1　各类钢轨的横断面面积及钢轨温度力变化率

钢轨类型/(kg/m)	钢轨横断面面积/cm^2	钢轨温度力变化率/(kN/°C)
50	65.80	16.3
60	77.45	19.2
75	95.04	23.6

3）计算公式的推论

由钢轨内的温度应力和温度力计算公式可以推断：

（1）无缝线路轨道除承受列车动静荷载外，还承受巨大的温度力。

（2）无缝线路钢轨内部的温度应力和温度力与轨温变化幅度 Δt 成正比，而与钢轨长度 L 无关。

这是温度应力式无缝线路非常重要的特征，在无缝线路施工及维护工作中必须注意。

理论上无缝线路长钢轨可以任意长，而不会影响其内部的温度应力值，这是无缝线路铺设的主要理论基础。无缝线路长钢轨的长度不应短于 200 m，特殊地段不应短于 150 m。

考虑到施工及运营管理的实际情况，长钢轨的长度不能太长，也不宜太短，我国普通无缝线路长钢轨的长度一般以一个闭塞分区长度来考虑，采用 1 000 ~ 2 000 m。

二、锁定轨温

温度应力式无缝线路长钢轨温度力的大小与钢轨温度的变化幅度 Δt 有直接关系，钢轨温度就成了无缝线路的重要技术参数。

1. 钢轨温度

简称轨温，指钢轨截面（横断面）的平均温度，也称有效轨温。

1）因素

除受气温、风力及日照程度的影响外，还与地形、线路方向、测量部位等有关。

2）轨温与大气温度的关系

一般来说，轨温是随大气温度的变化而改变的。

据调查统计分析，最高轨温比当地最高气温约高 20 °C（长隧道内最高轨温可按当地历年最高气温计），多出现在当天的 13:00—14:00；最低轨温与同一地点的最低气温基本相同，一般出现在黎明前。

我国部分地区的最高、最低和中间轨温见表 4-2。

表 4-2 我国部分地区的最高、最低和中间轨温

地区	最高轨温/°C	最低轨温/°C	中间轨温/°C	地区	最高轨温/°C	最低轨温/°C	中间轨温/°C
北京	62.2	−27.4	17.6	衡阳	61.3	−7.9	26.7
上海	60.3	−12.1	24.1	郑州	63.0	−17.9	22.6
天津	65.0	−22.9	21.1	成都	60.1	−5.9	27.1
重庆	64.0	−2.5	30.8	昆明	52.3	−5.4	23.5
哈尔滨	59.1	−41.4	8.9	广州	58.7	−0.3	29.2
沈阳	59.3	−33.1	13.1	深圳	58.7	0.2	29.5
乌鲁木齐	60.7	−41.5	9.6	海口	60.9	1.9	31.4
拉萨	49.4	−16.5	16.5	香港	56.1	0.0	28.1
包头	59.5	−32.8	13.4	台北	58.6	−2.0	28.3
武汉	61.3	−18.1	21.6	南宁	60.4	−2.1	29.2
长沙	63.0	−11.3	25.9	柳州	59.2	−3.8	27.7
南京	63.0	−14.0	24.5	桂林	59.7	−5.0	27.4

中间轨温是指当地最高轨温和最低轨温的平均值，即

$$T_z = \frac{1}{2}(T_{max} + T_{min})$$

式中 T_z——中间轨温（°C）；

T_{max}——当地最高轨温（°C）；

T_{min}——当地最低轨温（°C）。

3）实测轨温

实测轨温用钢轨测温计量测。在太阳下量测轨温，钢轨断面上各点的温度是不均匀的。正确测量轨温的方法是：在钢轨的全断面上选定多点测量，取其平均值。

2．锁定轨温

无缝线路上拧紧钢轨两端接头螺栓，上紧中间扣件及防爬设备，把长钢轨固定在线路上的过程，称为锁定线路。

1）锁定轨温的概念

锁定轨温也称零应力轨温，是锁定线路时的钢轨温度。此时，长钢轨内部的温度应力应为零。

严格地讲，锁定轨温应该是长钢轨在被锁定瞬间的轨温；但在实际工作中，长钢轨不可能在瞬间锁定，通常把长钢轨锁定时两端轨温的平均值作为锁定轨温。

2）确定设计锁定轨温的条件

要降低钢轨内部的温度应力，关键在于适当控制轨温的变化幅度 Δt，而温度应力计算式中的轨温变化幅度 Δt，是指实际轨温与锁定轨温的差数，即 Δt 的计算依据是锁定轨温。

无缝线路的设计锁定轨温，应以最高轨温时轨道不发生胀轨跑道、最低轨温时不拉断钢轨或螺栓为基本条件，经过轨道强度和稳定性检算而确定。

3）设计锁定轨温及范围的计算

根据气象资料和无缝线路允许温升、允许温降，并考虑一定的修正量计算确定无缝线路设计锁定轨温。

允许温升：无缝线路允许承受的最大升温幅值。

允许温降：无缝线路允许承受的最大降温幅值。

（1）根据各地轨温幅度并按允许温升$[\Delta T_c]$和允许温降$[\Delta T_d]$计算中和轨温，确定设计锁定轨温。

中和轨温按下式计算：

$$t_e=\frac{T_{max}+T_{min}}{2}+\frac{[\Delta T_d]-[\Delta T_c]}{2}\pm[\Delta T_k]$$

式中　$[\Delta T_d]$、$[\Delta T_c]$——允许温降和允许温升；

T_{max}、T_{min}——当地历史最高、最低轨温；

$[\Delta T_k]$——中和轨温修正值，一般为 0 ~ 5 °C。

（2）设计锁定轨温范围。

在满足轨道强度和稳定条件的前提下，允许在设计锁定轨温左、右一定范围内进行锁定线路，这个轨温范围称为设计锁定轨温范围（即上、下限）。无缝线路铺轨施工时，应在这个轨温范围内完成铺设锁定工作。

设计锁定轨温范围宜为 10 °C（±5 °C）；桥上无缝线路或寒冷地区，当（$[\Delta T_d]+[\Delta T_c]-(T_{max}-T_{min})<10$ °C时，锁定轨温范围不应小于 6 °C。

设计锁定轨温上限 $T_m=T_e+(3\sim5)$ °C。

设计锁定轨温下限 $T_n=T_e-(3\sim5)$ °C。

设计锁定轨温上、下限应满足下列条件：

$$T_m-T_{min}\leqslant[\Delta T_d]$$
$$T_{max}-T_n\leqslant[\Delta T_c]$$

【例 4-2】 某地区的最高轨温为 63 °C，最低轨温为 − 17.9 °C，查允许温差表得 $[\Delta T_d]=69$ °C，$[\Delta T_c]=50$ °C。求设计锁定轨温。

【解】 ① 计算中和轨温。

$$t_e=\frac{T_{max}+T_{min}}{2}+\frac{[\Delta T_d]-[\Delta T_c]}{2}\pm[\Delta T_k]=\frac{1}{2}(63-17.9)+\frac{1}{2}(69-50)+3=35\text{ °C}$$

② 确定设计锁定轨温上、下限。

设计锁定轨温上限 $T_m=t_e+5\text{ °C}=40\text{ °C}$

设计锁定轨温下限 $T_n=t_e-5\text{ °C}=30\text{ °C}$

③ 检算设计锁定轨温上、下限。

$$T_m-T_{min}=40-(-17.9)=58\text{ °C}\leqslant[\Delta T_d]=69\text{ °C}$$

$$T_{max}-T_n=63-30=33\ ℃\leqslant[\Delta T_c]=50\ ℃$$

因此，设计锁定轨温范围为 30 ~ 40 °C。

4）施工锁定轨温（实际锁定轨温）

以长轨条始端或终端落槽时，分别测量两次轨温的平均值作为施工锁定轨温；并把当时测量的轨温定为这一段无缝线路的实际锁定轨温，并做好详细记录，作为以后养护维修的技术资料妥善保存。

如果长轨条始端或终端落槽时不在设计锁定轨温范围内，则必须进行应力调整或放散，并重新锁定。

三、轨道纵向阻力

锁定的温度应力式无缝线路，通过道床、接头夹板及扣件等阻止轨排或长轨随轨温变化而发生纵向伸缩或位移，这种阻力称为轨道纵向阻力。

根据阻力的来源，轨道纵向阻力可分为道床纵向阻力、接头阻力、扣件阻力等。

1．道床纵向阻力

轨排在道床中发生纵向位移时，道床对轨枕所产生的抵抗力，称为道床纵向阻力，是判断抵抗钢轨伸缩、防止线路爬行的重要参数。一般以每根轨枕提供的阻力 R（N）或一股钢轨下每延长厘米道床提供的平均阻力 p（N/cm）来表示（p 也称单位道床纵向阻力）。

1）因素

道床纵向阻力的大小，与道砟材质、粒径级配、道床断面、捣固质量、脏污程度、轨枕类型等因素有关。

2）要求

通常取轨枕位移为 2 mm 时的阻力值作为设计无缝线路时的道床纵向阻力值，一级道砟线路道床纵向阻力值见表 4-3。

表 4-3　道床纵向阻力值

线路条件		单根轨枕的道床纵向阻力 R/N	一股钢轨下单位道床纵向阻力 p/（N/cm）		
			1 840 根轨枕/km	1 760 根轨枕/km	1 667 根轨枕/km
木枕轨道		7 000	64	61	—
混凝土枕轨道	Ⅰ型	10 000	91	87	—
	Ⅱ型	12 500	115	109	—
	Ⅲ型	18 300	—	160	152

试验表明，道床纵向阻力随轨枕沿线路纵向位移的增加而增大，但当位移达到一定数值后，阻力不再明显增加。

2．接头阻力

无缝线路长轨两端钢轨接头阻止钢轨纵向伸缩的阻力，称为接头阻力。

接头阻力由钢轨与夹板接触部分之间的摩擦力和螺栓的抗剪力所提供。为了安全，我国只考虑摩擦力。

接头螺栓拧紧后，螺栓杆承受拉力，同时夹板对钢轨施加相应的夹紧力。据分析、计算证明，钢轨与夹板间的纵向摩擦阻力与螺栓杆所受的拉力几乎相等。

1）因素

接头阻力的大小主要取决于接头螺栓的拉力和钢轨与夹板接触面之间的摩擦系数，因此，接头阻力与螺栓的个数、材质、直径、拧紧程度有关。

2）要求

螺栓所受的拉力，是用测力扳手测定拧紧螺帽时的扭力矩，再由扭力矩推算出拉力值，经验公式为：

$$N = \frac{M}{KD}$$

式中　N——螺栓拉力；

M——拧紧螺帽时的扭力矩（N·m）；

K——系数（取 0.2）；

D——螺栓直径。

当接头夹板类型确定后，螺栓的拧紧程度就成为保证接头阻力的关键。

我国轨道广泛采用六孔夹板，钢轨接头每端有三根螺栓，无缝线路缓冲区的钢轨接头必须使用 10.9 级高强度螺栓，接头螺栓扭矩应保持在 700 ~ 1 100 N·m。

不同螺栓扭矩条件下的接头阻力值见表 4-4。

表 4-4　螺栓扭矩与接头阻力的关系

螺栓类型	螺栓扭矩/(N·m)					
	500	600	700	800	900	1 000
75 kg/m 钢轨，ϕ24 mm 螺栓	—	350	430	500	550	—
60 kg/m 钢轨，ϕ24 mm 螺栓	230	280	390	450	510	570
50 kg/m 钢轨，ϕ24 mm 螺栓	250	300	370	430	490	—

3．扣件阻力

中间扣件及防爬设备共同阻止钢轨沿轨枕面发生纵向位移的阻力称为扣件阻力。

1）因素

扣件阻力的大小与扣件类型、拧紧程度及防爬设备类型、配置数量有关。

2）要求

扣件阻力必须大于道床纵向阻力，以充分发挥道床纵向阻力的作用，避免钢轨发生相对于轨枕面的纵向位移，这是无缝线路轨道结构设计的基本要求之一。

无缝线路混凝土枕地段应采用弹条扣件，扣件扭力矩应保持在 80 ~ 150 N·m；木枕地段应采用分开式扣件，并设置足够的防爬设备。不同扣件的阻力值见表 4-5。

表 4-5　Ⅰ、Ⅱ、Ⅲ型扣件的扣件阻力（kN）

扣件类型	扣件扭力矩/(N·m)	
	80	150
Ⅰ型	9.0	12.0
Ⅱ型	9.3	15.0
Ⅲ型	16.0	

注：Ⅲ型扣件为无螺栓扣件，其扣件阻力与扭矩无关。

四、温度力与纵向阻力的关系

无缝线路中，长钢轨两端的纵向伸缩、轨道的纵向阻力及温度力三者之间，存在着互相联系、互相制约的关系，温度力（主动力）与纵向阻力（被动力）同时作用在长轨上，两者大小相等、方向相反。

1．温度力与接头阻力的关系

无缝线路锁定后，当轨温变化时，长轨的热胀冷缩首先受到接头阻力的约束，长轨两端不伸缩，只在钢轨全长范围内产生温度力 P_t，此时接头提供与温度力相等的阻力与之相平衡。

当温度力大于接头所能提供的最大阻力时，长轨两端才开始伸缩，而接头仍提供最大的阻力与温度力相抗衡。

总之，克服接头阻力阶段的温度力大小等于接头阻力，要使温度力达到接头所能提供的最大阻力 P_H，则所需的轨温变化幅度 $\Delta t_H = P_H / 247.8F$。

当轨温由升温转为降温（或由降温转为升温）反向变化时，只有在原方向的接头阻力被抵消、反方向的接头阻力被克服后，长轨两端才由伸长转为缩短（或由缩短转为伸长）。

【例 4-3】　某 60 kg/m 钢轨无缝线路，如接头螺栓扭矩为 900 N·m 时 $P_H = 510\ \text{kN}$，求克服接头阻力所需的轨温变化幅度；如接头螺栓扭矩为 1 000 N·m 时 $P_H = 570\ \text{kN}$，求克服接头阻力所需的轨温变化幅度。

【解】　60 kg/m 钢轨 $F = 77.45\ \text{cm}^2$。

根据 $\Delta t_H = P_H / 247.8F$ 可得：

$$\Delta t_{\text{H-900}} = \frac{510\,000}{247.8 \times 77.45} = 26.6\ (^\circ\text{C})$$

$$\Delta t_{\text{H-1 000}} = \frac{570\,000}{247.8 \times 77.45} = 29.7\ (^\circ\text{C})$$

2．温度力与道床纵向阻力的关系

若轨温继续变化，在接头阻力被克服后，长轨的伸缩就受到道床纵向阻力的约束。

温度力克服接头阻力后的余量由某段长度道床所提供的纵向阻力与之相抗衡，钢轨将带动该段长度的轨枕一起伸缩，直至轨温变化幅度达到最大。温度力达到最大时，温度力克服接头阻力后的余量也达到最大，提供纵向阻力与温度力相抗衡的道床长度也达到最长，长钢轨两端带动轨枕一起伸缩的长度也达到最长。

当轨温反向变化时，只有在道床的正向纵向阻力被抵消、反向纵向阻力被克服后，长钢轨两端才由伸长转为缩短（或由缩短转为伸长）。

五、温度力纵向分布规律

温度力沿长轨的纵向分布是不均匀的，它与轨道纵向阻力、轨温变化幅度、轨温变化过程有关。温度力沿长钢轨的纵向分布规律，常用温度力分布图表示，简称温度力图。

温度力分布图有两种类型：一种为轨温单向变化时的温度力图（也称基本温度力图），另一种为轨温往复变化时的温度力图。

1. 轨温单向变化时的温度力图

轨温单向变化是指长轨锁定后，轨温从锁定轨温向升温（或向降温）单方向变化。以轨温从锁定轨温降温变化为例，绘温度力分布图，如图 4-3 所示。

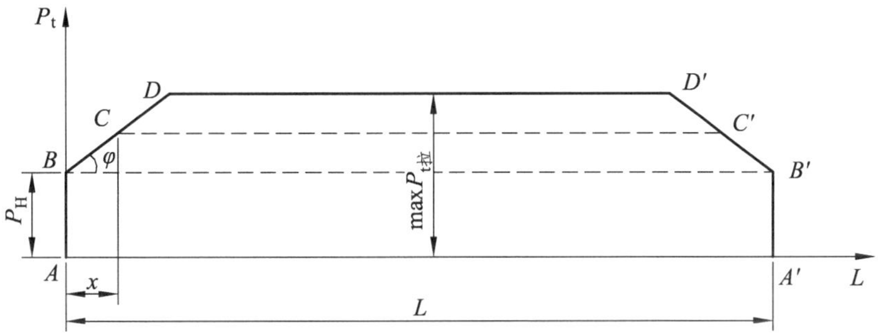

图 4-3　轨温单向变化时的温度力图

（1）当轨温为锁定轨温时，钢轨内部无温度力，即 $P_t = 0$，如图 4-3 中 AA'。

（2）轨温从锁定轨温下降，当下降幅度 $\Delta t_{降} \leqslant \Delta t_H$ 时，轨端无位移，温度力在整个长轨条内均匀分布，任一断面处（含接头处）的温度拉力均为 $P_{t拉} = 247.8A\Delta t_{降}$，接头提供的阻力与温度拉力相平衡。当 $\Delta t_{降} \leqslant \Delta t_H$ 时，温度拉力达到接头所能提供的最大阻力 P_H，钢轨和夹板之间处于相对位移的临界状态，温度力图为图 4-3 中矩形 $ABB'A'$。

（3）当轨温继续下降，$\Delta t_{降} > \Delta t_H$ 时，温度拉力大于接头阻力，道床纵向阻力开始作用，在距轨端长度 x 范围内，钢轨将带动轨枕位移。长轨两端除接头阻力外，还有 x 长度范围内的道床纵向阻力，共同平衡温度拉力的作用，$P_{t拉} = P_H + p_x$，温度力图为图 4-3 中 $ABCC'B'A'$。

（4）当轨温降到最低轨温 T_{min} 时，下降幅度达到最大值 $\Delta t_{降max}$，发生收缩的钢轨长度达到其极限长度 l，温度力图为图 4-3 中 $ABCDD'C'B'A'$，温度拉力达到最大 $\max P_{t拉}$。

$$\max P_{t拉} = 247.8A\Delta t_{降max} = P_H + p \cdot l$$

式中　$\Delta t_{降max}$——最大降温幅度（°C）；

$\max P_{t拉}$——最大温度拉力（N）；

l——最低轨温时伸缩区的长度（cm）；

p——单位道床纵向阻力（N/cm）。

在长轨中部 DD' 范围内，钢轨完全被接头阻力及道床纵向阻力所约束，不能随轨温变化而伸缩，称为无缝线路的固定区。固定区的长度最短不得短于两节钢轨的长度，即最短不得短于 50 m。

在长钢轨两端长度 l 范围内，钢轨克服接头阻力及道床纵向阻力的约束，产生一定的伸缩，称为无缝线路的伸缩区。伸缩区长度可按例 4-4 中公式计算，为便于养护维修，计算结果进整为 25 m 的整倍数来设置，一般为 50～100 m。

【例 4-4】 某地区铺设 60 kg/m 钢轨混凝土轨枕无缝线路，$F=77.45\ \text{cm}^2$，$P_\text{H}=510\ \text{kN}$，$p=160\ \text{N/cm}$，最高轨温为 59.2 °C，最低轨温为 – 3.8 °C，锁定轨温为 30 °C，计算伸缩区长度。

【解】 按公式：

$$L=\frac{1}{p}(\max P_{\text{t拉}}-P_\text{H})=\frac{1}{160}\{247.8\times77.45\times[30-(-3.8)]-510\ 000\}=867\ \text{cm}=8.67\ \text{m}$$

进整为 25 m 的倍数，采用 25 m。

根据以上分析可得出以下结论：

（1）长钢轨中部的固定区，各断面处的温度力相同且数值最大，钢轨不发生伸缩变化。

（2）长钢轨两端的伸缩区，各断面处的温度力及伸缩量都不一样，从固定区两端向外温度力逐渐减小，而伸缩量逐渐增大。

若轨温增温单向变化，长轨内部产生温度压力，绘在横坐标轴的下方，温度力图与图 4-3 相似，这里不再详述。

2．轨温往复变化时的温度力图

轨温往复变化是指长钢轨锁定后，轨温从增温转为降温或从降温转为增温往复变化。现以轨温单向变化到最低轨温 $T_{\min}$ 时的温度力图为初始状态，向最高轨温 $T_{\max}$ 方向增温变化时为例，绘温度力图，如图 4-4 所示。

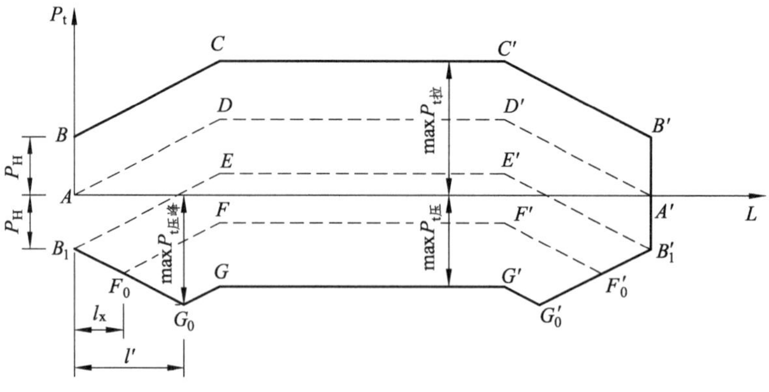

图 4-4 轨温从最低向最高轨温变化时的温度力图

（1）轨温从最低轨温 $T_{\min}$ 开始回升，长轨内部的温度拉力逐渐减小，当回升幅度为 Δt_H 时，正向的接头阻力（拉力）被抵消，长钢轨上任一点无纵向伸缩，接头处温度拉力变为零，长轨全长范围内温度拉力均匀减小 P_H，温度力图平行下移 P_H。在温度力图上，温度力的分布变为梯形 $ADD'A'$。

（2）轨温继续回升，反向的接头阻力（阻止钢轨伸长）起作用，长钢轨两端开始产生温度压力，但由于受到接头阻力的约束，长轨上任一点仍无纵向伸缩，当回升幅度等于 $2\Delta t_{\mathrm{H}}$ 时，反向的接头阻力达到最大值 P_{H}，固定区钢轨受到温度拉力（也可能受温度压力），而两端伸缩区内靠近接头处的钢轨受到温度压力。全长范围内的温度力图线仍平行向下移动，在温度力图上，温度力的分布变为 $AB_1EE'B_1'A'$。

（3）轨温进一步回升，回升幅度大于 Δt_{H} 后，这时接头阻力已经用尽，长钢轨两端长度 l_x 范围内，钢轨产生伸长，反向的道床纵向阻力起作用，而伸缩区其余长度（$l-l_x$）范围，道床纵向阻力未反向，仍保持原来方向。所以在长钢轨两端伸缩区内会有一个道床纵向阻力的变换点，在两变换点之间的钢轨没有伸长，故其温度力图线仍是平行向下移动。在反向阻力梯度线与正向阻力梯度线相交点 F_0 及 F_0' 处出现了一个较大的温度压力值，其值大于固定区的温度压力，是整个长钢轨内部最大的压力值，称为温度压力峰，用 $P_{\mathrm{t压峰}}$ 表示。在温度力图上，温度力的分布变为 $AB_1F_0FF'F_0'B_1'A'$。

（4）当轨温回升到当地最高轨温 $T_{\max}$ 时，反向的道床纵向阻力起作用的长度增加到最长 l'，固定区温度压力达到最大值 $\max P_{\mathrm{t压}}$。由于锁定轨温一般要高于中间轨温，$\Delta t_{降\max} > \Delta T_{升\max}$，在固定区温度力平行下移到 GG'，而正向和反向的道床纵向阻力变换点则移到 G_0 和 G_0' 点，温度压力峰值达到最大值 $\max P_{\mathrm{t压峰}}$。在温度力图上，温度力分布为 $AB_1G_0GG'G_0'B_1'A'$。

从图中可知：

$$P_{\mathrm{H}} + p_1' = \max P_{\mathrm{t压峰}} + p(l-l')$$

由此得到出现最大温度压力峰的位置距长钢轨端的距离为：

$$\begin{aligned}
l' &= \frac{1}{2p}(\max P_{\mathrm{t压峰}} + p_1 - P_{\mathrm{H}}) = \frac{1}{2p}(\max P_{\mathrm{t压峰}} + \max P_{\mathrm{t拉}} - 2P_{\mathrm{H}}) \\
&= \frac{1}{2p}[247.8F(\Delta t_{压\max} + \Delta t_{拉\max}) - 2P_{\mathrm{H}}] \\
&= \frac{1}{p}(247.8F\Delta t_{中} - P_{\mathrm{H}})
\end{aligned}$$

式中　$\Delta t_{中}$——按中间轨温锁定时的最大轨温变化幅度。

（5）当轨温再从最高轨温 $T_{\max}$ 向最低轨温 $T_{\min}$ 降温时，其温度力图的变化情况如图 4-5 所示。

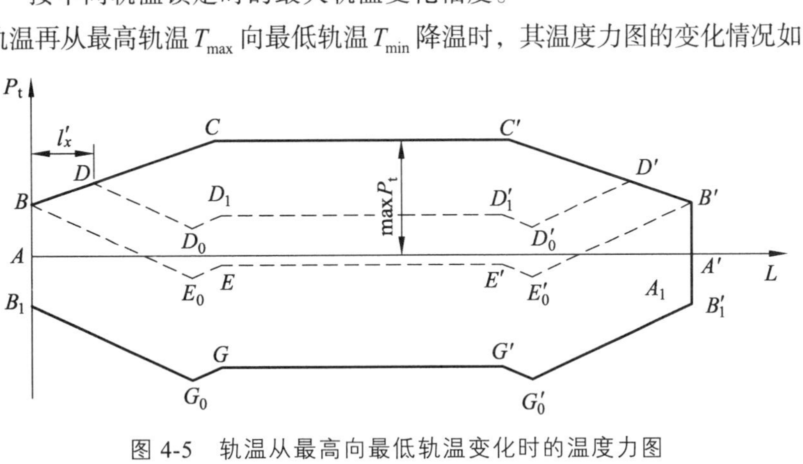

图 4-5　轨温从最高向最低轨温变化时的温度力图

以温度力图 $AB_1G_0GG'G_0'B_1'A'$ 为初始状态，在轨温下降幅度小于 $2\Delta t_H$ 时，长轨无伸缩，全长范围内的温度压力将随轨温的下降而均匀减小，温度力图平行向上移动。

当轨温下降幅度等于 $2\Delta t_H$ 时，在温度力图上，温度力的分布为 $ABE_0EE'E_0'B'A'$。

轨温进一步下降，下降幅度大于 $2\Delta t_H$ 后，长轨两端发生收缩，反向的道床纵向阻力开始起作用。这时，在长钢轨两端伸缩区内距轨端距离 l_x' 处，有一个道床纵向阻力变换点。在温度力图上，温度力分布变为 $ABDD_0D_1D_1'D_0'D'B'A'$，在 D 及 D' 处出现温度拉力峰。随着轨温的继续下降，产生温度拉力峰的位置 D 及 D' 点不断向固定区方向靠近，当轨温下降到当地最低轨温 T_{min} 时，D 和 D_0 重合，D' 和 D_0' 重合，温度拉力峰消失，温度力图又回到最低轨温时的温度力图，即 $ABCC'B'A'$。

由于选择的设计锁定轨温略高于中间轨温，因而在轨温往复变化达到当地最高轨温时，在长钢轨两端伸缩区内靠近固定区的两端产生最大的温度压力峰，高出固定区的最大温度压力；当轨温达到当地最低轨温时，温度拉力峰消失，不产生最大的温度拉力峰。

任务三 无缝线路稳定性

一、基本概念

无缝线路的稳定性是指高温条件下，钢轨内部的温度压力与道床横向阻力、轨道框架刚度等的相对平衡关系。

二、 失稳过程（见图 4-6）

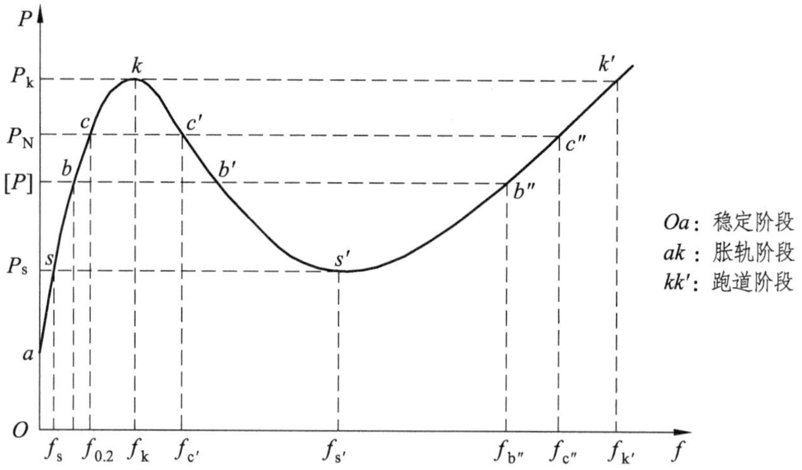

图 4-6 温度力与轨道的横向变形

1．稳定阶段

温度应力式无缝线路锁定后，如果轨温升高不大，温度压力较小时，无缝轨道将保持原来的稳定状态。

2．胀轨阶段

夏季随着轨温的升高，轨道框架受到巨大的温度压力。当温度压力增加到一定数值时，轨排就可能克服轨道框架刚度和道床横向阻力，线路的薄弱地段（如曲线、有原始弯曲或道床横向阻力被削弱处等）出现弯曲变形，称为无缝线路的胀轨。

此时，如果轨温不继续升高，且无外力干扰，轨道的臌曲变形一般不会增大，且有可能随轨温的下降而减少，直至恢复到原始状态，无缝线路仍处于稳定平衡状态。

3．跑道阶段

如果轨温继续升高或受外力干扰，臌曲将继续扩大，当轨温值达到某一临界值时（此时的温度压力称为临界温度压力），轨温稍有升高或稍受外力干扰，轨道便会突然发生明显的臌曲，导致轨道完全被破坏，称为无缝线路的跑道。

跑道使积存于轨道框架中的能量被突然释放，引起较大位移，并使钢轨塑性弯曲、轨枕损裂、道砟抛撒，甚至颠覆列车，造成严重后果。

三、影响因素

影响无缝线路稳定性的主要因素有钢轨的温升幅度、轨道原始弯曲、道床横向阻力及轨道框架刚度等，其中钢轨的温升幅度、轨道原始弯曲等为促使失稳的因素，道床横向阻力及轨道框架刚度等为保持稳定的因素。

1．轨温升高幅度

从以上失稳过程分析可以看出，轨温升高引起钢轨轴向温度压力增大，是影响无缝线路稳定的基本原因。在无缝线路设计中选择允许温升、合理确定锁定轨温就是为线路的稳定创造条件。但通过对很多无缝线路胀轨跑道事故的现场分析，发现胀轨跑道并非完全是温度压力过大所引起的，必须重视其他的稳定因素。

2．轨道初始弯曲

轨道初始弯曲是影响无缝线路稳定性的最敏感也是最直接的重要因素。轨道的初始弯曲，包括初始塑性弯曲和初始弹性弯曲。现场称初始塑性弯曲为死弯，钢轨死弯多半是在钢轨的轧制、运输、焊接及铺设过程中形成的，初始弹性弯曲则是在列车横向力、温度压力作用下产生的。

3．道床横向阻力

轨枕在道床中发生横向位移时，道床对轨枕所产生的抵抗力，称为道床横向阻力，它是防止无缝线路胀轨跑道、保证轨道稳定的主要因素。

道床横向阻力是由轨枕两侧及枕底与道砟接触面之间的摩阻力和枕端砟肩阻止轨枕横移的抗力组成。

影响道床横向阻力的因素：道床的饱满程度、道床肩宽、道床肩部堆高、道砟种类及粒径尺寸、线路维修作业影响、轨枕类型等。

道床横向阻力随轨枕位移的增大而增大，当位移达到某一定值时，道床横向阻力接近常数，最后道床受到破坏。无缝线路稳定性计算时，通常采用横向位移为 2 mm 时的道床横向阻力值。

4．轨道框架刚度

轨道框架刚度反映轨道框架本身抵抗弯曲能力的大小，轨道框架刚度越大，抵抗轨道弯曲变形的能力也越大，所以它是保持轨道稳定的因素。

轨道框架刚度，在水平面内，等于两股钢轨的水平刚度及钢轨与轨枕节点间的阻矩之和。节点阻矩与轨枕类型、扣件类型及扣压力等有关，中间扣件的扣压力越大，钢轨与轨枕连接越牢固，轨道框架的水平刚度就越大。但为安全考虑，在稳定性计算中一般不考虑扣件对轨道框架刚度的影响。

轨道框架水平刚度为 βEI_y（β 为轨道框架换算系数，$\beta=2$；I_y 为钢轨对竖直轴的惯性矩）。

任务四　预留轨缝计算

无缝线路缓冲区宜设置 2 ~ 4 对缓冲轨，对于普通无缝线路、跨区间无缝线路及区间无缝线路均应计算缓冲区预留轨缝。

计算条件：无缝线路缓冲区内的长轨与缓冲轨之间、两缓冲轨之间的预留轨缝值，应满足最高轨温时轨缝大于零，最低轨温时最大轨缝不超过构造轨缝 18 mm。

计算方法：借助温度力分布图计算长钢轨伸缩区随轨温变化的伸缩量以及标准轨随轨温变化的伸缩量，从而计算预留轨缝的大小。

温度力沿长钢轨的纵向分布规律，常用温度力分布图表示，简称温度力图。温度力图的横坐标轴表示长钢轨长度方向，纵坐标轴表示钢轨温度力值的大小（拉力为正，压力为负）。

1．长钢轨一端的伸缩量 λ_1

$$\lambda_1=\frac{1}{2}(\lambda_f-\lambda_\gamma)$$

式中　λ_f——长钢轨的自由伸缩量；

λ_γ——阻力阻止长钢轨未能实现的伸缩量。

1）长钢轨的自由伸缩量 λ_f

长钢轨锁定后，如果全部未实现伸缩，将使长钢轨内产生相应的温度力，温度力图如图 4-7 所示，可借助温度力分布图来求取自由伸缩量。

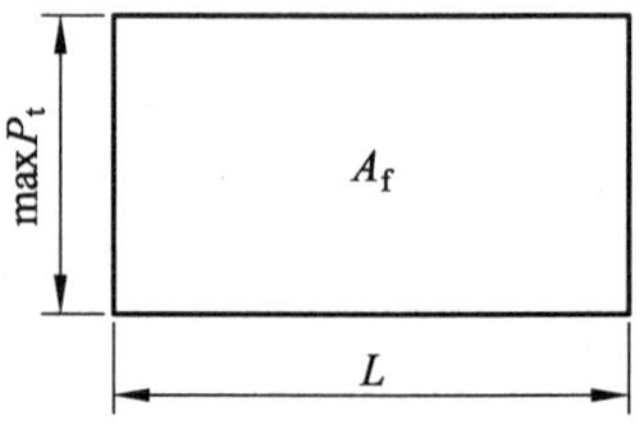

图 4-7　长钢轨自由伸缩温度力

根据胡克定律，则：

$$\lambda_f=\max P_t\cdot L\frac{1}{EF}=A_f\frac{1}{EF}$$

2）长钢轨未能实现的伸缩量 λ_γ

长钢轨未能实现的伸缩量将使长钢轨内产生相应的温度力，温度力图如图 4-8 所示，同样借助温度力分布图来求长钢轨未能实现的伸缩量。

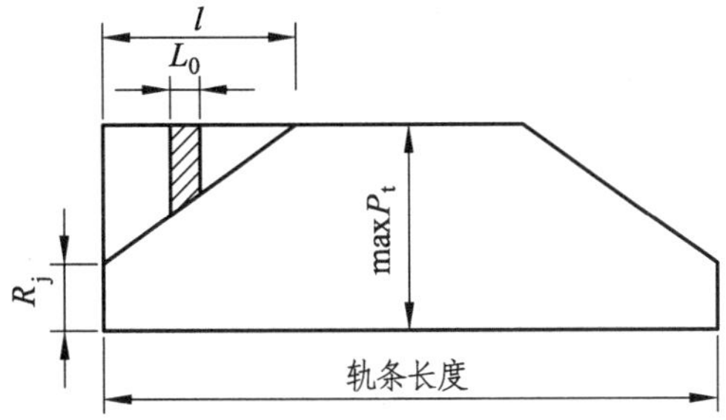

图 4-8　长钢轨温度力

根据胡克定律，利用微分方程，求得：

$$\lambda_\gamma = A_\gamma \frac{1}{EF}$$

3）长钢轨一端的伸缩量 λ_1

$$\lambda_1 = \frac{1}{2}(\lambda_f - \lambda_\gamma) = \frac{1}{2EF}(A_f - A_\gamma) = A_1 \frac{1}{EF}$$

式中，A_1 为图 4-9 中阴影部分△BCD 的面积，$A_1 = \frac{1}{2}(A_f - A_\gamma)$。这部分温度力在长钢轨两端伸缩区范围内，以伸缩的方式释放，所以：

$$\lambda_1 = A_1 \frac{1}{EF} = \frac{1}{2EF}(\max P_t - R_j) \cdot l \qquad (4\text{-}3)$$

又因为 $l = (\max P_t - R_j)/p$，代入式（4-3）得：

$$\lambda_1 = \frac{1}{2EFp}(\max P_t - R_j)^2$$

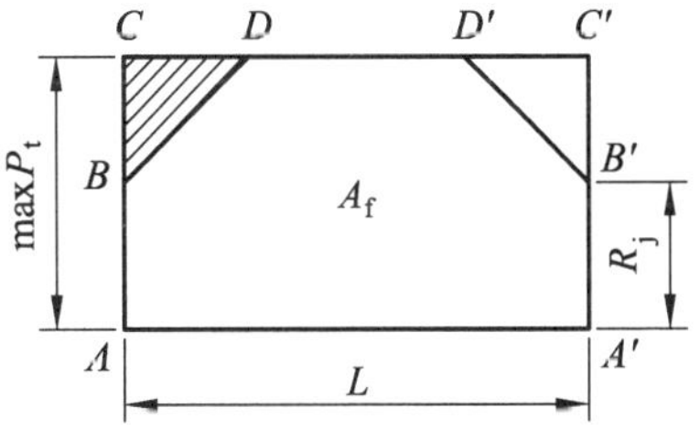

图 4-9　长钢轨伸缩区温度力示意

2．标准轨一端的伸缩量 λ_2

当轨温下降或升高时，标准轨发生伸缩，其温度力图如图 4-10 所示。设标准轨长为 L_0。

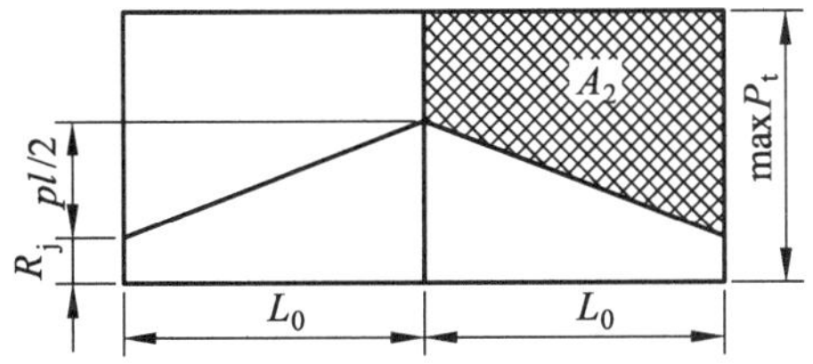

图 4-10　缓冲区温度力

当温度力 P_t 小于接头阻力 R_j 时，轨端无位移；当 P_t 大于接头阻力 R_j 时，轨端开始位移，道床阻力开始发挥作用，直至整根标准轨长度 L_0 范围内的道床阻力完全发挥，此阶段为轨端有约束伸缩阶段；此后，温度继续下降或升高，道床阻力不能再提供阻力，此时轨端的伸缩无约束，此阶段为自由伸缩阶段。

同样可推出：

标准轨一端的最大伸缩量 λ_2 等于图 4-10 中的阴影面积 A_2 除以 EF。即

$$\begin{aligned}\lambda_2 &= A_2/(E\cdot F)\\ &=\frac{1}{2EF}\left(\max P_{\mathrm{t}}\cdot L_0 - R_{\mathrm{j}}\cdot L_0 - \frac{1}{4}p\cdot L_0^2\right)\\ &=\frac{1}{2EF}\left[(\max P_{\mathrm{t}} - R_{\mathrm{j}})L_0 - \frac{1}{4}p\cdot L_0^2\right]\end{aligned}$$

计算 λ_1 与 λ_2 时，如计算伸长量，“$\max P_{\mathrm{t}}$”用最大的温度压力 $\max P_{\mathrm{t压}}$；如计算缩短量，“$\max P_{\mathrm{t}}$”则用最大的温度拉力 $\max P_{\mathrm{t拉}}$。

3．预留轨缝计算

在锁定轨温为 t_0 时铺设的长轨条，其伸缩区的标准轨与长轨条之间及标准轨相互之间应预留轨缝 δ_1 与 δ_2。

预留轨缝的大小应满足以下条件：

$$\delta' < \delta < \delta''$$

式中 δ'——轨温升至最高时，保证轨缝大于零的预留轨缝值；

δ''——轨温降至最低时，保证螺栓不超过构造轨缝的预留轨缝值。

1）长轨与标准轨的预留轨缝 $\varDelta_1$

$$\delta_1' < \delta_1 < \delta_1''$$

要保证轨温升至最高时轨缝大于零，应有：

$$\delta_1' \geqslant \lambda_1' + \lambda_2'$$

要保证轨温降至最低时螺栓不超过构造轨缝，应有：

$$\delta_1'' \leqslant \delta_{\mathrm{g}} - (\lambda_1'' + \lambda_2'')$$

式中 λ_1'——轨温升至最高时，长钢轨一端的伸长量；

λ_2'——轨温升至最高时，标准轨一端的伸长量；

λ_1''——轨温降至最低时，长钢轨一端的缩短量；

λ_2''——轨温降至最低时，标准轨一端的缩短量；

δ_{g}——构造轨缝，均采用 18 mm。

2）标准轨与标准轨之间的预留轨缝 $\varDelta_2$

$$\delta_2' < \delta_2 < \delta_2''$$

要保证轨温升至最高时轨缝大于零，应有：

$$\delta_2' \geqslant 2\lambda_2'$$

要保证轨温降至最低时螺栓不超过构造轨缝，应有：

$$\delta_2'' \leqslant \delta_g - 2\lambda_2''$$

【例 4-5】 某地区现有一无缝线路，具体资料如下：

铺设 60 km/h 钢轨，缓冲区钢轨长 $L_0 = 25$ m，钢轨截面面积 $F = 77.45$ cm；接头为 $\phi 24$ mm 螺栓、10.9 级，6 孔夹板，接头阻力 $R_j = 510$ kN；轨枕为Ⅲ型混凝土轨枕，每千米铺设 1 760 根，单位道床纵向阻力 $p = 160$ N/cm；最高轨温 $T_{max} = 59.2$ °C，最低轨温 $T_{min} = -3.8$ °C；锁定轨温为 30 °C，构造轨缝 $a_g = 18$ mm。试进行缓冲区轨缝计算。

【解】 预留轨缝计算：

（1）最大轨温变化幅度。

$$\max \Delta t_{(升)} = 59.2 - 30 = 29.2\ (°C)$$

$$\min \Delta t_{(降)} = -3.8 - 30 = -33.8\ (°C)$$

（2）最大温度力。

$$\max P_{t(压)} = 247.8 \times 77.45 \times 29.2 = 560\ 410\ (N)$$

$$\max P_{t(拉)} = 247.8 \times 77.45 \times 33.8 = 648\ 693\ (N)$$

（3）长钢轨一端的伸缩量。

$$\lambda_1' = 10 \times (560\ 410 - 510\ 000)^2 / (2 \times 2.1 \times 10^5 \times 100 \times 77.45 \times 160) = 0.29\ (mm)$$

$$\lambda_1'' = 10 \times (648\ 693 - 510\ 000)^2 / (2 \times 2.1 \times 10^5 \times 100 \times 77.45 \times 160) = 3.22\ (mm)$$

（4）标准轨一端的伸缩量。

$$\lambda_2' = [(560\ 410 - 510\ 000) \times 25 \times 1\ 000 / 2 - 160 \times 25^2 \times 100^2 \times 10 / 8] / (2.1 \times 10^5 \times 100 \times 77.45) = 0.18\ (mm)$$

$$\lambda_2'' = [(648\ 693 - 510\ 000) \times 25 \times 1\ 000 / 2 - 160 \times 25^2 \times 100^2 \times 10 / 8] / (2.1 \times 10^5 \times 100 \times 77.45) = 2.38\ (mm)$$

（5）长钢轨与标准轨之间的预留轨缝 $\varDelta_1$。

$$\varDelta_1' \geqslant \lambda_1' + \lambda_2' = 0.29 + 0.18 = 0.47\ (mm)$$

$$\varDelta_1'' \leqslant a_g - (\lambda_1'' + \lambda_2'') = 18 - 3.22 - 2.38 = 12.40\ (mm)$$

故　　$0.47 < \varDelta_1 < 12.40$

取 $\varDelta_1 = 6.0$ mm

（6）标准轨与标准轨之间的预留轨缝 $\varDelta_2$。

$$\varDelta_2' \geqslant 2\lambda_2' = 2 \times 0.18 = 0.36\ (mm)$$

$$\varDelta_2'' < a_g - 2\lambda_2'' = 18 - 2 \times 2.38 = 13.24\ (mm)$$

故　　$0.36 < \varDelta_2 < 13.24$

取 $\varDelta_2 = 7.0$ mm

任务五　特殊地段无缝线路

一、桥上无缝线路

因梁的伸缩而引起的钢轨纵向力称之为伸缩附加力；因梁的挠曲而引起的钢轨纵向力称之为挠曲附加力。附加力的大小不仅与钢轨扣紧的程度有关，还与梁跨、支座布置、桥跨数量以及桥梁处于无缝线路的部位（伸缩区或固定区）等因素有关。

桥上铺设无缝线路与路基上铺设无缝线路有所不同，钢轨除受温度力作用以及列车动静荷载外，还受桥上附加纵向力（伸缩附加力、挠曲附加力）的作用。这些力同时又反作用于梁跨和固定支座上，使桥梁墩台产生弹性变形，墩顶发生纵向位移。

此外，如果桥上发生断轨，温度力和伸缩附加力就会得到释放，并通过梁、轨间的约束使墩台和固定支座受力。

桥上无缝线路有如下构造特点：

（1）为减小钢轨伸缩与桥梁伸缩相互作用的复杂程度，应使桥梁位于固定区内，桥头两端应按伸缩区锁定。长轨节应大于桥梁总长再加两端伸缩区，无缝线路在桥梁两端路基上每端锁定长度均不应小于 100 m。

（2）钢梁上宜用分开式扣件，为减小钢轨与桥梁的相互作用，钢轨扣件阻力可适当减小（不全部拧紧，松紧相间），但要考虑桥梁上钢轨低温断轨后断缝不能拉开过大（按规范要求），以免影响行车安全。

（3）为减小各种附加力的影响，在长大桥梁上铺设无缝线路时，常采用钢轨伸缩调节器（也称温度调节器），使长钢轨能纵向伸缩，自动放散温度应力。

（4）由于桥上存在附加力，可能会使桥上无缝线路的锁定轨温与路基上不同。在可能的条件下，应尽量采取与路基上的无缝线路相同的锁定轨温，以便施工。

二、隧道无缝线路

隧道气温和轨温变化都比较小，但隧道洞口附近每天轨温变化比较大。隧道无缝线路有以下构造特点：

（1）隧道内轨道结构应适当加强，条件许可时可设无砟道床，钢轨应用耐腐蚀的合金轨，还应加强钢轨的探伤检查。

（2）隧道群的长轨条宜连续布置，每条隧道距离隧道口内侧 50 m 范围，应按伸缩区要求加强锁定。

（3）隧道的长轨条宜连续布置，无缝线路固定区应设在轨温变化小的隧道内，长轨条接头宜设在距隧道口内侧 50 m 处，伸缩区设于隧道洞口内方，缓冲区宜设置在隧道洞口外。

三、小半径曲线无缝线路

在曲线轨道上，存在温度力的径向分力和列车通过时的横向水平力，造成曲线轨道稳定性差。小半径曲线无缝线路有以下构造特点：

（1）随着半径的减小，温度力的径向分力增大，稳定性降低。因此，铺设无缝线路的曲线半径不宜小于 400 m。

（2）一个小半径曲线，最好单独铺一节长轨，伸缩区最好设在直线上。

（3）适当提高锁定轨温，以减小温度压力。

四、长大坡道无缝线路

长大坡道线路多位于山区的双机或多机牵引地段，列车制动使列车运行前方钢轨产生纵向压力，列车尾部钢轨产生拉力，引起钢轨不均匀爬行，影响无缝线路的稳定。长大坡道无缝线路有以下构造特点：

（1）加强防爬锁定，包括采用Ⅱ型以上混凝土枕，采用扣压力大的弹条扣件，枕盒内道砟要保持充足、密实。

（2）在长大坡道凹形纵断面变坡点，两侧钢轨均可能向该地段爬行，挤压钢轨造成应力集中，应断开长轨节设置缓冲区，缓冲区钢轨数量应比一般情况下适当增加。

（3）在长大坡道凸形纵断面变坡点，应按规定设置半径较大的竖曲线，以降低纵向压力的竖向分力。

（4）加设观测桩，随时注意爬行状况，防止不均匀爬行的积累而出现压力峰。

五、桥上无缝线路的铺设及养护维修特点

桥上无缝线路承受着伸缩附加力和挠曲附加力，为了尽量减少这些附加力，又要防止在冬季因钢轨折断而使断缝过大（不超过允许值），所以设计时要根据梁的情况和当地的各种条件，在满足强度和稳定性前提下，通过设计选择合理的扣件布置。如采用 1—2—1、1—3—1、1—4—1、1—6—1、1—9—1 等松紧相隔的扣件布置形式（即紧—松—紧的扣件布置）。对于桥上木枕轨道，应采用 K 式扣件，该扣件的扣压力大，对于不扣紧的 K 式扣件，可将扣件的轨卡不贴牢轨底顶面。

当桥梁位于固定区时，长轨节应大于桥梁总长再加两端锁定区，所以一般应大于 300 m。桥头两端 75 m 作为锁定区，防止桥上钢轨因不均匀爬行而产生附加力。如果长轨节远远大于 300 m，除了正常伸缩区外，还要在桥头两端各加设 75 m 的锁定区。在现场进行焊接的焊缝，由于强度低，焊缝应距梁上挡砟墙有 50 m 左右的距离，以防止桥梁附加力过大而使钢轨折断。

对于长大桥上的铝热焊接头，应加强检查，发现伤损要及时更换。

由于桥上存在附加力，可能会使桥上无缝线路的锁定轨温与路基上不同。在可能的条件下，应尽量采取与路基上的无缝线路相同的锁定轨温，以便施工。桥上无缝线路的锁定养护，要遵照设计锁定轨温，该紧的扣件要拧紧，该松的扣件要充分松动。

任务六 无缝线路故障处理

一、产生胀轨、跑道的原因

1．温度压力大

绝对温度压力，就是轨温从实际锁定轨温上升到最高轨温所产生的温度压力。

从理论上讲，实际锁定轨温应在设计锁定轨温范围内。但由于种种原因，无缝线路的实际锁定轨温却往往高于或低于设计锁定轨温范围。低于设计锁定轨温范围，当轨温从实际锁定轨温上升到最高轨温时，产生的绝对温度压力就可能大于容许压力，从而导致胀轨、跑道。也就是说，实际锁定轨温偏低，是导致温度压力大的主要原因。

实际锁定轨温偏低，通常由以下几方面的原因造成：

（1）铺设进度的影响，造成实际锁定轨温偏低。

（2）低温焊复钢轨造成锁定轨温偏低。

（3）冬季线路不均匀爬行，造成局部锁定轨温偏低。线路质量、条件不均衡，使无缝线路的线路阻力不均衡。在线路阻力较低的地段，冬季钢轨的收缩爬行量将大于其他地段，即锁定轨温低于其他地段。来年轨温升高时，这些地段的绝对温度压力将较大，从而隐伏着胀轨、跑道的危机。

（4）冬季超温超长作业，造成局部锁定轨温偏低。冬季低温，当轨温低于锁定轨温一定数值时，有些作业禁止进行，有些作业只能在一定长度上进行，如接头夹板、螺栓涂油，成段中间扣件涂油，成段更换轨枕，成段扒道床，成段清筛道床等。如果超温、超长作业，必然大大降低接头阻力和道床纵向阻力。在巨大的温度拉力作用下，上述作业地段及其附近受温度拉力影响地段的钢轨或轨道框架将产生收缩爬行，同样局部地降低了锁定轨温，留下来年胀轨、跑道的隐患。

2．线路阻力小

导致无缝线路稳定性差或线路阻力小的原因有：

1）线路设备状态不良

线路设备不良的表现很多，如扣件螺栓松动、扣件零件缺损、道床疏松、道砟不饱满、道床肩宽不足、空吊板多、钢轨硬弯、胶垫损坏等。如中间扣件螺栓松动，连续松动数个，将使钢轨与轨枕“分家”，轨道框架刚度就只剩下钢轨刚度，该段线路的横向阻力就大大降低，胀轨、跑道便可乘虚而入。再如道床肩宽不足，以至于轨枕头暴露，道床边坡坍塌。这样，道床横向阻力就大大降低，稳定性严重削弱，温度压力就有了突破口。

2）线路几何状态不良

诱发胀轨、跑道的温度压力的对立面是线路阻力，而线路阻力的大小除由设备状态决定外，还由线路几何状态决定。无缝线路的稳定性要求轨道具有良好的几何状态，而良好的几何状态则简称为直线的“直顺”和曲线“圆顺”。决定直顺和圆顺的主要因素是方向和水平，但轨距和高低却对方向和水平产生直接的影响，所以线路几何状态实际上是由轨距、水平、方向、高低四个因素决定的。在这四大因素中，方向不良是导致胀轨、跑道的一个重要因素，曲线方向不良，即正矢误差超限是不允许的，因为曲线不圆顺地段要产生附加径向力。总之，温度压力的作用，在直、圆、顺的几何状态良好的地段是难以体现出来的；而在不直、圆、顺的地段，温度压力通过对这些地段线路的“胀轨、跑道”以求彻底的平衡。所以，整治方向不良是保持无缝线路几何状态良好的关键。

3）线路维修作业的影响

维修作业可使线路状态改善，却暂时破坏了线路状态，降低了线路的纵、横向阻力。特别是违章作业，超温、超长作业，会使纵、横向阻力大幅度降低。

二、胀轨、跑道防止措施

（1）正确掌握铺轨的锁定轨温，不使其偏低。如不得不偏低，应来年进行应力放散，重新锁定，使锁定轨温符合设计值。

（2）低温焊复钢轨，应在焊复前将钢轨拉伸至原有长度。否则，来年也要放散应力，重新锁定，使锁定轨温符合设计值。

（3）提高线路维修质量，做到阻力均衡，以避免冬季的不均匀爬行。

（4）禁止超温、超长作业，根据轨温合理安排作业项目。

（5）保持线路几何状态良好，不超限，尤其是方向。

（6）保持线路设备状态全面、经常良好。

（7）加强线路监视和位移观测，发现胀轨迹象，及时处理。

同时，认识跑道的规律，也有助于对胀轨、跑道的防止。一般来说，胀轨、跑道具有如下规律：

（1）因为稳定性不强、临界温度压力低是胀轨、跑道的决定性因素，所以多数胀轨、跑道并非发生在高温季节，而是发生在春、夏之交，气温变化较大、乍暖还寒的日子里。这是因为：线路质量本来就差，经过冬季的寒冷，线路的稳定性受到了影响；到了气温回升的季节，已经受不住气温的突然、剧烈、反复的变化。只要春、夏之交这一关挺过去了，进入高温季节，气温相对稳定，反而不容易发生胀轨、跑道。所以，春、夏之交是防止胀轨、跑道的重点季节；此时，要抓紧时机对锁定轨温偏低的无缝线路进行应力放散或调整，不留后患。

（2）按规定的轨温条件作业，把维修作业对线路造成的扰动降到最低限度。

（3）在胀轨、跑道事故中，很少有走行列车第一位机车脱线或颠覆的事例，多数是中、后部车辆脱轨。这是因为无缝线路本已失稳，又反复叠加上运行列车的动弯力、纵向力、推挤力、冲击力，且轨温有所升高，使无缝线路“雪上加霜”，越往列车后部，失稳状态越严重，最终丧失了行车条件。一旦出现这种情况，要想补救是困难的。要使这种情况不致发生，唯一的办法就是平时严密监视线路，发现有危及行车安全的失稳迹象，要么立即采取措施增强其稳定性，要么拦停列车。未进入失稳状态的无缝线路，是不会猝然发生胀轨、跑道的。

（4）以下地段容易发生胀轨、跑道：陡长下坡终端（线路爬行造成钢轨压力增大），列车制动地段（制动力叠加温度压力），平交道口、桥头及曲线头附近（温度压力大）。故这些地段不但平时应加强养护，同时应严密监视。

（5）曲线比直线容易跑道。曲线跑道常为向外的单波，跑道量较小；直线跑道通常为 S 波，跑道量较大。

（6）同一段无缝线路，固定区及固定区与伸缩区的交界处容易发生胀轨、跑道。这是因为固定区承受的温度压力大，而固定区与伸缩区的交界处，在轨温反复变化的情况下容易产生温度压力的积累，形成“应力峰”。所以，这两个地段应采取同其他地段不同的养护方法，以增强其稳定性。

三、胀轨、跑道的处理办法

有两条原则必须坚持：一是决不冒险放行列车；二是尽一切努力恢复行车。胀轨、跑道的防治和处理如下：

（1）当发现线路出现 3 ~ 5mm 连续的碎弯时，必须加强巡道查或派专人监视，观测轨温和线路方向的变化。若碎弯继续膨胀扩大，应设慢行信号，并通知工区紧急处理。线路稳定后，恢复正常行车速度。

（2）养护维修作业过程中，发现轨向、高低不良，起道、拨道省力，枕端道砟离缝，必须停止作业，及时采取防止胀轨、跑道的措施。

（3）无论作业中或作业后，发现线路轨向不良，用 10 m 长弦测量两股钢轨的轨向偏差。当平均值达到 10 mm 时，必须设置慢行信号，并采取夯拍道床、填满枕盒道砟和堆高砟肩的措施。当两股钢轨的轨向偏差平均值达到 12 mm 时，在轨温不变的情况下，过车后线路弯曲变形突然扩大，必须立即设置停车信号，及时通知车站，采取钢轨降温等紧急措施，消除故障后放行列车。

（4）发生胀轨、跑道后，可以采取浇水或喷洒液态二氧化碳的办法降低钢轨温度。轨温降低后方可拨道。曲线地段拨道只能上挑，不宜下压。拨道后必须夯拍道床。限速放行列车，并派专人看守，待轨温降至接近锁定轨温时，再恢复线路和正常行车速度。

无缝线路发生胀轨、跑道时，应对胀轨、跑道情况做好登记。

四、钢轨折断及其防止措施

1．钢轨折断的危害

无缝线路的钢轨折断，除钢轨母材的严重伤损处外，几乎都发生在焊缝处及焊缝附近的热影响范围内。焊缝裂断多发生在冬季；由于温度拉力的存在，断缝两端钢轨必然收缩，将断缝拉大，直到温度拉力和线路阻力平衡为止。严重时，可形成 100 ~ 200 mm 的大断口。由于断口处并无夹板夹持，还容易形成钢轨的上下错牙和左右错牙。大断口和钢轨错牙，都直接威胁行车安全。

2．铝热焊缝折断的原因

无缝线路钢轨折断的根本原因是温度拉力大，线路阻力小。而造成温度拉力大的主要原因则是锁定温度偏高。焊缝强度低则直接导致钢轨折断。铝热焊接头折断的原因有：

（1）焊缝缺陷造成强度降低。

（2）焊缝疲劳强度及断裂韧性低。

铝热焊缝的屈服强度和冷弯强度只有母材的 70% 左右，疲劳强度则只有母材的 60% 左右，所以铝热焊缝容易断裂。

（3）焊缝低凹加大列车冲击。

焊缝的强度本来低于母材，焊缝及其热影响区的强度又不一致，因此，随列车碾压时间的延长，在焊缝前后 40 ~ 60 mm 范围内，就逐渐出现低凹。焊缝的低凹增加了车轮的附加冲击力，附加冲击力又加速焊缝的低凹，使钢轨受力状况更加恶化，形成类似于普通线路低接头那样的恶性循环。这种恶性循环不但造成石砟坍塌、轨枕断裂、扣件折损，增加了维修工作量，同时也加速了焊缝的断裂。要求工区加强对焊缝接头的捣固，防止焊缝低凹的产生、发展。

（4）锁定轨温偏高，冬季温度拉力大，超过了焊缝的抗拉强度，加上列车动弯拉应力的影响，使焊缝断裂。

（5）线路几何状态不良，加大列车的附加冲击力，增加了焊缝的强度负担，造成焊缝断裂。

3．预防焊缝断裂的措施

1）提高焊接质量

加强验收制度和探伤检查，冬季要适当增加探伤检查次数。认真鉴别伤痕类型，做好标记，严密监视。对已确认的暗伤焊缝，要及时上好特制拱形夹板和急救器，必要时可钻孔上夹板，然后尽快选择时机重新焊接。

2）提高设备质量

加强线路养护维修，提高设备质量，也是保持焊缝质量的关键。线路上存在吊板、暗坑、三角坑、扣件松动、轨枕失效、线路爬行、焊缝紧靠轨枕等，都会增加焊缝的附加应力，促使焊缝断裂。起道、拨道作业时，压机应放在铝热焊缝 1 m 以外，严禁用压机直接顶撞铝热接头。保持线路几何状态良好，使行车平稳，方正轨枕位置，使焊缝受力均匀，这样会对焊缝起保护作用。

防止轨道爬行，保持纵向阻力，是防止钢轨断裂和断缝拉大的根本措施。为此，必须经常保持接头扣件和中间扣件的扣压力。

为减小列车运行时的附加冲击力，必须对不平顺的焊缝进行打磨、焊补。焊缝的上下不平顺、左右错牙和经常运行产生的磨耗不平顺，用 1 m 直尺测量不得超过 0.5 mm。轨面和作用边要平顺光滑。缺陷严重者，应锯掉重焊。

3）加强焊缝管理

造成焊缝断裂的因素很复杂。要减少焊缝断裂，必须掌握断裂规律，加强对焊缝的科学管理。要建立焊缝技术卡片，从焊接、铺设、锁定、平顺状态、伤损程度到养护维修情况，都要做好翔实的原始记录。发生断裂后，要分析原因，积累资料，总结经验，制订改进措施。

五、无缝线路焊接方法

钢轨焊接有铝热焊法、气压焊法、接触焊法等。目前，我们经常采用的方法是：铺轨或焊轨前采用接触焊（电阻焊）或气压焊，将不钻孔的 50 m 或 100 m 标准轨焊接成 200 m 左右的长轨条，然后送至铺轨现场，再用铝热焊或气压焊法将其焊接成设计的长度，以备施工。

1．接触焊

目前，在无缝线路长钢轨的焊接中主要采用接触焊法，该法焊接质量好，效率高，在世界各地普遍采用。

1）焊接原理

接触焊的基本原理是利用电流通过某一电阻时所产生的热量熔接焊件，再经顶锻以达焊接目的。

当两焊接钢轨之间通过电流时，由于两钢轨接触面之间存在着较大电阻，因电热效应使钢轨迅速得到加热。两钢轨的接触面不可能很平，从微观上看仍是凸凹不平，因此，首先接触的是一些凸出点。这些接触点通电后在瞬间被加热到熔化状态，从而在钢轨接触面之间形成多个液体金属过梁。这些过梁在进一步加热的过程中被“爆炸”而破坏，使熔化的金属从钢轨接触面的缝隙中飞溅而出，形成闪光，与此同时，进一步加热钢轨。钢轨通过继续加热和连续闪光的作用，钢轨端面的温度逐渐均匀一致，形成一熔化金属薄层，防止周围气体侵入。与此同时，迅速施加顶锻力，迫使焊面相互挤压，使闭光时形成的火口得到充分闭合，并挤出全部液体金属，将两轨焊联成一体。

2）工厂内长钢轨接触焊接工序及操作要点

（1）配轨。

根据无缝线路设计图纸，编制配轨表。按配轨表的顺序和要求，丈量每根钢轨长度，依次配轨，并在自动流水作业线上，按顺序焊接钢轨。

（2）打磨除锈。

钢轨两端的夹紧部位及两轨接触端面应进行打磨除锈，使之具有良好的接触导电性能。要求钢轨端部截面光洁，具有金属光泽，其与钢轨纵轴垂直面的最大偏差，不大于 0.25 mm。

（3）焊接。

焊接时，两轨端通电加热，它包括断续预热和连续闪光两个阶段，前者使钢轨端部加热到一定的温度和深度，后者是进一步使轨端轨温均匀化和建立一层防止金属强烈氧化的保护层。当轨端加热到塑性状态后，焊接机能自动夹紧钢轨使轨端顶压，顶压力为 35 ~ 49 MPa，顶锻量为 7 ~ 15 mm，使轨端焊成整体。

（4）推平。

钢轨焊接后，由于焊接时的顶压，使焊接轨端处凸出，当焊接处金属尚处于高温塑性状态时，用液压推除设备，把凸出部分推除。

（5）打磨焊缝。

在轨端焊接处，除轨腰部分外均应符合原钢轨断面尺寸。因此，对焊缝应进行打磨，保证车轮通过时的平顺性。

（6）整细矫直。

对焊接长钢轨要用矫直机矫直，要求用 1 m 直尺检查弯曲矢度，其值不超过 0.5 mm。

（7）超声波探伤。

对焊缝用超声波探伤仪进行检查，探明是否有焊接缺陷，并做好检查记录。

（8）堆码。

对焊接好的长轨条堆码到高站台上，以备吊装到运轨列车上。

3）长钢轨焊接列车

国家大型铁路铺设无缝线路，长钢轨是由定点焊轨厂焊接的。工地联合接头的焊接多采用小型移动式气压焊。近年，由德、法等国引进了铝热焊剂和工艺设备，采用铝热焊法焊接联合接头日渐增多。对城市兴建的轻轨铁道、快轨铁道，因施工环境的限制，其长钢轨的焊接多设计为便于移动的长钢轨焊接列车施焊，联合接头的焊接以采用铝热焊法焊接为主。

（1）长钢轨焊接列车的组成。

长钢轨焊接列车由牵引车、平板车、焊机、发电机、焊前工艺设备、焊后工艺设备、长钢轨走行滚道等装配而成。焊机是核心装备。焊轨列车专用线一般设在铺设区段的铺架基地，亦可边焊接边铺设。

（2）工艺线上的配套设备。

① 焊前工艺流水线的工装。

焊前工装主要有：钢轨调直机 1 台、小型轨端平面铣床 2 台、磨刷除锈机 2 台、其他钳工常用工具。

装备焊前工艺流水线的平车，应停在靠近存放钢轨的场地。为缩短列车焊前工艺流水线，钢轨调直机可装在钢轨整备平台处，将轨端调直工作置于车下。列车焊前工艺流水线的对应工位，平车上安装待焊钢轨整修架，地下调直好的钢轨一一输入车上整修架。待焊钢轨的两端设铣床和除锈机各 1 台，除锈工负责轨端除锈，车工负责钢轨端面铣平。负责待焊钢轨配置工作的技术员，根据轨节设计布置图，有序地将整修好的钢轨引向滑道，进入焊机焊接。

② 焊后工艺流水线的工装。

焊后工装主要有：粗磨机 1 台、精磨机 1 台及正淬火设备、钢轨矫直机 1 台、钢轨探伤设备、滚轮滑道。滑道与运轨列车靠连。

焊接长钢轨的焊道（焊瘤）的大部分已被焊机的推凸装置除去，经粗磨工位进行粗磨，粗磨可用粗磨机或人工完成。粗磨后进入精磨工位，精磨最好采用数控机床仿形研磨或数控仿形铣床进行精加工，使之符合钢轨断面的几何形位及误差标准。

经过精磨后，焊接轨进入正淬火工位。正淬火时，焊道温度冷却至 300 ~ 400 °C 时再加热。加热温升：轨顶加热至 930 °C，风冷淬火；轨底加热至 900 °C 正火，自然冷却。淬火宽度为 80 mm，相对于焊道中心线前后各 40 mm。过渡区（软区）宽度小于 20 mm，其硬度相当于母材帽形淬火硬度（350 HB）。

正淬火后，焊接轨进入调直机热调，平直度要求：1 m 直尺测量小于 0.2 mm。

最后一道工序是焊道探伤。探伤后长钢轨沿滑道进入运轨车存放。运轨车相当于存放钢轨的平台。到位后，运轨列车逆行尾接于焊轨列车尾部，即靠在焊后工艺流水线的最后一节平板车之后。焊满一车运走一车，长钢轨卸下后再返回基地。

2．气压焊

1）焊接原理。

金属构件的气压焊法，热源多采用氧-乙炔火焰。其焊接原理是：将被焊金属构件的焊接端加热到熔化状态或塑性状态时，在顶锻力的作用下，相互焊接的金属端面的熔体或塑体的原子之间，相互扩散渗透再结晶，在两个相互焊接的金属面之间，形成新的结晶，使两金属构件融结成一体。

2）气压焊的种类。

我国城市轨道现行气压焊接法可分为两种：一种是定位焊接，即将气压焊机安装在焊轨厂的焊接车间进行定位焊接，焊机体形较大；另一种是移动焊接，焊机体形较小，质量较轻，便于在工地移动焊接联合接头。

（1）工厂焊接法。

工厂焊接法是利用固定在工厂焊轨车间的气压焊机，将标准钢轨焊成一定长度的长钢轨。目前，各焊轨厂的焊接长度一般为 250 ~ 500 m，厂焊长度以 500 m 为宜。

厂焊的焊接工艺分为焊前工艺和焊后工艺，两相衔接构成整个长钢轨的焊接工艺流程。以焊机为分界，钢轨进入焊机施焊之前的工艺为焊前工艺，包括：配轨、探伤、整修钢轨端面、设标、进入待焊台位；钢轨进入焊机之后的工艺为焊后工艺，包括：焊接、推凸、粗磨、细磨、调直、正火、探伤、进入承轨台存放待运。

（2）移动焊接法。

移动焊接法主要指的是我国城市轨道采用依据气压焊原理研制成功的小型化、轻便型的气压焊机（即小型移动式气压焊机），以焊接工地长钢轨联合接头，或超长无缝线路连入法施工的终焊时接头。

小型移动式气压焊设备有压接机、加热器、控制箱、高压电动泵站、水冷装置及辅助装置（发电机、端磨机、顶磨机、手把砂轮、管路系统、氧气瓶、乙炔瓶等），因其质量轻、体积小、操作维修方便，因而非常适合现场接头的焊接。

小型移动气压焊的工艺流程：焊前准备→拉轨→锯轨、配轨→焊前钢轨端面打磨→对轨和夹轨→装加热器→点火焊接→加热及预顶→推除焊瘤→正火→打磨及矫正→质量验收→清理施工现场。

3．铝热焊

1）焊接原理

钢轨的铝热焊是利用焊剂中的铝在高温条件下与氧有较强的化学亲和力。它从重金属的氧化物中夺取氧，使重金属还原，同时放出热量，将金属熔成铁水，浇铸施焊而成。

铝热焊剂是由还原金属（铝）、氧化金属（氧化铁）、铁合金和铁钉头配制而成。为提高铝热焊质量，可按需要在铝热焊剂中掺入少量合金元素，如锰、钛、钼、硅等，以及加入石墨，调整碳的含量。

铝热焊法是将配制好的铝热焊剂，放入特制的坩埚，用高温火柴引燃焊剂，产生强烈的化学反应，得到高温的钢水和熔渣，待反应平静后，将高温的钢水注入扣紧钢轨经过预热的砂型中，将砂型中对接好的钢轨端部熔化，冷却后去除砂型，并及时对焊好的接头整形，两节钢轨即焊接成一体。

2）工艺流程

制作砂型、坩埚→工地布置→切轨→对轨→扣箱及封箱→坩埚装料及安放支架→预热→浇注→推凸及整修→质量检查→正火。

任务七 无缝线路养护维修

一、无缝线路养护维修的基本原则

（1）不使合理的锁定轨温发生变化，必须在设计锁定轨温范围内牢固锁定。

（2）道床横断面必须按设计标准经常保持完好。因清筛或其他施工等原因导致缺砟时，应按设计标准补足、夯实、整形。

（3）线路应经常保持平整圆顺，其几何偏差要经常控制在养护标准的超限值内，无三角坑、暗坑、吊板。

（4）要根据季节性特点、锁定轨温情况和线路状态，制订维修计划和组织线路作业。

（5）严格按无缝线路作业轨温标准安排各作业项目和作业量。

（6）在无缝线路伸缩区与固定区交界处、道口前后、桥头、曲线头尾、变坡点、制动地段等容易出现温度力峰值的处所，尤其应注意加强线路结构，对有关作业规定从严掌握，对线路状态加强检测。

（7）要注意伸缩区和缓冲区的养护工作。

（8）备料齐全。

二、养护维修要求

（1）缓冲区接头螺栓必须使用10.9级螺栓，扭力矩要达到900 N·m，并经常保持在700 N·m以上。

（2）扣件应经常保持紧、密、靠、正，达到三点接触，扭力矩保持在80～150 N·m，一般情况扭力矩达到100 N·m，半径不大于650 m曲线应达到150 N·m，扣件不良率不得超过8%，防止长轨节爬行及过量伸缩。

（3）道床要经常保持丰满、密实、整齐、排水良好。

（4）线路方向要经常保持顺直。钢轨硬弯或焊缝工作边矢度用1 m直尺测量，超过0.5 mm时要及时整修。

（5）严格控制轨道结合尺寸偏差。

（6）焊接接头轨顶面凸凹面不平必须打磨、焊补。整治后用1m直尺测量不超过0.5 mm。线上钢轨无重伤。

（7）翻浆等影响线路稳定的病害应及时整治。

（8）位移观测桩，要保持齐全、牢固、标记明显准确，并定期对线路进行观测分析，发现不正常位移时，要及时采取有效措施进行纠正。

（9）作业前、作业中、作业后要测量轨温，做到作业不超温，作业过程中不改变锁定轨温。严格按照《铁路维修管理规则》（以下简称“维规”）规定的作业轨温条件进行养护维修，严格做到“一准”“二清”“三测”“四不超”“五不走”（准确掌握锁定轨温；维修作业半日一清，补修作业一撬一清；作业前、作业中、作业后测量轨温；作业不超温，扒砟不超长，起道不超高，拨道不超量；扒开道床不回填不走，作业后道床不夯实不走，不组织检查不走，质量不合格不走，发生异状不处理不走）。

（10）加强巡道工作，根据季节气候特点，有重点检查线路，发现异常情况，应及时采取措施并汇报，确保行车安全。

（11）按单元轨条建立技术档案，准确、及时登记胀轨、断轨、焊接、应力放散、大中修施工等情况，以及线路上进行各种影响无缝线路施工的施工情况（为便于查找，每段无缝线路应在长轨条两端钢轨腹部注明铺设日期、锁定轨温、长度等情况。每处现场焊接的焊缝都应有特殊标记）。

（12）备齐各种常备材料，并保持完好。

三、检查及观测制度

1. 检查制度

1）经常检查

无缝线路的经常检查和监视，主要由工长和巡道工负责，工长和巡道工应熟悉无缝线路的特点，掌握管内每根长轨条的锁定轨温和每个爬行观测桩的位移情况。巡道工应按巡道工作要求检查线路；工长应结合每月一次的线路检查，重点检查伤损焊缝的情况。夏天，要注意观察线路方向和轨缝变化情况，特别是线路薄弱地段和施工作业地段，更应认真注意检查；冬季，则应重点检查现场焊接的焊缝和轨缝变化情况。掌握了解轨缝变化的情况，就是掌握了长轨条长度变化的情况，即锁定轨温变化的情况；而锁定轨温的变化，则直接反映了线路阻力的大小。所以，缓冲区的轨缝大小在冬夏季都必须密切注意。

2）定期检查

（1）每年冬、夏季之前，各领工区应在段组织下，对管内无缝线路进行全面检查、分析，做出书面总结。

（2）入冬前，钢轨探伤组对现场焊接的焊缝进行一次全断面检查；工区对用鱼尾板或急救器加固的伤损钢轨和不良焊缝，应进行全面拆检。

（3）入夏前，工区使用的温度计进行检查、校正。

3）特别检查

高温季节，工务技术人员应深入现场，检查线路的变化情况；必要时，临时增设巡检人员，加强巡察监视。施工作业地段，在气温变化急剧时，要留人看守。

2. 位移观测制度

位移观测桩是检查钢轨位移量、判断应力是否均匀的重要设施。工长每月、领工员每季应通过位移观测桩观测、分析一次钢轨位移的情况，发现观测桩处累计位移量大于 10 mm 时（不含长轨条两端观测桩），应及时上报查明原因，采取相应措施。

3. 测温制度

坚持执行作业测温制度，是无缝线路上防止超温作业的重要依据。

4. 故障报告分析制度

钢轨折断或胀轨、跑道事故发生后，工区应及时报告工务中心。工务中心应派人及时深入现场，分析原因，处理故障，制订改进工作的措施。

5．无缝线路作业轨温条件

无缝线路的稳定性，依靠各种线路阻力的支持，而在线路上进行作业时，会暂时降低线路阻力。因此，为使无缝线路能在任何温度状态下都具有足够的稳定性和强度，就必须对不同作业内容和范围的作业轨温加以限制。无缝线路作业必须遵守的作业轨温如表 4-6 ~ 表 4-8 所示。

表 4-6　混凝土枕无缝线路维修作业轨温条件

条件	作业项目及作业量		
	连续扒开道床不超过 25 m，起道高度不超过 30 mm，拨道量不超过 10 mm	连续扒开道床不超过 50 m，起道高度不超过 40 mm，拨道量不超过 20 mm	扒道床、起道、拨道与普通线路相同
	作业轨温范围	作业轨温范围	作业轨温范围
直线及 $R\geqslant 2\,000$ m	+20 °C	+15 °C　−20 °C	±10 °C
800 m $\leqslant R<2\,000$ m	+15 °C　−20 °C	+10 °C　−15 °C	±5 °C
400 m $\leqslant R<800$ m	+10 °C　−15 °C	+5 °C　−10 °C	
$R<400$ m	+10 °C　−15 °C	+5 °C　−10 °C	

表 4-7　$R\geqslant 400$ m 曲线及直线混凝土枕无缝线路维修作业轨温条件

序号	作业项目	按实际锁定轨温计算				
		−20 °C 以下	−20 °C ~ −10 °C	−10 °C ~ +10 °C	+10 °C ~ +20 °C	+20 °C 以上
1	改道	与普通线路相同	与普通线路相同	与普通线路相同	与普通线路相同	禁止
2	松动防爬设备	同时松动不超过 25 m	同左	与普通线路相同	同时松动不超过 12.5 m	禁止
3	更换扣件或涂油	隔二松一，流水作业	同左	同左	同左	禁止
4	方正轨枕	当日连续方正不超过 2 根	隔二方一，方止捣固，恢复道床逐根进行（配合起道除外）	与普通线路相同	隔一方一，方后捣固，恢复道床，逐根进行（配合起道除外）	禁止
5	更换轨枕	当日不连续更换	当日连续更换不超过 2 根（配合起道除外）	与普通线路相同	当日连续更换不超过 2 根（配合起道除外）	禁止
6	更换接头螺栓或涂油	禁止	逐根进行	同左	同左	禁止
7	更换钢轨或夹板	禁止	同左	与普通线路相同	禁止	禁止
8	不破底清筛道床	逐孔倒筛夯实	同左	同左	同左	禁止
9	破底清筛道床	禁止	同左	与普通线路相同	禁止	禁止
10	矫直硬弯钢轨	禁止	同左	同左	与普通线路相同	同左

表 4-8　$R<400$ m 曲线混凝土枕无缝线路维修作业轨温条件

序号	作业项目	按实际锁定轨温计算				
		−20 °C 以下	−20 °C ~ −10 °C	−10 °C ~ +5 °C	+5 °C ~ +15 °C	+15 °C 以上
1	改道	与普通线路相同	与普通线路相同	与普通线路相同	与普通线路相同	禁止
2	松动防爬设备	同时松动不超过 25 m	同左	与普通线路相同	同时松动不超过 12.5 m	禁止
3	更换扣件或涂油	隔二松一，流水作业	同左	同左	同左	禁止
4	方正轨枕	当日连续方正不超过 2 根	隔二方一，方正捣固，恢复道床逐根进行（配合起道除外）	与普通线路相同	隔二方一，方后捣固，恢复道床，逐根进行（配合起道除外）	禁止
5	更换轨枕	当日不连续更换	当日连续更换不超过 2 根（配合起道除外）	与普通线路相同	当日连续更换不超过 2 根（配合起道除外）	禁止
6	更换接头螺栓或涂油	禁止	逐根进行	同左	同左	禁止
7	更换钢轨或夹板	禁止	同左	与普通线路相同	禁止	禁止
8	不破底清筛道床	逐孔倒筛夯实	同左	同左	同左	禁止
9	破底清筛道床	禁止	同左	与普通线路相同	禁止	禁止
10	矫直硬弯钢轨	禁止	同左	同左	与普通线路相同	同左

四、无缝线路作业轨温解释

（1）混凝土枕（含混凝土宽枕）无缝线路，当轨温在实际锁定轨温减 30 °C 以下时，伸缩区和缓冲区禁止进行维修作业。

（2）木枕地段无缝线路作业，按表 4-6、表 4-7、表 4-8 中规定减 5 °C，当轨温在实际锁定轨温减 20 °C 以下时，禁止在伸缩区和缓冲区进行维修作业。

（3）在跨区间无缝线路上的无缝道岔尖轨及其前方 25 m 范围内的综合维修，按实际锁定轨温 ± 10 °C 进行作业。

（4）作业轨温比实际锁定轨温高 + 20 °C 以上时，许多作业禁止进行；而减 20 °C 以下时，一些作业却能够进行。原因是：高 + 20 °C 以上时，巨大的温度压力将对线路形成威胁，在作业动道使线路阻力削弱的情况下，无缝线路更容易产生钢轨过量伸长、应力不均、方向紊乱甚至胀轨、跑道等现象；而减 20 °C 以下时，计算温度拉力虽与相应温度压力相等，但钢轨、接头和焊缝的抗拉强度却能够适应这种温度拉力而不致变形或折损。也就是说，无缝线路的强度适应降温的能力，本来就大于其稳定性适应升温的能力。

（5）矫直钢轨硬弯一项，轨温增 20 °C 以上时不但可以进行，而且同普通线路一样对待；轨温减 20 °C 以下反而禁止。这是因为轨温越高，钢轨越容易矫直，弯轨器各支点对钢轨的作用力越小，对线路的扰动就越小。相反，轨温越低，钢轨就越不容易矫直，弯轨器各点对钢轨的作用力就越大，从而使钢轨断面在承受巨大的温度拉力之外，还要承受相当大的附加拉应力，容易产生拉应力集中或钢轨折断事故。轨温减 20 °C 以下，这种后果会比较突出。

（6）轨温比实际锁定轨温增减 10 °C 以内，多数作业都可像普通线路一样进行，是因为此时温度力较小，对线路阻力的要求本来不高；即使作业时阻力减小一部分，也无关大局，不至于使锁定轨温发生明显的改变。增减的度数越小，就越可以放手作业。但是应当注意，这项规定仅仅指的是作业当时的轨温条件。也就是说，在增减 10 °C 以内的轨温条件下，我们所进行的维修作业必须完成，而不能跨越或拖延到其他轨温条件下进行。如普通线路成段扒开道床之后，可隔夜于第二天恢复，期间轨温可能会变化很多度；显然，无缝线路要这样做，就无异于冒险。

（7）曲线地段的扒、起、拨作业对线路的扰动，因为有纵向力的径向分力的叠加，容易造成方向不良甚至引发胀轨、跑道；曲线半径越小，径向分力越大，故 $400\ \text{m} \leqslant R < 800\ \text{m}$ 的曲线地段，对轨温条件的限制较为严格。

五、无缝线路位移观测

（1）无缝线路位移观测桩的设置按上铁工线〔2000〕39 号文《关于无缝线路位移观测桩埋设标准补充规定的通知》要求设置。

（2）日常观测以领工区为单位负责进行，爬行观测以同一单元轨条为一个观测单位，观测数据及时通知工区并记录在册。

（3）观测周期原则上定为 1 年 4 遍，即防胀始、终日期，一年最热、最冷日期，也可根据设备状态需要适当增加观测次数。

（4）利用观测桩的观测资料分析锁定轨温变化的计算方法。

$$\Delta t_{锁} = (84.7 \times \Delta l)/l$$

式中　$\Delta t_{锁}$——锁定轨温改变值（升降值）；

Δl——长轨条长度变化值（mm）；

l——轨条设计长度（m）。

对单线线路，观测桩点顺里程增加方向，依次编号。顺上行方向（即里程减少方向）爬行为负，反之（即顺里程，里程增加方向）为正。两桩间爬行量差 Δl，用前方桩的爬行量减后方桩的爬行量（均带符号计算），若差值为正则两桩间钢轨伸长，为负则两桩间钢轨缩短，相应表明其锁定轨温上升、下降。

【例 4-6】　如图 4-11 所示某无缝线路，一股钢轨各点观测到的爬行量如下，各桩号在上侧记录，桩距 180 m，试计算 3-4 桩间和 4-5 桩间的锁定轨温变化度数。

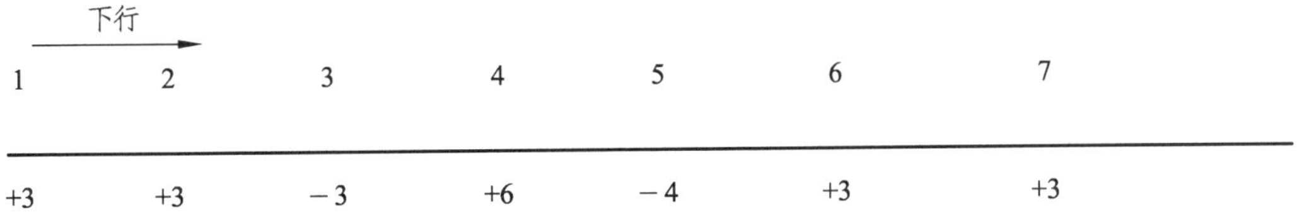

图 4-11　无缝线路位移观测

【解】　3-4 桩间：

$$\Delta l = +6 - (-3) = +9\ (°\text{C})$$

$$\Delta t_{锁} = (84.7 \times \Delta l) / l = 84.7 \times 9 / 180 = 4.2\ (°C)$$

说明锁定轨温上升了 4.2 °C。

4-5 桩间：

$$\Delta l = -4 - (+6) = -10\ (°C)$$
$$\Delta t_{锁} = (84.7 \times \Delta l) / l = 84.7 \times (-10) / 180 = -4.6\ (°C)$$

说明锁定轨温下降了 4.6 °C。

六、无缝线路应力放散

1. 无缝线路放散条件

（1）铺设后发生伤、断轨时，原位焊复或焊接短轨改变了锁定轨温。

（2）采取强制撞轨措施，使实际锁定轨温超过设计规定的锁定轨温。

（3）因施工方法不当，造成锁定轨温不均匀或不准确。

（4）养护维修不当，产生长轨伸缩变形或线路不均匀爬行，改变了锁定轨温。

（5）既有无缝线路大中修及配合特殊施工需要，临时改变原来的锁定轨温及重新锁定时，锁定轨温不符合设计轨温规定。

（6）左右两股长轨条的锁定轨温之差超过 5 °C。

（7）跨区间或整区间无缝线路的相邻轨节锁定轨温之差超过 5 °C。

（8）固定区间两任意观测区段的实际锁定轨温相差大于或等于 5 °C。

2. 无缝线路放散方法

1）滚筒放散法

采用滚筒放散应力，应在轨温趋近设计锁定轨温条件下松开扣件和防爬器，长钢轨下垫滚筒，配合适当撞轨，使长钢轨正常伸缩至规定长度，在设计锁定轨温范围内，重新锁定线路。

2）列车碾压法

列车碾压法是在设计锁定轨温范围内，将扣件和防爬器松动，利用列车通过时的振动纵向力及轨温变化使钢轨长度改变，强迫放散应力。

列车碾压法放散应力，过去多在木枕或扣件地段使用，由于弹条扣件比较大，只能解开，不能松开，现在很少应用。

无论采用何种方法，都要求放散均匀，为此在放散应力时，每隔 50 m 设置一个观测点（可在轨枕与钢轨之间做记号）。观测位移和扣件松动时的情况，及时排除放散故障，以达到位移合理、放散均匀、锁定轨温准确的目的。

3）撞轨法

众所周知，无缝线路应力放散或调整通常采用零应力综合放散法，即在轨温低于锁定轨温的情况下进行放散，先将钢轨的约束力解除，使钢轨处于“零应力状态”，然后根据轨条长、作业轨温和需要的锁定轨温计算钢轨的伸长量。而在运营线上封锁线路进行应力放散或调整施工作业时，我们的实际做法是利用撞轨使钢轨内不存在应力，当钢轨撞到不再伸长时，定义此时的钢轨状态为“零应力状态”。

（1）撞轨点位置的选择。

撞轨点位置选择是否得当是放散能否均匀的关键。在长轨的中间部分，两撞轨点间的距离以 300 ~ 400 m 为宜，起始点因撞轨车可直接撞击在接头夹板上，其影响位移距离大于中间点位移距离一倍，所以，第一、第二号撞轨点距离可相隔 400 ~ 500 m。

（2）隔 100 m 设一处临时观测点。

用角尺沿轨枕边缘钢轨底部边做一标记，先将此轨枕木上的扣件全部松开，待放散结束，线路完全锁定后，即以轨枕边与爬行观测标记间的相错距离作为该点的位移量。对于实际锁定轨温明确的长轨，为了随时能掌握各点位移是否达到放散目标，应事先将计划放散量标记在观测点附近。

（3）放散后锁定轨温的确定。

由于无缝线路的原锁定轨温已发生变化，不能作为放散时的原始依据，所以锁定轨温的计算应根据施工实际确定。

① 当轨温在设计锁定轨温以内时，将钢轨撞到“零应力状态”，然后拧紧扣件和接头螺栓，此时的钢轨温度为锁定轨温，即 $T_{锁}=T_{当时轨温}$。

② 当轨温低于设计锁定轨温时，将钢轨撞到“零应力状态”，测得此时的轨温为 $T_{零}$，利用拉伸器拉伸钢轨，拉伸长度折算轨温为 $T_{折算}$，最后得锁定轨温为 $T_{锁}$，则：

$$
\begin{aligned}
T_{锁} &= T_{零}+T_{折算} \\
&= T_{零}+\Delta L/(0.011\,8\times L)
\end{aligned}
$$

式中 ΔL——钢轨拉伸长度（mm）；

L——钢轨长度（m）。

3. 无缝线路应力调整

无缝线路长钢轨的锁定轨温在整段长轨条的全长上应均匀一致，即温度力的分布均匀一致。如通过位移观测桩的观测或轨长标定的观测发现其不一致，则应进行应力调整，使之均匀一致。

一段无缝线路的长轨条，其锁定轨温从整体上并无变异，但局部有高有低，在此情况下可通过调整的方法使之均匀。而应力放散则与调整不同，它是一段长轨条的锁定轨温整个偏离了允许的设计锁定轨温范围。

七、无缝线路养护维修的工作特点

1. 无缝线路质量状态变化特点

应按照无缝线路质量变化的三个特点，实行有针对性的养护维修工作。

第一阶段：为无缝线路铺设的初期，在此期间，线路变化较大，为稳定期，应以单项维修为重点，辅以临时补修和经常保养，加速线路稳定，缩短稳定期。

（1）全面修整扣件。按紧、密、靠、正的要求作业，同时改好轨距和拨正轨向，尽快稳定线路。

（2）全面矫直死弯钢轨。

（3）全面整修道床。按设计要求修正道床横断面，夯实道床。

（4）全面修理焊缝。焊缝平顺度用 1 m 直尺测量矢度不大于 0.3 mm，打磨与焊补相结合，全面修正焊缝，提高焊缝平顺度。

（5）全面捣固线路。消灭暗坑、空吊。

第二阶段：为无缝线路的稳定期，这是充分发挥无缝线路优越性的时期。在此期间，应以经常保养为重点，适当安排综合维修。注意加强轨道结构，充分延长稳定期。

第三阶段：本阶段为无缝线路的后期，线路的总体质量开始下降。在此期间，应以综合维修为重点，辅以临时补修和保养，保持线路的平顺性。

2．合理安排综合维修和经常保养

综合维修和经常保养的部分作业，因为动道量较大、动道范围长，所以施工期间线路阻力的损失就较大，施工完毕后阻力恢复所需的时间也较长。故安排工作时，要照顾到以下几个方面。

1）尽量避开高温季节和低温季节

在炎热的夏季和寒冷的冬季，无缝线路钢轨断面上承受较大温度力，正需要较大的线路阻力去适应它。综合维修和经常保养的部分作业却不可避免地严重扰动线路，损失线路阻力，使临界温度力降低，给无缝线路带来不安全因素。尤其是一些质量状况欠佳、阻力严重不足的无缝线路，在轨温变化较大的夏季盲目进行动道量较大的作业，更无异于雪上加霜。所以，无缝线路的综合维修和其他对线路扰动较大的作业，应尽量避开高、低温季节。年初制订维修计划时，应首先考虑到这一点。

2）与锁定轨温相适应

一个工区不止一段无缝线路，而各段无缝线路的锁定轨温可能有高有低。为使维修作业时的轨温变化尽量小一些，进行维修作业时，不宜逐段逐段按部就班地做下去，而应根据各段无缝线路锁定轨温的高低，安排施工进度。锁定轨温较高的地段，安排在气温较高的时候维修；锁定轨温较低的地段，安排在气温较低的时候维修。维修作业应以每段长轨条或单元轨条为单位一次性完成，不宜一段无缝线路分几次在几个轨温条件下进行，以免造成锁定轨温不均的后果。

3）与线路状况相适应

线路状况千差万别，阻力强弱有时相当悬殊，对一些阻力薄弱又未及时整修的地段、小半径曲线地段、长大坡道、制动地段、长大钢梁上的无缝线路进行维修时，实际锁定轨温与现场轨温的差数更不宜过大，更应避开高温和低温作业。

3．突出养护维修的季节性特点

无缝线路的养护维修工作，应突出季节性特点，即针对无缝线路的季节性病害，确定各个季节的重点工作，防患于未然。

1）春秋季节作业重点

春秋季节轨温比较稳定和适中，可供作业的时间也较长，作业的限制条件也较少，适宜进行各种线路作业。在此季节应着重做好以下工作：

（1）应做好防胀、防断预防性工作。

（2）对需要进行应力放散或调整的单元轨条，应做好计划进行放散。

（3）应做好缓冲区的养护工作。重点做好接头轨缝的调整、胶接绝缘接头的综合整治、一般接头的综合整治、拧紧扣件和夹板螺栓、更换失效轨枕和胶垫、扣件和夹板螺栓涂油。

（4）春末、夏初，应做好胀轨跑道的预防工作；秋末、冬初，要做好钢轨、焊缝防断的预防工作。在此期间应全面拧紧扣件及夹板螺栓，检查和整修不良的绝缘接头，全面进行扣件涂油，整修好道床断面，矫直硬弯钢轨，拨正不良轨向，消灭三角坑、暗坑和空吊，综合修正焊缝。

（5）做好断轨的焊接修复工作。

2）夏季作业重点

夏季着重做好防止胀轨跑道工作。

（1）加强巡道工作，在高温时间内必要时应加班巡道。发现胀轨预兆，要及时采取措施进行处理，并应及时上报工区、调度、专业室、中心。

（2）根据气候特点，及时调整上班及作业时间。严格掌握作业轨温条件及允许进行的作业项目和作业量。作业时应密切注意线路状态、行车情况，如发现起道省力、线路方向不良、碎弯增多、拨道拨不动或拨好一处临近又复臌出、高低水平不好、连续空吊、轨枕一端石砟离缝等胀轨的预兆，应立即停止作业，设置防护，采取降温措施，防止线路胀轨跑道。

（3）高温期间，如无特别需要应停止维修作业。尤其是缓冲区、伸缩区及其附近 200 m 的线路，一般以不动为好。可以做一些有利于巩固线路稳定性的工作，如均匀补充石砟、拧紧各种螺栓等。

（4）打磨接头及焊缝。

（5）在允许的作业轨温下，矫直硬弯钢轨。作业后要拧紧扣件，并按规定做好复拧工作。

（6）加强线路检查和位移观测分析工作，发现有危及稳定性的处所，要及时消灭。

3）冬季作业重点

（1）要加强夜间，尤其是黎明前后的巡道工作。在一天之中，这一刻轨温最低，容易发生钢轨折断。巡道人员应熟悉断轨急救的处理方法。

（2）加强线路检查，重点检查轨缝、焊缝及有伤损的钢轨；及时调整伸缩区大轨缝。

（3）综合整治接头及焊缝病害，消灭不平顺接头及焊缝。

（4）加强钢轨探伤工作，发现伤损钢轨，根据情况及时处理。工区应加强急救器、拱形夹板加固钢轨的拆检工作。

（5）全面拧紧扣件及接头扭力。

（6）及时消灭三角坑、暗坑、空吊等超限处所。

八、无缝线路单项作业

1. 起道作业

起道时钢轨和轨枕被提起，不仅道床阻力减小，而且钢轨还伴随附加力，起道越高影响范围越大，钢轨承受的附加力越大。一方面是轨枕浮起，道床阻力锐减；另一方面是钢轨被强制变形，附加力剧增。两种因素加在一起，对无缝线路的稳定极为不利。所以，无缝线路严禁起高道，起道量和起道长度必须严格按照作业轨温条件表上的规定执行，如有超过规定的起道量，应分次进行；起道机距铝热焊缝不得少于 1 m；起道机应垂直放置以免引起线路方向的变化；在曲线地段起道，起道机应放在上股外侧或下股内侧，使其横向推力与温度压力的径向力相抗；如同一地段既有起道作业又需整治方向不良，应先拨（改）后起，以增强起道的安全度；扒、起、捣、填、夯各步紧密连接，使道床阻力尽快恢复到相当程度；起道量较大时，应事先备好道砟，并及时补充道砟，使道床饱满，阻力充足；每起一撬，都要在列车通过之前做好顺坡、捣固，以减少列车碾压造成的应力集中和轨道变形。

2. 拨道作业

无缝线路进行曲线拨道时，拨力方向易与水平方向形成一定角度，导致轨排横移的同时难免向上浮起，从而大大降低道床横向阻力，加上温度力的影响，对线路的稳定性和强度极为不利。此外，当拨道量产生时，钢轨的长度自然要发生变化，向外拨时伸长，向内拨时缩短。我们知道，钢轨伸缩量的产生，势必造成其影响范围锁定轨温的变化，从而在钢轨断面上产生附加拉应力或附加压应力，加上温度力的作用，对线路的稳定性和强度更为不利。因此，无缝线路的拨道作业，除必须严格执行作业轨温条件表的规定外，还应注意以下几点：

（1）拨道机具不得安设在铝热焊缝处，以免损伤焊缝。

（2）每拨一段，都要在列车通过前做好顺坡，以减小列车摇晃产生的附加挤压力。

（3）先拧紧扣件螺栓再拨道，以增大轨道框架刚度，弥补道床横向阻力的损失。

（4）维修作业时，先回填道床再拨道，以避免胀轨（向外拨时）或回弹量过大（向里拨时）；拨后再回填和夯实道床。

（5）正拨量等于负拨量，即一段曲线上产生的正负拨量之和为零。这样就可以使整个曲线上钢轨的伸缩量相互抵消，锁定轨温相对均衡，消除附加拉应力或附加压应力。

3. 清筛道床作业

清筛道床作业，使原有的坚实轨道基础破坏，道床阻力下降。尤其是破底清筛后，阻力降低更大。试验表明：混凝土枕地段破底清筛恢复道床后，道床纵向阻力降低 35%，横向阻力只有原来的 35%，需要一个多月才能恢复。如果清筛后线路方向又不良，线路的稳定性会极大地降低。因此，破底清筛道床，严禁在实际锁定轨温增减 10 °C 之外的轨温条件下进行。不破底清筛，则必须逐孔倒筛，并做到筛一根捣一根、回填夯实一根，始终保持轨道有饱满的道砟和良好的方向。

4. 接头扣件螺栓作业

无缝线路的接头扣件螺栓是否按规定扭力矩拧紧，将直接影响长轨条长度、缓冲区轨缝大小和锁定轨温的变化。接头阻力是无缝线路纵向阻力的关键。而且，拧紧了的接头螺栓，随着列车的振动和冲击会渐渐松动；如果是大轨缝、低接头，这种松动更快；而接头螺栓的松动，将直接导致接头阻力衰减和伸缩区延长。所以：

（1）无缝线路接头螺栓必须采用10.9级高强度螺栓，扭矩应达到900 N·m，扭矩不足时，不得低于700 N·m。

（2）每年春秋季，在允许的作业轨温范围内，要全面拧紧接头螺栓各一次；在缓冲区作业时，作业前后也要拧紧接头螺栓各一次。这样才能保证接头螺栓经常保持紧固状态。

（3）全面拧紧接头螺栓时，如发现钢轨已有爬行、轨缝不合要求时，应在合适的轨温条件下先松开螺栓，利用轨温变化使轨缝恢复正常，然后再全面拧紧。

5. 中间扣件螺栓作业

随着列车振动，中间扣件的扭力矩也随之减小。因此：

（1）每次综合维修作业前后，应全面拧紧扣件螺栓各一次，以增强轨道框架刚度。

（2）每年春秋季，应在实际锁定轨温 ± 5 °C 范围内，全面拧紧扣件螺栓各一次。

（3）扣件整正涂油时采取“隔二松一”流水作业，当日回检拧紧一遍，1～4天后复拧一遍，并做好封口涂油工作。

6. 突出巡道工作的特殊性

无缝线路的巡道工作，除了普通线路的作业项目外，还应有一些特殊要求。

（1）巡道工必须掌握管内每段无缝线路的技术、设备状态，如实际锁定轨温、伸缩区长度、缓冲区轨缝、位移观测桩的设置、薄弱地段的位置等，以便及时、准确地发现问题并向工长汇报。

（2）随时坚持小补修“三紧”，即紧接头螺栓、紧松动扣件、紧拉杆。

（3）为了掌握无缝线路轨道状态的变化情况，要坚持好测轨温、测轨缝和测线路爬行的“三测”工作，尤其是高、低温季节，应做到每班有记录。

（4）夏季以观察轨道方向变化为重点，冬季以观察焊缝状态为重点。发现病害，应及时向工长汇报，并采取应急措施。

（5）高温季节应酌情增加巡道班次。

7. 加强缓冲区养护

缓冲区是无缝线路的薄弱环节。它一方面具有普通线路的缺点，另一方面又要受长轨条伸缩的影响，兼有普通线路的结构和无缝线路的功能。缓冲区的两端都是长轨条。如缓冲区接头阻力不足，当温度压力较大时，两端长轨条的过量伸长都向缓冲区挤压，缓冲区的几十毫米轨缝是远远不够调节的，于是温度压力陡增，胀轨、跑道就迫在眉睫。相反，当两端长轨条的温度拉力较大时，其过量收缩必然会在缓冲区拉出大轨缝，甚至拉断螺栓。总之，缓冲区阻力不足将影响两侧无缝线路长轨条的安全。另外，缓冲区轨缝的存在还增大了列车的冲击力。为了保证行车安全，延长设备使用寿命，使无缝线路伸缩区质量状态良好，缓冲区的设备质量必须满足以下要求：

（1）经常保持足够的线路阻力。

（2）保持接头轨缝尺寸正常。

（3）使接头处具有良好的平顺性。

（4）使接头轨道有足够的弹性。

（5）确保轨端绝缘安全可靠。

为此，无缝线路缓冲区的养护维修，应重点采取以下措施：

（1）定期拧紧扣件螺栓，注意施工前后的拧紧和复拧，切实控制长轨条的不正常伸缩，减轻缓冲区接头的温度力负担。

（2）如已发生不正常伸缩，要及时更换调节轨，把轨缝维持在允许的尺寸范围内。入夏前，可将轨缝调整至最大值；入冬前，可调整至最小值。

（3）定期拧紧接头螺栓，保持接头处道床设计横断面不变。

（4）综合整治钢轨接头处病害，加强接头捣固，保持道床饱满；及时清筛脏污道床；及时更换失效轨枕，及时整平高低错牙。

九、无缝线路的钢轨病害

无缝线路的钢轨病害，除焊缝外和普通线路相同，如硬弯、擦伤、磨损、剥落、掉块、飞边、塌陷、裂纹等。这些病害的整治方法和普通线路相同，只是要求更及时一些；焊缝的病害处理，则有其特殊性。

无缝线路钢轨焊缝常见的病害有：高焊缝、低焊缝、焊缝上下或左右错牙等。这些焊缝病害，多数是焊接质量控制不严的产物。另外，有一些焊缝病害如低塌、开裂等，则兼有焊接不良或列车长期碾压冲击两方面的原因。焊缝一旦开裂，就面临折断的危险，其后果自不必说；而其他的病害，则造成了轨面的不平顺，危害也极大。据测，列车通过不平顺焊缝，所产生的附加压力在 270 ~ 400 kN 之间。这种附加压力叠加于正常压力，可使焊缝及其两侧的热影响区轨面磨耗加重；使焊缝处产生类似于普通线路的“低接头”病害；还可能使轨面数毫米以下产生疲劳裂纹；当附加动压力为负值时，若同时出现较大的横向推力，车轮还有爬上钢轨的危险。因此，及时整治焊缝不平顺病害，是整治无缝线路钢轨病害的重要内容之一。如不及时整治，将会使焊接接头处的线路病害日益加重，形成恶性循环，反而增大了养护工作量，使行车条件恶化，埋下行车事故的隐患。

1．低塌焊缝的整治方法

（1）焊缝打磨。对于低塌焊缝，应使用小型磨轨机打磨顺坡。打磨越平缓，附加动压力就越小。据测，最不利的临界低塌长度，一般为 30 ~ 40 cm，故顺坡长度应超过 40 cm，越长越好。错牙焊缝也可用此法整治。

（2）清筛低塌焊缝处道床并加强捣固，尽量减小附加冲击力。

（3）现场焊补低塌焊缝。新工艺手工电弧焊是一种比较好的焊补方法。

2．高焊缝的整治方法

对高焊缝的整治，也应采用小型磨轨机打磨。在钢轨顶面未形成硬化面以前，挫磨效果更为理想，所以也宜早不宜迟。焊道凸凹、鞍形磨耗，打磨后用 1 m 直尺测量，不平度应小于 0.5 mm。

钢轨和焊缝重伤的处理方法：《维规》规定，探伤检查发现钢轨或焊缝有重伤时，不待钢轨或焊缝断裂，即切除重伤部位，切除长度不超过 60 mm，用钢轨拉伸器张拉钢轨，用铝热焊法实施原位焊复。

缓冲区的重伤和折断钢轨应及时更换。

3．钢轨硬弯的整治方法

1）硬弯的鉴别

硬弯容易和碎弯混淆。鉴别钢轨是否存在硬弯，可采用以下方法：

看：先骑站在一股钢轨上，看前方有无陡弯，如有陡弯，再细看。站立位置一般距陡弯顶点 10 ~ 15 m。看时，应背对阳光，沿着轨距线，由近到远，再由远到近，采取立、蹲、俯三种姿势，反复查看左右两股钢轨。确认硬弯凸出的顶点在什么位置后，再看其弯曲状态。如一股钢轨弯急而短，另一股有同向较缓的弯曲，则弯急而短的是硬弯。

查：用拨道的方法查找硬弯。这种硬弯应是弯曲缓顺、长度较大的一种，但又难以同小方向不良区别开来。如拨道后全部或大部回弹，则是硬弯。小方向不良拨道后回弹量很小。

对：根据线路检查记录簿对照弯曲处的轨距、方向变化情况，分析变化规律。如果频繁出现轨距、方向不良的“痼疾”，则是硬弯。

量：用 1 m 直尺测量弯曲处矢度。如矢度达 1 mm 以上，则一般都是硬弯。

硬弯大致可分为以下几种：

（1）小硬弯：一般形状不正规，硬弯长度很短，在 0.5 m 左右。

（2）尖角硬弯：弯曲顶点处有一尖角，一般长度为 1 ~ 2 m。

（3）小硬弯群：几个小硬弯凑在一起，总长度 2 ~ 3 m。

（4）弧状硬弯：曲度平缓，长度一般为 1.5 ~ 2.5 m。

2）矫直技术要求

硬弯矫直后的钢轨，目视无方向不良，无不直；用 1 m 直尺测量，其矢度不超过 0.5 mm；矫直处的方向和轨距不再有规律性的变形。

3）作业方法

（1）准备工作：直轨前，应认真细致地调查硬弯状态，包括起止点、长度和各点矢距，并在线路上标明调直位置和方向，做好记录。然后，卸掉矫直范围顺矫直方向一侧的扣件，另一侧的螺栓松一圈。

（2）上弯轨器：弯轨器应垫平，位置摆正，各支点与轨底、轨头、轨面密贴，防止钢轨扭曲。

（3）矫直：如 TZ-30 型钢轨调直器，使用时，从硬弯始点起，将矫直点（即中间支点）每隔 150 ~ 200 mm 对准钢轨，逐点顺序调直。液压千斤顶放在弯臂前端，在千斤顶处计算调直行程。使用动力支点在中间的弯轨器时，应将液压千斤顶放在需调直的位置上。较长的硬弯应分 2 ~ 3 次矫直。矫直量必须预留回弹量。根据轨温和矫直量的大小，矫直量可为矢度的 1.0 ~ 1.6 倍。

（4）整理：先拨正非矫直股方向，然后改正轨距，补齐、拧紧螺栓。

十、小半径曲线无缝线路

1．小半径曲线无缝线路的养护维修

除应达到大半径曲线和直线无缝线路养护维修的要求外，还应把重点放在防胀和防磨两个方向。防胀，是为了保证行车安全；防磨，是为了延长钢轨的使用寿命。

与普通线路相比，小半径曲线无缝线路有利于养护维修的一面，是由于消灭了接头，也就消灭了接头低凹、错牙、支嘴等病害，在相当程度上减小了工作量和工作难度。虽然两种线路的钢轨磨耗速度区别不大，但无缝线路的钢轨更换却比较困难；虽然无缝线路消灭了轨缝，却面临稳定性的问题。所以从总体上看，小半径曲线无缝线路养护维修的任务更重、要求更高；切不可把它同大半径、直线无缝线路等同对待，更不可把它同普通线路的小半径曲线等同对待。

2．小半径曲线无缝线路养护维修的要点

（1）经常保持曲线圆顺、正矢良好，严格控制轨道初始弯曲在 2 mm 以内。我们知道，直线和大半径曲线上钢轨变形的积累对无缝线路的稳定性将产生较大的影响。在小半径曲线无缝线路上，这种影响会更加严重，因为后者的稳定性本身就较差。初始弯曲超过 2 mm，当轨温下降时，并不能恢复原位，而会留下残余变形。轨温第二次上升时，线路将在上次残余变形的基础上附加新的横向变形。轨温反复变化，线路的残余变形将不断积累扩大，从而使稳定性呈下降趋势，临界轨温则越来越低。这个规律在小半径曲线上表现得非常明显，所以对其方向提出更为严格的要求，将其弹性变形量控制在不致留下残余变形的 2 mm 以内，以消灭附加径向分力，最大限度地保持无缝线路的稳定性。

（2）适当调整轨底坡，使内轨轨底坡保持在 1/20 ~ 1/15，并做好与直线的顺坡。这是防止钢轨磨耗过急的重要措施。

（3）按机车类型、运行速度和牵引质量，合理设置外轨超高，并做好缓和曲线 *ZH* 点、*HZ* 点的曲线型超高顺坡。

（4）加强钢轨涂油，减小轮缘与钢轨作用边的摩擦，减轻钢轨的过急磨耗。

（5）及时整治轨面擦伤、剥离、波形磨耗等钢轨病害，提高轨面的平顺性。

（6）采取提高稳定性的加强措施，如酌情增设轨距拉杆、进一步加宽砟肩或上股一侧、做特种断面道床等。

复习思考题

1. 无缝线路的优点是什么？
2. 何谓温度应力式无缝线路？
3. 什么叫温度应力？它是怎样产生的？
4. 什么叫锁定轨温？
5. 锁定轨温在什么情况下会发生变化？

6. 线路养护维修作业中如何掌握运用锁定轨温？

7. 如某段焊接长轨条的长度为 1 000 m，原锁定轨温为 20.5 °C，试计算放散量为多少？

8. 简述无缝线路在什么情况下要进行应力放散。

9. 无缝线路作业有哪些要求？

10. 在无缝线路上巡道应注意些什么？

11. 容许速度 80 km/h 以下的线路，无缝线路中的“一准、二清、三测、四不超、五不走”制度是什么？

12. 无缝线路维修具有什么特点？

13. 胀轨跑道是什么原因造成的？

14. 产生钢轨折断的原因是什么？

15. 简述无缝线路钢轨折断时的紧急处理办法。

16. 简述无缝线路钢轨折断时的临时处理办法。

17. 简述无缝线路胀轨跑道的一般规律。

18. 无缝线路胀轨跑道的处理方法是什么？

19. 某段无缝线路全长为 1 000 m，原锁定轨温为 17 °C，设计要求为 27 °C，试求放散量为多少？

20. 无缝线路的应力调整是什么意思？与应力放散有什么不同？

项目五　道　岔

◆ 学习情境描述

道岔同时集成了轨道系统中各类结构部件与技术特征，被公认为是反映铁道工程行业技术水平的重要标志。随着高速铁路的发展，具有高精密度的机电一体化系统-高速铁路（高铁）道岔在设计理论、关键结构、制造工艺、维护技术等方面均取得了显著的进步。

截止到2021年底，全国铁路营业里程达到15万千米，其中高速铁路营业里程达到4万千米，高速道岔总体状态良好，满足了高速铁路建设与运营的需要，为我国高铁事业的发展做出了重要贡献。

◆ 学习目标

（1）使学生了解道岔的功用及类型。
（2）掌握单开道岔的构造。
（3）掌握单开道岔的几何尺寸。
（4）掌握单开道岔的布置图。
（5）了解交叉渡线。
（6）掌握道岔常见病害的预防及整治。

◆ 思政案例（京张铁路——中国人首条自行设计的铁路）

京张铁路是我国自建的第一条铁路，连接北京丰台区，经八达岭、居庸关、沙城、宣化等地至河北张家口，全长约200千米，1905年9月开工修建，于1909年建成。它是中国首条不使用外国资金及人员，由中国人自行设计、投入营运的铁路。

京张铁路的建设难度很大，沿途大部分是高山峻岭，岩石很多，又有2 100多米桥梁，路险工艰前所未有，尤其是居庸关、八达岭一带“层密叠嶂，石峭弯多”。当时，中国又缺乏大型施工机械，以至于在挖掘八达岭隧道时，工人不得不用双手挖掘。在选线、设计方面，詹天佑不是单纯采取提高线路标准、增大工程量的办法，而是着眼于顺应自然，遵循工、机配合的先进选线设计基本原则，一方面顺从展线定坡，另一方面借重机车，以补不足，使京张铁路成为在当时情况下经济合理的铁路。

二十大报告指出，尊重自然、顺应自然、保护自然，是全面建设社会主义现代化国家的内在要求。必须牢固树立和践行绿水青山就是金山银山的理念，站在人与自然和谐共生的高度谋划发展。所以我们在铁路线路建设的工程中应顺应自然。

【本思政案例参考文献：詹同济，等. 詹天佑生平志：詹天佑与中国铁路及工程建设[M]. 广州：广东人民出版社，1995.】

任务一 道岔的功用及类型

一、道岔的功用

道岔是机车车辆从一股轨道转入或越过另一股轨道时必不可少的线路设备，是轨道的一个重要组成部分。由于道岔具有数量多、构造复杂、使用寿命短、限制列车速度、行车安全性低、养护维修投入大等特点，与曲线、接头并称为轨道的三大薄弱环节。它的基本形式有三种：线路的连接、交叉、连接与交叉的组合。常用的线路连接采用各种类型的单式道岔和复式道岔；交叉有直交叉和菱形交叉；连接与交叉的组合有交分道岔和交叉渡线等，如图 5-1 所示。

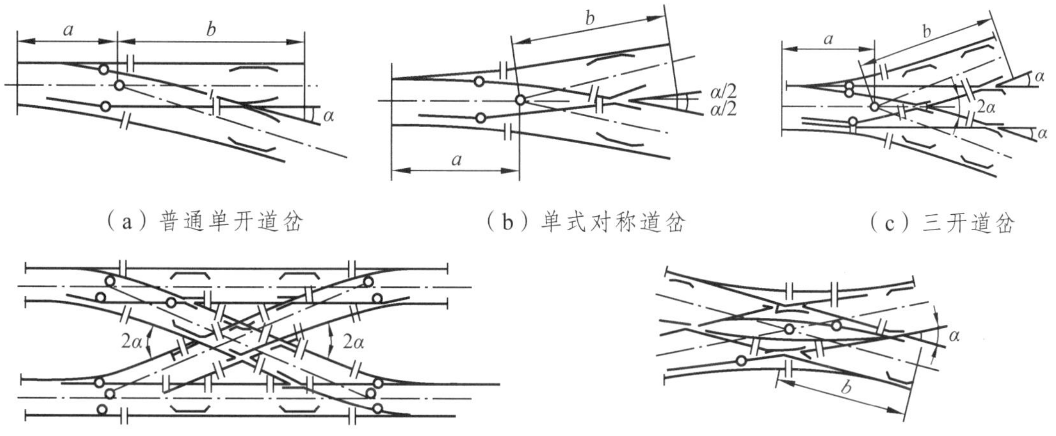

（a）普通单开道岔　（b）单式对称道岔　（c）三开道岔

（d）交叉渡线　（e）交分道岔

图 5-1 道岔类型

二、道岔的类型

1．普通单开道岔

普通单开道岔又称单开道岔，是以直线为主线、侧线向主线的左侧或右侧分支的道岔。

2．对称道岔

对称道岔是单开道岔的一种特殊形式，整个道岔对称于主线的中线或辙叉角的中分线，列车通过时无直向及侧向之分。

3．三开道岔

三开道岔又称复式异侧对称道岔，是复式道岔中较常见的一种形式。它相当于两组异侧顺接的单开道岔，但其长度却远比两组单开道岔的长度之和短。

4．交分道岔

交分道岔有单式、复式之分。复式交分道岔相当于两组对向铺设的单开道岔，实现不平行股道的交叉，具有道岔长度短、开通进路多及两个主要行车方向均为直线等优点，因而能节约用地，提高调车能力并改善列车运行条件。

菱形交叉道岔是两条轨道在同一平面相交成菱形的交叉。

5．渡线

渡线是连接两条平行股道的轨道设备，有单渡线和交叉渡线之分。

6．组合道岔

组合道岔就是多种道岔形式组合在一起的道岔，如交分渡线道岔、菱形复式交分道岔等。

单开道岔以它的钢轨每米质量及道岔号数区分类型。目前，我国的钢轨有 75 kg/m、60 kg/m、50 kg/m 和 43 kg/m 等类型，标准道岔号数（用辙叉号数来表示）有 6、7、9、12、18、24 号等，南京地铁道岔主要以 7 号、9 号为常见。

任务二　单开道岔的构造

普通单开道岔主要由转辙器、辙叉及护轨、连接部分等组成，如图 5-2 所示。

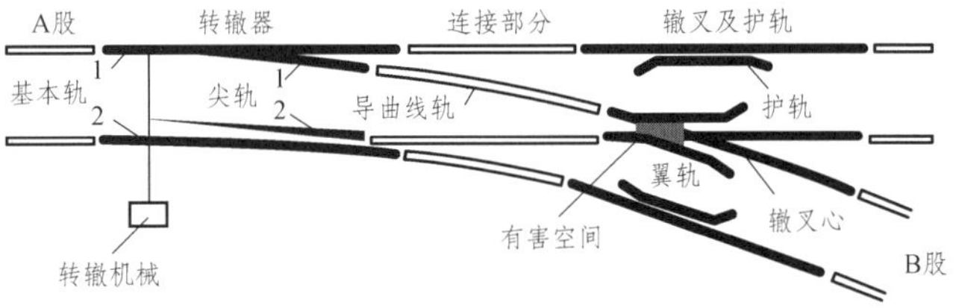

图 5-2　普通单开道岔的组成

一、转辙器

转辙器是引导列车进入道岔不同方向的设备。

组成：由基本轨、尖轨、联结零件（有拉杆、连接杆、顶铁、滑床板、轨撑等）、跟端结构、辙前垫板、辙后垫板及转辙机械等组成，如图 5-3 所示。

作用：将尖轨扳动到不同的位置，使列车沿直线或侧线行驶。

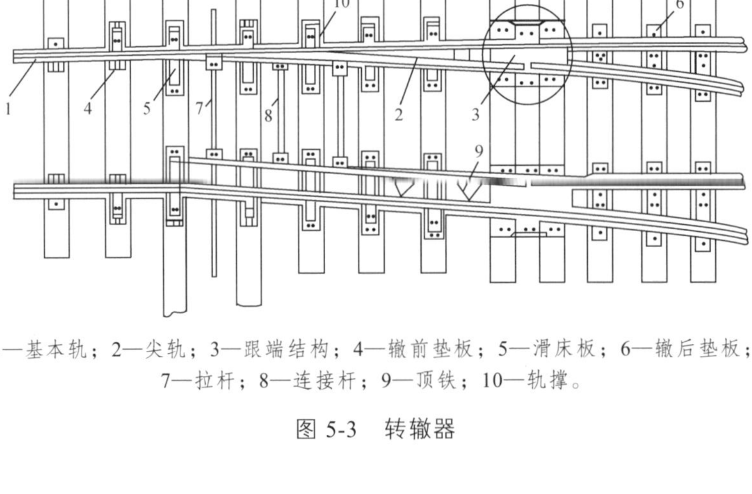

1—基本轨；2—尖轨；3—跟端结构；4—辙前垫板；5—滑床板；6—辙后垫板；7—拉杆；8—连接杆；9—顶铁；10—轨撑。

图 5-3　转辙器

1．基本轨

基本轨由标准断面的钢轨制成，直线方向的为直基本轨，侧线方向的为曲基本轨，承受车轮的垂直压力，与尖轨共同承受车轮的横向水平推力，保持尖轨位置的稳定。基本轨受力分析如图 5-4 所示。

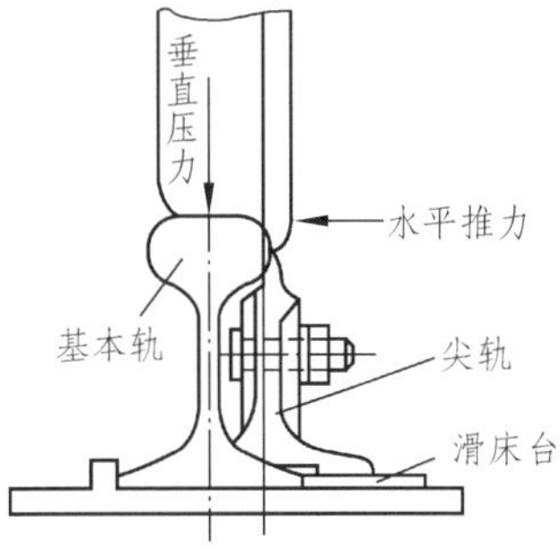

图 5-4 基本轨受力分析

2．尖轨

尖轨用与基本轨同类型的标准断面钢轨或特种断面钢轨刨制而成，尖轨依靠其被刨尖的一端与基本轨紧密贴靠，以引导车轮的运行方向，进入直股或侧股线路，如图 5-5、图 5-6 所示。

图 5-5 尖轨与基本轨分离

图 5-6 尖轨与基本轨密贴

1）尖轨平面形状

直线尖轨和曲线尖轨如图 5-7、图 5-8 所示。

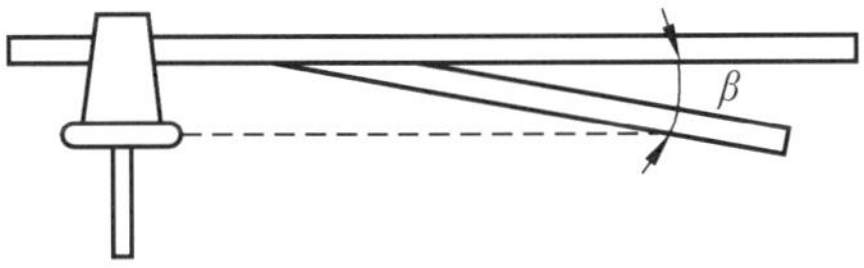

图 5-7 直线尖轨

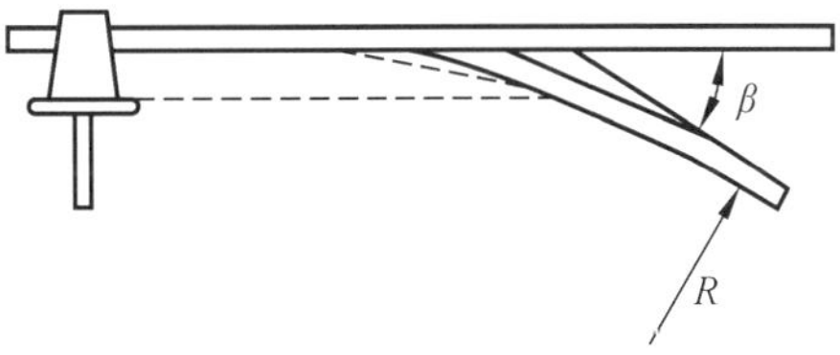

图 5-8 曲线尖轨

（1）直线尖轨：直线尖轨的工作边为直线。

（2）曲线尖轨：曲线尖轨的工作边为曲线，曲线形状多为圆曲线。按其与基本轨贴靠形式的不同可分为切线形、半切线形和割线形三种，分别如图 5-9（a）、（b）、（c）所示。

（3）转辙角。

① 直线尖轨转辙角：直线尖轨工作边与基本轨工作边所成的夹角 β，与车轮轮缘冲击尖轨工作边的冲击角相等。冲击角越大，不但增大了列车进入侧线时的摇晃，而且也限制了列车侧向过岔的速度。

② 曲线尖轨转辙角：曲线尖轨的转辙角是指尖轨跟端的切线与基本轨所夹的角度 β，而尖轨尖端与基本轨所夹的角称为转辙始角 β_0，切线形尖轨转辙角 $\beta_0 = 0$。由图 5-9 中可以看出 $\beta = \beta_0 + \varphi_0$，列车通过尖轨时，曲线尖轨的冲击角小于直线形尖轨的冲击角，尖轨跟部与导曲线的衔接比较圆顺，曲线的半径越大，侧线通过速度越高。

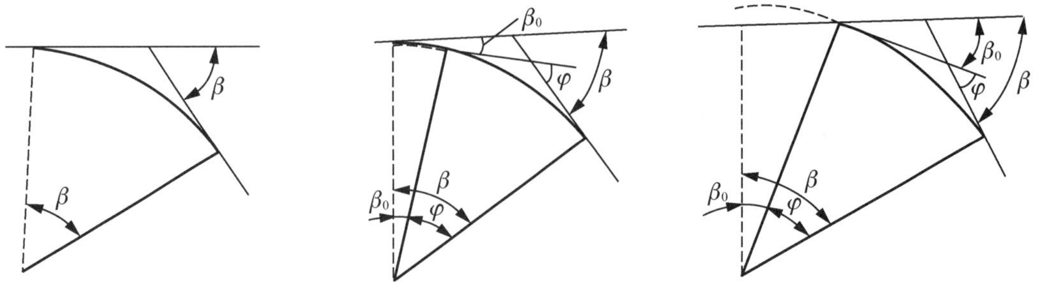

（a）切线形　（b）半切线形　（c）割线形

图 5-9　曲线尖轨与基本轨的贴靠形式

2）尖轨断面形状

（1）普通断面尖轨。

概念：采用普通断面钢轨制作的尖轨。

做法：贴尖式。将尖轨尖端轨头两侧及轨底内侧（靠基本轨之一侧）刨切，使尖轨尖端紧密贴靠基本轨，并使尖轨覆盖在基本轨轨底之上，尖轨轨底未刨切的部分，则放在滑床台上，形成贴尖式（爬坡式）尖轨，如图 5-10 所示。

（2）矮型特种断面尖轨（简称“AT 尖轨”）。

AT 尖轨整体性强，刚度大，养护维修工作量小；AT 尖轨取消了普通尖轨 6 mm 抬高量，消除了列车过岔的垂直不平顺，可提高道岔直股过岔速度；同时尖轨下设 24 mm 高滑床台，增加了基本轨的稳定性和道岔的整体性。

做法：藏尖式。在基本轨的轨头下颚轨距线以下作 1∶3 的斜切，使尖轨尖端藏于基本轨的轨距线之下，形成藏尖式尖轨，如图 5-11、图 5-12 所示。

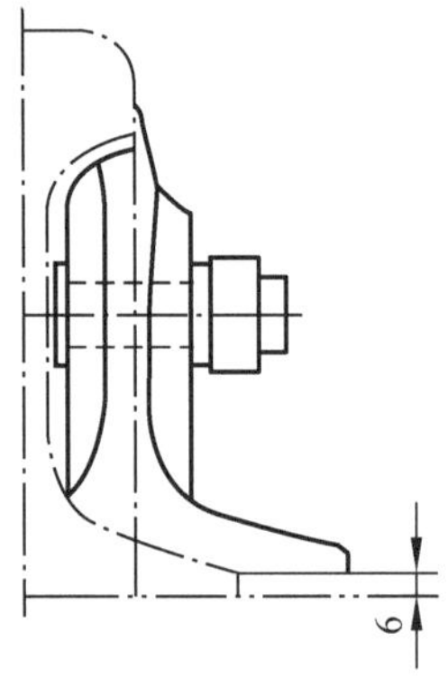

图 5-10　普通断面尖轨（单位：mm）

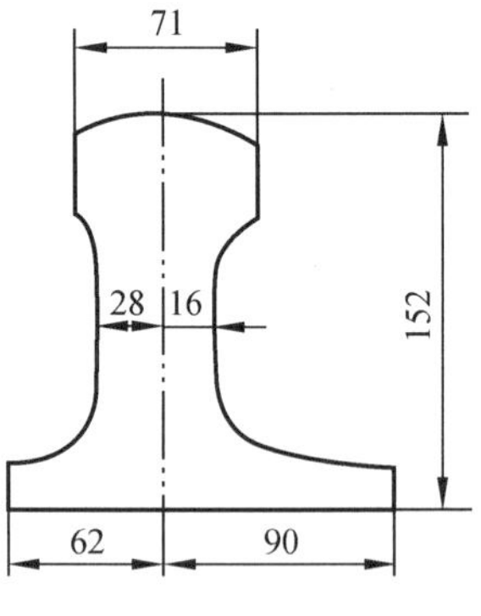

图 5-11　P60AT 尖轨（单位：mm）

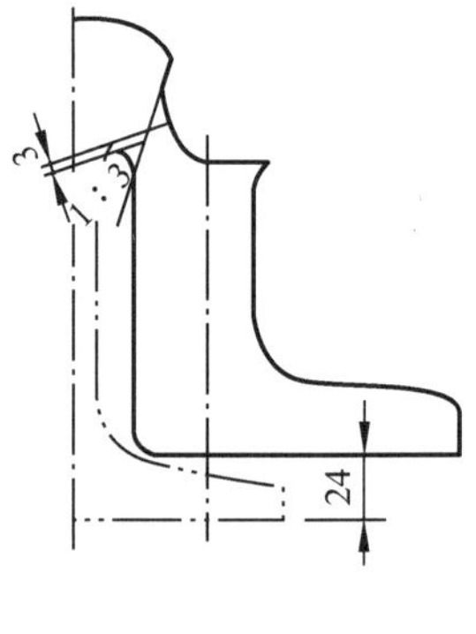

图 5-12　藏尖式尖轨（单位：mm）

3）尖轨顶面纵坡

规定：为保证尖轨具有承受车轮压力的足够强度，规定尖轨顶宽 50 mm 以上部分才能完全受力，而尖轨顶宽 20 mm 以下部分，则应完全由基本轨受力。尖轨顶宽 20～50 mm 的部分，为车轮荷载的过渡段。

普通断面尖轨做法：尖轨顶宽 20 mm 以下的断面，不用承受车轮的竖直压力，完全由基本轨受力，尖轨实际尖端比基本轨顶面低 23 mm，可以避免具有最大垂直磨耗的车轮轮缘爬上尖轨；在尖轨顶宽 20 mm 处，尖轨顶面应比基本轨顶面低 2 mm，使车轮的圆锥形踏面同时压在尖轨和基本轨顶面上；在尖轨顶面宽 35 mm 处，刨切成与基本轨顶面齐平，在尖轨整断面以后，尖轨顶面高出基本轨顶面 6 mm，由顶宽 35 mm 至整断面范围内均匀顺坡。普通断面尖轨顶面纵坡如图 5-13 所示。

AT 尖轨做法：尖轨顶宽 50 mm 以后部分与基本轨是等高的，尖轨顶宽 20 ~ 50 mm 这一段为过渡段，如图 5-14 所示。

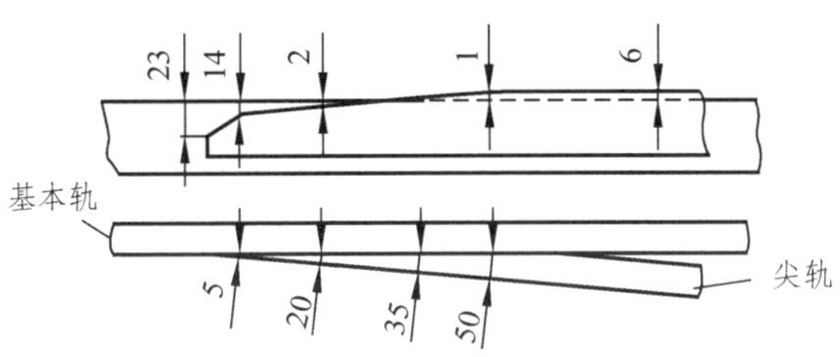

图 5-13 普通断面尖轨顶面纵坡（单位：mm）

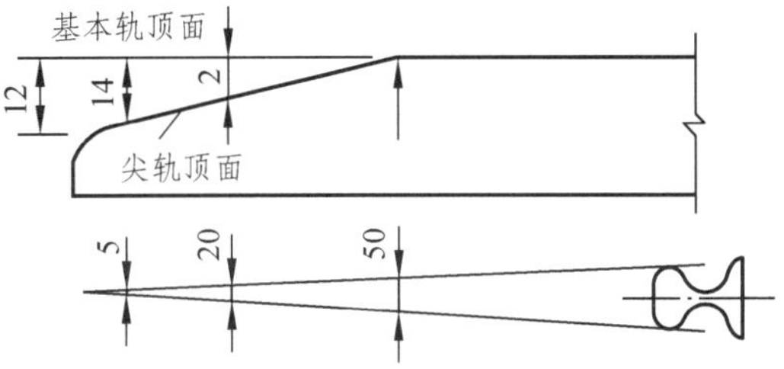

图 5-14 AT 尖轨顶面纵坡（单位：mm）

4）尖轨跟端结构

尖轨跟端结构分为夹板间隔铁式和弹性可弯式，是转辙器中的一个重要连接点。

作用：保证尖轨扳动时摆动灵活，保证与基本轨的连接牢固可靠，在列车通过时稳定而无变位和跳动。

（1）夹板间隔铁式（活接头式）。

夹板间隔铁式跟端结构用于直线型尖轨道岔中，如图 5-15 所示。

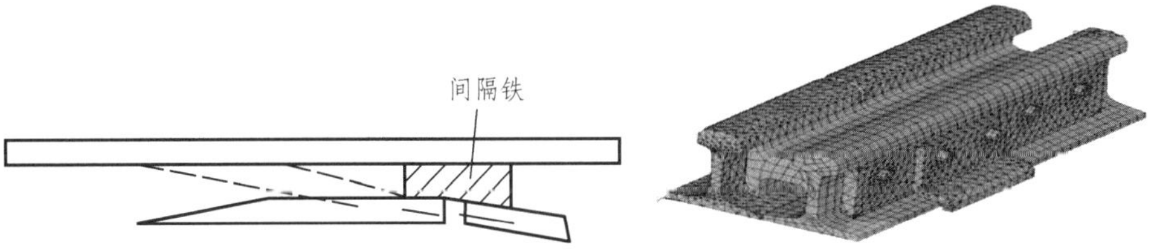

图 5-15 夹板间隔铁式跟端结构

构造：由间隔铁，弯折夹板，双头螺栓和辙跟外、内轨撑等组成，如图 5-16 所示。

间隔铁：保持尖轨跟端处与基本轨有固定的间隔宽度，保证车轮正常通过。

弯折夹板与双头螺栓：既保证跟端的连接具有一定牢固性，又可使尖轨尖端灵活摆动。

辙跟内轨撑和外轨撑：固定跟端结构的位置，并防止尖轨和基本轨爬行。

（2）弹性可弯式。

弹性可弯式跟端结构用于 AT 弹性可弯尖轨道岔中，如图 5-17 所示。

做法：为减轻扳动力，在间隔铁前将尖轨轨底一侧或两侧刨掉一部分（长 1 ~ 2 m），成为柔性点，尖轨便可围绕该点转动和弹性弯曲。在跟部采用普通钢轨接头形式，用间隔铁保持与基本轨的距离，并用轨撑保持跟部位置和稳定性。

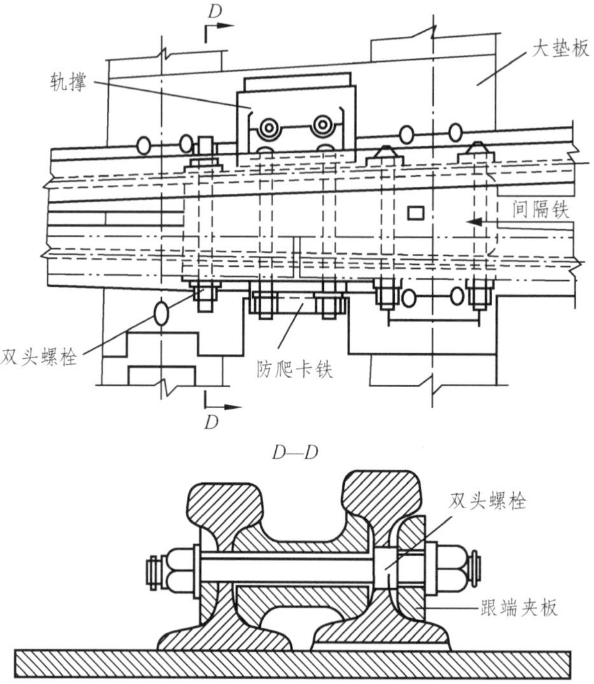

图 5-16　夹板间隔铁式跟端结构的组成

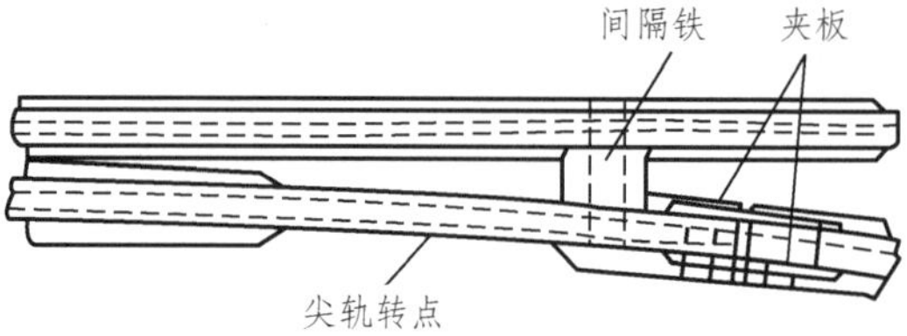

图 5-17　弹性可弯式跟端结构

3．转辙器上的零配件

1）滑床板（见图 5-18）

在整个尖轨长度范围内的岔枕面上，有承托尖轨和基本轨的滑床板。滑床板有分开式和不分开式两类。不分开式用道钉将轨撑、滑床板直接与岔枕连接；分开式是轨撑由垂直螺栓先与滑床板连接，再用道钉或螺纹道钉将垫板与岔枕连接。尖轨放置于滑床板上，与滑床板间无扣件连接。

图 5-18　滑床板

2）轨撑（见图 5-19）

用以防止基本轨倾覆、扭转和纵横向移动的轨撑，安装在基本轨的外侧。它用螺栓与基本轨相连，并用两个螺栓与滑床板连接。轨撑有双墙式和单墙式之分。提速道岔中由于扣件扣压力足够大，未设轨撑。

图 5-19 轨撑

3）顶铁（见图 5-20）

尖轨刨切部位紧贴基本轨，而在其他部位则依靠安装在尖轨外侧腹部的顶铁，将尖轨承受的横向水平力传递给基本轨，以防止尖轨受力时弯曲，并保持尖轨与基本轨的正确位置。

图 5-20 顶铁

4）各种特殊形式的垫板

如铺设在尖轨之前的辙前垫板和之后的辙后垫板；铺设在尖轨尖端和尖轨跟端的通长垫板；为保持导曲线的正确位置而设置的支距垫板等。

5）道岔拉杆和连接杆（见图 5-21）

道岔拉杆连接两根尖轨，并与转辙设备相连，以实现尖轨的摆动，故又叫转辙杆。连接杆为连接两根尖轨的杆件，其作用是加强尖轨间的联系，提高尖轨的稳定性。

6）转辙机械（见图 5-21）

最常用的道岔转换设备的种类有机械式和电动式。若按操作方式分类，则有集中式和非集中式两类。机械式转换设备可以为集中式和非集中式，电动式转换设备则为集中式。道岔转换设备必须具备转换（改变道岔开向）、锁闭（锁闭道岔，在转辙杆中心处尖轨与基本轨之间不允许有 4 mm 以上的间隔）和显示（显示道岔的正位或反位）等三种功能。

图 5-21 拉杆、转辙机械

二、辙叉及护轨

单开道岔辙叉及护轨如图 5-22 所示。

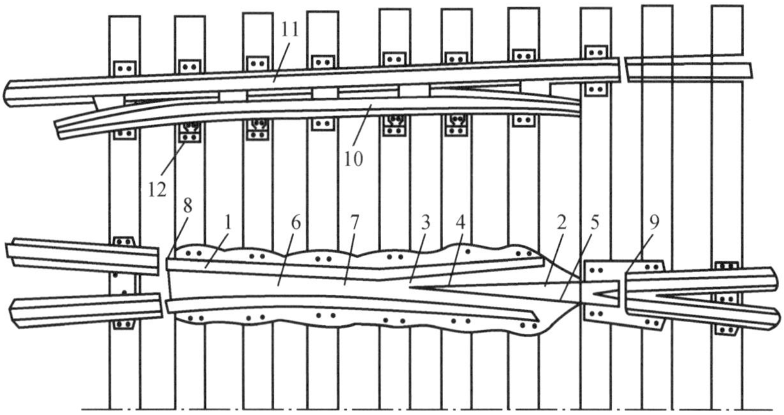

1—翼轨；2—心轨（叉心）；3—理论尖端；4—实际尖端；5—辙叉角；6—咽喉；7—有害空间；8—辙叉趾端；9—辙叉跟端；10—护轨；11—主轨；12—护轨垫板。

图 5-22 辙叉及护轨

1．辙叉组成

辙叉是使车轮由一股钢轨越过另一股钢轨的设备。辙叉由叉心、翼轨和联结零件组成。按平面形式分，辙叉有直线辙叉和曲线辙叉两类；按构造类型分，有固定辙叉和活动辙叉两类。单开道岔上，以直线式固定辙叉最为常用，如图 5-23 所示。

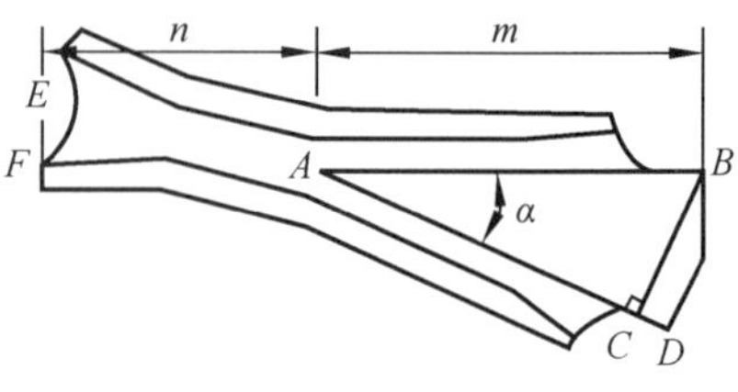

图 5-23 直线辙叉

辙叉趾（跟）端：翼轨始端（叉心末端）。

理论尖端（中心）：叉心两个工作边的交点。

实际尖端：叉心实际尖端处有 6 ~ 10 mm 宽。

辙叉角 α：叉心两个工作边的夹角，即道岔角。

辙叉全长：辙叉趾端至跟端沿一股钢轨线量取长度。

辙叉咽喉：两根翼轨之间的最窄处。

有害空间：辙叉咽喉至实际尖端的距离。

辙叉趾长 n：辙叉理论尖端至辙叉趾端的距离。

辙叉跟长 m：辙叉理论尖端至辙叉跟端的距离。

前开口：辙叉趾端处两个工作边之间的宽度。

后开口：辙叉跟端处两个工作边之间的宽度。

2．辙叉号数

辙叉号数是表示辙叉角大小的一种方法，辙叉角是以度、分、秒表示的，运用不方便，故在实际工作中都以辙叉号数 N 表示。辙叉号数 N 与辙叉角 α 的关系，是以辙叉角的余切表示辙叉号数，辙叉角越大，道岔号数越小；反之辙叉角越小，道岔号数越大。

$$N = \cot\alpha = \frac{AC}{BC}$$

式中 N——辙叉号数（道岔号数）；

α——辙叉角；

BC——叉心工作边任一点 B 至另一工作边的垂直距离；

AC——由叉心理论尖端至垂足 C 的距离。

我国道岔号数与辙叉角的对应值见表 5-1。

表 5-1 道岔号数与辙叉角

道岔号数	7	9	12	18	30
辙叉角	8°07′48″	6°20′25″	4°45′49″	3°10′47″	1°54′33″

3．有害空间

翼轨作用边开始弯折处称为辙叉咽喉，是两翼轨作用边之间的距离最窄处。从辙叉咽喉至心轨实际尖端之间，有一段轨线中断的空隙，称为道岔的有害空间。

4．辙叉纵断面

为了消除垂直不平顺，并防止心轨在其前端断面过分削弱部分承受车轮荷载，采用了提高翼轨顶面和降低心轨前端顶面的做法，并将翼轨顶面做成 1∶20 的横坡，使翼轨和心轨顶面之间保持必要的相对高差。

对高锰钢整铸辙叉，规定：叉心顶面在 20 mm 及其以下部分完全不受压力，叉心顶面 35 mm 及其以上部分承受全部车轮压力，而将翼轨顶面从辙叉咽喉到叉心顶宽 35 mm 段以堆焊法加高；为防止车轮撞击心轨尖端，该处叉心顶面低于翼轨顶面 35 mm。固定辙叉纵断面如图 5-24 所示。

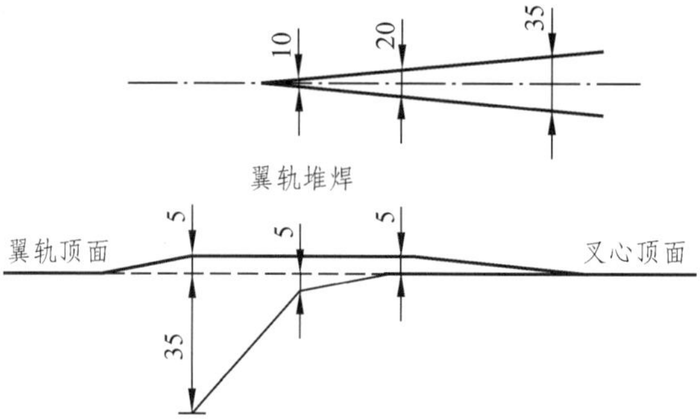

图 5-24 固定辙叉纵断面（单位：mm）

5．护轨

1）概念

护轨是固定型辙叉的重要组成部分，设置在辙叉两侧，固定辙叉由于存在“有害空间”，直、侧向都设护轨；可动心轨辙叉消灭了“有害空间”，直向不设护轨，只在侧向设置护轨，起防磨作用，同时也有利于提高侧向行车的安全可靠性。

2）作用

控制车轮通过“有害空间”的运行方向，不错入轮缘槽，也防止轮缘冲击或爬上辙叉心轨尖端。

3）组成

由平直段、两侧缓冲段和两端开口段组成，如图 5-25 所示。

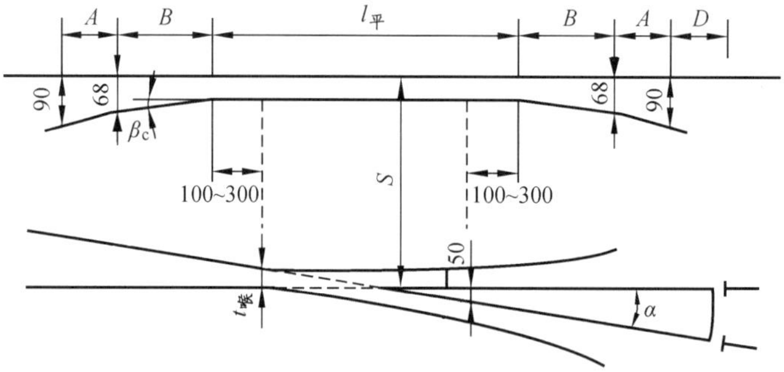

图 5-25 道岔护轨的平面布置（单位：mm）

平直段是护轨的主体部分。护轨位置要满足规范对查照间隔和护背距离的要求，护轨与主轨轮缘槽宽度为 42 mm，其长度范围一般从咽喉起到心轨宽 40 ~ 50 mm 处，根据构造要求两端还可增加 100 ~ 300 mm 的调整量。

两端的缓冲段是由平直段两端各向轨道内侧弯折的一段，将车轮平稳引入平直段。缓冲段末端轮缘槽宽应为 65 ~ 68 mm，其弯折角（护轨缓冲角 β_c）的大小应与列车允许的侧向速度相匹配，一般采用近似尖轨的冲击角。

两端的开口段将车轮导入护轨轮缘槽内，以保证行车安全。开口段外端的轮缘槽宽度一般采用 90 mm，开口段长度一般采用 150 mm，如受结构限制时可采用 100 mm。

三、连接部分

单开道岔连接部分是转辙器和辙叉之间的连接线路，包括直股连接线和曲股连接线（亦称为导曲线）。

导曲线线形一般采用圆曲线，大号码道岔可采用缓和曲线。道岔号数越大，导曲线半径越大，列车侧向通过道岔速度也越高，同时道岔长度也相应加长。转辙器尖轨或辙叉为曲线型时，尖轨或辙叉本身就是导曲线的一部分。常用道岔导曲线半径见表 5-2。

表 5-2 常用道岔导曲线半径

道岔号数 N	9	12		18	30
导曲线半径 R/m	180	330	AT 尖轨 350	880	2 700

（1）起终点：AT 型尖轨道岔导曲线起点位于尖轨的前部，普通断面尖轨道岔导曲线起点位于尖轨跟端处；直线辙叉道岔导曲线终点位于辙叉理论尖端前一段直线长度处。

（2）超高：由于长度和限界的限制，一般不设超高和轨底坡。在 AT 型尖轨道岔中，导曲线外轨设置有 6 mm 超高，对防止反超高的出现是有利的。

四、岔枕

岔枕有木岔枕、混凝土岔枕和钢岔枕等类型。

1．木岔枕

（1）木岔枕长度为 260 ~ 480 cm，共分 12 级，每级长度差为 20 cm。木岔枕断面高度为 16 cm、底宽为 24 cm。旧标准木岔枕长度为 16 级，最短为 260 cm，最长为 485 cm，每级长度差为 15 cm。

（2）木岔枕质量轻，在列车动载作用下，道岔各部分尺寸状态容易变化，需经常进行起、捣、拨、改等维修养护作业。因此，使用寿命短、稳定性差、耗用大量优质木材是其主要缺点。

2．混凝土岔枕

（1）以常用的 60 kg/m-12 号单开道岔为例，长度为 240 ~ 490 cm，共分 26 级，每级长度差为 10 cm。

（2）混凝土岔枕质量重，不但达到了道岔基础与轨道基础的一致性，而且基本上克服了木岔枕的缺点。

任务三 单开道岔几何尺寸

一、道岔各部分轨距

直线轨道的轨距为 1 435 mm，曲线轨道的轨距应根据曲线半径、运行速度及机车车辆的通过条件等因素来决定。

单开道岔中，需要考虑轨距加宽的部位有：基本轨前接头处轨距 S_1、尖轨尖端轨距 S_0、尖轨跟端直股及侧股轨距 S_h、导曲线中部轨距 S_C、导曲线终点轨距 S。

根据对我国轨道上使用的各种机车车辆的检算，我国标准道岔上各部位的轨距值见表 5-3。

表 5-3 标准道岔部分的轨距尺寸 单位：mm

N	9	12		18
		直线尖轨	曲线尖轨	
S_1	1 435	1 435	1 435	1 435
S_0	1 450	1 445	1 437	1 438
S_h	1 439	1 439	1 435	1 435
S_C	1 450	1 445	1 435	1 435

道岔各部分的轨距加宽，应有适当的递减距离，以保证行车的平稳性。

二、轨距（水平）检查位置（见图 5-26）

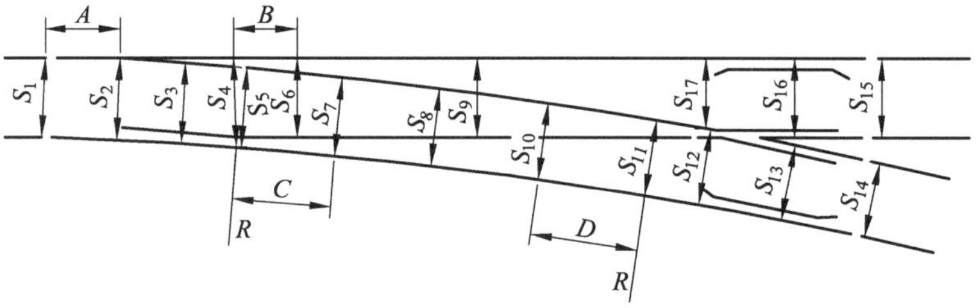

S_1—尖轨前基本轨接头；S_2—尖轨尖端；S_3—尖轨中；S_4、S_5—尖轨跟端（直、曲）；S_6、S_7—导曲前（直、曲）；S_8、S_9—导曲中（直、曲）；S_{10}、S_{11}—导曲后（直、曲）；S_{12}—辙叉前（曲）；S_{13}—辙叉中（曲）；S_{14}—辙叉后（曲）；S_{15}—辙叉后（直）；S_{16}—辙叉中（直）；S_{17}—辙叉前（直）。

图 5-26 道岔检查位置

三、转辙器几何尺寸

道岔转辙器上需要确定的几何尺寸主要有最小轮缘槽 t_{min} 和尖轨动程 d_0。

1. 尖轨的最小轮缘槽 t_{min}

当使用曲线尖轨直向过岔时，应保证在最不利的条件下，即具有最小宽度的轮对一侧车轮轮缘紧贴直股尖轨时，另一侧车轮轮缘能顺利通过而不冲击尖轨的非工作边，如图 5-27 所示。此时，曲线尖轨在其最凸出处的轮缘槽，较其他任何一点的轮缘槽为小，称为曲线尖轨的最小轮缘槽 t_{min}。要保证轮对顺利通过该轮缘槽，而不以轮对的轮缘撞击尖轨的非工作边，轮缘槽的宽度应取最不利组合时的数值。

我国实际采用的 $t_{min} \geqslant 68$ mm。同时，t_{min} 也是控制曲线尖轨长度的因素之一，为缩短尖轨长度，不宜规定得过宽，根据经验，t_{min} 可减小至 65 mm。

对于直线尖轨来说，t_{min} 发生在尖轨跟端。尖轨跟端轮缘槽应不小于 74 mm，如图 5-27 所示。如尖轨跟端钢轨头部的宽度为 70 mm 时，跟端支距为 144 mm。

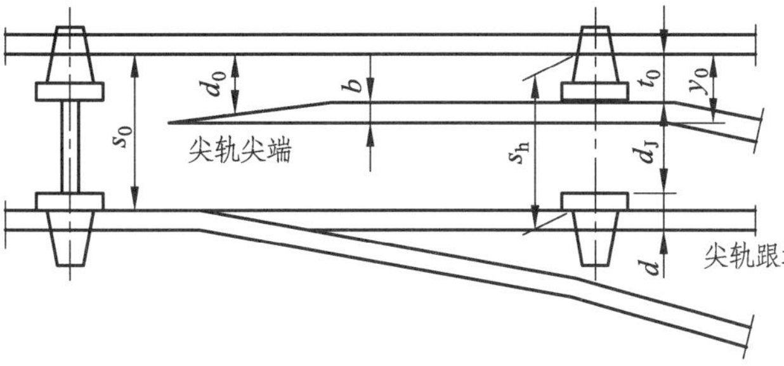

图 5-27 直线尖轨尖端与跟端

2．尖轨动程 d_0

尖轨动程为尖轨尖端非作用边与基本轨作用边之间的拉开距离，规定在距尖轨尖端 380 mm 的第一连接杆中心处量取。尖轨动程应保证尖轨扳开后，具有最小宽度的轮对对尖轨非作用边不发生侧向挤压。曲线尖轨的动程由 t_{min}、曲线尖轨最凸出处的钢轨顶宽、曲线半径 R 等因素确定。由于目前各种转辙机的动程也已定型，故尖轨的动程应与转辙机的动程配合。9 号道岔直线尖轨与基本轨间的开口动程为 142 mm，曲线尖轨与基本轨间的开口动程为 152 mm。

四、导曲线几何尺寸

导曲线部分需要确定几何尺寸，主要是导曲线外轨工作边上各点以直向基本轨作用边为横坐标轴的垂直距离，称为导曲线支距，如图 5-28 所示。它对正确设置导曲线并经常保持其圆顺度起着十分重要的作用。

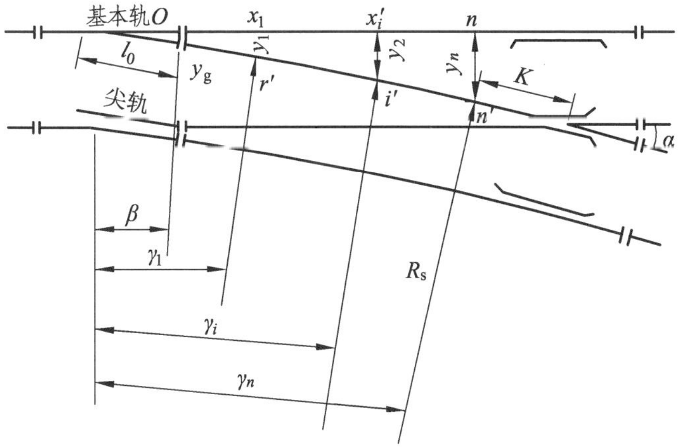

图 5-28 导曲线支距

计算导曲线支距的方法有多种，下面以曲线尖轨、圆曲线型导曲线为例进行计算。取直股基本轨上正对尖轨跟端的 0 点为坐标原点，如图 5-28 所示。这时，导曲线始点的横坐标和支距分别为：

$$x_O = 0, y_O = 0$$

在导曲线终点，其横坐标和支距则分别为：

$$x_n = R(\sin\gamma_n - \sin\beta)$$
$$y_n = R(\cos\beta - \cos\gamma_n)$$

式中　R——导曲线外轨半径；

β——尖轨跟端处曲线尖轨作用边与基本轨作用边之间形成的转辙角；

γ_n——导曲线终点所对应的偏角，显然 $\gamma_n = \alpha$。

常用单开道岔导曲线支距见表 5-4。

表 5-4　常用单开道岔导曲线支距　　单位：mm

岔号	轨型	设计	Y_0	导曲线横距/m													$X_{终}$	$Y_{终}$
		年度		2	4	6	8	10	12	14	16	18	20	22	24	26		
18	75 60 50	87 84 89	177	222	271	326	385	450	519	594	674	758	848	942	1 042	1 147	27 578	1 233
12	75 60	86	207	280	364	495	566	685	814	956	1 108						17 416	1 233
	50	88	144	187	243	311	390	482	587	703	831	972	1124				21 280	1 229
	60、50 43、38	81、75 62、57	144	188	243	311	391	483	587	703	831	972	1124				21 280	1 229
9	50	88	154	212	293	397	522	670	840	1 032							15 650	1 208
	50 43 38	75 62 57	144	201	281	382	506	652	820	1 011							15 793	1 201

五、辙叉及护轨几何尺寸

固定辙叉及护轨需要确定的几何形位主要是辙叉咽喉轮缘槽、查照间隔、护轨轮缘槽、翼轨轮缘槽和有害空间。

1．辙叉咽喉轮缘槽

辙叉咽喉轮缘槽确定的原则是保证具有最小宽度的轮对一侧车轮轮缘紧贴基本轨时，另一侧车轮轮缘不撞击辙叉的翼轨。

辙叉咽喉轮缘槽宽度，应保证在最不利条件下，即轮对一侧车轮轮缘紧贴基本轨时，另一侧车轮轮缘能够顺利通过，而不冲击翼轨咽喉弯折点。

为了确保行车安全，减少有害空间长度，咽喉宽度也不能太宽，我国标准定型道岔的辙叉咽喉宽度为 68 mm。

2．查照间隔 D_1 及 D_2（见图 5-29）

D_1：护轨作用边至心轨作用边的查照间隔，确定的原则是具有最大宽度的轮对通过辙叉时，一侧轮缘受护轨的引导，而另一侧轮缘不冲击叉心或滚入另一线，$D_1 \geqslant 1\,391$ mm（1 391 ~ 1 394 mm）。

D_2：护轨作用边至翼轨作用边的查照间隔，确定的原则是具有最小宽度的轮对直向通过时不被卡住，$D_2 \leqslant 1\,348$ mm（1 346 ~ 1 348 mm）。

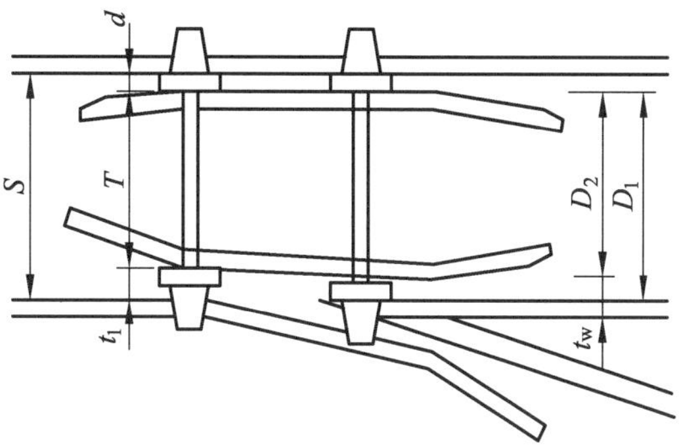

图 5-29　查照间隔

3．护轨轮缘槽

护轮轨一般用与道岔同类型的普通钢轨弯折制成，它的中间部分与基本轨平行，称为平直段。其主要作用是迫使车轮轮缘在护轮轨轮缘槽内通过，控制一侧的车轮轮缘不致碰撞辙叉尖或进入异股，即保证查照间隔应有的尺寸。为此，该平直段应对应于辙叉咽喉、辙叉心轨顶宽 50 mm 的范围，考虑到可能产生的爬行影响，为安全起见，一般再向两端延长 150 ~ 300 mm。为确保护轨与心轨作用边的距离不小于 1 391 mm，则护轨轮缘槽平直段的标准宽度为 42 mm，如侧向轨距为 1 441 mm 时，则侧向轮缘槽的标准宽度为 48 mm，容许误差为 + 3、－1 mm。

为使车轮轮缘能够顺利进入护轨轮缘槽内，在护轨平直段两端各设置了缓冲段，缓冲段的角度与尖轨冲击角相同。缓冲段的末端轮缘槽与辙叉咽喉宽度相同，即 $t_{缓}$ 为 68 mm。在缓冲段的外端，再各设开口段，其长度一般为 150 mm，开口段外端轮缘槽 $t_{开}$ 为 90 mm。当辙叉部分轨距有加宽时，护轨轮缘槽也应做相应的加宽。

4．翼轨轮缘槽

翼轨轮缘槽的作用是引导车轮轮缘进入辙叉轮缘槽行驶，当车轮经由“有害空间”过渡到心轨全部承载车轮以前，还起支承车轮的作用。

辙叉翼轨轮缘槽也有过渡段和开口段。与护轨情况相同，其终端轮缘槽分别为 68 mm 和 90 mm。辙叉翼轨各部分长度及其总长，可参照护轨做相应计算。

5．有害空间

辙叉有害空间长度可采用下式（5-1）计算：

$$
\begin{aligned}
l_h &= \frac{t_1 + b_1}{\sin\alpha} \\
l_h &\approx (t_1 + b_1)N
\end{aligned}
\qquad (5\text{-}1)
$$

任务四　单开道岔布置

一、单开道岔总图计算

单开道岔总图计算包括以下几项主要内容：道岔主要尺寸计算（见图 5-30）、配轨计算、导曲线支距的计算、各部分轨距的计算、岔枕布置、绘制道岔布置总图、提出材料数量表。

（1）道岔前长 a：道岔前轨缝中心到道岔中心的距离。

（2）道岔后长 b：道岔中心到道岔后轨缝中心的距离。

（3）道岔理论全长：尖轨理论尖端至辙叉理论尖端的距离。

（4）道岔实际全长：道岔前后轨缝中心之间的距离。

（5）导曲线后插直线长 K（当 R 为已知时）或导曲线外轨半径 R（当 K 已知时）。

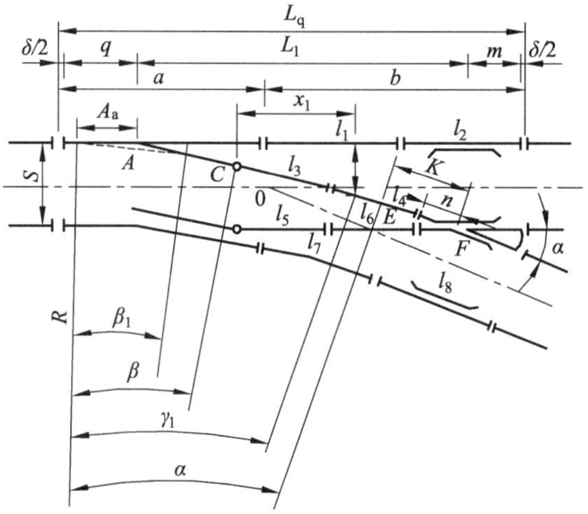

图 5-30 单开道岔总图

二、连接部分

一般配置 8 根钢轨，直股连接线 4 根，曲股连接线 4 根。配轨时要考虑轨道电路绝缘接头的位置和满足对接接头的要求，并尽量采用 12.5 m 或 25 m 长的标准钢轨。连接部分使用的短轨，一般不短于 6.25 m，在困难的情况下，不短于 4.5 m。

我国标准的 9、12 及 18 号道岔连接部分的配轨如图 5-31 所示，尺寸见表 5-5。

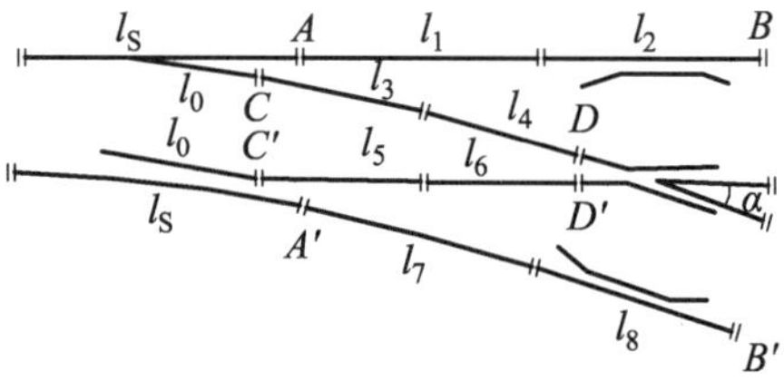

图 5-31 道岔连接部分

表 5-5 标准道岔的配轨尺寸

N	9	12	18	N	9	12	18
l_1	5 324	11 791	10 226	l_5	6 836	12 500	16 574
l_2	11 000	12 500	18 750	l_6	9 500	9 385	12 500
l_3	6 894	12 500	16 903	l_7	5 216	11 708	10 173
l_4	9 500	9 426	12 500	l_8	11 000	12 500	18 750

三、60 kg/m 钢轨 9 号单开道岔布置

60 kg/m 钢轨 9 号单开道岔布置如图 5-32 所示。

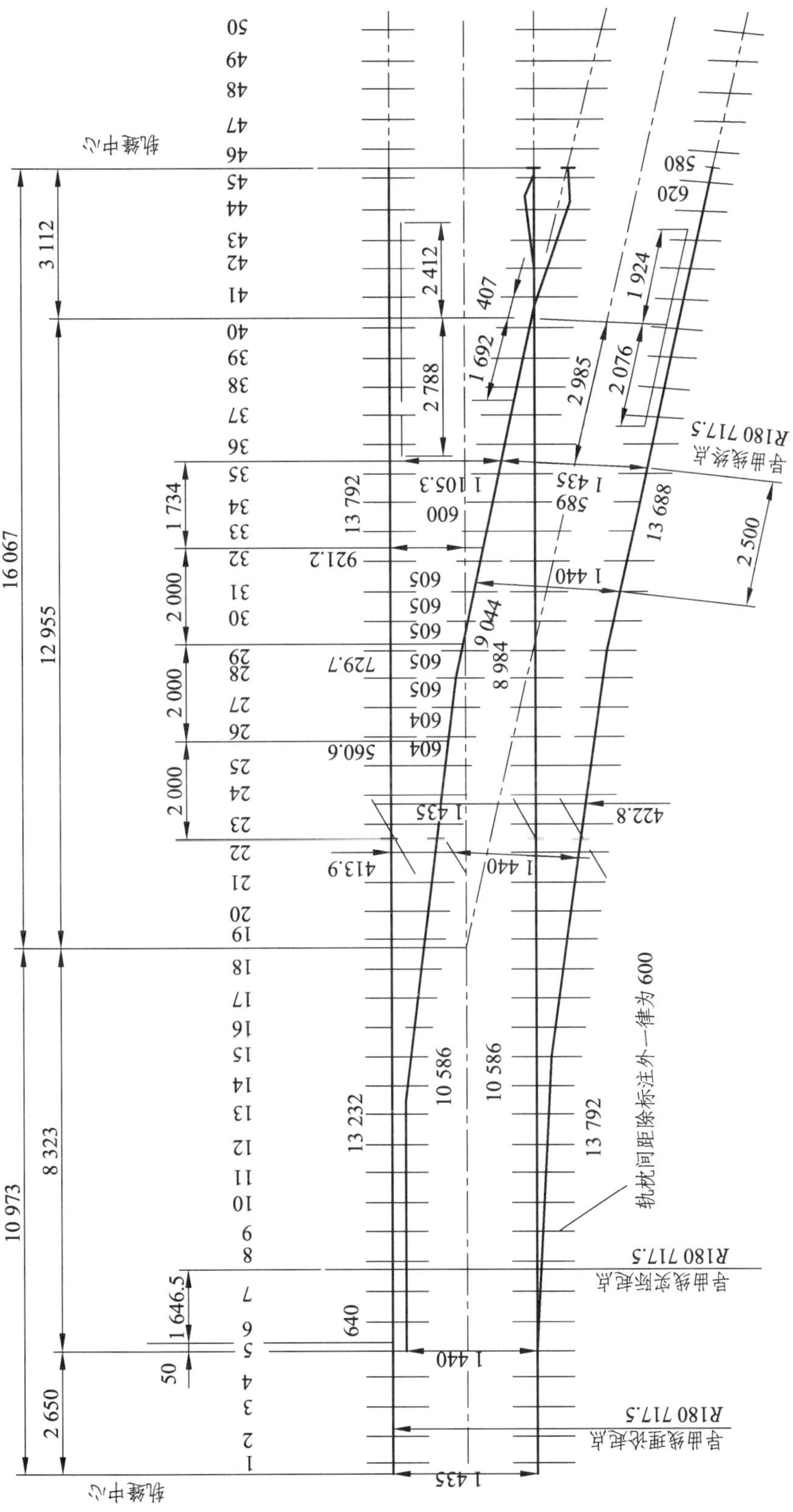

图 5-32 9号单开道岔布置（单位：mm）

四、过岔速度和提高过岔速度的措施

1. 侧向过岔速度

列车通过道岔的速度包括直向通过速度和侧向通过速度。就一组单开道岔而言，侧向通过速度包括通过转辙器、导曲线、辙叉及岔后连接这四部分的速度，每一部分都影响道岔侧向的通过速度。然而，辙叉部分从目前的结构形式、强度条件和平面设计来看，都不是控制侧向过岔速度的关键。岔后连接线路不属于道岔的设计范围，且一般规定，岔后连接线路的通过速度不低于道岔导曲线的容许通过速度。因此，侧向通过速度主要由转辙器和导曲线这两个部位的通过速度来决定。

1）影响道岔侧向通过速度的因素

影响侧向过岔速度的因素很多，主要限制因素是由于导曲线一般不设超高和缓和曲线，且半径较小，列车未被平衡的离心加速度较大。

机车车辆由直线进入道岔侧线时，在开始迫使车辆改变运行方向的瞬间，将必然发生车辆与钢轨的撞击，此时，车体中的一部分动能，将转变为对钢轨的挤压和机车车辆走行部分横向弹性变形的位能，即动能损失。动能损失过大将影响旅行舒适度和道岔结构的稳定，降低其使用寿命，因此动能损失必须限制在容许范围之内。

2）道岔的侧向容许通过速度

现有各类道岔的结构情况，道岔的侧向容许通过速度见表 5-6。

表 5-6 侧向过岔最高速度　　单位：km/h

钢轨	尖轨类型	辙叉类型	道岔号数	
			7	9
50 kg/m	AT 曲线型尖轨	高锰钢整铸	25	—
60 kg/m	AT 直线型尖轨	高锰钢整铸	—	30

2. 直向过岔速度

1）影响道岔直向通过速度的因素

当列车逆岔直向过岔时，车轮轮缘将与辙叉上护轨缓冲段作用边碰撞；而当顺岔直向过岔时，则将与护轨另一缓冲段作用边碰撞。

同护轨一样，翼轨缓冲段上也存在冲击角，这样在道岔直向过岔速度问题上，就会产生与护轨相类似的问题。

车轮通过辙叉由翼轨滚向心轨时，车轮逐渐离开翼轨，因轮踏面为一锥体，致使车轮下降，当车轮滚上心轨后，车轮又逐渐恢复至原水平面。反向运行也相同，车轮通过辙叉必须克服这种垂直几何不平顺引起车体的振动和摇摆。

车轮由基本轨过渡到尖轨时，锥形踏面车轮也会出现先降低随后升高的现象，使车轮犹如在轨面高低不平顺的轨面上行驶，产生附加动力作用，限制过岔速度的提高。

2）道岔直向容许通过速度

现有各类道岔的结构情况，道岔的直向容许通过速度见表 5-7。

表 5-7 直向过岔最高速度　　单位：km/h

钢轨	尖轨类型	辙叉类型	道岔号数	
			7	9
50 kg/m	AT 曲线型尖轨	高锰钢整铸	80	—
60 kg/m	AT 直线型尖轨	高锰钢整铸	—	100

五、道岔的连接

道岔的连接有道岔与轨道的连接、道岔与道岔的连接两种情况。

1．道岔与轨道的连接

正线和到发线的道岔，其钢轨类型应与各该线路的钢轨类型一致。其他线路上，在道岔钢轨类型不低于线路钢轨类型的条件下可与线路钢轨类型不同，但需要在道岔前后各铺一节与道岔同类型的钢轨。

2．道岔与道岔的连接

应根据线路等级、铺设部位等条件，在道岔间插入一定长度的钢轨。相邻道岔间插入的钢轨长度不应小于表 5-8、表 5-9 的规定。

表 5-8 两对向单开道岔间插入钢轨的最小长度　　单位：m

道岔布置	线别	在正规列车同时通过两侧线时		无正规列车同时通过两侧线时
		一般情况	特殊情况	
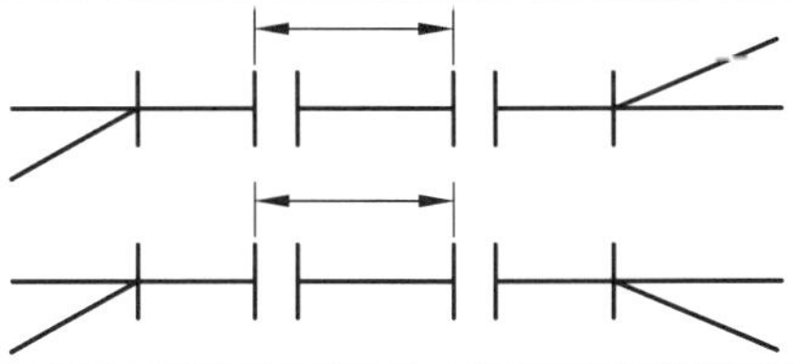	正线	12.5	6.25	6.25
	到发线	6.25	6.25	0
	其他站线和次要站线	—	—	0

表 5-9 两顺向单开道岔间插入钢轨的最小长度　　单位：m

道岔布置	线别	插入钢轨最小长度
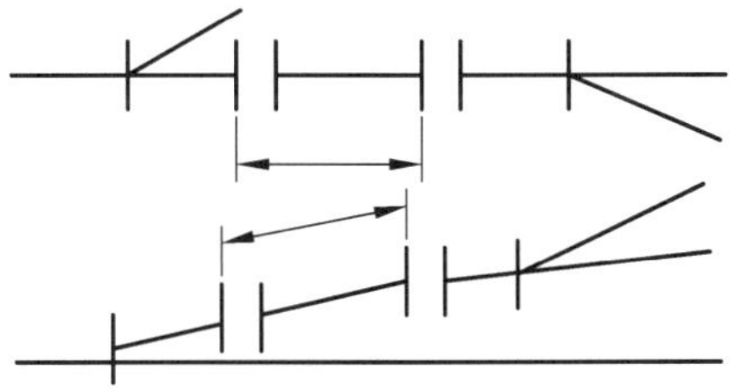	正线	6.25
	到发线	4.5
	其他站线和次要站线	0
	到发线	4.5
	其他站线和次要站线	0

任务五 交叉渡线

一、交叉

1. 作用及类型

交叉是两条轨道在平面上的相交处，使机车车辆跨越轨道运行的设备。

按平面交叉的形式可分为：直线与直线交叉、直线与曲线交叉、曲线与曲线交叉。

按构造类别可分为固定型与可动心轨型。按使用情况又可分为单独使用和组合使用两种。站场内应用较多的是组合使用的菱形交叉，如复式交分道岔、交叉渡线等。

2. 菱形交叉构造（见图 5-33）

一组菱形交叉，基本上是由两组同型号的锐角辙叉和两组钝角辙叉组成，其中锐角辙叉的结构与单开道岔中的辙叉基本相同，仅是号数的差别；钝角辙叉的构造则有固定型与可动心轨型两种，固定型也有拼装式和锰钢式的区别。

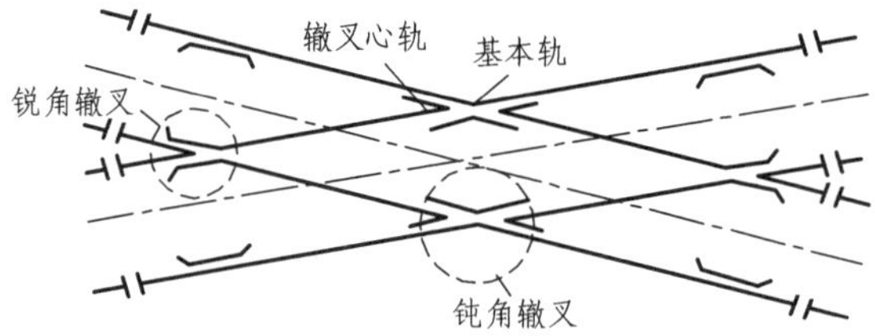

图 5-33 菱形交叉

固定型锐角辙叉：是由弯折基本轨、长心轨、短心轨、护轨（或称翼轨）、帮轨及联结零件等组成。钝角辙叉与锐角辙叉共同组成固定型菱形交叉，既可单独使用（交叉角为 30°、45° 及 60° 等），更多的是用于交叉渡线中，常用的号数为 6 号和 4、5 号，与 12、9 号单开道岔配套使用。

3. 菱形交叉的重点病害与防护

1）重点病害

单独使用与组成交叉渡线使用的菱形交叉，以组合使用的固定型钝角辙叉发生病害较多，而最常见的病害现象是撞尖，即钝角辙叉短心轨一侧的尖端被轮缘背面撞宽或撞伤。

2）防治措施

（1）交叉渡线中的菱形交叉，对于撞尖较严重的钝角辙叉，可采用加高护轨的办法，护轨加高的高度一般为 22 mm，最大不得超过 25 mm。

（2）必须经常保持护轨有折弯，棱角明显，在运营中磨损圆滑时，应及时焊补，并注意焊补结果应折角上下垂直。

（3）必须经常保持两钝角辙叉的相对位置方正，如有爬行或错位时应及时方正锁定。

二、渡线和梯线

渡线是连接两平行股道间的轨道设备，其作用是使列车由一条轨道过渡到另一条轨道上去。采用较多的是单渡线和交叉渡线，而缩短渡线和非平行股道的单渡线则应用较少。

1．平行线间单渡线（见图 5-34）

在两平行轨道间用两组相同型号的单开道岔和一段较短的直线轨道组合构成。如复线区段车站两端正线间、站内列车串线运行以及牵出串线作业等处，都应设单渡线。

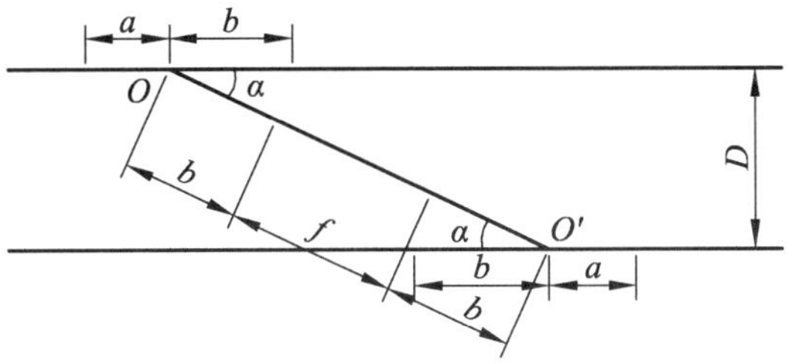

图 5-34　单渡线

2．交叉渡线（见图 5-35）

交叉渡线是由四组相同型号的单开道岔（或对称道岔）和一组菱形交叉以及必要的连接配轨所组成。其作用同于两条连续而方向相反的单渡线，但占地却可减少一半，有利于缩短站场长度。

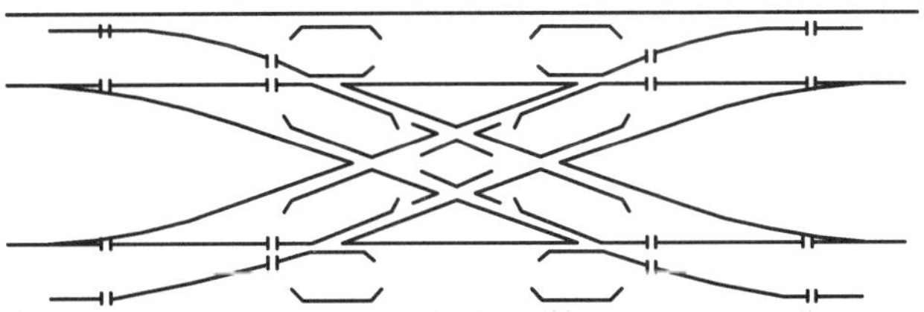

图 5-35　交叉渡线

3．梯线

通过道岔将若干个平行股道连接在一条公共线上，这条公共线称为梯线。

1）直线梯线（见图 5-36）

梯线倾斜角与道岔角相等，且梯线上的全部道岔号码皆相同，道岔与道岔间的夹直线长度随线间距的大小而不同。

直线梯线的主要优点：在调车作业时瞭望条件较好；全部道岔号码及尺寸相同，便于养护和更换。缺点是当股道数目超过 5 股时，形成梯线长度长，列车走行时间长，作业效率相对较低。此外，由于各股道的有效长显著不均衡，影响车场的使用效率，故直线梯线仅适宜在 5 股道以内的车场采用。

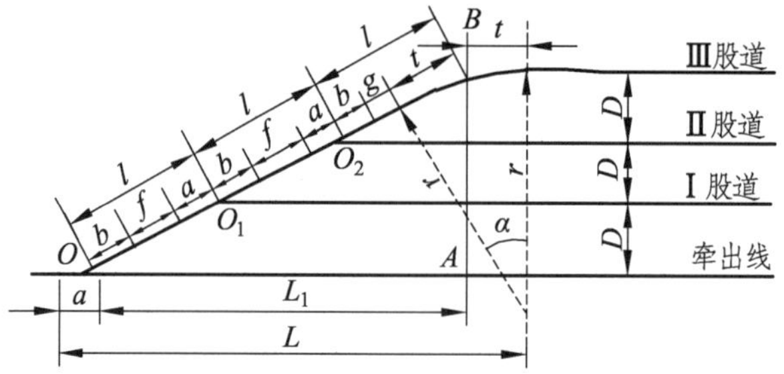

图 5-36　直线梯线

2）缩短梯线（见图 5-37）

为改善直线梯线的缺点，可采用加大梯线倾斜角的办法，以缩短梯线的长度。梯线倾斜角大于道岔角，使梯线长度可以缩短，且每组道岔后面皆有一小曲线与股道连接，故称曲线梯线。由于这种梯线较短，各股道有效长相对接近，使用效率也可以相对提高。

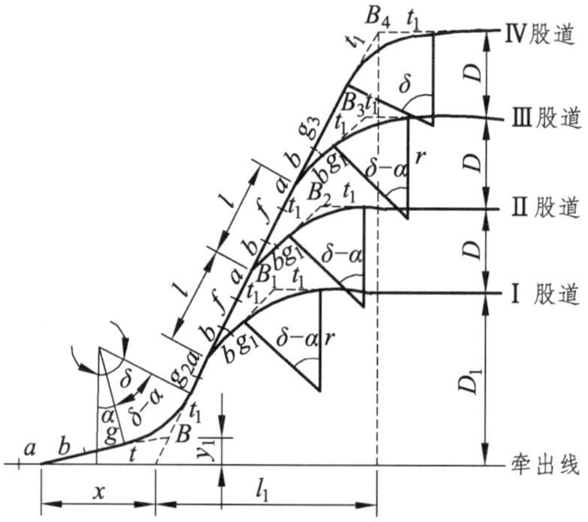

图 5-37　缩短梯线

任务六　道岔常见病害的预防及整治

一、尖轨、辙叉及连接零件伤损和失效标准

尖轨、可动心轨伤损或病害有下列情况时应及时修理或更换：尖轨尖端与基本轨或可动心轨尖端与翼轨不靠贴；尖轨、可动心轨侧弯造成轨距不符合规定；在尖轨、可动心轨顶宽 50 mm 以上断面处，尖轨顶面低于基本轨顶面、可动心轨顶面低于翼轨顶面 2 mm 以上；尖轨工作面伤损继续发展，轮缘有爬上尖轨的可能；内锁闭道岔两尖轨相互脱离时，分动外锁闭道岔两尖轨与连接装置、心轨接头铁与拉板相互分离或外锁闭装置失效时；其他伤损达到钢轨轻伤标准时。

基本轨伤损或病害达到下列程度时应及时修理或更换：曲股基本轨的弯折点位置或弯折尺寸不符合要求，造成轨距不符合规定；垂直磨耗，50 kg/m 及以下钢轨，在正线上超过 6 mm，到发线上超过 8 mm，其他站线上超过 10 mm；60 kg/m 及以上钢轨，在容许速度大于 120 km/h 的正线上超过 6 mm，其他正线上超过 8 mm，到发线上超过 10 mm，其他站线上超过 11 mm；其他伤损达到钢轨轻伤标准时。

辙叉伤损分轻伤和重伤两类，有轻伤时，应注意检查观测，达到重伤标准时应及时更换。高锰钢整铸辙叉轻伤标准（含可动心轨辙叉的高锰钢整铸翼轨、叉跟座）为：① 辙叉心宽 40 mm 断面处，辙叉心垂直磨耗（不含翼轨加高部分），50 kg/m 及以下钢轨，在正线上超过 4 mm，到发线上超过 6 mm，其他站线上超过 8 mm；60 kg/m 及以上钢轨，在容许速度大于 120 km/h 的正线上超过 4 mm，其他正线上超过 6 mm，到发线上超过 8 mm，其他站线上超过 10 mm；可动心轨宽 40 mm 断面及可动心轨宽 20 mm 断面对应的翼轨垂直磨耗（不含翼轨加高部分）超过 4 mm。② 辙叉顶和侧面的任何部位有裂纹。③ 辙叉心、辙叉翼轨面剥落掉块，在容许速度大于 120 km/h 的线路上长度超过 15 mm，深度超过 1.5 mm；其他线路上长度超过 15 mm，深度超过 3 mm。④ 钢轨探伤人员或养路工长认为有伤损的辙叉。

高锰钢整铸辙叉重伤标准（含可动心轨辙叉的高锰钢整铸翼轨、叉跟座）为：① 辙叉心宽 40 mm 断面处，辙叉心垂直磨耗超过 6 mm（不含翼轨加高部分），50 kg/m 及以下钢轨，在正线上超过 6 mm，到发线上超过 8 mm，其他站线上超过 10mm；60 kg/m 及以上钢轨，在容许速度大于 120 km/h，正线上超过 6 mm，其他线上超过 8 mm，到发线上超过 10 mm，其他站线上超过 11 mm；可动心轨宽 40 mm 断面及可动心轨宽 20 mm 断面对应的翼轨垂直磨耗超过 6 mm（不含翼轨加高部分）。②叉趾、叉跟轨头及下颏部位裂纹超过 30 mm。③ 叉趾、叉跟浇注断面变化部位斜向或水平裂纹，长度超过 120 mm，或虽未超过 120 mm，但裂纹垂直高度超过 40 mm。④ 底板裂纹向内发展，并超过轨腰与圆弧的连接点。⑤ 螺栓孔裂纹延伸至轨端、轨头下颏或轨底，两相邻螺栓孔裂通。⑥ 辙叉心、辙叉翼轨面剥落掉块，长度超过 30 mm，深度超过 6 mm。⑦ 钢轨擦伤人员或养路工长认为有影响行车安全的其他缺陷。钢轨组合辙叉的垂直磨耗比照高锰钢整铸辙叉办理，其他伤损比照钢轨轻重伤标准办理。

道岔零件应齐全，作用良好，缺少时应及时补充，有下列伤损或病害应有计划地进行修理或更换：① 各种螺栓、连杆、顶铁和间隔铁损坏、变形或作用不良。② 滑床板损坏、变形或滑床台磨耗大于 3 mm。③ 轨撑损坏、松动，轨撑与轨头下颏或轨撑与垫板挡肩离缝大于 2 mm。④ 护轨垫板折损。⑤ 钢轨和钢枕垫板下胶垫及防切垫板损坏、失效。⑥ 弹片、销钉、挡板损坏。弹片与滑床板挡肩离缝、挡板前后离缝大于 2 mm，销钉帽内侧距滑床板边缘大于 5 mm。⑦ 其他各种零件损坏、变形或作用不良。

道岔护轨螺栓、可动心轨咽喉和叉后间隔铁螺栓、长短心轨联结螺栓、钢枕立柱螺栓、可动心轨凸缘与接头铁联结螺栓必须齐全，作用良好，折断时必须立即更换。同一部位同时有两条螺栓或可动心轨凸缘与接头铁螺栓有一条缺少或折断时，道岔应停止使用。

二、道岔水平不良

一般道岔岔枕上支承着四股钢轨，担负着两个方向的行车。通常，两个方向的行车密度是不会相同的，有的甚至相差悬殊，这就造成道岔上水平的变化有着不同的规律。归纳起来，影响道岔上水平变化的主要因素有：

（1）由于两个方向行车密度不同，造成同一根岔枕上机械磨损不一致。

① 主要行车方向为直向，则直股钢轨下垫板切入岔枕（机械磨损）的深度普遍比行车较小的曲股严重，并且曲股两股钢轨产生吊板，尤其是导曲线上股最为显著。出现这种现象是因为：受荷载的钢轨下岔枕和枕下基础（道岔）所产生的变形都比非荷载的钢轨大，而且非荷载的钢轨总是力图“阻止”荷载钢轨的变形，因此非荷载钢轨受力的方向是向上的，当道钉不能把非荷载钢轨和岔枕连接在一起时，就会产生吊板，尤其是导曲线上股受直向两荷载轨的影响，吊板的程度更为明显。严重时甚至发生“担”道尺的现象，无法测量直向钢轨的水平，如图 5-38 所示。

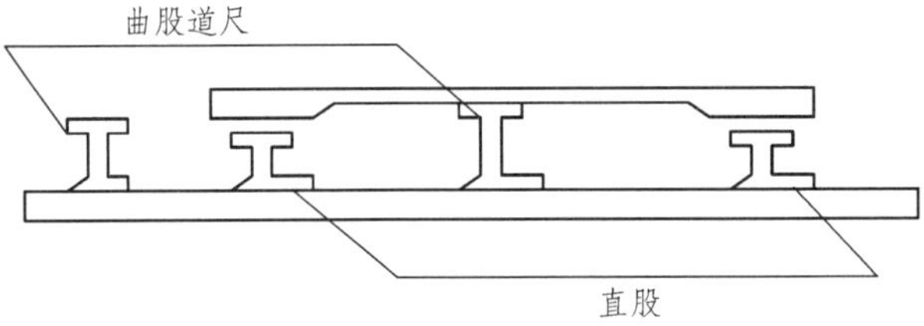

图 5-38 曲股钢轨“担”道尺

曲股两钢轨行车较直股虽少，但经常行车时，曲股两钢轨产生吊板的程度就轻，或不产生吊板，但由于对道岔机械磨损程度不一致，其钢轨底面与直向钢轨的底面因而不会在一个平面上。在这种情况下如果进行岔枕的单根抽换，未经磨损的岔枕顶面将与曲股两钢轨底面产生空隙，给养护作业造成麻烦。

在尖轨跟端，按构造，内直轨应比外直轨高出 6 mm，但由于内直轨系接头部位，过车时冲击较大，因而垫板切入枕木比外直轨多，使 6 mm 构造高度无法保持，严重的可与外直轨面水平。这种现象在 55 型、57 型尖轨跟端表现更加明显，因为 55 型、57 型辙跟垫板内侧比外侧宽度要窄，所以切入也多。

凡此产生的水平超限，不能单纯地用起道方法来解决，因为起一股要影响另外相应两股的水平。

在支距垫板和辙叉“双接头”前端一带，如图 5-39 所示，支距垫板切入枕木。

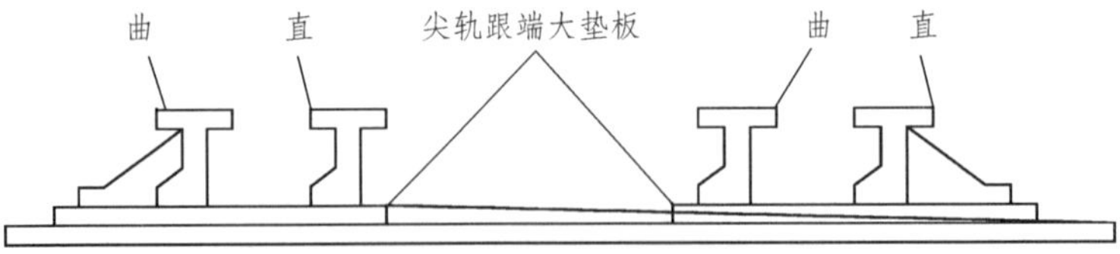

图 5-39 辙跟垫板切入枕木

② 主要行车方向是侧向，这里将产生与第一种情况相对应的结果，岔枕的机械磨损有更加鲜明的特征。因为侧向导曲线半径小、无超高，过车时产生偏载；若行驶电力或内燃机车时，测压力比蒸汽机车大得多，因此导曲线上股钢轨承受的荷载大，岔枕的机械磨损急剧。

尤其是在行车繁忙的道岔上，导曲线上股外侧垫板切入岔枕的初期速度，一年可达 10 mm 左右，造成导曲线反超高。

（2）长岔枕中部低洼，造成导曲线反超高、内直股钢轨水平低、辙叉心沉落等。

岔枕长度超过 2 750 mm 时，就可能发生中部低洼。因为从此部位开始，两内股钢轨逐渐移向岔枕中部，两内股钢轨靠得越近，岔枕越长，其中部低洼越显著。因为荷载向岔枕中部集中，道床的变形积累比两端快，犹如两端受到支承的梁。加之岔枕埋于道床内，底部的湿度比上部的湿度大得多，本身就存在着使岔枕弯曲的收缩应力，致使岔枕中部低洼，造成导曲线反超高、内直股钢轨水平低、辙叉心沉落和岔后中间两股水平低等病害。

（3）错开铺设的钢轨接头，造成水平不良。

车轮通过接头产生的附加动力冲击，因为接头处的道床沉陷速度和岔枕的机械磨损比其他部位快得多，钢轨本身变形产生“低接头”“高小腰”的病害。道岔的连接部分，钢轨接头为错开布置，一股钢轨的接头正对相应一股的小腰，很难使水平达到要求，也给起道整修造成许多困难。例如 12 号道岔中部两内轨的接头，对应于两外短轨的中间，短轨容易拱腰；又如 12 号道岔，中部两内轨接头对应于两内轨的小腰，而两外轨的接头又对应于两内轨的小腰。一股“低接头”对应于另一股的“高腰”使水平超限的情况屡见不鲜，图 5-40 是这种情况的示意图。

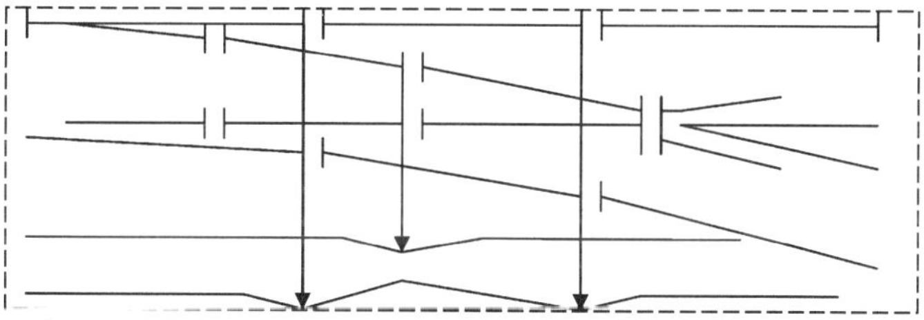

图 5-40 低接头、高拱腰示意图

（4）钢轨垂直磨耗不均，造成水平不良。

由于道岔直、侧两个方向行车密度相差悬殊，使两个方向的钢轨垂直磨耗显著不一，这种情况多和岔枕机械磨损不一致同时存在，起道整治水平不良，起一股时把邻近的一股同时抬起，可能使另一方向的水平超限。

（5）养护作业不当，造成水平不良。

在养护作业中，往往由于起道和捣固工作不慎，造成水平超限。另外在维修道岔时，不是根据道岔两方向行车的密度不同，采取不同的起道、捣固形式，因而不适应列车的运行情况，使水平不能长久保持。

三、道岔方向不良

道岔是连接线路的设备，因此只有把道岔铺在正确的位置，才能使道岔与前后线路、道岔与道岔衔接顺直。影响道岔方向的主要因素有：

（1）道岔前后衔接不良造成方向不顺。

铺设更换道岔时位置不正；维修拨道或拨动道岔时，顾此失彼，只从一端看道，不顾两端；只顾主线，不管侧线，等等，都是可能造成道岔与线路、道岔与道岔衔接不好的因素。

（2）线路爬行，使道岔和道岔前后线路移动改变方向。特别是渡线道岔，如两股线路为单向行车时，会将道岔拉长或挤缩，使方向无法保持。

（3）基本轨横移，造成方向不良。

“三道缝”是造成基本轨横移的主要原因，如图 5-41 所示。“三道缝”之一是指基本轨轨底边与滑床台边有缝隙；“三道缝”之二是指基本轨外侧轨鄂及轨底上部与轨撑接触部分有缝隙；“三道缝”之三是指轨撑尾端与滑床板挡肩有缝隙。由于“三道缝”的存在，不能完全固定基本轨，过车时轨撑不能阻止基本轨横移，造成方向不良。此种病害在 55 型、57 型等旧有道岔中较普遍地存在。

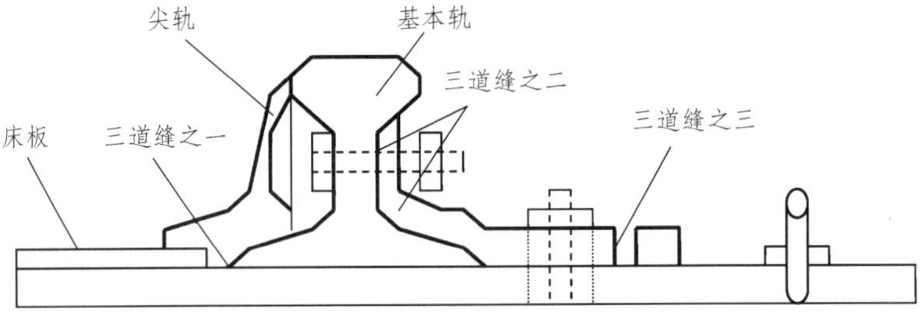

图 5-41 “三道缝”示意图

（4）基本轨曲折点未弯好，使方向不良。

为了做好尖轨部分和导曲线始点处的轨距顺坡，对尖轨尖端处和导曲线始点处的曲股基本轨进行弯折，但 1962 年以前生产的道岔出厂前都未进行弯折，1962 年以后生产的定型道岔，虽做了曲折点，但有的弯折量不够，在这两处因钢轨存在弹性复原力，使轨距和方向容易发生变化。特别是尖轨尖端处的曲折点未弯好时对道岔的方向影响最大，在直股基本轨上产生“三道弯”，即基本轨前端接头向外支嘴；尖轨尖端处向里弯；对准尖轨竖切起点处基本轨向外臌。

四、预防整治道岔方向不良的措施

（1）做好道岔前后 50 m 线路的维修，经常保持轨面平、方向顺。

（2）做好直股基本轨方向，拨好道岔位置。

（3）弯好曲基本轨弯折点，做好轨距加宽递减。

（4）检查确认基本轨既有弯折量，按照标准做好弯折长度和矢度。

（5）加强捣固作业，除按规定捣固外，还应根据道岔构造的特点进行适当加强。

（6）补充夯实道床，道岔转辙部分设置有转辙杆、连接杆，各轨枕孔道砟应比岔枕顶面低 20 ~ 30 mm，并夯实道床。

（7）加强各部分连接零件的养护维修，充分发挥各种扣件固定钢轨位置的作用。

五、尖轨部分病害

1．尖轨不直，与连接部分的方向不顺

（1）尖轨顶铁过长或过短，长期行车后使尖轨变形弯曲。

（2）为使尖轨竖切部分与基本轨密贴，盲目加长连接杆，几根连接杆的长度配合不好，撑弯尖轨。

（3）尖轨在制造时未调查，或运输过程中作业不慎被摔弯。

2．尖轨与基本轨不密贴

（1）尖轨不直，基本轨或尖轨有飞边，滑床板弯曲，使尖轨不能在滑床台上落平，尖轨位置不正或歪斜，造成尖轨与基本轨不密贴或假密贴。

（2）道岔拉杆尺寸、扳道器位置与尖轨尖端开口不配合。

（3）尖轨接头与道岔连接杆互相扭劲，压歪尖轨，使尖轨头部与基本轨离缝。

（4）尖轨顶铁过长。

（5）尖轨扳道不灵活，基本轨横移，出现“三道缝”，方向不直，轨距递减不均匀，尖轨跟端轮缘槽过宽等，都可能造成尖轨竖切部分与基本轨不密贴。

（6）曲股基本轨弯折点位置不对，弯折量不足或过量，尖轨与基本轨本身有硬弯，造成尖轨竖切部分与基本轨不密贴。

六、预防整治尖轨与基本轨不密贴的措施

（1）对刨切不足的尖轨再进行刨切。

（2）打磨焊补或更换顶铁和补强板螺栓。

（3）调整转辙机及尖轨拉杆位置，使其在同一水平线上。

（4）拨正基本轨方向，矫正弯折点位置和矢度。

（5）打磨基本轨和尖轨的“肥边”。

（6）打靠道钉，消除假轨距。

（7）调直尖轨或基本轨，拨正方向，改好轨距。

（8）调整连接杆长度，改变尖轨耳铁的孔位或加入绝缘垫板，误差较大时，可更换耳铁或方钢。

（9）焊补或更换磨损挠曲不平的滑床台、轨撑、滑床板挡肩；或用螺旋道钉将轨撑、滑床板与枕木连接成一体，并用水平螺栓使轨撑与基本轨牢固连接在一起，消灭“三道缝”。

七、预防整治尖轨跳动的措施

（1）焊补或更换间隔铁、夹板，更换磨耗的双头螺栓。

（2）增补整修跟部桥型垫板和防跳卡铁，进一步采取尖轨防跳措施，如在基本轨轨底增设尖轨防跳器，或在尖轨连接杆两端安设防跳补强板，使其长出部分卡在轨底，以防尖轨跳动。

（3）加强转辙部分枕下的捣固，尤其是加强接头及尖轨跟端的捣固。

（4）调直拱腰的尖轨。

八、预防整治导曲线钢轨侧面磨耗的措施

（1）在导曲线上股铺设 1/20 的铁垫板。

（2）根据需要设 6 mm 超高；在导曲线范围内按不大于 2‰ 顺坡。
（3）保持连续部分钢轨无接头相错。

九、预防整治辙叉垂直磨耗和压溃的措施

（1）加强辙叉底部捣固，特别是叉心和辙叉前后接头处的捣固。
（2）借助于更换岔枕的机会，彻底加强辙叉底的捣固。
（3）在辙叉底岔枕顶面垫胶垫，以缓冲受力。
（4）用竖螺栓把辙叉固定在垫板上，如 AT 型道岔一样，加强辙叉的整体稳定性。
（5）可在辙叉部位的岔枕上安设特制铁座，用弹条扣件固定辙叉位置。

复习思考题

1. 普通单开道岔转辙部分的组成及功能是什么？
2. 有害空间是如何定义的？
3. 什么是导曲线支距？怎样量取？
4. 为什么护轨工作边到心轨工作边的距离应大于或等于 1 391 mm？
5. 为什么翼轨工作边到护轨工作边的距离必须小于 1 348 mm？
6. 辙叉护轮轨轮缘槽宽度一般是多少毫米？辙叉护轨起什么作用？
7. 试述提高侧向过岔速度的途径。
8. 尖轨跳动、尖轨不密贴及“三道缝”，以及尖轨磨耗及轧伤是什么原因造成的？
9. 试述影响道岔直向过岔速度的因素。
10. 预防尖轨轧伤及磨耗的措施有哪些？
11. 道岔常见病害有哪些？

项目六　线路设备维修

◆ 学习情境描述

作为铁路线路的基础设施，铁路线路设备维修在铁路运输中起着关键的作用，其质量的优劣直接影响到铁路的安全运行，因此做好铁路线路设备的维修和保养，是确保铁路线路设备正常运行的必要条件，同时这也是成本管理的重要组成部分。

◆ 学习目标

（1）使学生了解线路设备维修工作内容及工作组织。

（2）掌握线路设备维修标准。

（3）掌握线路设备单项作业标准。

（4）了解轨道电路及工电配合。

◆ 思政案例（滕代远——中华人民共和国铁道事业的奠基人）

滕代远（1904—1974），湖南麻阳人，令人崇敬的无产阶级革命家，人民军队的缔造者，中华人民共和国铁道事业的奠基人。

1925年加入中国共产党。1928年任中共湘鄂赣边特委书记，与彭德怀等同志一起领导了平江起义，是红五军的缔造者之一。抗日战争时期，先后受命担任中共中央军委参谋长、抗日军事政治大学副校长兼副政治委员等职。解放战争时期，历任军调部中共代表团军事顾问、铁道兵团司令员兼政治委员等职。中华人民共和国成立后，滕代远担任第一任铁道部部长兼党组书记，主持全国铁路工作，建立了铁路管理体制，组织修建了成渝铁路等重要铁路线和武汉长江大桥等重大工程，为推进全国铁路建设呕心沥血，被公认为中华人民共和国铁道事业的奠基人。

二十大报告指出，我们要坚持人才引领驱动，加快建设教育强国、科技强国、人才强国，坚持为党育人、为国育才，全面提高人才自主培养质量，着力造就拔尖创新人才，聚天下英才而用之。

【本思政案例参考文献：中国军网. 新中国铁路事业奠基人滕代远：永远为党和人民服务[EB/OL].（2019-08-23）】

任务一 线路设备维修工作内容及工作组织

一、轨道维修工作的基本任务

轨道维修工作是经常保持轨道设备完整和质量均衡，使列车能以规定速度安全、平稳和不间断地运行，并尽量延长设备的使用寿命。

轨道维修工作，必须掌握轨道设备技术状态变化规律，贯彻“预防为主，防治结合，修养并重”的原则。在轨道维修工作中，应按轨道设备技术状态各种变化的不同程度，相应地进行综合维修、经常保养和临时补修，有效地预防和整治轨道病害，有计划地补偿轨道设备损耗，以取得较好的技术经济效益。

轨道维修工作，应实行科学管理，开展标准化作业，提高机械化程度，改善检测手段，建立和健全责任制，严格执行检查验收制度。要积极采用新技术，提高机械化作业程度，总结推广先进经验，改革作业方法和劳动组织，不断地提高轨道维修工作水平。

二、轨道维修管理组织

（1）轨道维修管理组织采用修养合一形式。

（2）工务中心下属的探伤工班负责轨道的钢轨探伤检查工作，轨道工班负责轨道维修养护工作，维修管理架构如图 6-1 所示。

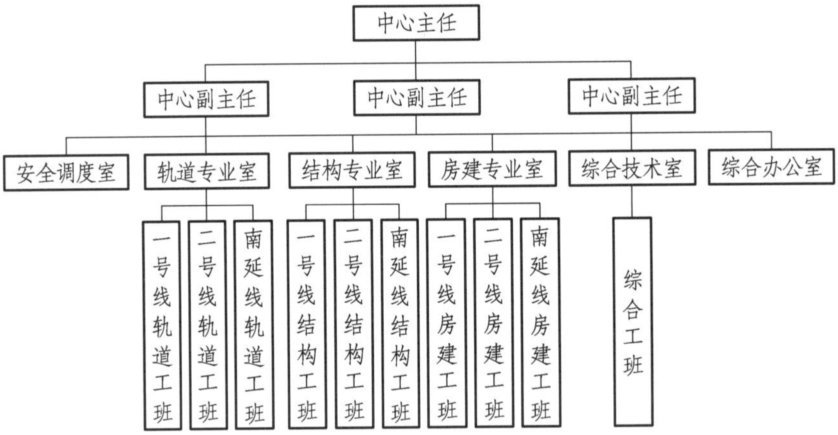

图 6-1 维修管理组织

三、轨道设备检修周期与工作内容（见表 6-1）

表 6-1 轨道设备检修周期与工作内容

序号	设备	修程	主要内容	周期
1	路基	一级保养	1. 检查路基土质是否牢固，有无松塌现象	每月
			2. 对防护与加固设备进行检查	
			3. 对查看路基泥土流失情况并及时维修	
			4. 检查路基排水沟的排水情况及路肩有无杂草	

续表

序号	设备	修程	主要内容	周期
1	路基	二级保养	1. 每年6、7、8月份对路基的整体情况进行检查	每年
			2. 维修防护及加固设备	
			3. 清理路基排水沟	
		小修	1. 清除路堑边坡上的弃土	
			2. 铲低或填补路肩，整修路面排水坡	
2	碎石道床	一级保养	1. 道床的外观整理	每半年
			2. 均匀道床道砟	
			3. 观察道床有无翻浆冒泥	
		二级保养	1. 检查道砟情况并做好增补	每年
			2. 处理零星翻浆冒泥地段	
		小修	成段处理翻浆冒泥地段	根据设备损耗情况确定
3	整体道床	一级保养	1. 疏通道床排水沟	每二月
			2. 检查道床有无异常情况	
		二级保养	1. 对道床的裂纹进行观察	根据设备损耗情况确定
			2. 全面清理水沟	每季度
4	钢弹簧浮置板道床	一级保养	1. 检查浮置板有无裂纹	每季度
			2. 检查板缝间是否有渗水	
		二级保养	1. 查看板缝间有无垃圾并清除	每半年
			2. 查看水沟盖板并清理水沟	
		小修	1. 整修浮置板道床	根据设备损耗情况确定
			2. 对裂纹进行监测并处理	
			3. 更换损坏的部件	
5	轨枕	一级保养	1. 检查轨枕的使用情况并更换零星失效轨枕	每季度
			2. 检查混凝土轨枕有无裂纹并查验裂纹的长度是否超限	
			3. 检查木枕是否腐朽、失效	
			4. 检查混凝土短轨枕是否有破损	
		二级保养	1. 处理吊板枕木和扣件及道钉松脱浮起但不明显的枕木	每季度
			2. 检查并方正轨枕	根据设备损耗情况确定
		小修	1. 对失效枕木进行更换	
			2. 全面更换和修理失效的螺栓	

续表

序号	设备	修程	主要内容	周期
6	钢轨	一级保养	1. 检查钢轨表面是否有伤、掉块及裂纹	每巡
			2. 检查钢轨有无折断并做好记录	
			3. 检查临时加固处理的伤损钢轨	
			4. 对已发现的轻伤及有发展的伤轨进行观察	
		二级保养	1. 对发现疑点及时探伤确认并做好记录	根据设备损耗情况确定
			2. 临时加固处理伤损钢轨	
			3. 检查正线钢轨的磨耗并做好记录	每季度
			4. 检查钢轨接头是否错牙并整治	
		小修	1. 利用打磨车对波磨和侧磨钢轨进行打磨	根据设备损耗情况确定
			2. 处理钢轨的串动、爬行情况	
			3. 正线钢轨常规探伤	每年六遍
			4. 基地钢轨常规探伤	每年一遍
			5. 钢轨联合焊（铝热焊）焊缝接头探伤并检查焊缝有无低接头	每年二遍
			6. 现场闪光接触焊	每两年一遍
			7. 对钢轨飞边、接头凸出的进行打磨	每半年
			8. 对钢轨硬弯进行矫直处理	每年
7	连接零件	一级保养	1. 检查接头螺栓是否松动	每巡
			2. 检查接头夹板连接是否正常	
		二级保养	1. 补齐零星折断或失效的扣件	每月
			2. 补齐缺少及失效的道钉	
			3. 处理各种伤损的垫板	
			4. 更换失效的扣件	
		小修	1. 处理变形及伤损接头夹板	根据设备损耗情况确定
			2. 对高架桥和地面轨道的螺栓、铁垫板、扣件进行涂油	每三年
			3. 对隧道内轨道的螺栓、铁垫板、扣件进行涂油	每五年
8	线路	一级保养	1. 检查正线碎石道床轨道的几何状态，消灭超出经常保养值	每月
			2. 使用轨检车对正线轨道进行动态检查	
		二级保养	1. 检查基地轨道的几何状态，消灭超出经常保养值	每季度
			2.检查正线整体道床轨道的几何状态，消灭超出经常保养值	
			3. 检查正线地段钢轨爬行并记录情况	
		小修	1. 正线整体道床轨道、基地轨道，全面整修，消灭超出作业验收值	每三年
			2. 正线碎石道床轨道，全面整修，消灭超出作业验收值	每年

续表

序号	设备	修程	主要内容	周期
9	道岔	一级保养	1. 基地咽喉道岔、露天折返道岔、共线道岔滑床台涂油	每周
			2. 基地除咽喉外道岔、正线露天及隧道内折返道岔群滑床台涂油	每二周
			3. 正线其余道岔滑床台涂油	每月
		二级保养	1. 检查正线折返道岔、共线道岔联结零件、道岔滚轮作用是否良好及更换失效的部件	每二周
			2. 检查基地咽喉道岔联结零件作用是否良好及更换失效的部件	
			3. 检查正线其余道岔联结零件作用是否良好及更换失效的部件	每月
			4. 检查基地除咽喉外的道岔联结零件作用是否良好及更换失效的部件	
		小修	1. 检查正线折返道岔、共线道岔几何状态，若超过保养值需整修	每二周
			2. 检查基地咽喉道岔几何状态，若超过保养值需整修	
			3.检查正线其余道岔几何状态，若超过保养值需整修	每月
			4. 检查基地除咽喉外的道岔几何状态，若超过保养值需整修	
			5. 钢轨肥边打磨（尖轨非工作边、叉心等）	
			6. 正线及基地咽喉道岔全面整修	每年
			7. 基地其他道岔全面整修	每两年
			8. 零星更换道岔钢轨	根据设备损耗情况确定
10	道口及标志	一级保养	1. 道口板及设备是否侵入限界	每巡
			2. 道口轮缘槽的清理	
			3. 检查道口板、护轮轨是否损坏	
			4. 检查线路标志标记是否齐全、牢固	
		二级保养	1. 线路标志标记的刷新	每年
			2. 补齐缺损的线路标志标记	
		小修	1. 道口板的更换	根据设备损耗情况确定
			2. 平交道口下沉的整治	
			3. 对道口护木更换	
11	车挡	一级保养	检查车挡是否完整，联结零件作用是否良好及更换失效的部件	每半年
		二级保养	1. 滑动式缓冲车挡保养并涂油、刷漆	每年
			2. 固定式车挡保养并涂油、刷漆	每三年
		小修	零星更换联结部件	根据设备损耗情况确定
12	其他	一级保养	涂油器：每巡检查涂油器的安装牢固情况，清理积油，巡检涂油器有无缺油	每巡
		二级保养	杂散电流连接线的扁铁除锈刷漆	每五年
13	季节性工作	二级保养	1. 调查及调整有连续三个及以上瞎缝或大于构造轨缝的钢轨	每半年
			2. 检查并复拧联结零件	

说明：

① 一级保养指日常所需完成工作的内容。

② 二级保养指根据月度计划，必须完成的重点工作。

③ 小、中、大修指根据运营需要及设备损耗规律进行大型维修工作。

④ 基地试车线维修周期及标准比照正线执行。

⑤ 基地咽喉道岔由中心根据具体的行车模式具体指定。

⑥ 周期中的“每巡”指每次巡道。一般情况下，正线每48小时巡道一次、基地每周巡道两次。特殊情况下，根据客运部门下发的施工计划执行。

⑦ 安装道岔滚轮的道岔滑床板可以不用涂油。正线露天段道岔滑床台涂油周期在雨季时，可根据情况适当缩短周期。如遇暴雨或暴雪等恶劣天气，根据情况在雨雪天气当天向控制中心申请停运后临时作业计划，对道岔滑床台进行涂油。如在运营期间出现下雨后太阳暴晒的现象，应根据需要向控制中心申请临时作业点，利用行车间隔进行道岔涂油。

任务二　线路设备维修标准

一、线路检修基本要求

1．一级保养

（1）必须牢固树立“安全第一、预防为主”的思想，掌握、严守分公司制定的有关安全法规、行车组织规定等安全守则。

（2）在进行日常巡检时，巡检人员按照巡检规则及技术要求进行，并应接受技术培训，具有相应的上岗证书。

（3）按本标准日常养护内容对设备（设施）进行认真巡检与维修，发现不正常现象能及时处理的应立即处理并记录，暂不能处理的应上报并记录。

（4）保持设备（设施）的清洁，使工作环境符合要求，进行简单的修补或更换易损件。目的是使设备处于良好的工作条件。

（5）巡检与维修人员对巡检的安全过程应按要求做好巡检与维修记录，记录内容包括：巡检与维修人员、巡检与维修时间、巡检与维修项目（内容）、设备（设施）的使用状况、保养内容、故障情况、维修情况、消耗材料记录、维修工时记录、故障原因分析。

（6）日常养护按计划进行，维修时应遵守《南京地铁轨道维修规则》的相关要求。

2．二级保养

（1）根据日常巡检记录，安排计划进行维修保养。

（2）二级保养是对设备的主要功能及主要部位进行检查、维修、局部解体、清理或更换零配件、加润滑油，及时修整超限或不良处所，以确保轨道质量经常处于均衡状态，保证行车平衡和安全。

（3）做好保养记录，内容包括：维修人员、维修时间、故障发现时间、材料记录、维修工时记录、故障原因分析。

（4）二级保养时按计划进行，应遵守《南京地铁轨道维修规则》的相关要求。

3．小、中、大修

小、中修是对日常巡检、维修的故障进行结构性分析、诊断，对较大工程量及维修周期长的故障进行计划维修。通过小、中修，改善轨道弹性，调整轨道几何尺寸，整修和更换设备零部件，以恢复轨道完好的技术状态。对小、中修的情况进行综合分析总结。大修是对轨道系统进行改造与全面整治，恢复轨道到最佳状态，以保障轨道的完整以及列车安全、平稳的运行。对大修的情况进行综合分析总结。

二、轨道维修标准

1．轨道静态几何尺寸允许偏差管理值

（1）轨道静态几何尺寸允许偏差管理值，按行车速度、轨道类别、作业类别确定。

（2）轨道几何尺寸管理值中，作业验收管理值为综合维修的质量检查标准。

（3）经常保养管理值为轨道应经常保持的质量管理标准。

（4）临时补修管理值为应及时进行轨道整修的质量控制标准。

（5）超过临时补修管理值的处所，应及时处理。

（6）线路轨道静态几何尺寸允许偏差管理值按照表 6-2 的规定。

（7）道岔轨道静态几何尺寸允许偏差管理值按照表 6-3 的规定。

表 6-2　线路轨道静态几何尺寸容许偏差管理值

项目		作业验收/mm		经常保养/mm		临时补修/mm	
		正线及试车线	基地线	正线及试车线	基地线	正线及试车线	基地线
轨距		+4 −2	+6 −2	+7 −4	+9 −4	+9 −4	+10 −4
水平		4	5	7	8	10	11
高低		4	5	7	8	10	11
轨向（直线）		4	5	7	8	10	11
三角坑（扭曲）	缓和曲线	4	5	6	7	7	8
	直线和圆曲线	4	5	7	8	9	10

注：

① 轨距偏差不含曲线上按规定设置的轨距加宽值，但最大轨距（含加宽值和偏差）不得超过 1 456 mm。

② 轨向偏差和高低偏差为 10 m 弦测量的最大矢度值。

③ 三角坑偏差不含曲线超高顺坡造成的扭曲量，检查三角坑时基长为 6.25 m，但在延长 18 m 距离内无超过表 6-2 所列的三角坑。

表 6-3 道岔轨道静态几何尺寸允许偏差管理值

项目		作业验收/mm		经常保养/mm		临时补修/mm	
		正线及试车线	基地线	正线及试车线	基地线	正线及试车线	基地线
轨距		+3 −2	+3 −2	+5 −3	+5 −3	+6 −3	+6 −3
水平		4	5	7	8	9	10
高低		4	5	7	8	9	10
轨向	直线	4	5	7	8	9	10
	支距	2	2	3	3	4	4

注：
① 支距偏差为现场支距与计算支距之差。
② 导曲线下股高于上股限值，作业验收为 0，经常保养为 2 mm，临时补修为 3 mm。

2．轨道动态检查

1）轨道检查车（以下简称“轨检车”）的检查

轨道检查车的检查是轨道动态质量检查的主要手段，添乘仪检查作为除轨检车检查外的一个补充动态检查。通过检查了解和掌握轨道局部不平顺（峰值管理）和轨道区段整体不平顺（均值管理）的动态质量，用以指导轨道养护维修工作。

2）动态检测原理

轨道几何形位动态检测的设备主要是轨检车。除检测轨道几何形位外还可以从轮轨相互作用和行车平稳性等方面对轨道状态做出综合评价。轨检车由检测装置和数据处理系统两大部分组成。检测装置包括：惯性基准轨道不平顺测量装置、光电测距测量装置和多功能振动测量装置等。数据处理系统包括：模拟转换器、计算机、打印机等。轨距检测采用光电式轨距测量装置，应用电学、磁学和光学原理，通过不同的传感器，把轨距几何量值的变化转换成电容、电感和电流或电压等电气参数的变化，实现动态条件下轨距的无接触测量。测量前后高低和左右水平时，采用惯性基准轨道不平顺测量装置，对轨道不平顺和水平进行测量。车体和轴箱振动加速度检测采用多功能振动测量装置。轨检车载数据处理系统能对测试结果进行实时处理。由各检测装置测得的模拟信号通过模拟转换器转化为数字信号，输出计算机进行分析和处理。处理结果打印成图表，给出某段线路上各检测项目的平均值、标准差、各级超限峰值及最大超限值、累计超限罚分值等。同时，模拟信号还被记录在波形记录仪或模拟磁带机上，供进一步分析和处理用。

3）动态检测项目

当前我国推广使用的 GJ-4 型轨检车，如图 6-2 所示，除可检测左右轨的前后高低、左右轨的轨向、轨距、动态水平、扭曲（三角坑）、车体水平和垂直振动加速度外，还可以显示出接头振动、曲线状态和地面标志等。

图 6-2　GJ-4 型轨检车

4）检测质量评定

线路区段整体不平顺（均质管理）的动态质量用轨道质量指标（TQI）评定。轨道质量指数是以 200 m 的轨道区段作为单元，分别计算单元区段上左右轨高低、左右轨轨向、轨距、水平、三角坑等 7 项几何不平顺幅值的标准差，各单项几何不平顺值的标准差称为单项指数，将 7 个单项指数之和作为评价该单元区段轨道平顺性综合质量状态的指标，称为轨道质量指标。

5）数据分析（见图 6-3）

（1）轨距（偏差）正负：实际轨距大于标准轨距时轨距偏差为正，反之为负。

（2）高低正负：高低向上为正，向下为负。

（3）轨向正负：顺轨检车正向，轨向向左为正，向右为负。

（4）水平正负：顺轨检车正向，左轨高为正，反之为负。

（5）曲率正负：顺轨检车正向，右拐曲线曲率为正，左拐曲线曲率为负。

（6）车体水平加速度：平行车体地板，垂直于轨道方向，顺轨检车正向，向左为正。

（7）车体垂向加速度：垂直于车体地板，向上为正。

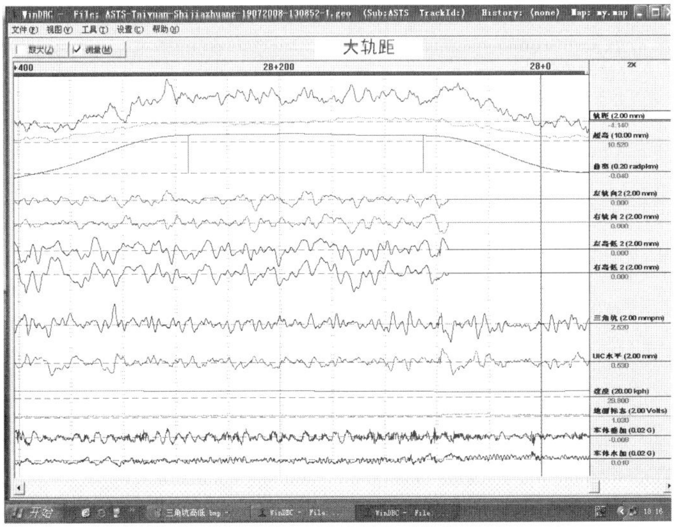

图 6-3　轨检车数据

6）轨检车对轨道局部不平顺（峰值管理）检查评定标准

（1）检查评定项目：轨距、水平、高低、轨向、三角坑、车体垂直振动加速度和横向振动加速度七项。

（2）各项偏差等级划分及扣分标准：偏差等级一般分四级。Ⅰ级为保养标准，每处扣 1 分；Ⅱ级为舒适度标准，每处扣 5 分；Ⅲ级为临时补修标准，每处扣 100 分；Ⅳ级为限速标准，每处扣 301 分。

（3）各级偏差管理值见表 6-4。

（4）线路动态评定标准：

① 线路动态评定以千米为单位。

② 每千米扣分总数为各级、各项偏差扣分总和。

③ 每千米线路动态评定标准为：扣分总数在 50 分以内为优良，扣分总数在 51～300 分之间为合格，扣分总数在 300 分以上为不合格。

表 6-4 轨道动态几何尺寸容许偏差管理值

项 目	速度/(km/h)							
	$120 \geq V > 100$				$V \leq 100$			
	Ⅰ级	Ⅱ级	Ⅲ级	Ⅳ级	Ⅰ级	Ⅱ级	Ⅲ级	Ⅳ级
高低/mm	8	12	20	24	12	16	22	26
轨向/mm	8	10	16	20	10	14	20	23
轨距/mm	+8 −6	+12 −8	+20 −10	+24 −12	+12 −6	+16 −8	+24 −10	+28 −12
水平/mm	8	12	18	22	12	16	22	25
三角坑（基长 2.4 m）/mm	8	10	14	16	10	12	16	18
车体垂向加速度/g	0.10	0.15	0.20	0.25	0.10	0.15	0.20	0.25
车体横向加速度/g	0.06	0.10	0.15	0.20	0.06	0.10	0.15	0.20

（5）线路区段整体不平顺（均值管理）的动态质量用轨道质量指数（TQI）评定。

（6）线路动态检查周期：每月使用轨检车对正线全线进行一次检查。

3．综合维修验收标准

1）线路综合维修验收采取评分办法

（1）评分标准如表 6-5 所示。

（2）满分为 100 分，扣除缺点分后，85～100 分为优良，60～85 分为合格，60 分以下为不合格。

（3）不合格线路整修复验后，在 60 分及以上者，可评为合格。

2）道岔综合维修验收采取评分办法

（1）评分标准如表 6-6 所示。

（2）满分为 100 分，扣除缺点分后，85 ~ 100 分为优良，60 ~ 85 分为合格，60 分以下为不合格。

（3）合格道岔整修后，在 60 分及以上者，可评为合格。

表 6-5　线路综合维修验收评分标准

项目	内容	编号	扣分条件		抽验数量	单位	扣分（分）	说明
			正线及到发线	车场线				
轨道几何尺寸	轨距水平三角坑	1	超过验收标准允许偏差	超过验收标准允许偏差	连续检测 100 m	处	4	选择质量较差地段，有曲线时检测一个曲线的正矢，曲线正矢超限每处扣 4 分
		2	超过经常保养允许偏差	超过经常保养允许偏差		处	41	
		3	轨距变化率大于 2%（不含规定的递减率）	轨距变化率大于 3%（不含规定的递减率）		处	2	
	轨向高低	4	超过验收标准允许偏差	超过验收标准允许偏差	全面查看、重点检查	处	4	
		5	超过经常保养允许偏差	超过经常保养允许偏差		处	41	
钢轨	接头错牙	6	轨面及内侧错牙 1 mm	轨面及内侧错牙 2 mm	全面查看、重点检查	处	4	错牙 3 mm 时扣 41 分
	接头相对	7	直线偏差 40 mm，曲线偏差 40 mm 加缩进量一半	直线偏差 60 mm，曲线偏差 60 mm 加缩进量一半	全面查看、重点检查	处	4	轨缝在调整轨缝轨温限制范围以内检查
	轨缝	8	连续瞎缝或达到构造轨缝	连续瞎缝或达到构造轨缝	全面查看、重点检查	处	8	
		9	轨端飞边 2 mm	轨端飞边 2 mm	全面查看、重点检查	处	8	
道口	铺面	10	不平整、松动	不平整、松动	查看检测	块	4	
	轮缘槽	11	尺寸不符合有关规定	尺寸不符合有关规定	查看检测	处	16	
	护桩	12	缺损、歪斜	缺损、歪斜	全面查看	个	2	
路基	路肩	13	不平整、有反坡、有大草	不平整	全面查看	米	1	单侧计算
	排水	14	侧沟未疏通或弃土不符合规定	侧沟未疏通或弃土不符合规定	全面查看	米	2	
轨枕	位置	15	位置、间距偏差或偏斜 50 mm	位置、间距偏差或偏斜 50 mm	全面查看、重点检测	处	1	枕上或枕下离缝 2 mm 者为吊板，枕下暗吊板不明显者，可冒起道钉或松开扣件查看
	失效	16	接头或焊缝处失效，其他处连续失效	接头或焊缝处失效，其他处连续三根及以上失效	全面查看重点检测	处	4	

续表

项目	内容	编号	扣分条件		抽验数量	单位	扣分（分）	说明
			正线及到发线	车场线				
轨枕	修理	17	混凝土枕应修未修，木枕应削平及劈裂者未修	混凝土枕应修未修，木枕应削平及劈裂者未修	全面查看	根	1	
	吊板率	18	大于 8%	大于 12%	连续检测 50 头	每增加 1%	2	
标志标记	标志	19	缺损、歪斜、字迹不清	缺损、歪斜、字迹不清	全面查看	个	2	道口标志缺少扣 41 分
	标记	20	钢轨上各种标记不齐全，位置不对，字迹不清	钢轨上各种标记不齐全，位置不对，字迹不清	全面查看	处	1	
连接零件	接头螺栓	21	缺少、松动或扭矩不符合规定	缺少、松动或扭矩不符合规定	全面查看，抽测 4 个接头扭矩	条	2	
	铁垫板、胶垫	22	铁垫板和胶垫板、胶垫片缺少	铁垫板和胶垫板、胶垫片缺少	连续查看 100 头	块	2	
		23	胶垫板或胶垫片失效超过 8%	胶垫板或胶垫片失效超过 16%	连续查看检测 100 头	每增加 1%	1	
	道钉扣件	24	道钉、扣件缺少	道钉、扣件缺少	连续查看 100 头	个	2	
		25	道钉浮离或扣板（轨距挡板）前、后离缝大于 2 mm 者，超过 8%	道钉浮离或扣板（轨距挡板）前、后离缝大于 2 mm 者，超过 12%	连续检测 50 个	每增加 2%	1	
		26	扣件扭矩超出规定范围或弹条扣件中部前端下颏离缝大于 1 mm 者，超过 8%	扣件扭矩超出规定范围或弹条扣件中部前端下颏离缝大于 1 mm 者，超过 12%	连续检测 50 个	每增加 1%	1	
轨道加强设备	轨距杆、轨撑	27	缺少或松动	缺少或松动	全面查看、重点检测	根、个	2	区间正线无观测桩或观测桩不起作用，按爬行超限检查站内线路及绝缘接头前后
	防爬设备	28	防爬器缺损、松动或离缝大于 2 mm	防爬器缺损、松动或离缝大于 2 mm	连续查看检测 50 个	个	2	
		29	支撑损坏、失效、尺寸不合标准	支撑损坏、失效、尺寸不合标准	连续查看检测 50 个	个	1	
	线路爬行	30	普通线路爬行量大于 20 mm，无缝线路位移观测无记录	普通线路爬行量大于 20 mm，无缝线路位移观测无记录	全面检测	千米	41	

续表

项目	内容	编号	扣分条件		抽验数量	单位	扣分（分）	说明
			正线及到发线	车场线				
道床	脏污	31	枕盒或边坡清筛深度不足，清筛部分有混砟	枕盒或边坡清筛深度不足，清筛部分有混砟	全面查看，重点扒开道床检查	米	2	按工务段下达的计划验收
	尺寸	32	Ⅰ型混凝土枕中部道床凹下尺寸不符合第3、2、1条规定	Ⅰ型混凝土枕中部道床凹下尺寸不符合第3、2、1条规定	连续查看检测100 m	米	1	
	外观	33	不饱满、不均匀、不整齐、有杂草	不均匀、不整齐、有杂草	全面查看	米	1	

表 6-6 道岔综合维修验收评分标准

项目	内容	编号	扣分条件		抽验数量	单位	扣分（分）	说　明
			正线道岔	车场线道岔				
轨道几何尺寸	轨距水平	1	超过验收标准允许偏差	超过验收标准允许偏差	全面检测	处	4	同时检测两线间距小于5、2 m的连接曲线轨向
		2	超过经常保养允许偏差	超过经常保养允许偏差		处	41	
	轨向高低	3	超过验收标准允许偏差	超过验收标准允许偏差	全面查看、重点检测	处	4	
		4	超过经常保养允许偏差	超过经常保养允许偏差		处	41	
	查照间隔	5	超过允许限度	超过允许限度	全面检测	处	41	
	护背距离	6	超过允许限度	超过允许限度	全面检测	处	4	
钢轨	接头错牙	7	轨面或内侧错牙≥1 mm	轨面或内侧错牙≥1 mm	全面查看、重点检测	处	4	错牙大于3 mm时扣41分
	轨缝	8	连续瞎缝或达到构造轨缝	连续瞎缝或达到构造轨缝	全面查看、重点检测	处	8	
岔枕	位置	9	位置或间距偏差大于40 mm	位置或间距偏差大于50 mm	全面查看、重点检测	处	2	枕上或枕下离缝大于2 mm者为吊板，枕下暗吊板可根据道床与岔枕间状态判断，不明显者可扒开道床查看
	失效	10	接头处失效，其他处连续失效	接头处失效，其他处连续三根及以上失效	全面查看、重点检测	处	8	
	修理	11	混凝土岔枕应修未修，木岔枕应削平及劈裂者未修	混凝土岔枕应修未修，木岔枕应削平及劈裂者未修	全面查看	根	2	
	吊板率	12	大于8%	大于12%	连续检测50头	每增1%	2	

续表

项目	内容	编号	扣分条件		抽验数量	单位	扣分（分）	说明
			正线道岔	车场线道岔				
连接零件	道钉扣件	13	道钉、扣件缺少	道钉、扣件缺少	连续查看50块	个	2	一组扣件的零件不全，按缺少一个计算。弹条扣件亦可检测扭矩
		14	道钉浮离或轨距挡板前后离缝大于2 mm者，弹条中部前端下颏离缝大于1 mm者，超过8%	道钉浮离或轨距挡板前后离缝大于2 mm者，弹条中部前端下颏离缝大于1 mm者，超过12%	连续查看检测50块	每增1%	1	
轨道加强设备	轨撑轨距杆	15	在转辙或辙叉部分轨撑离缝大于2 mm，在其他部分轨撑或轨距杆缺损、松动	在转辙或辙叉部分轨撑离缝大于2 mm，在其他部分轨撑或轨距杆缺损、松动	查看检测	个根	2	轨撑离缝是指轨撑与轨头下颏或轨撑与垫板挡肩之间的间隙
	防爬设备	16	防爬器缺损、松动或离缝大于2 mm，支撑缺损、失效、尺寸不符合标准	防爬器缺损、松动或离缝大于2mm，支撑缺损、失效、尺寸不符合标准	查看检测	个	2	测量两尖轨端相错量
	爬行	17	爬行量大于20 mm	爬行量大于20 mm	检测	组	41	
连接零件	尖轨可动心轨靠贴	18	尖轨尖端与基本轨、可动心轨与翼轨不靠贴	尖轨尖端与基本轨、可动心轨与翼轨不靠贴	全面检测	组	41	
	滑床板	19	尖轨、可动心轨与滑床板缝隙大于或等于2 mm	尖轨、可动心轨与滑床板缝隙大于或等于2 mm	全面检测	块	2	
	连杆顶铁间隔铁	20	连杆、顶铁、间隔铁及护轨螺栓缺少	连杆、顶铁、间隔铁及护轨螺栓缺少	全面查看	块、根	16	
	螺栓	21	连杆、顶铁、间隔铁及护轨的螺栓缺少、松动或扭矩不合规定	连杆、顶铁、间隔铁及护轨的螺栓缺少、松动或扭矩不合规定	查看检测	根	2	
	其他螺栓	22	其他各种螺栓缺少、松动	其他各种螺栓缺少、松动	查看检测	根	1	
	铁垫板	23	铁垫板或胶垫板、胶垫片缺少	铁垫板或胶垫板、胶垫片缺少	连续查看50块	块	2	
连接零件	胶垫	24	胶垫板或胶垫片失效超过8%	胶垫板或胶垫片失效超过12%	连续查看检测50块	每增1%	1	

续表

项目	内容	编号	扣分条件		抽验数量	单位	扣分（分）	说　明
			正线道岔	车场线道岔				
道床	脏污	25	枕盒内道床不洁或边坡有土拢	枕盒内道床不洁或边坡有土拢	全面查看，重点扒开检查	组	6	
	外观	26	不饱满、不均匀、不整齐、有杂草	不饱满、不均匀、有杂草	全面查看	组	4	
标志标记	标志	27	警冲标损坏或显示不明	警冲标损坏或显示不明	查看检测	组	8	警冲标缺少或位置不对扣41分
	标记	28	钢轨上各项标记不全，位置不对，字迹不清	钢轨上各项标记不全，位置不对，字迹不清	全面查看	处	1	含钢轨编号、轨距、支距、钢轨伤损等标记
路基	路肩	29	不平整、有反坡、有大草	不平整、有反坡、有大草	同上	个	2	
	排水	30	侧沟未疏通或弃土不符合规定	侧沟未疏通或弃土不符合规定	同上	组	4	

4．线路、道岔综合维修验收单位

（1）正线（含无缝线路）应以 100 m 为单位。

（2）基地线为一股道。

（3）道岔为一组。

轨道工班在综合维修完工后，应进行自检，确认各项质量达到标准后，报分线工程师进行验收，由中心专业工程师进行抽验。经常保养地段的作业项目由工班自验、工务中心抽验。临时修补地段以工班自检为主，偏差消除应在检查记录簿中记录。

任务三　线路设备单项作业

一、扒道床作业

1．作业范围

进行线路综合维修、经常保养和临时补修作业中用道镐捣固时，需扒道床作业。

2．作业技术标准

（1）扒道床时，必须满足下列要求：

① 长度：自轨底中心向两侧各 400 ~ 450 mm。

② 深度：不起道捣固时，一般扒至轨枕底以下 10 ~ 20 mm；起道在 10 mm 左右时，扒至与轨枕底成水平；起道超过 10 mm 时，在轨枕侧面应留有道砟，留砟量一般约为起道高度的两倍。

③ 宽度：扒至距被捣固的轨枕侧面约 100 mm。

④ 坡度：如系卵石道床，应保持 1∶1.5 的坡度。

⑤ 轨底：轨底应扒清、扒透，以便打好轨底镐。

（2）作业完成后，必须及时回填、夯拍，以恢复道床阻力，并达到以下要求：

① 道床饱满、坚实、均匀整齐，无杂草，边坡一致，砟肩符合要求。

② 清出的污土，必须清理干净，路肩无乱石。

③ 道床顶面应低于轨枕顶面（以轨底处为准）20 ~ 30 mm。混凝土枕中部道床顶面应凹下并低于枕底不小于 20 mm，凹下部分长度为 200 ~ 400 mm。混凝土枕中部道砟可不掏空，但应保持疏松。

3. 作业方法

按照事先调查划出的始终点扒开道床，顺序是先扒外口，再扒里口，各扒出轨枕盒内道砟的一半，扒出的道砟堆放在道心和轨枕头处，其高度不得超过钢轨面。应尽量扒出大道砟，以免大砟堵门。剩余小道砟（粒径一般为 30 mm 以内）作为捣固用。道砟扒出半槽后，先扒右镐窝，道砟堆放在轨枕盒里对面的左手镐窝处，待右手镐打完后，再把堆在左手镐窝处的道砟扒到右手镐窝处，再打左手镐。这样，由于轨枕背面总有道砟，容易做到捣固坚实，防止道砟由背面串出，能保证作业时轨道稳定，对行车安全有利，回填道砟时省工。

4. 注意事项

（1）无缝线路地段作业，应遵循有关规定办理。

（2）自动闭塞区段，应防止联电。

（3）遇有须方正木枕时，应同时将方正轨枕位置处石砟扒清。

二、线路起道作业

在线路综合维修中，如线路状态较好，质量基本稳定，可采取重点起道。如线路坑洼较多，积累的下沉量较大，应有计划地适当地全面起道。全面起道时，应结合线路坡度和变坡点的情况，合理地确定起道地段的延长和起道量。木枕地段，在综合维修中，全面或重点起道时，应全面进行捣固。在经常保养和临时补修中，可采取重点起道和重点捣固。每次起道长度，应根据列车间隔时分确定，要求在列车到来前，能完成起道地段的捣固和顺撬。

1. 作业范围

（1）整正轨道的水平、三角坑及纵向高低。

（2）线路偏低需抬高线路以及周期性维修全起、全捣，增加道床厚度。

（3）调整线路纵断面，应进行起道作业。

2．作业条件

（1）起道量在 40 mm 以下时，区间设置作业标防护。

（2）起道量为 40 ~ 100 mm 时，用减速信号防护，放行列车或单机时限速不超过每小时 25 km。限速列车的时间、次数、速度由施工单位决定。

（3）起道高度超过 100 mm 时，设置停车信号防护，放行列车或单机时限速不超过每小时 15 ~ 25 km。限速列车的时间、次数、速度由施工单位根据具体情况决定。

（4）限速放行列车或单机时，起道顺坡应不小于 200 倍，轨枕下道砟应串实，轨枕盒内及枕头道砟应不小于三分之一；不减速放行列车时，临时起道顺坡不小于 200 倍，收工时不小于 400 倍，轨枕下道砟捣固密实，轨枕盒内及枕头道砟按规定执行。

（5）无缝线路与轨温有关的起道作业应按照规定办理。普通线路 25 m 钢轨地段，如在轨温超过 30 °C 条件下起道作业，应实现在轨温 25 °C 左右时，松动接头螺栓，适当放散钢轨温度应力，或将接头螺栓扭力矩调整为 300 ~ 400 N · m。

（6）成段起道，大部分起道量超过 40 mm 时，应用水准仪测量调整纵断面，按水平标桩起道。

（7）起道地段应有足够的道砟。

3．作业技术标准

（1）两股钢轨应处于同一水平，无明显小坑。

（2）在 6.25 m 距离以内的水平误差变化量，即三角坑符合的容许规定，水平变化率（含超高）最大不得大于 2‰。

（3）纵向长平、目视平顺，无明显漫包漫洼。检查水平、高低误差，符合容许规定。轨顶符合设计标高，误差不大于 ± 20 mm。

（4）起道时应保持既有坡度，不改变变坡点位置和竖曲线半径，不侵入限界，不超过与相邻线规定的最大高差。

（5）由线路起道引起的有关项目变动，应做到符合各单项技术标准。

4．作业程序与要领

1）调查工作量和确定标准股

在起道作业前（最好在前一天）进行。全面起道时，直线以左股为标准股，曲线以下股为标准股，每隔 20 m 为一点，将计划起道量记在钢轨上。用标桩全面起道时，量取并记录轨面与标桩的高度差，标记各点起道量。

重点起道时，不论直线或曲线，起道人应先俯身观察坑洼，在较高处丈量水平，然后以水平高的一股为标准股。

起道地段要查明坑洼位置，准确划好每撬的始终点或确定起道量。同时，要将钢轨拱起、低接头、死坑、空吊板等查明与划上符号，以便指导捣固作业。

若起道量较大时，应根据道砟数量确定一次起道高度。

2）核准与检查工具

作业前由起道负责人检查与校正道尺、水平板或高度板。由起道操纵人员检查起道器的完好状态。

3）压打道钉

一般先撤除找平用的垫板，如重点起道作业，对捣垫结合处所，则按计划撤除或保留垫板，然后压打道钉，调整胶垫和拧紧扣件。

4）指挥起道

（1）由三人组成的起道组，一人看道量水平，一人使用起道器，一人打塞。

（2）全面起道时，由看道指挥者按标记的起道量，将各点起够，各点之间用目测起平。将标准股起出一段后，返回起好对面股。

① 起标准股时，看道指挥者俯身在标准股钢轨上，一般距起道器不少于 20 m 处看道，目测钢轨外侧下颚水平线高低情况，用手势指挥起道，起对面一股水平后，若有高低不平情况，先在标准股上目测补撬，后找对面股水平高低。

② 不用起道标桩在坡道上起道时，从上坡往下坡看道，每点都不能低；从下坡往上坡看道，每点都不能高。

③ 起道时需要预留下沉量，接头、基础松软及大石砟地段、坑底多留，但不得超过 4 mm。

5）放置起道器及打塞

（1）使用起道器人员应按指挥人员的手势，准确地把起道器置于起道位置，起道器要放置迅速、平直、稳起、稳落。曲线上股放在外口，下股放在里口。接头处将起道器放在接缝下，必须先扒好起道器窝，防止挤走轨枕。全起全捣时，在接头起一次，混凝土枕每隔 6 根，木枕每隔 6 ~ 8 根起一次，顺次前进。重起重捣或重起全捣时，陡坑在坑底起一次，慢坑按长度增加次数，坑底要起平。对 5 mm 以下的小坑，可不用起道器起道，采用加强捣固方法捣起。

（2）看道、起道和打塞人员要紧密配合，打塞时要将轨底部分串实，接头部分要对接缝两侧轨枕打塞，每根打两面镐，混凝土枕非接头部分也打两面镐，打塞后方准撤除起道机。若遇起冒过高时，应用镐尖透塞，严禁用起道器撞击钢轨或轨枕。

5．注意事项及作业安全

（1）在轨道电路区段，起道机严禁放在绝缘接头处或在绝缘接头处钢轨顶面滑行。

（2）起道后不准遗留整治水平超限用的垫板。

（3）使用起道器人员不得兼做其他工作，做到人不离机，能随时下道。

（4）天气炎热时，事先要检查轨缝，必要时均匀轨缝，控制起道高度。如道床不足或连续瞎缝时，则不能起道，防止胀轨跑道的发生。

三、手工捣固

1．作业范围

（1）捣实线路轨道水平、三角坑及纵向高低超限处所道床。

（2）整治线路暗坑、吊板和低接头等病害。

（3）线路大中修、抬高线路、破底清筛道床和进行线路综合维修捣实枕底道床。

（4）更换轨枕、拨道量超过 40 mm、方正轨枕超过 50 mm 以及进行其他破坏轨枕底道床的作业。

2．作业条件

（1）配合起道时，按起道作业条件设置防护。

（2）左右手镐窝不准同时连续扒开。钢轨在气温 30 °C 以上时，每根轨枕扒四个镐窝，连续长度不得超过 25 m。炎热季节不得在连续瞎缝地段扒开道床。

（3）无缝线路扒开道床长度按规定办理。

3．作业技术标准

（1）扒开道床长度从钢轨底算起两侧各 400 ~ 450 mm。不起道时，扒深至轨底以下 10 ~ 20 mm，起道在 10 mm 左右时，扒至和轨底成水平；起道超过 10 mm 时，坡度为 1∶1.5，轨枕侧面应留有道砟。留砟量为起道高度的 2 倍，注意清好轨底，不影响打斜镐。

（2）捣固范围为自钢轨中心线向外各 400 ~ 450 mm。每个轨枕头应打四面镐。

（3）轨枕间捣固强度要均匀，钢轨与铁垫板应密贴，不密贴缝隙不得超过 2 mm。正线、到发线、空吊板不得超过 8%，其他站线不超过 12%。

（4）落镐位置正确，不得砸伤枕底棱角。

（5）道床均匀、密实、整齐、边坡一致，砟肩符合规定要求，正线边坡坡度为 1∶1.75，轨底处的道床顶面低于枕面 20 ~ 30 mm，混凝土轨枕中部 200 ~ 400 mm 范围道床顶面低于枕底 20 mm，S-2、J-2、S-3 型混凝土轨枕可不掏空，但应保持疏松。

4．电动捣固机捣固作业

1）准备工作

（1）在使用前应全面检查电路，如插头、插座、开关等接触是否良好，电缆、电气设备绝缘是否有破损。

（2）检查各连接部位螺栓是否紧固，并擦净灰尘、油垢。

（3）对滑动、转动部位加注润滑油。

（4）启动时，必须停止擦拭工作，启动电机试好正反转，并检查走行架绝缘，以防联电。

2）捣固姿势

两脚站在被捣固轨枕前或后的两根相邻轨枕上，成 80° ~ 85° 角，前脚距钢轨约 400 mm，并与之平行，后脚尖向着钢轨，身体垂直，两手紧握手把。捣固时，首先使电镐与轨枕垂直线成 45° 角，以后逐渐增大，到结束时为 80° 角。在捣固中，还必须将电镐沿中心线向四周摆动和左右倾斜约 20°，这样可使镐头进入道床，提高捣固质量。

3）排镐顺序

为加强轨底，先将镐头放在轨底处捣固，以后再向两边移动进行捣固，最后再向轨底中间方向捣固。

4）捣固时间

捣固时间与起道量有关，起道量在 20 mm 以下，一般为 40 s，每面捣固三个镐位；起道量在 20 ~ 40 mm 时，一般为 55 s，每面排四个镐位。轨底应适当延长捣固时间。

5）操作要领

四个镐或八个镐在捣固时必须做到四个一致：下镐位置一致，都捣固同一位置的镐位；下镐角度一致，镐板与地平面成 40° ~ 45° 角；下镐动作一致，最好由一人用口笛指挥，统一动作；捣固时间一致，一起下镐，一起转移。

6）安全下道

在作业结束或有列车开来时，切断电源，提镐下道；如为一操四电动捣固机，应将捣固机推至下道架处，取下联结杆，分离两机，分别下道，放置在限界以外。复线或线路不容许向两侧下道时，可用过道架将捣固机引渡到另一侧下道。下道架与捣固机相距不宜超过 10 m。

四、线路拨道作业

线路直线地段轨向不良，可用目测方法拨正。曲线地段轨向不良，可用绳正法测量、计算与拨正。如需改变曲线头尾位置、缓和曲线长度、圆曲线半径，应用仪器测量改动。

线路上其他设备影响轨道不能按应有位置拨正时，应用仪器测量校正。原则上应以线路中线为准，调整其他设备的位置和尺寸。在困难条件下，可通过测量调整轨道位置。

1. 作业范围

在计划维修、临时补修和大中修整理作业中，拨直线路方向。

2. 作业条件

（1）每次列车间隔内拨道量在 40 mm 及以下时，区间设置作业标防护。

（2）每次列车间隔内拨道量为 41 ~ 100 mm 时，应办理施工手续，用减速信号防护。放行列车或单机时限速不超过每小时 25 km，限速列车的时间、次数、速度由施工单位申请决定。

（3）每次列车间隔内拨道量超过 100 mm 时，应办理封锁施工手续；设置停车信号防护。放行列车或单机时，限速不超过每小时 15 ~ 20 km，限速列车的时间、次数、速度由施工单位申请决定。

（4）普通线路 25 m 钢轨地段，在轨温超过 30 °C 条件下拨道作业，应事先在轨温 25 °C 左右时，松动接头螺栓，适当放散钢轨温度应力。轨温超过 40 °C 时，禁止拨道。

（5）无缝线路与轨温有关的拨道作业条件，按规定办理。

（6）拨道量大时，应事先检算轨缝。轨温较高时，道床应充足。

3. 作业技术标准

（1）直线大方向直顺无甩弯，用 10 m 弦量最大矢度，其偏差正线、到发线不超过 4 mm，其他站线不超过 5 mm。

（2）曲线无鹅头、无反弯，用 20 m 弦量其偏差不超过规定的限度。

（3）由于拨道引起轨缝、水平、道床发生变化或产生吊空板必须按标准修好。

4．作业程序与要领

（1）确定标准股：直线两方向相差不大时，应以左股为标准股，若一股方向较好，则比较好的一股为标准股；曲线下股为标准股；根据标准股的拨道量大小，确定施工防护办法和调查轨缝的工作量。

（2）调查轨缝：调查轨缝的大小，计算其影响量，预先做好调整，以防胀轨跑道。

（3）根据拨道量大小确定拨道步骤，一般拨道大于 20 mm 时，应先荒拨，捣固后再细拨。确定拨道量时，不得侵入建筑限界。

（4）拨道前应将轨枕头道砟刨松，拨道量大或道床坚硬应扒开轨枕头道砟。根据需要扒开轨枕盒内防爬支撑一侧的道砟或拆除防爬支撑。拨道前应全面打紧、打靠浮离道钉。

（5）拨道指挥人员双脚跨在标准股上看道指挥。拨大甩弯时看道地点距拨道地点应在 100 m 左右，拨小弯时在 50 m 以内。远处大方向看轨面光带，近处小方向看钢轨里口，向不动点目测穿直。

（6）指挥人员用手势指挥拨道，手势要及时、准确。指挥手势如下：

① 远离指挥者：右臂屈举于右肩前，手心向外，然后右臂平伸向前推出。

② 靠近指挥者：右臂向前平伸，手心向内，做退回动作。

③ 向左拨或向右拨：左臂向左平伸或右臂向右平伸。

④ 拨接头：屈举双臂，双手握拳相碰于头上。

⑤ 拨大腰：两臂微屈，两手伸开，高举头上比成大圆形。

⑥ 拨小腰：两臂弯曲，两手放在胸前，张开食指和拇指比成小圆形。

⑦ 交叉拨：两臂在体前交叉。

⑧ 用力拨：两臂下垂，在体前向拨动方向快速摆动。

⑨ 停止拨道：两臂左右平伸。

⑩ 拨道结束：摆动右臂划大圆圈。

（7）使用起道机拨道，因为力量较大，可以减少拨道人员，但容易抬起轨道。一般混凝土枕线路，可使用起道机拨道，每次拨道量不宜超过 20 mm。

（8）使用液压拨道器拨道：用三台拨道器，每撬六个轨枕空，每台拨道器相距三个枕空。在拨正方向一侧钢轨上安装两台，另一侧安设一台，三台为“V”形安设。安装拨道器前后应扒窝，深度距钢轨底面 120 ~ 150 mm，拨道器与钢轨连接以后，工作油缸和钢轨顶面夹角不大于 45°。每次拨道量不宜超过 40 mm，并须在列车到达前及时做好顺撬。

（9）要根据具体情况预留回弹量 5 ~ 6 mm，拨道后，必须回填轨枕头、防爬支撑旁及撬窝的道砟，并加以夯实。曲线地段应回检正矢，并及时填写曲线正矢登记簿。

（10）在过车后和 1 ~ 2 天以后，应进行复查和找细，整修个别超限处所。

5．注意事项

（1）拨道量较大时，在放行列车或单机时应做好顺撬。

（2）在轨道电路地段拨道撬棍须有绝缘套，拨道器和撬棍不准插在绝缘接头下。在无缝线路地段拨道，撬棍不得插在焊缝下。

（3）前后转移时不准肩扛撬棍，应在身体一侧两手握持撬棍，以防伤人。

五、道岔拨道作业

1. 作业范围

（1）道岔方向发生显著变化，通过综合维修拨正方向。

（2）道岔铺设位置不合适，需进行改移。

2. 作业条件（站场线）

（1）拨道量在 40 mm 及以下时，利用列车间隔时间进行，设专人防护，班长负责作业。

（2）拨道量在 41 ~ 100 mm 间，使用移动减速信号防护，放行列车或单机时限速不超过 25 km/h，工长负责作业。

（3）拨道量超过 100 mm，办理封锁施工手续，设置移动停车信号防护。

3. 作业技术标准

（1）大方向良好，与前后线路及道岔群连接顺直，连接曲线不得有鹅头。

（2）直股方向用 10 m 弦绳测量，正线、到发线道岔方向误差不超过 4 mm，其他线道岔不超过 5 mm。

（3）附带曲线正矢连续差，正线到发线道岔不超过 3 mm，其他线道岔不超过 4 mm。

（4）拨道处的道床应恢复到标准，拨道量大时引起的水平、高低、防爬设备不良，应进行整修。

4. 作业程序与要领

（1）调查工作量，安排作业计划。

（2）根据作业计划，准备材料工具。

（3）与车站联系登记，确认作业时间，用减速信号防护或封锁施工，按规定设好防护。

（4）扒松岔枕头石砟，拨道量较大或道床较坚实时，扒开岔枕头石砟。

（5）撤除影响拨道地段的防爬设备。

（6）拨道人员可分两组，分别在两股钢轨相对位置上作业。

（7）拨道量大时，拨道指挥人以道岔直向外股钢轨为基本股，跨站在距拨道地点 30 m 位置，背向阳光，目视两端线路及道岔，根据预先埋设的测桩，指挥拨道，拨道结束后进行捣固。

如果拨道量不大，拨道指挥人站在适当位置，以直向外股钢轨为基准，目视两端和道岔，判定拨动量，进行拨移。

（8）拨道人要注意指挥人的动作，根据手势拨道。在基本股最前面，持撬棍的人要负责在钢轨上点撬，往回倒撬时，也要点撬。大弯需一撬倒一撬地向前拨，每拨到中间可隔 3 ~ 4 个轨枕孔，遇到接头时必须插撬。遇到钢轨有硬弯时，可用起道机加顶调直的方法配合拨道，局部小方向可用几根撬棍集中插入轨底拨正，防止插偏或撬位过长拨成反弯。

在混凝土岔枕道岔上拨道，用液压拨道器或起道机拨道，先扒好窝，或在起道机下垫上铁板。起道机与地面夹角在 20° 左右，拨道应预留回弹量。

（9）按计划先拨正道岔直股方向，然后以直股为准做好曲股的支距和各部间隔。
（10）安设防爬设备。
（11）回填石砟，并整平夯实。
（12）撤除防护，放行列车。

5．注意事项

（1）调查工作量时，发现拨道影响其他设备，或其他设备影响拨道时，与有关部门协商解决。
（2）使用撬棍拨道时，必须插牢，防止脱撬伤人。
（3）在电气集中道岔上作业，防止轨道电路的短路或断路。
（4）拨道时要注意邻线间距、线路、道岔与信号机、站台等建筑物的距离。

六、调整轨缝作业

1．作业范围

轨缝应经常保持均匀，有下列情况之一者，应进行调整：
（1）原设置的轨缝不符合规定。
（2）轨缝严重不均匀。
（3）线路爬行量超过 20 mm。
（4）轨温在规定的调整轨缝轨温限制范围以内时，出现连续三个及以上瞎缝或轨缝大于构造轨缝。

2．作业条件

（1）不拆开接头调整轨缝，只松动接头螺栓，利用列车间隔施工，用停车信号防护，放行列车时，每个接头至少拧紧四个螺栓（每端两个）。
（2）拆开接头调整轨缝，拉开空隙不超过 50 mm，利用列车间隔施工，用停车信号防护，放行列车时，应将拉开的尺寸暂时均匀到其他接头内，每个接头至少拧紧四个螺栓，每端两个。每个枕木头含桥枕里外侧各钉一个，混凝土枕扣件应上齐。
以上两种情况放行列车或单机时可不限速。
（3）拆开接头调整轨缝，拉开空隙超过 50 mm，必须限速施工，放行列车时，限速插入带轨底的短轨头，配合使用长孔夹板，并垫短枕，每个接头至少拧紧四个螺栓（一端两个，另一端一个，短轨头上一个），准许每隔一根钉一根或每隔两根上紧一根。半径小于 800 m 的曲线地段接头两根轨枕和桥枕上，要全部压打冒起的道钉和拧紧松动的扣件。
（4）使用短轨头时，接头拉开的最大空隙不得超过 150 mm；短轨头的长度分为 50、70、90、110 及 130 mm 五种。
（5）12.5 m 钢轨地段，更换钢轨或调整轨缝时的轨温不受限制。25 m 钢轨地段，更换钢轨或调整轨缝时的轨温限制范围为（t_z+30 °C）~（t_z-30 °C）；最高、最低轨温差不大于 85 °C 地区，如将轨缝值减小 1 ~ 2 mm，轨温限制范围相应地降低 3 ~ 7 °C；特殊情况下，在轨温限制范围以外更换的 25 m 钢轨，必须在轨温限制范围以内时调整轨缝，使其符合规定的标准。

3．作业技术标准

（1）轨缝均匀，无瞎缝，无大轨缝。每千米轨缝误差符合规定。

（2）接头应相对，正线及到发线直线误差不超过 40 mm，曲线不超过 40 mm 加缩短量的一半，其他站线及专用线直线误差不超过 60 mm，曲线不超过 60 mm 加缩短量的一半。相错式曲线接头相错不少于 3 m。

（3）接头螺栓扭力矩应符合规定。

（4）防爬设备齐全，无失效，轨距杆无歪斜，无松动。

（5）浮离道钉在容许范围之内，扣件扭力矩符合规定。

（6）由调整轨缝引起的有关项目的变动，做到符合各单项技术作业标准。

4．作业程序与要领

1）轨缝调查

对要调整地段的轨缝做全面调查，调查时最好以两股钢轨接头相对处为起点，调查实际轨缝和左右两股钢轨接缝的直角相错时，一般由两人进行，一人量接头差错和左股轨缝，另一人量右股轨缝并做记录。量接头差错有正负之分，一般以左股钢轨为准，沿着测量方向，当右股往始端错动时，接头差错为正，反之为负。量轨缝时，用楔形轨缝尺，由轨头外侧插入，以避开轨端“飞边”的影响，并将结果记录于整正轨缝计划表中。

2）安排计划

根据作业地段长度、钢轨串动量做出分段作业安排。如需调配钢轨时，做出调配钢轨计划，准备钢轨；如需锯短钢轨时，事先锯好并钻好孔。

3）松开配件

打松影响钢轨窜动的防爬器，松开轨距杆，冒起道钉和松动扣件，拧松接头螺栓和松动夹板。

4）串动钢轨

按计划串动钢轨。使用液压轨缝调整器时，25 m 钢轨每次串动一根，12.5 m 钢轨每次串动不超过两根。

5）紧固配件

拧紧接头螺栓，压打道钉和拧紧扣件螺栓，安装防爬器，上紧轨距杆。

6）回检整修

按作业标准检查，对不合格处所进行整修。通过列车后，复拧螺栓及其他找细整修。

5．注意事项

（1）不得用撞击夹板的方法调整轨缝。

（2）与电务有关时，应有电务人员参加。

（3）一个区间内插入的短轨，原则上应设在道岔引轨的外方，如区间内已有插入的短轨，则可调整已有短轨的长度。

（4）用轨缝调整器，调整接头串动钢轨，将预制的硬木片，从外口侧面塞入缝内。

（5）使用液压轨缝调整器时，必须先使油缸活塞伸出 30 mm 的预留量，然后再卡紧轨头串动钢轨，以防止临时来车时撤不下来。

（6）最高、最低轨温差大于 85 °C 地区的 25 m 钢轨地段，一般应在夏前和冬前调整轨缝，通过放散钢轨温度力，将轨缝调整均匀，避免在炎热季节过早地出现瞎缝，在严寒季节过早地出现大轨缝。

（7）成段调整轨缝时，应事先调查与计算，确定每根钢轨的窜动方向和窜动量，编制分段作业计划。如因配轨不当，接头相错量较大时，应按规定，在一股或两股之间按长度误差量调配钢轨，不得用增减轨缝尺寸的方法调整接头相错量。

七、更换钢轨作业

1．作业范围

（1）更换线路上发生的断轨或重伤钢轨；有计划的更换轻伤钢轨。

（2）有计划地成段更换线路旧轨。

2．作业条件

（1）办理封锁手续或经车站值班员承认利用列车间隔时间施工，设置停车信号防护，放行列车或单机不限速。

（2）放行列车时，每个钢轨接头至少上紧两块夹板四个螺栓（每端两个），每根轨枕（包括桥枕）头上钢轨里外口至少各钉好一个道钉或拧紧混凝土轨枕上的扣件。

3．作业技术标准

（1）换入的钢轨须确认无重伤，长度应与计划尺寸相符。

（2）换入钢轨与线路上相邻钢轨的断面应一致，接头错牙在正线及到发线上不超过 1 mm，在站线及专用线上不超过 2 mm。两端轨缝必须保持正常无过大或过小现象。

（3）轨距、方向及连接零件、防爬设备应符合有关单项作业的技术标准。

（4）换入的钢轨若需截断和钻孔，必须全断面垂直锯断和用钢轨钻按标准钻孔。

（5）钢轨标记须完整、准确、清晰。

4．作业程序与要领

（1）对准备换入的钢轨或钢轨组，要用钢尺丈量长度，并全面检查断面尺寸和有无伤损。

（2）检查换轨处所前后不少于五节钢轨的轨缝，对瞎缝和大轨缝应根据情况予以调整。避免新轨换不进去或换入后轨缝过大。

（3）在炎热或寒冷天气，应将换轨处所前后五节钢轨的扣板螺栓扭力矩适当加大，打紧防爬器，防止发生过大的伸缩。

（4）备齐必要的料具和应急料具。

（5）准备换上线路的钢轨，可放在道心或轨枕头上，并与线路上钢轨平行。放在道心时，距线路上钢轨不少于 300 mm；放在轨枕头时，不少于 150 mm。新轨放置的高度不得超过线路钢轨 25 mm。新轨组搭头或空头量必须根据计算决定。

钢轨组在线路上放置时，两端应安装木棱头，每个接头要上紧两个螺栓，钢轨组两端各钉两个道钉，中间适当钉固。

（6）换轨前，将计划拆开的接头螺栓，逐个卸下涂油加垫圈拧紧，并卸掉六孔夹板中第二位和第五位螺栓。

（7）换轨前，起掉里口两个道钉中的一个及方向钉，并插入道钉孔木片；混凝土枕线路则将螺栓松动、涂油再上紧。同时，拆除防爬器、卸下轨距杆。

（8）散布好道钉孔木片、道钉（扣板、胶垫、铁垫板、螺栓、垫圈）等。如不同类型钢轨还必须备异型夹板、桥型垫板等。

（9）按规定设好防护，并在施工领导下达封锁或更换命令后才能更换。

（10）卸掉前后端接头（计划拆开接头）的全部螺栓和夹板，起掉里口道钉，插入道钉孔木片，并冒起外口道钉；混凝土枕线路，松动轨枕螺栓，把扣板旋转 90°。拨出旧轨，拨入新轨，使轨底恰好拨到外口道钉脖下边；拨动新旧钢轨时，必须使用撬棍穿入钢轨眼孔或翻轨器卡住钢轨，以防止倾倒。

（11）串动、联结钢轨：

① 串动钢轨：串移钢轨有用撬棍拨和用夹钳抬及人力抓移等方法。用人工抓移时，所有人员应站在钢轨一侧，用双手抓住钢轨头部，专人指挥统一动作，防止挤手压脚。

② 联结钢轨：一人在钢轨端部，按预留轨缝尺寸，在轨缝内插入楔形铁尺或木片。将钢轨串移到正确位置，再进行联结。联结时，先上好内外侧夹板，用螺栓扳手尖端试一下，对准孔后，再穿入螺栓拧紧螺栓帽。

③ 安装好前后端的夹板，上好四个螺栓，用轨距尺测量好轨距，随后钉上里口一个道钉，打好外口道钉。混凝土枕线路，上好扣板螺栓。

（12）换好新轨、拆除防护后，补齐前后端接头螺栓，补齐里口道钉，起下外口道钉，插入道钉孔木片再钉好道钉；混凝土枕线路，拧紧扣板螺栓，使扭力矩达到 80 ~ 120 N · m；按规定位置安装好防爬设备、轨距杆。

（13）遇有方向不良时，应进行拨道，硬弯必须矫直，如有高低接头或左右错牙，必须整正。

（14）整理与回收材料。

5．注意事项

（1）自动闭塞及轨道电路地段有导接线接头时，须联系电务部门配合施工。

（2）在换轨过程中，遇有不良联结零件和扣件，应同时进行整正或更换。

（3）作业后，应对接头和扣件螺栓复紧一遍，并整理新、旧轨料，做到工完料净。

八、锯轨及钻孔作业

1．作业范围

线路上需要配置短轨或无缝线路折断需要插入短轨时，以及加固无缝线路焊接安装夹板或急救器时，应进行锯轨或钻孔作业。

2．技术要求

（1）锯截钢轨长度与计划长度误差不超过 4 mm。

（2）钢轨顶面锯口线应与钢轨中线垂直，偏差不大于 1 mm；钢轨应垂直锯断，上下左右偏斜不超过 2 mm。

（3）选用的钢轨磨耗不超限、无伤损。

（4）钻头直径应与螺栓孔标准直径相符，误差不超过 1 mm。

（5）如有旧螺栓孔时，新旧两螺栓孔的中心距不得小于直径的三倍。

（6）钻孔位置上下左右偏差及孔径误差不超过 2 mm。

（7）螺栓孔边缘整齐，钻孔时产生的毛刺应消除干净。

（8）因其他需要在钢轨上钻孔时，其位置应在轨腹中轴上。

3．作业程序与要领

（1）作业前，备齐锯轨和钻孔工具及量具，选好钢轨，用钢尺准确地量好需要尺寸（长度），并用卡具划好轨线。

（2）用手工锯截钢轨时，先要把应锯的钢轨拨正、垫平、固定。

（3）上紧锯条，并与锯弓成一条直线，防止跑锯。

（4）开始锯轨时要少用力，拉几锯后再逐渐加劲。

（5）新钢轨可从轨面垂直向下锯，旧钢轨因轨面有一层硬皮，不易下锯，应先从轨头侧面上棱处下锯，锯进 2 ~ 3 mm 时，再逐步扩展到轨面。

（6）锯条要拉送到头，来回用力要均匀，以免用力过猛拉断锯条。拉锯时要随时浇凉水。

（7）锯到钢轨腹部，要随时复查尺寸，防止跑锯。

（8）锯到接近轨底时，锯的一端放低，先锯一侧轨底边，锯进 1 ~ 2 mm 后，再锯另一端轨底边。锯截钢轨也可使用截轨机。

（9）钻孔前，应先固定好钻架，架好冷却水源，然后按照样冲位置对好钻头进行钻孔。

（10）钻孔后，眼孔的毛刺要清除干净，钻孔也可使用空心钻。

（11）卸下钻架或扳钻。

（12）回检质量：检查钢轨长度和截面是否符合标准，检查螺栓孔位置及周围边棱是否标准，并在钢轨每端螺栓孔全部钻完以后，要安装夹板穿上螺栓进行试验。

（13）整理料具：将锯下的钢轨和锯剩的钢轨运至存放地点。

4．注意事项

（1）锯轨时，放置在应锯钢轨下的垫木（短枕头），要垫在锯断处附近，以免发生晃动。

（2）在轨道上锯轨时，先钻好锯口两侧螺栓孔，来车时上好夹板。可利用列车间隔时间，卸下夹板进行锯轨。

（3）无样板打样冲时，可用钢板尺精细量出螺栓孔中心位置，并用划针或锥尖划出“+”字标记，再用小冲子冲出小圆坑作为样冲位置。

（4）严禁使用乙炔切割或烧孔，严禁使用剁子和其他工具强行截断和冲孔。严禁未锯到轨底部，强行打断。

九、矫直硬弯钢轨作业

1．作业范围

线路上钢轨存在硬弯，造成轨距、方向不良，而不能用拨道、改道解决时，应使用直轨器进行矫直。

2．作业技术标准

（1）矫直后的钢轨，目视无方向不良，无不直；用 5 m 弦量，其误差不超过 2 mm。同时，轨距和方向不再有规律性的变形。

（2）矫直钢轨，如影响轨道的正常状态，应同时予以整修。

3．作业程序与要领

1）硬弯钢轨的鉴别

鉴别钢轨是否存在硬弯，可采用“一看、二查、三对、四量、五判断”的方法：

“看”——是鉴别钢轨硬弯的最基本方法，检查硬弯时，先站着骑在一股钢轨上看，发现有陡弯现象时，再细看。站立位置一般距硬弯顶点 10 ~ 20 m，看时应背着阳光，沿着轨距线，由远到近，再由近到远，采取立、蹲、俯三种姿势，要反复检查左右两股钢轨。先看硬弯凸出的顶点在什么地方（轨枕上、轨枕中间），再看弯曲状态（平顺的、急骤的）。如一股钢轨弯急而短，另一股有同向弯曲，则弯急而短的一股是硬弯钢轨。

“查”——是用拨道的方法查找硬弯。即对弯曲缓顺、长度较大的钢轨，难以区别时，可先行拨道；如拨道后又恢复而出现的硬弯，即是钢轨硬弯。

“对”——根据工长检查记录簿对照弯曲处的轨距、方向变化情况，分析变化规律，如果变化频繁而又有规律性，便可确定是硬弯钢轨。

“量”——是用 1 m 长直钢尺测量该处轨距线的矢度大小，如矢度大于 0.5 mm 以上时，一般都是硬弯钢轨。

“判断”——根据木枕被挤切的状态，判断是否为硬弯钢轨。凡是木枕被轨底或垫板切压面积大的，切压边线距轨底远的，一般都是硬弯钢轨。

2）确定矫直量

用看的方法确定硬弯的始终点，以拉绳和钢板尺测定硬弯的矢度及最大矢度的位置。

用铅油或石笔标明位置，用箭头标明矫直方向。硬弯钢轨的矫直量，不能恰好等于硬弯的矢度，必须留有一定的回弹量。预留的回弹量一定要根据气温和钢轨材质情况而确定，一般调直量为硬弯矢度的 1.5 ~ 2 倍。

3）矫直时间

北方地区，一般选在 6 ~ 8 月；如在 5 月或 9 月进行直轨，矫直时间要选在上午 9 时以后下午 4 时以前。南方地区，则要选在 5 ~ 10 月。

4）矫直钢轨

（1）施工前，应按规定设好防护。

（2）调试直轨器，使其灵活好用，并备齐道钉、改道的工具以及垫平弯轨器的垫木等料具。

（3）根据硬弯起止点卸掉扣件，安装好直轨器，要垫平放稳，防止钢轨扭曲。矫直后，应检查轨距、整理扣件，使其顶严靠紧。

4．注意事项

（1）直轨前，要注意前后有无瞎缝。

（2）直轨时，要随时注意直轨器的完好状态，如有裂损，应立即停止作业。

（3）矫直钢轨作业时，钢轨温度不得低于 25 °C。

（4）起下道钉和卸下扣件一面连续不超过 5 个轨枕头，另一面冒起道钉或松开扣件。

十、鞍形磨耗钢轨打磨作业

1．作业范围

钢轨接头轨面出现鞍形磨耗，其磨耗量用 1 m 钢板尺测量超过 0.8 mm 时应进行打磨，或采取焊、磨相结合的办法进行整治，以消灭接头不平顺。

2．作业技术标准

打磨后轨面平整，无明显凹陷，用 1 m 长直钢尺测量，轨面不平度应小 0.5 mm，其纵向倾坡应不大于 1‰。接头处有飞边，应同时打磨。

3．作业程序与要领

（1）作业调查：用 1 m 钢板尺测量，确定打磨部位及打磨深度，并按千米、轨号做好记录，在轨腰上用白漆划上符号。

（2）准备工作：打磨前，先抬平接头，并捣固坚实。

（3）按规定设置好防护。

（4）安装打磨机：打磨机由两人操作，一人负责打磨机的推动，使之往复运动，并掌握打磨机的平衡；另一人负责打磨量的控制，并瞭望列车。

（5）打磨钢轨：打磨时可从外到内，也可从内到外，往复运动要均匀，转动螺杆控制打磨量也要均匀，并经常检查打磨量，以防止打磨过限。打磨量应使用厚薄规（塞尺）测量。

（6）打磨马鞍形接头时，两轨头如一样高时，可随意磨任一端轨头；如有高低差时，则应先磨高的一端接头，后磨低的一端接头。

（7）找细打磨：精确测量，仔细打磨。

（8）接头有飞边时，应同时打磨消除。

4．注意事项

（1）轨端 10 ~ 15 m 范围，易受车轮冲击磨损，打磨时，可比其他部位稍留高一些。

（2）作业中应经常检查砂轮紧固情况，如有松动应及时紧固，如有崩裂应及时更换。紧固或更换砂轮时必须停机操作。

（3）在自动闭塞或轨道电路地段打磨时，要经常检查打磨机走行轮的绝缘是否良好，以免造成短路。

（4）为了彻底整治接头病害，在打磨的同时，应针对接头病害情况进行综合整治。

（5）如用电动手砂轮打磨，接触要轻，用力要匀，不可在一点停留时间过长。

十一、夹板和螺栓涂油作业

1．作业范围

（1）为便于安、卸夹板螺栓，保持夹板螺栓作用良好，每年进行一次螺栓丝扣涂油。

（2）为使夹板和钢轨接触面在轨温变化时作用良好，减少列车冲击振动磨损，对夹板上下缘必须涂油。

2．作业条件

放行列车时，每个接头至少上紧 4 个螺栓，即每端 2 个。

3．作业技术标准

（1）积锈、油垢应清除干净，涂上油层要求均匀。

（2）接头错牙，正线及到发线不得大于 1 mm，其他站线不得大于 2 mm。

（3）各种连接零件，应做到数量齐全，作用良好，缺损时应同时补充和更换。

（4）接头螺栓扭矩应达到规定要求。

（5）拆卸夹板后，对钢轨应进行检查，发现伤损做出标记和记录。

4．作业程序与要领

（1）使用螺丝把卸螺栓时，两脚站在被卸螺帽的另一侧，两脚相距 300 ~ 400 mm，成 90°角。两脚趾踏在夹板边缘，上体前屈，螺丝把嵌入螺帽后，重心移到旋回方向的前脚，一手持螺丝把，一手握把端。卸螺栓时左手在前，紧螺栓时右手在前，两手握柄用力旋转。

（2）使用活螺丝把时，前脚踏在轨枕上离轨底约 250 mm，后脚踏在后一根轨枕上离轨底约 50 mm。右手持活螺丝把，左手支撑在钢轨面上，并以手指按住螺栓头部。

（3）螺栓孔去锈：卸下螺栓后，应立即用圆钢丝刷除去螺栓和螺栓孔内铁锈。

（4）卸夹板：使用撬棍尖或螺丝把尖，插入夹板与轨腰之间卸下夹板，不要用锤打。卸下夹板后，应先将内部积土扫净，然后用钢丝刷和小铲将夹板、钢轨上铁锈去除干净，并检查钢轨有无裂缝伤损。

（5）涂油：对夹板上下缘和螺栓的丝扣进行涂油。

（6）上夹板及螺栓：上夹板要注意里外口是否有磨损或需要内外调换。螺栓全部上完以后，应再拧紧一次。接头上螺栓帽应交叉设在线路内外侧，防止列车脱线时螺栓全部被车轮切断。

（7）按轨距打好道钉或安装扣件、拧紧扣件螺栓。

5．注意事项

（1）上螺栓时应使用 550 mm 标准长度的螺栓把，太短拧不紧，太长容易拧得过紧损坏丝扣。

（2）严禁坐在钢轨上卸、紧螺栓。

（3）进行夹板涂油前，应先把轨缝调整好，以免螺栓孔不对正而发生故障。

（4）安装垫圈时，须使垫圈口向下，以免积水生锈。

十二、更换接头连接零件作业

1. 作业范围

（1）线路上伤损夹板达到下列标准，应及时更换：

① 折断。

② 中央裂纹（指中间两螺孔范围内）：平直及异形夹板超过 5 mm、双头及鱼尾型夹板超过 15 mm。

③ 其他部位裂纹发展到螺栓孔。

（2）接头螺栓及垫圈伤损达到下列标准，应及时更换：

① 螺栓折断、严重锈蚀、丝扣损坏或杆径磨耗超过 3 mm，不能保持规定的扭力矩。

② 垫圈折断或失去弹性。

2. 作业条件

（1）只拆开一个接头进行作业，利用列车间隔施工，设停车手信号防护，放行列车或单机时不限速。

（2）放行列车时，每个接头至少上紧 4 个螺栓，即每端 2 个。

3. 作业技术标准

（1）换入夹板应与钢轨类型一致，连接要严密，作用良好。

（2）更换夹板后，接头轨面及轨距内侧错牙，正线到发线不得大于 1 mm，其他站线不得大于 2 mm。

（3）各种连接零件，应做到数量齐全，作用良好，缺损时应及时补充和更换。

（4）接头螺栓扭力矩应达到规定值。

（5）接头轨枕无暗坑、吊板。

4. 作业程序与要领

（1）检查两端轨缝，对大轨缝或瞎缝进行调整，必要时打紧防爬设备锁定线路，防止拆开接头后，轨缝拉大影响连接。

（2）更换夹板作业，一般由两名工人进行（如更换螺栓可由一人担任）。木枕线路，一名工人削平木枕，起下第三个道钉及方向钉（内外侧各保留一个道钉），并插入钉孔木片。另一名工人卸下第 2、5 位螺栓。混凝土枕线路，起道钉工人负责拧松扣件螺栓、加垫圈再拧紧。

（3）利用列车间隔施工，待设好信号防护后，一名工人卸下其余螺栓，另一名工人起下全部道钉，钉孔加入木片（或卸下扣件螺栓）。

（4）拆下夹板（仅更换螺栓，可不卸下夹板），检查轨腹、轨端有无伤损，将换上的夹板扣入。

（5）用螺丝把尖将夹板孔与钢轨孔串顺后，再穿入全部螺栓，先拧紧 1、6、3、4 位螺栓，再拧紧 2、5 位螺栓。

（6）将接头道钉全部打齐（或上好扣件），绝缘接头处钉头或扣件不得贴靠夹板。

（7）经列车碾压后，将接头和轨枕螺栓复紧一遍，使扭力矩达到标准要求。

（8）换下的旧料应及时收回。

5．注意事项

（1）更换夹板后 4 ~ 5 天应再拧紧螺栓，拧紧时应先紧中间两个。

（2）如旧螺栓卸不下来时，不能用锤击，以免新螺栓穿入后损伤丝扣，应先串动钢轨然后再更换。

（3）为了加强接头，最好两块夹板同时更换。如果是利用再用品时，事先要选择两块高度相同的夹板。

十三、木枕削平作业

1．作业范围

（1）当轨底（或铁垫板）压陷木枕造成许多毛刺时，为避免这些毛刺吸收水分和轨底存水加速木枕腐朽，应进行木枕削平工作。

（2）当轨底（或铁垫板）切入木枕深达 3 mm 以上时，应进行木枕削平工作。

2．作业条件

区间设置作业标防护。

3．作业技术标准

（1）削平长度：有铁垫板时，距铁垫板 80 mm；无铁垫板时，距轨底边缘 100 mm。

（2）削平槽口：切线应与木枕轴线垂直，偏斜不超过 10 mm，切线深度低于轨底（或铁垫板）底面 1 ~ 2 mm。

（3）多次削平后，削平面低于木枕面不得超过 25 mm。

（4）削平面（包括铁垫板两侧）应平整光滑，无毛刺，并稍向外倾斜，以利于排水，并均匀涂抹防腐油。

4．作业程序与要领

（1）清扫枕木面及削平范围内木枕裂缝中的砂石。

（2）锛口：锛外口需站在钢轨里侧，锛里口需站在钢轨外侧。两脚骑跨木枕成八字形，脚跟相距 400 ~ 500 mm。身体上部前弯 90°，手持斧柄两手相距约 300 mm，锛斧与木枕面成 45° ~ 60° 角。

（3）横削：两脚骑跨钢轨，立在削平枕木上，削平一侧脚跟距离轨底（或铁垫板）应不小于 200 mm，削平时身体上部前弯约 90°，锛斧与枕木面成 30° ~ 45° 角。

横削时，不要由一侧一直削到另一侧，这样容易把另一侧木枕棱角锛成缺棱。应由一侧横削至枕面一半或三分之二后，就翻过身来再削另一侧，最后把木枕顶面削面。

（4）顺削（摘毛）：新换入木枕，如轨底（或铁垫板）切入深度已达 5 mm 及以上，可顺着木枕纤维削平。以后，仍应采取横削。

（5）削平后清除木屑，在削平面上，均匀涂抹防腐浆膏。

（6）回检找细：削平不良者重新削好。

5．注意事项

（1）防止砍伤腿脚，锛子不用时应加护套。

（2）遇有因木枕扭曲或翘头，使枕面与轨底不密贴时，必须削平，使枕面与轨底密贴。

（3）削平深度以削除毛刺及腐朽木质为准，避免削平过深。

（4）锛斧要妥善保护，磨锛斧时最好不用砂轮打，要用磨石，并注意刀刃不要磨得过陡，不用时涂机油用纸包扎。

十四、木枕捆扎作业

1．作业范围

（1）木枕在上道前应进行捆扎。

（2）木枕上道后，如果树心边缘开裂或裂缝长度超过 300 mm 时，应进行捆扎。

2．作业条件

区间设置作业标防护。

3．作业技术要求

（1）用铁线捆扎时，应采用 8 号镀锌铁线绕木枕两圈半，或用 10 号镀锌铁线绕木枕三圈半。

（2）捆扎位置距木枕端为 100 mm，容许误差 ± 10 mm。

（3）选用的钢轨磨耗不超限、无伤损。

（4）裂内无土、砂。

（5）捆扎用的扒钉长度不短于 40 mm，钉牢卡紧。

4．注意事项

（1）捆扎时铁线不拧麻花，以防松弛后再拧紧。

（2）在 2 mm 以下的裂缝，可不用夹枕器。

十五、画轨枕位置标记作业

1．作业范围

线路上原有轨枕位置标记不清楚，或需重新确定轨枕间距时须画轨枕位置标记。

2．作业条件

区间设置作业标防护。

3．作业技术标准

（1）轨枕间距，应符合轨枕间距尺寸的规定。

（2）直线地段标记在顺计算公里方向左股钢轨内侧的轨腰上；曲线地段标记在上股钢轨内侧的轨腰上。

（3）各标记位置与轨端距离的误差不得大于 10 mm。

（4）轨枕应按标记位置铺设，并应与线路中心线垂直。

4．作业程序与要领

（1）涂抹旧标记：将钢轨上原有轨枕位置标记涂抹掉。

（2）计算：标准长度钢轨按“标准钢轨轨枕间距表”逐根计算出间距计数（各轨枕位置至钢轨端部轨缝中心的距离）。非标准的长度钢轨或错接接头地段，先计算出轨枕间距，再计算出间距累计数。

（3）丈量轨枕位置：用长钢尺在画标记的一股钢轨上，从轨端（加半个轨缝）丈量，将轨枕用粉笔画在轨头侧面。

（4）画标记：用白铅油在钢轨腹部中间，对准画下的轨枕位置，点出直径约 15 mm 的圆点。

十六、更换木枕作业

1．作业范围

当木枕（或木岔枕）达到规定的失效标准时，须更换。

2．作业条件

（1）区间设置作业标防护。

（2）在道岔辙叉部分抽换木枕影响设备使用时，须经车站值班员签认并在行车设备检查登记簿内登记，必要时由电务部门配合。

（3）严禁使用未经防腐处理的木枕，新木枕在更换前要进行捆头。

3．作业技术标准

（1）轨枕应与轨道中心垂直，轨枕之间距离均匀，位置、间距误差和歪斜：正线及到发线上不超过 50 mm（道岔 40 mm），在站线及专用线上不超过 60 mm（道岔 50 mm）。

（2）更换木枕时，应使树心及宽面向下，单线地段直线枕木头以左侧取齐，曲线以外侧取齐。复线区段以两线路外侧取齐，有站台时靠近站台一侧取齐，取齐端的枕木边缘距钢轨底 450 mm，误差不得大于 10 mm。长度小于 2.5 m 的枕木则应两侧等长。

（3）在钢轨接头及安装防爬器、轨撑等处，选用材质及几何尺寸标准的枕木。在更换接头枕木时，应成对更换。

（4）换入的新枕必须钻道钉孔，直径为 12 ~ 12.5 mm，深度为 100 ~ 130 mm。

（5）钉入道钉时应符合“木枕改道及钉道钉”技术作业标准。

（6）做计划维修时，更换枕木应在捣固前进行，并及时做好捣固，换后 2 ~ 5 天再捣固一遍。捣固良好无暗坑、吊板。

（7）轨距、水平、方向、高低须符合验收标准，做好石砟回填和道床整理，安装好防爬器支撑和轨距杆。垫板位置正确，道钉无浮离、歪斜。

（8）更换轨枕后，应及时修正轨枕登记簿。

4. 作业程序与要领

（1）预先钻好一端枕头的道钉孔和捆扎新枕木。

（2）撒布枕木：将枕木运到现场，撒布在合理的位置上，曲线撒布在下股。

（3）拆下影响作业的防爬设备，妥善放置，以备换枕后安装。

（4）开门与扒砟：选择有利一侧，挖开枕头道砟，曲线须在下股“开门”。当枕木间距相同时，扒出与爬行方向相反侧枕盒的道砟；双线扒出与列车运行方向相反侧的道砟；坡道上，为上坡侧的道砟。挖开与扒出道砟深度以能横移枕木和穿进新枕为宜，一般扒砟深度低于枕底 20 mm。并适当扒出另一侧枕盒石砟，以防抽出枕木时道砟流动。扒砟时，若含土量较多应同时清筛。

（5）起道钉：起钉顺序按规定进行。起出的道钉应放在两侧轨枕上，垫板可以随后撤出或在轨枕平移后再撤除。

（6）抽出旧轨枕：用撬棍将轨枕拨到轨枕盒里，然后用轨枕钳或抬枕钳将轨枕顺道砟槽抽出，放在路肩上，枕底朝上，便于干燥运回。

（7）清理枕底道床，清理深度应较换入木枕的厚度多约 20 mm，宽度为 280 mm 左右，枕底的不洁道砟，挖出放在路肩上。

（8）穿入新枕：用枕木钳将新枕拉入，横移到标准位置上，安装铁垫板。

（9）钻眼打钉：用直径 12.5 mm 木钻，沿垫板钉孔中心先钻好一头钉孔，孔深为 110 mm。一人撬起枕木头，一人打好道钉。另一股量好轨距后，钻眼打钉。

（10）串砟捣固：打八面镐，枕端要防止过硬，轨下要适当加强。

（11）安装防爬设备，原有防爬支撑尺寸不合、腐朽时应更换。

（12）收工前回检，进行第二遍捣固，回填与整理道床。

（13）整理材料、回收旧枕木，分类堆码，妥善保管。

（14）2 ~ 5 天以后，再进行一遍捣固。

5. 注意事项

（1）搬运及更换枕木时，不得用镐、耙子和撬棍伤损新旧枕木。

（2）坚持每隔 6 根枕木抽换一根的办法，做到换一根，钉一根，捣固好一根。

（3）抽、穿枕木时，不得压起钢轨。

（4）放置的新旧枕木不得侵入建筑限界。

十七、更换混凝土枕作业

更换混凝土枕作业与更换木枕基本相同，但对混凝土枕在装卸、运输和更换过程中，应注意防止碰伤轨枕和螺旋道钉。安装扣件，应做到顶严密靠，扭力矩符合规定要求。

1. 作业范围

单根抽换失效混凝土轨枕。

2. 作业条件

（1）区间作业设置作业标防护。

（2）单根抽换轨枕，同一时间的作业间隔不得少于 6 根。

3. 作业技术标准

（1）轨枕应与轨道中心线垂直，位置、间距误差和偏斜：在正线及到发线上不超过 50 mm，在站线及专用线上不超过 60 mm。接头轨枕间隔误差不得超过 30 mm。

（2）在轨枕中部 400 mm 范围内，道砟应低于轨枕底不少于 20 mm。s-2、J-2、s-3 型混凝土轨枕中部道床可不捣空，但应保持疏松。

（3）捣固良好、无暗坑吊板，轨枕中部不得受力。

（4）扣件无损坏，位置正确，顶严密靠，扣压力达到规定标准。

（5）防爬设备齐全无失效。

（6）轨距、水平、高低、道床等符合各单项技术作业标准的有关规定。

4. 作业程序与要领

（1）拆下影响作业的防爬器、支撑或轨距杆。

（2）扒开轨枕一端的石砟（开门），然后再扒出一侧轨枕盒内和轨枕底下的道砟，扒开深度以能抽出、穿入轨枕为准，并适当扒出另一侧轨枕盒内靠近轨枕的道砟，以防抽换轨枕时道砟流动。

（3）卸掉螺帽、扣板、铁座和大小胶垫，并集中放在轨枕盒内，用夹钳或绳索抽出旧轨枕，放在路肩上。

（4）将枕下道床扒出 30 mm 左右并整平，整理轨枕中部的道砟，使中部 400 mm 范围内的道床低于轨枕底面 20 mm 以上。

（5）将新轨枕放倒，用夹钳或绳索等穿入新轨枕，横移并摆正轨枕位置。

（6）放好衬垫、胶垫，整正轨距，安设扣板、铁座和大小胶垫，上紧扣板，对不良扣板、大小胶垫等应事先调查、备料，并同时更换。

（7）适量回填石砟、串砟捣固，打八面镐做到紧密坚实、强度均匀、长度适当。

（8）回填一半道床。

（9）收工前回检，整修不良轨距，进行第二遍捣固，复拧扣板螺栓，回填并整理道床。

（10）回收材料，将旧轨枕集中保管。

（11）2～5 天以后再进行一遍捣固。

十八、更换尖轨作业

1．作业范围

当尖轨达到规定伤损无法修理时，必须更换。

2．作业条件

利用列车间隔时间更换尖轨，施工前要向车站办理登记，经车站同意并设好停车信号防护后方可施工。有联锁装置和轨道电路的道岔，需由信号工区配合。

3．作业技术标准

（1）尖轨无损坏、无拱腰、无扭曲，补强螺栓无缺少、无松动。

（2）尖轨顶面宽 50 mm 及以上断面处，不得低于基本轨 2 mm 及以上。

（3）尖轨各部分轨距应符合有关规定。

（4）滑床板应密贴，其间隙不大于 2 mm，不密贴量每侧正线、到发线不超过一处，其他线不超过两处。

（5）尖软尖端及竖切面与基本轨应做到密贴。

（6）尖软跟端接头上下左右应整齐，错牙不超过 1 mm。

（7）尖轨在拉杆处的最小动程，必须满足规定。

4．作业程序与要领

1）准备作业

（1）检查要换上尖轨的状态、型号、长度、左右开向。

（2）检查尖轨与各连接杆相连的眼孔位置是否相符，如不符时要事先钻孔。

（3）检查尖轨前后轨缝是否均匀，换上尖轨的尖端与另一根尖轨尖端相错若超过 20 mm 时，应注意调整。

（4）将尖轨跟端和连接杆上螺栓卸下后，涂油加垫圈再重新拧上。

（5）基本轨如有飞边应事先进行削除，垂直磨耗严重时应同时更换。

（6）联系电务配合施工。

2）基本作业

（1）向车站办理施工手续，按规定设置停车信号防护。

（2）拆卸连接杆上螺栓：将尖轨耳铁与连接杆的连接螺栓卸掉并涂油，戴上螺帽，放在岔枕面上。

（3）卸尖轨跟端螺栓和其他零件：卸掉尖轨跟端螺栓和内侧轨撑、防爬卡铁。螺栓卸下后要涂油戴上螺帽，放在岔枕上。

（4）拨出旧尖轨：旧尖轨拨出后，要抬到线路外，以免影响作业。

（5）换入新尖轨及螺栓：拨正后，先穿好尖轨跟端螺栓，上好轨撑、防爬卡铁及夹板，拧紧螺栓、双头螺栓，上好开口销子。

（6）安装连接杆及螺栓：将连接杆与耳铁安好，拧紧螺栓，上好开口销子。

（7）回检找细：检查尖轨各部轨距，调整好连接杆和尖轨跟端轮缘槽宽度，使之符合标准。

（8）撤除防护：会同车站值班员、扳道员进行试验，确认良好后，记入行车设备检查登记簿内，双方签字，撤除防护，开通线路。

3）整理作业

将换下的尖轨及其他零件收集整理，运回工区，做到工完场净。

5．注意事项

（1）在轨道电路上作业，撬棍应有绝缘套，在尖轨与基本轨之间应放置安全木块。

（2）新尖轨与滑床板有不密贴时，应根据具体情况更换滑床板或进行捣固工作。

（3）尖轨顶铁尺寸不合适时，应及时进行调整。

（4）尖轨跟端轮缘槽内不良时，在更换尖轨时一并进行修理，必要时进行更换，轮缘槽内避免加垫三角片。

十九、更换基本轨作业

1．作业范围

当基本轨达到规定伤损无法修理时，必须更换。

2．作业条件

（1）利用列车间隔更换基本轨，施工前要向车站办理登记，经车站同意并设好停车信号防护后方可施工。

（2）更换前，先要检查原尖轨高度，如新基本轨比原尖轨高出 2 mm 以上时，应同时更换尖轨；原尖轨非工作边如有飞边，应事先削除。

3．作业技术标准

（1）直股基本轨方向顺直，用 10 m 弦量方向，正线及到发线道岔不超过 4 mm，站线及专用线道岔不超过 5 mm。

（2）接头轨面及轨距内侧错牙不超过 1 mm。

（3）基本轨应落槽，尖轨与基本轨做到密贴。

（4）基本轨范围内轨距应符合有关规定。

（5）与滑床板、轨撑的连接螺栓无松动。

4．作业程序与要领

1）准备作业

（1）调查更换基本轨前后轨缝、基本轨前端直角错差、前后钢轨及尖轨磨耗情况。

（2）用钢尺丈量基本轨长度、高度、轨撑眼孔距离及尖轨跟部螺栓眼孔高度，是否合适。

（3）将基本轨前后接头卸下第 2、第 5 孔螺栓，其余螺栓逐个卸下、涂油、加垫圈后再拧。

（4）逐个拆尖轨跟接头处螺栓，涂油加垫圈后再拧上。

（5）卸掉基本轨与轨撑的连接螺栓。

（6）起掉基本轨上第三个道钉，插入木片，其余道钉要起松后再打下，不良道钉应整修更换。

（7）联系电务配合施工。

2）基本作业

（1）向车站办理施工手续，按规定设置停车信号防护。

（2）卸掉基本轨及尖轨跟端接头螺栓和夹板：将螺栓卸掉，拧上螺帽，放岔枕上，取下夹板，放在附近岔枕盒里。

（3）卸掉轨距杆。

（4）起、冒道钉：将辙后垫板和普通垫板外口道钉起掉，里口道钉冒起。

（5）卸轨撑：将基本轨上轨撑和尖轨跟端外侧轨撑全部卸掉，连同螺栓一起放在岔枕盒内。

（6）拔出旧基本轨：向外侧拔出旧基本轨后，清扫垫板和滑床板。

（7）拨入新基本轨：基本轨内侧轨底要顶靠滑床台，两端轨缝合适。

（8）上接头夹板、螺栓及尖轨跟端间隔铁、螺栓：可先用螺栓扳手尖端穿进拼齐孔眼，涂油后再穿入螺栓，严禁用锤打进螺栓。

（9）打道钉：修理钉孔，插入道钉孔木片，直股基本轨按方向、曲股基本轨按轨距要求将起下的道钉钉好。再把冒起的道钉压入或持钉力不强的道钉拔出，插入道钉孔木片后重新打入。

（10）安设轨撑：轨撑前部顶紧基本轨，后部靠紧滑床板挡肩，安上并拧紧与滑床板及钢轨的连接螺栓。

（11）上好轨距杆。

（12）回检找细：检查各部尺寸和零件，整修到标准限度。

（13）撤除防护：会同车站值班员或信号员、扳道员进行扳动道岔试验，经确认良好，汇入行车设备检查登记簿内，双方签字，撤掉停车信号防护。

3）整理作业

将换下的旧基本轨和其他零件收集整理好，做到完工场净。

5．注意事项

（1）在轨道电路上作业时，应做好撬棍绝缘。

（2）在尖轨与基本轨间应放安全木块。

（3）尖轨如有飞边应先铲除。

（4）及时修改钢轨登记簿，记录好新基本轨的厂名、制造年月、熔炼号和更换日期。

二十、更换辙叉作业

1．作业范围

（1）当辙叉达到规定伤损，根据需要进行更换。

（2）更换旧类型辙叉。

2．作业条件

利用列车间隔时间更换辙叉，施工前要向车站办理登记，经车站同意并设好停车信号防护后方可施工，有连接线时需由信号工区配合。

3．作业技术标准

（1）辙叉接头轨面及轨距线内侧错牙不超过 1 mm。

（2）轨距及查照间距必须符合有关规定。

（3）辙叉下岔枕无空吊板。

（4）各连接零件不得超过标准限度。

4．作业程序与要领

1）准备作业

（1）用钢尺丈量辙叉长度、翼轨槽宽、辙叉趾及跟宽度是否合适，并认真检查有无伤损。

（2）调查辙叉前后轨缝，打紧辙叉前后防爬设备，阻止钢轨伸缩。

（3）起掉接头第三个道钉，其他道钉拨松后再打上，不良道钉要进行整直或更换。

（4）辙叉前后接头有 6 个螺栓时，先卸掉第 2、第 5 孔螺栓，其余螺栓经涂油加垫圈后再拧上，磨耗弯曲螺栓应预先更换。

（5）有轨道电路时，应联系电务部门配合。

2）基本作业

（1）向车站办理施工手续，按规定设置停车信号防护。

（2）卸夹板、螺栓：卸下接头螺栓，拆下夹板，并涂油，拧上螺帽，放在附近岔枕面上。

（3）起出道钉：起出辙叉两侧道钉或拧下螺纹道钉。

（4）拨出旧辙叉：将旧辙叉拨出道岔外，以免影响作业。

（5）捣固辙叉部分岔枕。

（6）削平与清扫：将辙叉两边及辙叉下岔枕削平，清扫干净，摆正垫板。

（7）拨入新辙叉：拨入后，两端轨缝要均匀合适，垫板要铺正。

（8）上紧夹板及螺栓。

（9）打道钉：按叉趾、辙叉心、叉跟之处钉好轨距，做到轨距、查照距离、轮缘槽宽度“三合一”，辙叉前后方向良好，拧紧螺纹道钉。

（10）回检找细：检查辙叉部位、轨距、水平和零件，并全面进行找细。

（11）撤除防护：完工后，到车站记入行车设备检查登记簿，双方签字，撤除防护，开通线路。

3）整理作业

将换下的旧辙叉及其他零件加以收集整理，做到工完场净。

5．注意事项

（1）如辙叉下岔枕有压弯时，可在拨出旧辙叉后进行捣固。

（2）在有轨道电路区段更换辙叉时，必要时要加设临时连接线。

（3）在轨道电路上作业时，应做好撬棍绝缘。

（4）换下伤损辙叉应用白铅油标明符号。
（5）更换辙叉，应及时填写更换记录卡，详细记录旧辙叉的伤损情况、厂名、制造年月、熔炼号等。

二十一、更换护轮轨作业

1. 作业范围

更换折断或失效的道岔护轮轨。

2. 作业条件

利用列车间隔时间更换护轮轨，施工前要向车站办理登记，经车站同意并设好停车信号防护后方可施工。

3. 作业技术标准

（1）护轮轨轮缘槽宽度应保持 41 ~ 45 mm，护轨两端缓冲段入口宽度应为 68 mm，护轨两端开口应为 90 mm。
（2）护轨平直段应对应于辙叉有害空间，两端应伸出辙叉咽喉、辙叉心宽 50 mm、断面各 150 ~ 300 mm。
（3）轨距查照间隔、护背距离应符合有关规定。
（4）护轨上各种零件应齐全，无失效。

4. 作业程序与要领

1）准备作业
（1）检查新旧护轮轨螺栓孔是否一致，间隔铁尺寸是否相符。
（2）检查护轮轨平直段、缓冲段铺设位置及切削喇叭口的尺寸是否符合标准。
（3）按定型图要求，挑选合乎标准的护轨，运到施工地点附近。
（4）松动螺栓、垫圈、涂油，再上紧。
（5）松动道钉，再打牢。
2）基本作业
（1）向车站办理施工手续，设置停车信号防护。
（2）卸螺栓：将护轨螺栓卸下，连同垫圈一起放在岔枕上。
（3）起下护轨侧道钉，卸下轨撑。
（4）拨出旧护轨：护轨拨出后，要清扫垫板，并将卸下的螺栓、间隔铁进行除锈涂油。
（5）换入新护轨：新护轨换入后，安装间隔铁，使基本轨、间隔铁及护轨螺栓孔相对，轮缘槽符合标准。
（6）上螺栓：对损坏的螺栓要更换。
（7）上轨撑：将轨撑从垫板侧面用锤轻轻打进去，使其前面靠紧护轨，后面顶紧垫板挡肩。
（8）打道钉：修理钉孔，插入道钉孔木片，钉好道钉。

（9）回检找细：对轮缘槽宽度、轨距、查照间隔及零件等进行找细，使之达到作业标准。

（10）撤除防护：完工后，到车站记入行车设备检查登记簿，双方签字，撤除防护，开通线路。

3）整理作业

将换下的旧护轨及其零件加以收集整理，做到工完场净。

5．注意事项

（1）护轨与主轨的轨顶要相平，护轨长度中心与辙叉理论尖端应对正，一般只准超前（100 ~ 300 mm）不准退后。

（2）安装护轨内侧轨撑时，应在安装好新护轨后再将轨撑装上，并打紧道钉。

（3）调整轮缘槽宽度加铁片时，禁止在两片间隔铁中间加铁片。

（4）换下伤损护轨应用铅油标明伤损符号。

二十二、整修线路标志和信号标志作业

1．作业范围

（1）整修损坏标志。

（2）添补缺少标志。

（3）增设新标志。

2．作业技术标准

1）线路标志

（1）百米标、半千米标、坡度标、曲线标和管界标等，应按计算里程方向设在线路左侧，距钢轨头部外侧不少于 2 m。不超过钢轨顶面的标志，可设在距钢轨头部外侧不少于 1.35 m。如复线地段需要另设线路标志时，应设在该线路列车运行方向的左侧。

（2）隧道内，用油漆写于隧道边墙上，白底黑字。其底边高出轨面约 2 m，无衬砌的坚石隧道，应将该处岩壁凿光，漆成白底，再用黑漆书写。

（3）桥梁上，有人行道时可用木板或铁板书写，固定在人行道栏杆上。无人行道时，可用托架或方木固定于桥梁或桥枕上。

（4）千米标、半千米标、曲线标、圆曲线和缓和曲线的始终点标，露出地面为 500 mm。

2）信号标志

（1）司机鸣笛标：设于道口、隧道和视线有障碍地点（如路堑内小半径曲线）的前方，顺列车方向设在线路的左侧，距钢轨头部外侧不少于 2 m 处。

（2）警冲标：设在两会合线路间距为 4 m 的中心处，有曲线时，曲线一侧按限界加宽增加。线间距不足 4 m 时，设在两线路中心线最大间距的起点处。

（3）道口警标：设于通向道口公路的右侧，距道口最外股钢轨不少于 20 m。露出地面为 1 800 mm，容许误差 ± 10 mm。

（4）预告标：设在进站信号机外方 900、1 000、1 100 m 处。但设有预告信号机及自动闭塞的区段，均不设预告标。在复线区间有退行的列车看不见邻线的预告标时，在距站界标

外 1 100 m 处，另设一个预告标。预告标距钢轨头部外侧不得小于 2 m。

3．作业程序与要求

（1）调查统计：对线路标志及信号标志进行调查，并做好记录，统计出所需修理、更换、增设数量。

（2）挖坑及取出旧标。

① 更换标志时，应用铁锹将旧标志四周围土挖开（土质坚硬时，先用镐刨松），土要暂时集中堆放于基坑附近。当挖至露出标志底时，即可拨出旧标志，并将坑底清理至埋设深度。

② 设置标志时，应按埋设距离要求，用尺量准位置，然后开挖，开挖深度要满足标志埋设要求。

（3）埋设标志：将标志放入挖好的坑内，按规定准确调好位置和高度，扶正后，向标志四周填土。填至一定厚度时应进行夯实，然后再填再夯，直至填夯至应有高度，最后将余土等杂物清扫干净。

（4）标志涂油刷新：旧标志如用油漆或白灰粉涂刷的，可先将表面用钢丝刷等工具擦拭干净。调好油漆或白灰粉，在标志应涂处均匀涂刷，一般用白灰刷，应进行两遍。

（5）待油、粉干燥后，即可书写标准字。

（6）质量回检。

4．注意事项

（1）在风、雪、雨等坏天气，不准进行标志涂油刷新。

（2）标志方向必须正确。

二十三、线路改道作业

1．作业条件

（1）基地：驻站联络员与作业点防护员用对讲机联系，作业点设置移动停车手信号防护，设好防护后方可作业。

正线：车站值班员同意后，作业人员在作业点前后 100 m 处设置红闪灯后方可作业。

（2）无缝线路改道作业轨温条件，按实际锁定轨温计算：在 −20 °C 以下 ~ +20 °C 之间进行；+20 °C 以上禁止进行改道作业。

2．作业程序

1）作业准备

（1）工具：轨温计、道尺、弦线、石笔、扣件、改道器、单头扳手、加力杆、扭力扳手、内燃扳手、刷子、长效油脂、直尺等。

（2）校对量具：改道作业前，由改道负责人对当日使用的各种量具进行检查核对；内燃扳手操作手检查内燃扳手是否正常良好，油料是否充足，并带足油料。

（3）到达作业地点后首先测量轨温，确认是否符合作业轨温条件，做到超温不作业。并严格执行作业前、作业中、作业后测量轨温制度。

（4）驻站联络员与施工防护员用对讲机联络，施工地点设置移动停车手信号或红闪灯防护，防护设好后方可作业。

（5）基地邻线来车可不下道，但必须停止作业。

2）调查划撬

确定标准股：直线地段以顺里程方向（列车运行方向）左股或高低相对较好的一股（临时补修作业时）为标准股；曲线地段以上股为标准股；改道负责人跨站在钢轨上，目视前方 20 ~ 30 m 距离的线路轨向或用 10 m 弦线测钢轨内侧轨向，确定改道方向和改道范围；再用轨距尺逐根检查轨距和轨距顺坡率，对超限轨距、轨距顺坡率不良、需要调整轨距挡板的处所，在轨底内侧用符号划出撬长，并用箭头标明改动方向及改道量。

3）改道

（1）改正标准股小方向。

松开轨枕螺栓，连续松开或卸下扣件长度不得超过 5 m；再调整标准股、调换轨距挡板或扣件。

（2）改正对面股或改正轨距、轨距顺坡率。

松开轨枕螺栓，连续松开或卸下扣件长度不得超过 5 m；再调换轨距挡板和扣板。

4）拧紧扣件螺栓

拧紧扣件螺栓，使扭力矩达到标准，使用内燃扳手不能过拧。绝缘接头处扣板不得顶靠夹板，以防联电。

5）回检与复拧

作业完毕，应回检轨距或轨距顺坡率及扣件状态，返修失格扣件。若用 T 型扳手拧紧，应在当天下班前复拧一遍螺栓。

6）撤除防护

确认线路达到放行列车条件，人员、机具撤出限界以外，施工负责人通知现场防护员撤除防护，用对讲机通知驻站联络员作业完毕，开通线路；驻站联络员接到现场开通线路的通知复诵确认后，在车站或信号楼销点。

3．质量标准

（1）改道后的轨距不得大于该地段轨道几何尺寸允许偏差管理值的作业验收标准。

（2）扣件与轨底及轨枕挡肩离缝不大 2 mm。

（3）改道必须兼顾小方向。

（4）补充和更换缺少的腐蚀零部件。

（5）改动轨距要以调整零部件为主、加垫三角铁为辅的方法，三角铁数量不得超过 2 块。

（6）改道时，要把串动、歪斜的大胶垫整好。

4．安全注意事项

（1）轨道电路地段，要防止工具、材料连电造成事故，绝缘接头的扣件和中间扣件不能混用。

（2）作业允许一处连续松开 5 个轨枕头螺栓，50 kg/m 以上钢轨不得超过 7 个轨枕头。

无缝线路区间，要按章作业，严禁盲目蛮干，由于改道造成方向不良，要及时改好。

二十四、整理道床作业

1. 作业条件

（1）站线：利用列车间隔时间作业，车站和现场各设一名防护员，用对讲机联系。现场防护员利用移动停车手信号防护。

（2）正线：运营结束，行调批点后方可下轨行区作业。

2. 作业程序

（1）作业准备。料具：叉子、抬筐或单轨车。

（2）调查。调查需要均匀道砟和整理道床的数量，合理分工。

（3）均匀道砟。使前后道床断面均匀，并不得把泥土及杂草带入道床。

（4）回填道砟。将扒出的道砟回填，均匀平整。

（5）整理道床。整理砟肩和道心。

（6）夯实拍平。用叉子将道砟全部进行一遍拍平夯实。

（7）整理回检。全面检查，找细补修。

（8）撤出防护。作业完毕，人员工具场地清，撤除防护。

3. 质量标准

（1）站线：道床顶面宽度为 2.9 m，砟肩堆高 0.15 m，边坡坡度为 1∶1.5。曲线半径≤600 m 的外侧道床加宽 0.1 m。

（2）正线：道床顶面宽度为 3.1 m，砟肩堆高 0.15 m，边坡坡度为 1∶1.75。曲线半径≤600 m 的外侧道床加宽 0.1 m。

（3）轨底处道床顶面应低于轨枕顶面 20～30 mm。

4. 安全注意事项

（1）上下道床时，应踩稳踏牢，防止摔倒。

（2）在道岔转辙和辙叉部分，轮缘槽内不得有道砟。

二十五、混凝土枕垫板作业

1. 作业条件

（1）车站设 1 名驻站防护员，与现场防护员用对讲机联络，现场设移动停车手信号防护。

（2）无缝线路垫板作业轨温条件，按实际锁定轨温计算：在 −20 °C 以下～ +20 °C 之间进行；+20 °C 以上禁止进行垫板作业。

2. 作业程序

（1）准备作业——调查工作量。

① 选择标准股和划撬。

② 测量标准股垫高量。

（2）基本作业——一般由 5～6 人按流水作业方法进行。

① 先垫标准股，后垫对面股。
② 确定对面股的垫高量。
③ 松开轨枕螺栓，用起道机抬起钢轨，用小铲铲松胶垫，将调高垫板垫在胶垫上。
④ 松起道机，落下钢轨。
⑤ 测量轨距，整理扣件，拧紧轨枕螺栓。

3．质量标准

（1）调高垫板应垫在轨底与轨下橡胶垫板之间。一般情况下，每处调高垫板不得超过 2 块，总厚度不得超过 10 mm。使用调高扣件的混凝土枕、混凝土宽枕和整体道床，每处调高垫板不得超过 3 块，总厚度不得超过 25 mm。

（2）垫板位置正确，无偏斜、无串动。

（3）弹条扣件的扣压力应符合线路设计标准。

4．安全注意事项

抽垫板时，不得将手伸入轨底，以免挤伤手指。松起道机时做到呼喊应答，确保安全。

二十六、方正木枕、混凝土枕、岔枕作业

1．作业条件

（1）车站设驻站防护联络员、工地设现场防护员，对讲机防护联络，移动停车手信号联络防护。

（2）无缝线路方正轨枕作业轨温条件，按时间锁定轨温计算：

－20 °C 以下时当日连续方正不超过 2 根；－20 °C ~ －10 °C 和 + 10 °C ~ + 20 °C 时方正轨枕隔二方一；方正后捣固、恢复道床，逐根进行； －10 °C ~ + 10 °C 时方正轨枕与普通线路相同； + 20 °C 以上时禁止方正轨枕作业。

2．作业程序

1）作业准备

（1）准备好所有的工具并全部带齐。

（2）校对量具：作业前，由负责人对当日使用的各种量具进行检查核对；由操作手检查方枕器或起道机是否完好。

（3）到达作业地点先测量轨温，确认是否符合轨温条件，并严格执行作业前、作业中、作业后测量轨温制度。

（4）驻站联络员与施工防护员用对讲机联络，施工地点设置移动停车手信号或红闪灯防护，防护设好后方可作业。

2）调查划撬

根据每千米配置轨枕的根数和轨枕间距，把枕木位置划在基本股轨头外侧，再用方尺方到另一股钢轨上，并在相应的轨头外侧标上记号。

3）扒开道床

把轨枕要移动方向的一侧石砟扒离轨枕边，扒开深度应低于轨枕底面 20 mm。

4）松扣件或道钉

为减少小方枕时的阻力，先要拧松扣件螺帽或起松道钉，高度要适量，以不影响轨枕移动为准。

5）方正轨枕

木枕地段可使用撬棍，利用现场支点，也可斜插入轨枕底，靠紧枕木边拨动，用锤敲打；混凝土枕、岔枕地段使用方枕器时，相邻的轨枕扣件要上紧，防止移动；方枕时，应在偏斜较大的一端先方，然后两端同时进行。

6）打紧道钉，拧紧扣件

为防止轨枕产生新的位移，方枕到位后马上打紧道钉，拧紧扣件。

7）安装防爬设备

打紧防爬器，将轨距杆、支距杆恢复到位置。

8）整理回填道床

如果轨枕移动量大于 100 mm，应先进行捣固，最后回填整理道床。

9）撤除防护

确认线路达到放行条件，防护员撤除防护，用对讲机通知驻站联络员作业完毕，开通线路。

3．质量标准

（1）轨枕间距误差或偏斜，正线、到发线不超过 50 mm，专用线不超过 60 mm。方正岔枕，按道岔标准执行。

（2）铝热焊缝距轨枕边不小于 40 mm。

（3）禁止用道钉锤或铁镐敲击枕木。

（4）原先轨枕偏斜量较大时，方枕到位后要检查外侧扣件、道钉是否离缝，否则扣件要重新调整，道钉要起出加木塞后重新钉好。

4．安全注意事项

（1）来车时，要及时注意下道，方枕器同时撤离线路。

（2）作业时，工具、材料和石砟不得侵入限界。

（3）在轨道电路地段作业，当木枕旁有轨距拉杆，铁垫板位置又偏在一边，要先把铁垫板位置放正。

（4）在绝缘接头处方枕，要注意连接零件是否符合标准，防止跳信号。

二十七、清理侧沟作业

1．作业条件

（1）站线：利用列车间隔时间作业，车站和现场各设一名防护员，用对讲机联系。现场防护员利用移动停车手信号防护。

（2）正线：运营结束，行调批点后方可下轨行区作业。

2．作业程序

（1）设置作业防护。

（2）淤塞严重或存水阻流时应用水平仪器测量纵坡，找出淤塞、存水原因，确定开挖深度。

（3）打边桩，拉边桩线。

（4）按边桩线、标准断面尺寸用镐、铲开挖清理。

（5）用水平仪复核纵向坡度。

（6）修整沟底使之达到技术标准。

（7）清理杂草、积土，将其运至路堑之外。

（8）清理工具，撤除防护。

3．质量标准

（1）清理后的侧沟深度不得小于 0.4 m；宽度不得小于 0.4 m；边坡度应在 1∶1～1∶1.5 范围之内。

（2）清理后的侧沟沟底必须平整，无杂草，有不小于 2‰ 的纵向流水坡（困难地段不小于 1‰ 的纵向流水坡）。

4．安全注意事项

（1）施工前必须设置作业防护。

（2）拆除防护前一定要清理工具，防止施工工具侵入限界，危及行车安全。

二十八、钢轨铝热焊焊接作业

1．焊轨前准备

（1）对焊接钢轨进行全面检查。状态严重不良的钢轨应预先予以更换，轨头压塌、掉块部分应予以切除，严禁钢轨带伤焊接。

（2）更换接头失效轨枕，清挖翻浆，补充缺少、更换伤损的连接零件。

（3）备齐作业机具、材料、安全防护及劳保用品，并确认其性能良好，质量可靠，严禁使用受潮焊剂焊接钢轨。

2．焊轨作业工艺及流程

（1）检查焊剂及模具。根据焊接钢轨材质和型号检查焊剂及模具是否匹配。

（2）轨端处理。开裂、掉块、压塌等伤损轨头必须切除；清洁钢轨，除锈、去油，轨端面应为色泽均匀的银灰色；轨端必须平整、垂直，无偏斜，用直角尺测量，垂直和水平偏斜度不得大于 1 mm。

（3）调整轨缝宽度。按照焊剂生产厂家的工艺要求控制，同时应测量轨温，必要时采用拉伸器拉伸钢轨控制锁定轨温，并做好记录。

（4）钢轨对正。必须使用功能全面、性能稳定的对轨架，对轨架要安设牢固、位置合适、便于调整。

（5）安装并固定砂模。安装前应检查砂模，确认完好无损、无受潮方可使用，严禁使用受潮砂模。安装时，砂模中心应与焊缝中心重合，先装底模后装侧模，砂模必须和钢轨外轮廓（轨底、轨腰及轨头）密贴良好，确认后固定砂模，用专用封箱泥封闭砂模缝隙。

（6）装填焊剂。将焊剂缓慢均匀倒入坩埚，成自然锥形，盖上坩埚盖，谨防受潮。

（7）钢轨预热。安装预热器支架，调整预热枪头到合适高度。调节火焰：先打开氧气阀门，后开丙烷阀门，然后点火，逐渐交替开大两个阀门，以此调节火焰大小，直至火焰长度达到规定要求。固定预热枪：将预热枪放置在预热支架上，枪头对准砂模中心，然后固定，并用秒表开始计时。预热时间应根据使用的焊剂类型和钢轨型号来决定，在湿冷气候条件下，应适当延长预热时间。预热过程中，应随时观察氧气和丙烷的工作压力是否正常，且必须谨防火焰过氧。达到预热时间后，关火移枪，并关闭氧气和丙烷阀门。

（8）反应浇铸。打开坩埚盖，在焊剂顶部插入高温火柴，再盖上坩埚盖，并再次检查砂模密封情况，确认后装好灰渣盘。将坩埚放置在砂模正上方，点燃高温火柴，斜插入焊剂中，盖上坩埚盖，开始反应。上述步骤必须在预热完成后 30 ~ 60 s 内完成。操作人员必须戴上墨镜，观察反应过程。反应完成后，用钢水注入砂模，开始浇铸。当灰渣停止流入灰渣盘时，用秒表开始计时。浇铸完成 1 分钟后，移去坩埚，将其放在干燥的地方，再撤走灰渣盘。

（9）拆模。浇铸完成后按焊剂工艺要求时间开始拆模。

（10）推瘤。浇铸完成后按焊剂工艺要求时间开始推瘤。

（11）热打磨。推瘤完成后即开始打磨，将钢轨轨头顶面及两侧打磨至与既有钢轨基本平齐，顶面焊缝应高于钢轨面 0.8 ~ 1.0 mm，以防止冷却后造成焊缝低塌。

（12）拆除对轨架。在浇铸完成 15 ~ 45 min 后拆除对轨架。

（13）冷打磨。钢轨顶面矢度应不大于 0.5 mm，轨底（焊筋）矢度应符合 0 ~ +0.5 mm 的标准。焊缝上下角圆顺、整体光滑平顺，无棱角毛刺，便于探伤。

（14）清除焊缝上的残留物，做好标记。

（15）恢复松卸的钢轨扣件。

（16）检查焊缝前后 20 m 范围内轨道几何尺寸，全部按照作业验收标准改正，并做好记录。

（17）全面恢复线路外观，整理道床、恢复线路标志。

任务四　轨道电路及工电配合

一、轨道电路

1. 概念

以两股钢轨为导线，两端用绝缘接头隔断电流，在一定长度内构成的电气回路，称为轨道电路。

2．组成

轨道电路由钢轨线路、供电端和受电端等组成，如图 6-4 所示。

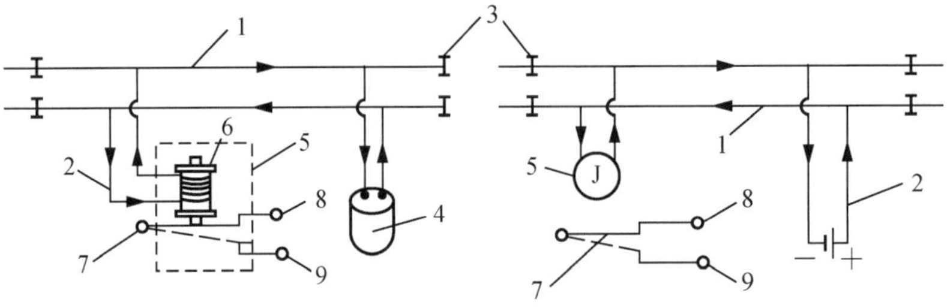

1—钢轨；2—引入线；3—绝缘接头；4—电源；5—继电器；6—铁芯线圈；
7—衔铁；8—上接点；9—下接点。

图 6-4 轨道电路组成

（1）钢轨线路：包括两股钢轨、接续线、引入线和绝缘接头等。

（2）供电端：在轨道电路的一端，包括电源设备及限流装置，是轨道电路的电源。

（3）受电端：在轨道电路的另一端，主要包括继电器等。

将电源接入供电端，同时把轨道继电器接入受电端，两端用绝缘接头隔断与相邻钢轨的电流，使该段轨道本身构成回路。

3．轨道继电器

轨道继电器包括一个铁芯线圈、一个可动的衔铁和上下两个接头。衔铁上面固定着一个能导电的金属片（中接点），可与上下接点分别接触。

轨道电路是利用轨道继电器的通电、断电使衔铁吸起和落下的两种工作状态，达到控制两种信号显示的目的。当继电器线圈通过电流时，产生磁场作用将衔铁吸起，使金属片与上接点的电路接通，显示一种信号；反之，当继电器线圈没有电流通过时，由于失磁作用，衔铁依靠自重而跌落，断开上接点电路，与下接点电路接通，则显示另一种信号。

4．轨道电路工作原理

利用轨道电路构成的二显示自动闭塞工作示意图，如图 6-5 所示。

Ⅰ闭塞分区无列车运行，电源送来电流，继电器吸起衔铁接通上接点电路，显示绿灯开通信号。

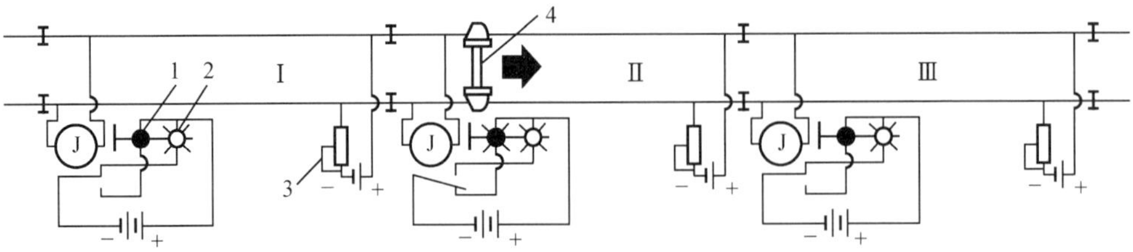

1—红灯；2—绿灯；3—限流器；4—列车轮轴。

图 6-5 二显示自动闭塞轨道电路工作示意图

Ⅱ闭塞分区有列车运行，电源送出的电流被列车轮轴分路（短路），由于轮轴的电阻比继电器的电阻小得多，继电器得不到电流，衔铁跌落而接通下接点电路，显示红灯停车信号。这时Ⅰ分区的后续列车便不能进入Ⅱ分区。

Ⅲ闭塞分区若无列车，继电器必然正常工作，显示绿灯开通信号，表示允许列车以正常行驶速度进入这个分区。

自动闭塞区段信号采用红、黄、绿三色显示制或红、黄、绿黄、绿四显示制。三显示、四显示原理与二显示基本相同，只不过电路复杂些。

5．道岔区段的轨道电路

1）概念

道岔区段的轨道电路指由进站道岔岔头前的绝缘接头至各股道警冲标处的绝缘接头范围内的轨道电路，如图 6-6 所示。

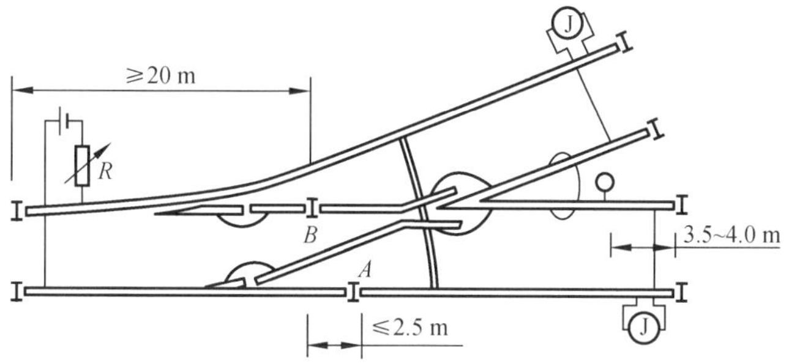

图 6-6　道岔轨道电路示意图

2）要求

（1）绝缘接头：道岔轨道电路是一种分支性的轨道电路，直线回路与侧线回路应相互隔断，必须在道岔的连接部分设置一对绝缘接头。

（2）系列跳线：为减少电阻和保证电流顺利传送，在道岔轨道电路中，除在连接部分（直线或侧线）必须设置绝缘接头外，还应加设一系列的跳线，如连接基本轨和尖轨的跳线、使直线上股与侧线下股构成回路的双跳线、连接翼轨和叉心的跳线以及连接辙叉跟端后面两根钢轨的跳线、连接活接头前后钢轨的跳线等。

在有轨道电路的道岔上作业时，尤其应注意防止造成连电（短路）或断路现象，以确保道岔信号正常工作和行车安全。以推送单轨小车为例，若不注意，直接通过图 6-6 中所示的 *A* 或 *B* 绝缘接头时，车轮轧在轨缝处使两轨端有电流通过而造成连电。

6．警冲标

1）概念

警冲标是信号标志的一种，是指示机车车辆停车时，不准向道岔方向或线路平面交叉处所越过的地点停车的标志，如图 6-7 所示。

2）作用

警冲标是为保证岔后两线的列车能相互安全通过而设置的。为了使停放在Ⅰ线上的列车或车辆，不妨碍相邻Ⅱ线上的列车安全运行，规定Ⅰ线的车辆末端不得越过警冲标。

3）设置规定

根据机车车辆限界、机车车辆运行中摆动、曲线加宽等因素，警冲标应设在两会合线路线间距为 4 m 的中间。为保证行车安全，可采用警冲标至一股线路的垂直距离 f= 2 m，如图 6-8 所示。

图 6-7 警冲标

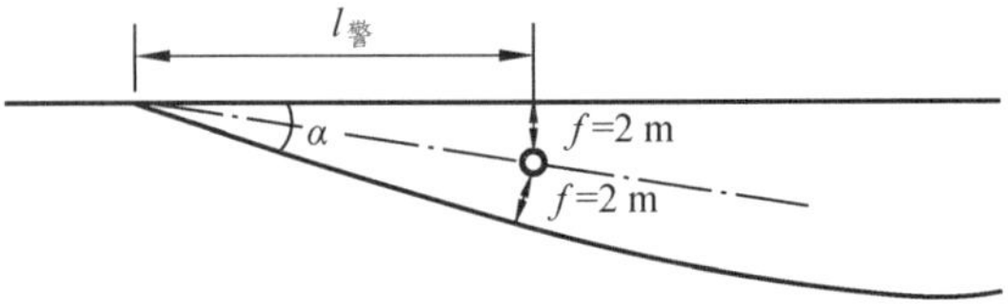

图 6-8 警冲标的位置

$l_{警}$ 的长度：常用的 9、12、18 号道岔，由岔心至警冲标的距离 $l_{警}$ 见表 6-7。

表 6-7 岔心至警冲标的距离

岔号		9			12			18
半径/m		200	300	400	400	500	600	800
线间距/m	4.6	40.0	41.4	43.6	51.9	53.3	54.9	—
	4.8	38.5	40.0	41.8	50.7	51.7	53.0	—
	5.0	37.7	38.9	40.4	49.7	50.6	51.6	73.5
	5.5	36.8	37.3	38.3	48.6	48.9	50.0	72.5
	6.0	36.3	36.7	37.1	48.2	48.4	48.6	72.5
	6.5	36.1	36.3	36.6	48.1	48.1	48.3	72.5

在计算股道有效长和铺设道岔等工作时，都涉及道岔中心至警冲标的距离 $l_{警}$。

4）技术要求

（1）位于警冲标处的绝缘接头，应设在距警冲标大于 3.5 m 的地方。因为由车辆的最后一根车轴至车钩的距离一般是按 3.5 m 计算，最大不宜超过 4.0 m。

（2）连接部分的绝缘接头，应尽量保持对接，最大错开量不应超过 2.5 m，这个长度叫“死间隔”，因为车辆的最小固定轴距值是按 2.5 m 考虑的。

（3）两道岔绝缘接头间的距离，规定不得小于 20 m，这是考虑一节车辆的两个转向架间的长度，不会同时占用两个轨道电路。

（4）绝缘接头的轨缝宽度，应比计算值加大 6 mm 左右，即可做成 10 ~ 15 mm。这样，可以防止在夏季高温时或因钢轨爬行而将轨缝顶死造成连电。

（5）道岔内的拉杆、连接杆以及轨距杆等的绝缘装置应经常保持良好。

7．道岔工电联检办法

1）联检频率

每条运营正线末端折返道岔，每半月联检一次，正线其他道岔，每月联检一次，基地站线主要道岔每月联检一次，次要道岔每两月联检一次。

2）联检内容与程序

第一步，专业自检：分别由工、电双方人员各自按标准进行自检。

第二步，专业联检：操动道岔尖轨。

工务检查：

静态：尖轨部位轨距、尖轨密贴情况、顶铁密贴情况、尖轨动程。

动态：尖轨空吊情况、尖轨上下跳动、尖轨水平抖动、运行过程受阻。

电务检查：电务制定。

第三步，联检确认：通过联检由双方人员对道岔状态进行确认，并填写联检记录。

在联检过程中所发现的问题，根据轻重缓急，由双方协商整改的日期，整改后在原记录表中注销。

8．道岔施工配合办法

（1）工务专业在进行下列作业时必须申请电务配合：

① 换尖轨、基本轨、导曲轨、岔心等主要构件。

② 更换胶垫、铁垫板、滑床板。

③ 更换尖轨拉杆。

④ 尖轨部位调整轨距及拉杆端部插片。

⑤ 碎石道床道岔起、拨、改及更换岔枕作业。

（2）配合办法：

① 日常养护维修配合。

凡属于养护维修范围内的作业由双方工长提前一天以上协商配合事项。

② 抢修配合。

由于道岔突发性变化，必须进行抢修时，管理部作业计划经分公司批准后，由调度向通号分公司电传施工配合联系单，其中包括作业项目、作业地点、道岔号、作业日期等，必要时由双方现场调查，确认配合事项。

工务在编制道岔作业计划时，除抢修以外，其余单项作业的安排都要充分考虑电务配合的时间余地。

通号部门在办妥落实事宜后，应在联系单上签注回复意见电传工务调度。

施工配合手续办理完毕后，双方调度应将联系单复印件转技术部门备案。

一般情况下，施工配合联系单应提前两天以上办理，根据抢修的应急程度，急事急办。

（3）施工过程中的配合。

① 施工前状态确认。

施工前由双方对设备几何状态进行检测，必要时操动道岔，对作业前尖轨运行状态进行确认，其结果作为施工后状态恢复校核的依据。

② 施工程序。

工务办理施工登记手续→撤除关联电务设备→拆除扣件→拆除伤损构件→安装新构件→安装扣件并初拧→安装电务设备→工电双方分别检测→联合调试→整改→确认→扣件回紧→旧料回收→收工前检查与记录→办理销点手续。

（4）质量回检。

施工后的道岔设备，即使质量完好，隔天仍然必须由双方进行回检，当施工质量存在问题时，其影响行车的主要问题必须在当天解决，次要问题可以通过协商，经列车压道后，次日整改。

二、轨道电路区段的养护维修

轨道电路地段线路上的两股钢轨是色灯信号机的电路。当信号机显示规定的信号时，如遇金属物体将两股钢轨连成短路，信号立即改变显示状态，就会造成行车事故，所以在行轨道电路的线路上作业应防止“连电”事故发生。做到注意以下事项：

（1）量轨距时，严禁使用中间没有绝缘的金属道尺。禁止将金属尺或铁线拖在地上行走，跨过两股钢轨。

（2）所有撬棍都应加装绝缘胶套管，严禁撬棍搭在钢轨上造成连电。

（3）推送单轨车必须在指定的线路，并且要在安塞钉连续线的钢轨一侧进行，不要在焊接连续线一侧走，以免压掉连续线，发生轨道电路断电。

（4）在道岔区段轨道电路附加绝缘处，不准推送单轨车，否则会造成连电，影响轨道电路的正常使用。

（5）在道岔区域使用起道机，要严加注意防止轨道电路连电。尤其注意不要把起道机底座放在附加绝缘接头底下，防止造成连电。

（6）拧紧绝缘接头处夹板螺栓帽时，要注意螺丝把不要搭在绝缘另一面钢轨的螺丝上。因为所搭连的两个螺栓，如果本身弯曲不直并和钢轨眼孔相接触，就会造成连电事故。尤其是道岔区段轨道电路的附加绝缘处的钢轨接头更为重要，因为它连电后就会影响轨道电路的正常使用。

（7）养路机械均应有良好的绝缘。

三、电气化区段的线路维修

1．起道

电气化线路，为了保证电力机车受电弓不脱开或撞击接触网导线，要求线路水平和前后高低经常保持良好状态，而电力机车因冲击力大，线路又容易发生小坑，因此，养路工区必须经常注意做好起道找小坑等工作。

由于接触网导线距轨面必须保持一定的距离，为防止电力机车的受电弓与接触网的接触点落在其工作面宽度以外，《维规》规定，在电气化线路进行起道作业，起高线路单股不得超过 30 mm，隧道、桥梁不得超过限界尺寸。在正常情况下，应按规定：供电部门应会同工务部门每年进行一次接触网设备限界检查。

2．拨道

电力机车作用于钢轨的水平力大，线路方向容易变化，拨道作业也较多。电气化区段　对拨道量的限制是在不侵入建筑物（包括接触网标塔）接近限界的条件下，不得超过 30 mm，一侧拨道量年度累计不得大于 120 mm（并不得侵入限界）。超过此标准时，须先通知接触网工区，必要时协同施工。这是因为要保证电力机车受电弓与接触网导线的正常相互作用，也就是要保证直线线路中线与接触网导线的垂直投影相吻合，如超过规定限度，电力机车就有脱弓危险。在车站内拨道时，还应使扼流变压器箱和轨道变压器的引接线不致损坏，信号机、电动转辙器等不致侵入规定的限界尺寸，必要时应与电务工区配合施工。

3．改道

电力机车作用钢轨的水平力大，轨距容易变化，为消除轨距误差或变化率超限，做好改道作业很重要。改造时除按单项作业要求作业外，作业中还应执行在有轨道电路的线路上作业应注意的事项。

4．捣固

电气化铁路线路上，绝缘接头是薄弱部位，应加强捣固。捣固和扒道砟时，不要损坏通过轨道电流的接续线，钢轨底部与道床之间应保持 20 ~ 30 mm 的间隙，以防漏电。

5．更换钢轨、夹板、道岔

（1）在非自动闭塞的电气化区段上更换钢轨时，应遵守下列规定：

① 禁止在同一地点将两股钢轨同时拆下。

② 换轨前应在被换钢轨两端轨节间安设一条纵向连接电线，连接电线用截面不小于 70 cm^2 的铜线做成，其每端用夹子紧夹到相邻的轨底上，该连接线要在换轨作业完毕后方可拆除。

（2）在自动闭塞的电气化区段上更换钢轨时，应遵守下列规定：

① 禁止在同一地点将两股钢轨同时拆下。

② 换轨前要在被换钢轨两端的左右轨节间各安设一条横向连接电线（即轨道电路短路线），连接电线用截面不小于 70 cm^2 的铜线做成，用夹子紧夹到轨底上。

③ 更换带有轨端绝缘的钢轨及在道岔上换轨时，均应有信号工在场配合。

④ 换轨如需拆开回流线时，必须有供电人员在场紧密配合并负责监护；在未设好可靠的分路电线之前，不得将回流线从钢轨上拆开，拆装回流线的工作，均由供电人员负责完成。

⑤ 在电气化区段上，如需要在同一地点将两股钢轨同时拆下时，必须对该供电区段实行线路封锁。

复习思考题

1. 线路维修工作的基本任务是什么？
2. 线路维修的原则是什么？
3. 何谓综合维修？
4. 何谓经常保养？
5. 何谓临时补修？
6. 扒道床作业的技术要求是什么？
7. 容许速度 80 km/h 以下的线路，捣固作业之后恢复道床有哪些要求？
8. 拨道作业的要求有哪些？
9. 在直线地段进行垫板作业，已知基本股纵向凸凹量为 +8 mm（凸为负，凹为正），另一股与基本股水平差为 −2 mm（基本股水平高为正，低为负），试问另一股垫落量是多少？
10. 试述更换夹板作业的技术要求是什么？
11. 正线线路、道岔作业验收后的轨道静态几何尺寸容许偏差管理值是多少？
12. 在有轨道电路的道岔区段作业时，应注意些什么？
13. 产生道床病害的原因是什么？
14. 试述减少钢轨磨耗的措施。

项目七　养路机械

◆ 学习情境描述

随着重载铁路的货物列车轴重和牵引质量的逐步提升，线路的运能得到极大提高，但线路设备的伤损以及轨道几何状态恶化速率明显增加。尤其对于有砟轨道结构，道砟在重载列车循环荷载下极易发生破碎、粉化等现象，进而引发道床脏污、板结、沉降、流塌，致使道床力学性能降低，轨道几何形位改变，严重影响列车运行的安全性。因此，对有砟轨道进行周期性养护维修显得尤为必要，目前我国有砟轨道养护维修的主要方式是大型养路机械对有砟轨道进行捣固、稳定、整形。大型养路机械对有砟轨道的捣固和稳定作业是改善线路几何形位、恢复轨道质量状态的有效措施。

◆ 学习目标

（1）使学生了解液压传动原理。

（2）掌握常用小型机械的使用方法。

（3）了解常用小型机械的原理及维修。

（4）掌握常用小型机械的故障处理。

◆ 思政案例（青藏铁路——西藏的第一条铁路）

青藏铁路，简称青藏线，是一条连接青海省西宁市至西藏自治区拉萨市的国铁I级铁路，是中国新世纪四大工程之一，通往西藏腹地的第一条铁路，也是世界上海拔最高、线路最长的高原铁路。

青藏铁路分两期建成：一期工程东起青海省西宁市，西至格尔木市，于 1958 年开工建设，1984 年 5 月建成通车；二期工程，东起青海省格尔木市，西至西藏自治区拉萨市，于 2001 年 6 月 29 日开工，2006 年 7 月 1 日全线通车。

青藏铁路穿越了世界上最复杂的高原冻土区，许多冻土工程措施都是世界首创，可谓集冻土工程之大全。能否征服高原冻土，是建设世界一流高原铁路的关键。为解答这一难题，铁道部和各参建单位通力合作，广泛借鉴国内与冻土工程研究和实践经验，制定了青藏铁路多年冻土区勘察、设计和施工暂行规定，填补了我国冻土铁路建设技术规范的空白。

二十大报告指出，我们必须紧跟时代步伐，顺应实践发展，以满腔热忱对待一切新生事物，不断拓展认识的广度和深度，敢于说前人没有说过的新话，敢于干前人没有干过的事情，以新的理论指导新的实践。

【本思政案例参考文献：中央政府门户网站. [总体情况]世界海拔最高 线路最长的高原铁路[EB/OL].（2006-01-02）】

任务一 液压传动原理

一、液压传动的工作原理

液压传动是以液体作为工作介质来传递能量的。它是液体传动的一种，利用液体的压力能来传递能量，液压传动机械以其体积小、功率大、重量轻等特点在养路机械中已被广泛应用，如液压捣固机、液压起拨道机等。

图 7-1 是人们常见的液压千斤顶的原理图。它由手动柱塞液压泵和液压缸两大部分所构成。大小活塞与缸体及泵体接触面之间，要保持良好的配合，不仅使活塞能够移动，而且形成可靠的密封。液压千斤顶的工作过程如下：

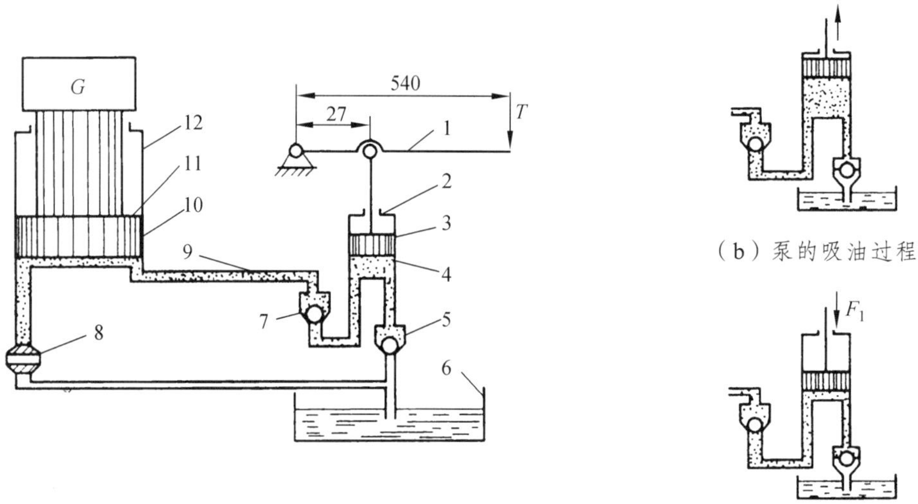

（a）工作原理图 （b）泵的吸油过程 （c）泵的压油过程

1—杠杆；2—泵体；3、11—活塞；4、10—油腔；5、7—单向阀；6—油箱；8—放油阀；9—油管；12—缸体。

图 7-1 液压千斤顶的原理图（单位：mm）

工作时关闭放油阀 8 向上提起杠杆 1 时，活塞 3 就被带动上升，油腔 4 密封容积增大，形成局部真空。于是油箱 6 中的油液在大气压力的作用下，推开钢球并沿着吸油管道进入油腔 4。接着用力压下杠杆 1，活塞 3 下移，油腔 4 的密封容积减少。油液受到外力挤压产生压力，迫使单向阀 5 关闭并使单向阀 7 的钢球受到一个向上的作用力。手压杠杆的力越大，油液压力越大，向上作用力就越大。当这个作用力大于油腔 10 中油液对钢球的作用力时，钢球被推开，油腔 4 中油液的压力就传递到油腔 10，油液就被压入油腔 10，迫使它的密封容积变大，结果推动活塞 11 连同重物 G 一起上升。反复提压杠杆，就能不断地将油液压入油腔 10，迫使活塞 11 和重物不断上升，从而达到起重的目的。显然，如果提压杠杆 1 的速度越快，则单位时间内压入油腔 10 中的油液越多，重物上升的速度就越快；重物越重，下压杠杆所需的力就越大，于是油液的压力也就越大。将放油阀 8 旋转 90°，油腔 10 中油液在重物 G 的作用下，流回油箱，活塞 11 就下降并恢复到原位。

液压千斤顶虽然是一个简单的液压传动装置，但是从对它工作过程的简单介绍中我们可以看出，液压传动的工作原理是以油液作为工作介质依靠密封容积的变化来传递运动、依靠油液内部的压力来传递动力。滚压传动装置实际上是一种能量转换装置，它先将机械能转换为便于输送的液压能，然后又将液压能转换为机械能，以驱动工作机构完成所要求的各种动作。

二、液压泵和液压马达的基本工作原理

常用的油泵都是容积式的，其工作原理都是利用容积变化来进行吸油、压油的。现以图7-2所示的单柱塞泵为例来说明。

柱塞2依靠弹簧3紧压在偏心轮1上，偏心轮的旋转使柱塞做往复运动。当柱塞向右运动时，它和缸体4所围成的密封工作腔5的容积由小变大，形成部分真空，油箱8中的油液便在大气压力的作用下，经吸油管顶开单向阀6进入工作腔5，这就是吸油过程。当柱塞向左运动时，工作腔的容积由大变小，其中的油液受压，当油的压力达一定值时，便顶开单向阀7进入系统中，这就是压油过程。偏心轮不断地旋转，泵就不断地吸油和压油。这样，单柱塞泵就将原动机带动偏心轮转动的机械能转换成泵输出油液的压力能。

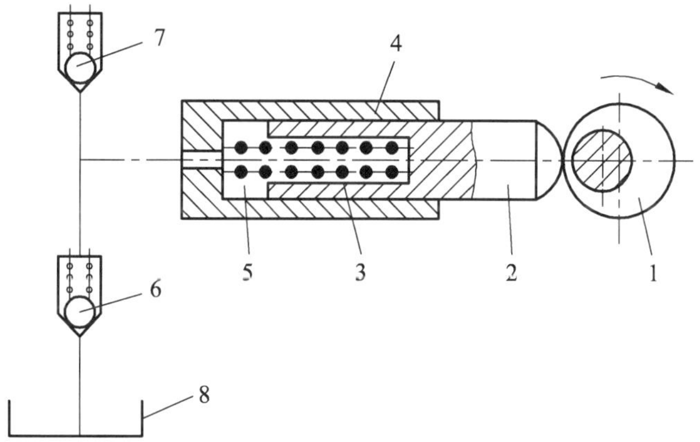

1—偏心轮；2—柱塞；3—弹簧；4—缸体；5—工作腔；
6、7—单向阀；8—油箱。

图7-2　单柱塞泵

（1）泵的输油能力（输出流量的大小）是由密封工作腔的数目、容积变化的大小及容积变化的快慢来决定的，所以称这种泵为容积式泵。

（2）在吸油过程中，必须与大气相通（对开式油箱），泵必须具有自吸能力，即必须使泵的密封工作腔在吸油过程中逐渐增大。在压油过程中，输出压力的大小取决于油从单向阀7排出时所遇到的阻力，即泵的输出压力决定于外界负载。

（3）必须使泵在吸油时工作腔与油箱相通，而与压力管路不相通；在压油时工作腔与压力管路相通，而与油箱不通，图7-2中是分别由阀6和7来实现的，阀6和7又称配流装置。配流装置是泵不可缺少的，只是不同结构形式的泵，具有不同形式的配流装置。从原理上讲是把容积式泵倒过来使用，即向马达输入液压油，输出的是转速与转矩。

任务二 常用小型机械

一、YQB 液压起拨道器

1．YQB 液压起拨道器的用途

YQB 液压起拨道器是适用于轨道线路日常保养和维修的专用工具，具有起道、拨道两种功能。它的结构简单、操作方便、效率高、不侵入界限、使用安全可靠，是线路作业的理想工具。

2．YQB 液压起拨道器的工作原理

YQB 液压起拨道器由油缸、油缸座、油箱、柱塞泵、支架、底座及扳把等组成。底座、支架及油缸座由销轴铰接而成平面四连杆机构。油缸座上设有安全阀和回油阀等机构。扳动操纵杆使柱塞泵里产生的高压油进入油缸，推动活塞伸出，在活塞推力的作用下，油缸及支架绕底座上的销轴同时向上旋转，在起道轮的铰接处产生垂直向上的推力，同时在支架的顶块上产生水平方向的推力，从而达到起道和拨道的目的。

3．YQB-200×135 型液压起拨道器

1）适用范围

YQB-200×135 型液压起拨道器适用于各型号钢轨线路进行起道和拨道作业，它具有结构新颖、操作轻便、安全可靠、不侵入限界、工作效率高、整机重量轻等特点。也适用于对道岔的起拨道作业，是工务部门维修线路的必备工具。

2）基本结构与工作原理

工作原理：摆动手柄把，使柱塞泵连续工作（吸、压油），将液压油压入工作油缸。活塞外伸，推动起道轮垂直向上和水平运动，对铁轨产生一个向上和水平的推力，从而达到起道和拨道的目的。其液压原理图、主要结构如图 7-3 所示。

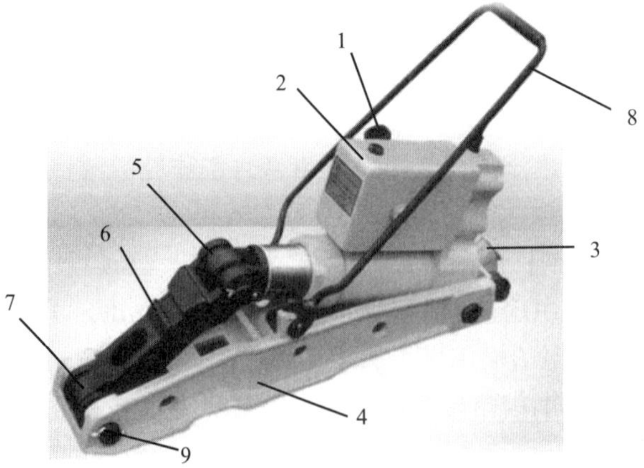

1—外摇臂；2—滤油器；3—活塞；4—底架；5—起道滚；6—起（拨）架；
7—前走行轮；8—提梁；9—铰链销轴。

图 7-3 YQB-200×135 型液压起拨道器

3）使用方法

（1）作业前要对机具进行空载试验，检查各运动部件是否动作灵活。打开卸荷阀，用力向下踩起道轮，检查卸荷阀是否可靠。

（2）适当清理轨下道砟，将机具从钢轨的一侧穿入轨下。如需起道，要将起道轮顶在轨下。如要拨道，需将支杆的凸起部分卡在轨底一侧。向上关闭卸荷阀，前后摆动手扳把，就可起道或拨道。

（3）拨道时如一次不能将钢轨拨到位，需打开卸荷阀，使机具恢复到初始位置，重复上述动作，直到将钢轨拨到要求的位置。

（4）作业中如需转移作业地点，可将起拨道器放到钢轨上，将手扳把插入油缸座后面的斜管内，在轨面上推动即可。

（5）作业后一定将机具恢复到初始位置，避免损坏。

4）机具的保养

（1）根据使用地区的气候条件和季节来确定液压油，一般夏季选用 40# 机油、冬季选用 20# 机油为宜。

（2）加油时一定要过滤，保证机油清洁，不得使用污浊或混有水的机油。

（3）如经常使用，可半年清洗一次机具，清洗时要将机具的油缸、油箱、油道清理干净，注意不得用棉纱擦拭。

（4）如有损坏的部件要及时更换。

5）安全使用说明

（1）使用前要详细阅读使用说明书，了解机具各部分的使用功能。

（2）为了保证机具正常使用，在工作油路中设有安全阀。安全阀在出厂前已调整好，工作中不得轻易调整。检修时，拆卸后组装应重新调整安全阀压力。

（3）发现有零件损坏应及时更换，避免其他零件的损坏。

（4）工作结束后或作业中有列车通过时，应将机具卸荷后撤离线路。

6）故障排除（见表 7-1）

表 7-1　起拨道器故障

故障现象	产生原因	排除方法
油缸漏油	密封圈老化	更换密封圈
活塞爬行	油缸内油量不足	补充液压油
系统不保压	阀体被污物堵塞	清洗液压系统
手扳把摆动不灵活	油路堵塞	清洗油路

二、YQ-200 型液压起道器

1．适用范围

YQ-200 型液压起道器适用于各型号钢轨线路进行起道作业，它具有结构新颖、操作轻便、安全可靠、不侵入限界、工作效率高、整机重量轻等特点。它具有两种功能：钢轨在低位时，可放在起道杠杆托板上，可担重量 150 kN。高位时，放在液压油缸上顶，可担重量 199 kN。操作时是同时起动的。

2．基本结构与工作原理

工作原理：依据流体力学帕斯卡定理，往复摆动操纵把，通过定块机构，使双柱塞泵连续工作（吸、压油），再经油路将高压油压入油缸内，而油缸固定不动，活塞杆将上升移动，同时带动起道杠杆托板上升，便可顶起钢轨，达到起道目的。主要操作原理如图 7-4 所示，主要操纵结构如图 7-5 所示。

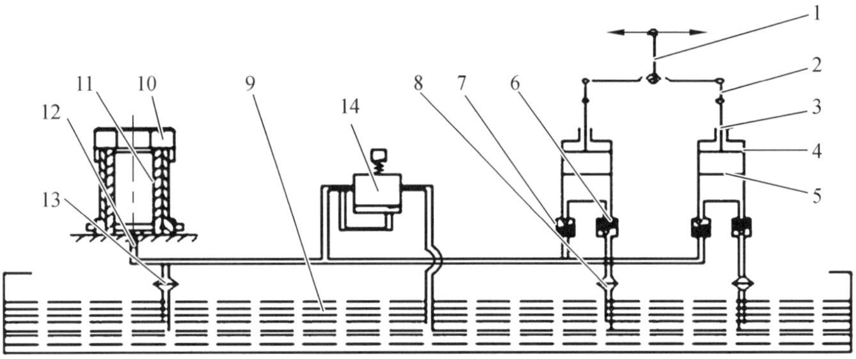

1—操纵把；2—连杆；3—柱塞；4—泵体；5—油腔；6、7—单向阀；8—滤油器；9—油箱；10—活塞杆；11—油缸；12—油路；13—回油阀；14—溢流阀（安全阀）。

图 7-4　YQ-200 型液压起道器原理

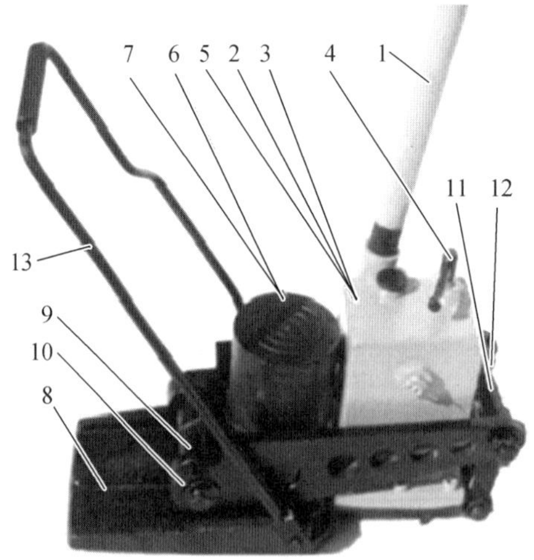

1—操纵把；2—双柱塞泵；3—安全阀；4—回油阀杆；5—油箱；6—油缸；7—活塞杆；8—机座；9—起道轮；10—起道杠杆托板；11—连杆；12—助力孔座；13—提梁。

图 7-5　YQ-200 型液压起道器结构

3．使用方法

（1）先将机座插入钢轨底部，钢轨搭到起道杠杆托板上，手提梁水平放置，旋紧回油阀杆。

（2）往复摆动手搬把，液压系统开始工作，由油泵输入给油腔的高压油，推动活塞杆、起道轮、起道杠杆托板向上升移，便可起动钢轨直至所需高度。

（3）如果钢轨离砟面较高，可直接用活塞杆顶起钢轨。

（4）工作结束后，可拧松回油阀杆，活塞杆便迅速下降，活塞杆顶面与钢轨底面脱离，手拉提梁取下起道器。

（5）为确保安全，在起道过程中如遇机车驶来，应立即拧松回油阀杆，快速将机具取下，马上离开现场，切勿慌乱。

（6）勿乱摔、乱甩机具，使用完机具应保持活塞杆复零位，以免暴露锈蚀。

（7）为保持各铰接点转动灵活正常，应经常注入润滑油。

三、YD-22 型柴油捣固机

1．适用范围

YD-22 型液压捣固机，基本结构和原理仍然保留了老式捣固机的优点，即双导柱框架、单缸升降方式。同时通过加大镐掌下插深度，并采用增加导柱行程限位装置等方法，使其既可在国内Ⅱ型、Ⅲ型混凝土轨枕线路上进行捣固作业，也可在国外各种混凝土轨枕和钢枕线路上进行捣固作业，主要技术性能高于老式捣固机。该机既适用于不同型号钢轨及混凝土轨枕线路大、中修清筛作业后的捣固作业，又适用于新建线路道床石砟的捣固作业。该机性能优越、结构合理、安全可靠、作业效率高，完全满足了道砟捣固作业的需要。

该机可根据用户的实际需求配备不同动力源：① 风冷柴油机；② 水冷柴油机；③ 汽油机。

2．基本结构与工作原理

工作原理：YD-22 型液压捣固机是以柴油机或汽油机为动力，通过三角带分别驱动油泵和振动轴。随振动轴高速转动的偏心体由于离心力作用，产生激振力，而油泵输出的高压油通过换向阀进入升降油缸、夹实油缸，从而驱动各执行部件，实现夹轨、下插、夹实等捣固作业功能。

基本结构如图 7-6 所示。

3．作业前的准备工作

（1）检查捣固机各部是否完整，连接是否牢固，各部表面应将油污锈蚀擦拭干净，紧固螺钉应拧紧。

（2）检查油箱液压油，油面不得低于油窗孔中心。液压油应根据使用季节和本地温度选择（一般夏季选用 40 号或 30 号、冬季选用 20 号为宜）。

（3）按钢轨型号调整夹钳开口大小（出厂前按 60 kg/m 轨调好）。

（4）开机运转，判断是否运转正常，若有不正常现象，立即关机检查，故障消除后重新开机空运转，运转时间不小于 20 min。

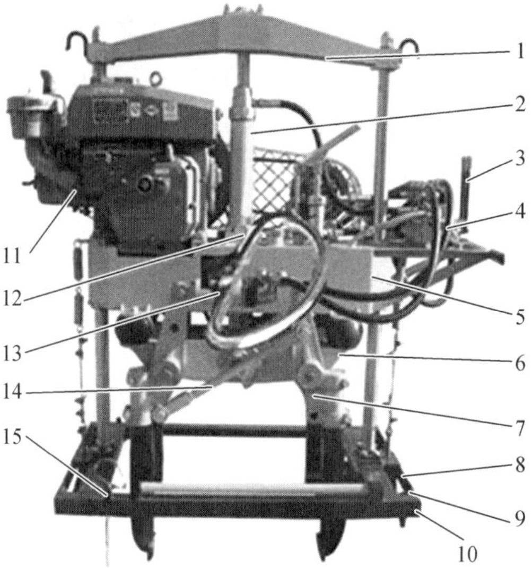

1—横梁；2—升降油缸；3—换向阀操纵手柄；4—多路换向阀；5—油箱；6—振动架；7—捣板；8—夹轨钳；9—安全销；10—底架；11—发动机；12—手压油泵；13—夹实油缸；14—同步杆；15—大插销。

图 7-6　YD-22 型液压捣固机

（5）在运转过程中，搬动操纵阀，检查升降缸和夹实缸动作是否灵活，并使升降缸和夹实缸单独或同时多次全行程往返运动，验证动作是否无误，并验证手柄搬到降位时，油箱能否靠自重下降。

（6）检查各液压件是否有漏油现象。

（7）关掉动力源，齿轮泵停止工作。用手压泵操作，升降缸和夹实缸动作自如，与使用动力源一样。

（8）检查镐靴紧固螺钉是否松动。

（9）详读使用说明书，严格按说明书进行操作。首先做怠速试车 10 min，再把油门提到工作位置，使捣固机正常运转。

4. 操作规程

（1）操纵者经训练熟悉本机性能后，考试合格方可操纵本捣固机上道作业。

（2）汽油机、柴油机驱动的捣固机，使用必须严格按照其使用规定进行：检查润滑油是否在标尺刻度范围内，不得随意调整其额定转速。汽油机周围不得有易燃易爆物品，运转时不得向燃油箱加油。运转冷却后方可加油，加油时应防止燃油外溅，如外溅必须等燃油挥发后，再启动。运转和停车未冷却时，不要触摸消声器。

（3）将走行架放在线路上，走行轮要对正两根钢轨，将升降缸提到最上端的两台捣固机依次推到放平的走行架上，分别对准位置，将前后大插销插入定位孔内，再将下道架折起，把下道架上的支承挂钩与走行架的勾环勾住。作业中，操纵者最好面向来车方向，如图 7-7 所示。

图 7-7　捣固机上道作业

（4）搬动组合开关（汽油机应手拉起动，柴油机应手摇起动，加大油门至工作位置），运转正常后即可开始捣固作业。

（5）作业时，先将镐掌张到最大位置，开始下插，下插时要注意卡轨钳必须随着下插深度增加而自动卡住轨头，下插时不能用力过猛，以防抬高线路。遇到不能一次下插到要求深度时，可采取“搓着下”的方法，即下插过程中开动夹实缸，使镐掌产生适量的水平往复运动拨石砟，便于下插。

（6）达到下插深度要求后，开动夹实缸，使两对震动着的镐掌将石砟向枕底夹紧，在震动力和夹紧力共同作用下，石砟受到了压紧和震实，达到捣固的目的。根据线路情况，镐掌插入道床后，只需张夹 1 ~ 3 次。

（7）完成夹紧石砟后，在张开镐掌的同时扳动换向阀的升降阀杆，使机器升到最高位置，向前推动捣固机到下一枕木的捣固位置，继续捣固作业。

（8）在使用过程中，操纵者应密切注意机器的运转状态和线路状况。两操作者应密切配合，力求动作协调一致。

（9）初次捣固半小时后须停止工作，调整张紧轮，增加皮带张紧力，以防掉带。

（10）捣固时，应避开防爬器、轨距杆、支承木等障碍物。

（11）作业中，如出现捣镐提升后夹轨钳仍紧咬钢轨时，可用手泵压杆把安全销拔出，钳口便可完全松开。

（12）捣固作业发生故障时，应用手压泵急速提镐下道进行处理，严禁在线路上停机排除故障。

5．下道和存放

作业中待避列车和每日工作结束时，应按下述程序进行下道：

（1）提升捣镐至最高点。

（2）摘下支撑挂钩放下下道架，使下道架平稳。

（3）把捣固机推到下道架末端，搬动操纵手柄，将捣镐降至最下端。

（4）折起走行架。

（5）曲线半径小于 800 m，超高大于 125 mm，遇超限货物列车通过时，应把走行架摘下。

（6）人员站在列车前进方向和捣固机之间躲避。

（7）工作结束，摘下走行架放在路肩上，进行日常保养，罩上防雨苫布并捆扎牢固，并对捣固机采取防溜措施。

（8）如长期不用时，应对捣固机采取防尘、防锈措施。

6．保养与检修

1）保养

（1）日常保养：每日班后进行，具体内容如下：

① 擦净灰尘油污；② 拧紧各部紧固件；③ 消除漏油处。

（2）定期保养：每 50 h 一次，具体内容如下：

① 检查或更换捣镐尼龙套、夹实缸耳尼龙套。

② 焊补镐掌，恢复到原设计尺寸。

③ 滤清或更换液压油，清洗液压油缸、油箱、滤油器、油管。

④ 更换失效的紧固件。

⑤ 重新调整油压为 4.5 ~ 5 MPa。

⑥ 消除漏油处，更换不良密封圈。

⑦ 检查并更换夹轨钳。

⑧ 按柴油机、汽油机的要求进行保养。

定期保养后要进行性能试验并记入工作日志。

2）检修

使用 500 h 之后，对液压捣固机需进行全面检查、修理工作，使捣固机各部件和性能恢复到设计水平。具体内容是：

（1）拆开振动架，检查或更换轴承。

（2）分解液压系统，全面清洗，更换不良件密封圈。

（3）清洗活塞杆、缸体，拉伤严重的应更换。

（4）更换全部尼龙套。

（5）柴油机、汽油机按说明书进行保养维修。

（6）补焊或更换镐掌达到设计要求。

（7）对各零件孔径要逐件检查，磨损严重的要更换。

（8）油泵、阀体要用测试台进行测试，性能不良的应更换或修理。

（9）经检修的捣固机，要经过 3 h 空载和 1 h 的试捣并测试和记录各项技术指标，经确认达到设计要求后方可使用。

7．常见故障及排除方法（见表 7-2）

表 7-2　捣固机故障及排除方法

故障现象	原因分析	排除方法
油泵不出油	1. 油箱油面过低； 2. 吸油器、吸油管或出油口堵塞； 3. 吸油管密封漏气； 4. 键坏	加至规定油面高度； 清洗； 清除漏气； 换键
油缸动作无力	1. 溢流阀调定压力过低； 2. 溢流阀调压失灵； 3. 换向阀各位置漏气严重； 4. 油泵严重磨损； 5. 油缸内漏严重	重新调定； 检修； 修理或更换； 修理或更换； 更换密封圈或其他损坏零件
油缸爬行	1. 液压系统混入空气； 2. 油缸内部密封不良； 3. 两导柱弯曲变形	油面过低，加油，消除吸油管、油泵密封漏气部位； 更换密封件； 修复或更换
夹实缸不同步	1. 两侧捣镐销套、螺母松紧不均； 2. 两侧油缸内部摩擦阻力不等； 3. 一侧油缸内漏严重； 4. 一侧油路堵塞或阻力过大	调整； 在试验台上选择阻力一致的油缸进行配对； 检修或更换； 清洗或调整
噪声大	1. 镐钣套间隙大； 2. 水平缸、同步杆、尼龙套间隙大； 3. 紧固件松动或脱落； 4. 零部件性能异常	更换； 更换； 检修并配齐紧固件； 检查或修理及更换
工作机构升起后严重自行下降	1. 升降油缸内漏严重； 2. 换向阀内部泄漏； 3. 油管、油管接头或缸盖渗漏	更换 O 形密封圈或其他损坏零件； 修配或更换； 排除渗漏
手压泵不出油或排量小	1. 吸油管或滤油网堵塞； 2. 吸、排油单向阀密封不严； 3. 活塞与缸之间密封不严； 4. 油稠	清洗； 清洗、修整或更换； 更换； 按规定换油
振动轴轴承温升超限	1. 润滑不良； 2. 轴承磨损超限； 3. 轴承间隙改变； 4. 框架或震动轴疲劳变形	加注润滑脂； 更换； 更换； 修复或更换
夹轨装置用不良	1. 钳口磨损超限； 2. 开口过大或过小	更换钳口铁； 调整钳口
捣镐插入道床振动无力	1. 三角带过松； 2. 张紧轮张紧无力	调整或更换三角带； 调整张紧轮
皮带脱落	三角带过松	调整张紧轮
柴油机、汽油机故障		见柴油机说明书； 见汽油机说明书

四、ND-24 型内燃冲击捣固镐

高频率冲击镐 ND-24 型内燃捣固镐如图 7-8 所示，是一种适用于道床石砟捣固作业的手提、便携式专用工具。它是用汽油机作为原动力，通过离心式离合器、偏心轴、橡胶减震器、拖动镐体产生高频扰动力，使枕下石砟重新排列密实，从而实现对道床石砟捣固的目的。特别适用于道岔、隧道、桥涵等大中型养路机械不能作业的道床区域性机动养护作业。该产品设计先进、结构合理、体积小、重量轻、携带方便、操作简单、省时省力、维修方便、易于保养。

图 7-8　ND-24 型内燃冲击捣固镐

五、SY-1 轨缝调整器

（1）SY-1 轨缝调整器是由机体、夹轨装置、油箱合件、工作油缸、摇杆机构和走行部分等主要部分组成，如图 7-9 所示。

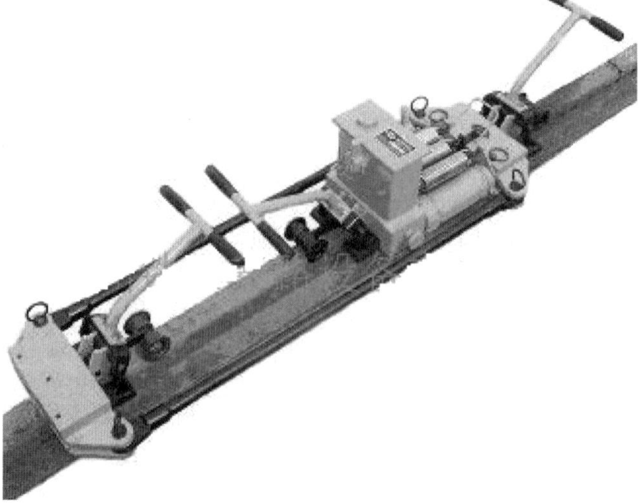

图 7-9　SY-1 轨缝调整器

（2）SY-1 轨缝调整器的使用。

① 使用前检查油箱中的油是否符合要求。

② 反复扳动油泵操作手柄，检查液压系统的各部分工作是否正常。

③ 扳动夹轨装置，检查斜铁是否移动正常。

④ 将轨缝调整器放在轨缝两侧的钢轨上。

⑤ 扳动夹轨扳手，使斜铁工作面接触钢轨头，同时使走行轮抬起离开轨面。

⑥ 关闭卸荷阀。

⑦ 扳动油泵操纵杆，使液压缸动作，进行轨缝调整。

⑧ 调整完毕后打开卸荷阀，扳动扳手使斜铁松开，同时走行轮接触轨面。轨缝调整器可在钢轨上进行下一个轨缝调整。

⑨ 需避车时，应迅速从钢轨上抬离线路。

六、液压直轨器

液压直轨器是一种对线路上钢轨水平方向进行调直（或弯曲）的手动液压专用工具，如图 7-10 所示。

图 7-10　液压直轨器

1．上道前的准备

（1）检查油箱内油面高度是否达到油箱高度的 2/3，不足应添加。

（2）检查压油连接套锁紧手轮是否转动灵活可靠。

（3）检查回油阀作用是否可靠。

（4）检查各连接紧固部位是否松动和漏油。

（5）上述检查确认无误设好防护后，方可上道作业。

2．上道作业

（1）把直轨器放置在钢轨待调直的弯曲部位，用锁紧手轮锁紧钢轨，机身勾头勾在钢轨弯曲凸面处，拧紧回油阀。

（2）搬杆摆动压油连接套（压油时每次应压到底），工作活塞即可移动，通过顶头把顶力传递到钢轨上，由于杠杆原理，勾头产生调直力，达到调直钢轨的目的，如钢轨弯曲较大，一次不能完全调直钢轨，采用分段调直法达到调直钢轨的目的。

3．下道

作业完成后或来车时，机具应下道置放于限界以外，严禁乱丢乱放。

4．保养

（1）日常保养每班后进行，具体内容如下：① 擦净灰尘、油污；② 拧紧各部螺栓；③ 消除漏油；④ 加入的液压油应保持洁净，不得有污物、水分混入。

（2）定期保养，每三个月一次，要更换液压油，并清洗油箱。

七、NZG-31 型内燃钢轨钻孔机

NZG-31 型内燃钢轨钻孔机适用于 43 ~ 75 kg/m 各种钢轨轨型钻孔作业。整体结构紧凑，是国内质量较轻的一款钻孔机。夹轨装置具有自锁功能，定位准确、钻孔精度高。采用空心钻头，根据需要也可装夹 ϕ13.5 以下麻花钻，钻孔时具有自动给水功能，是工务部门维修、抢修及大修作业的必备工具，如图 7-11 所示。

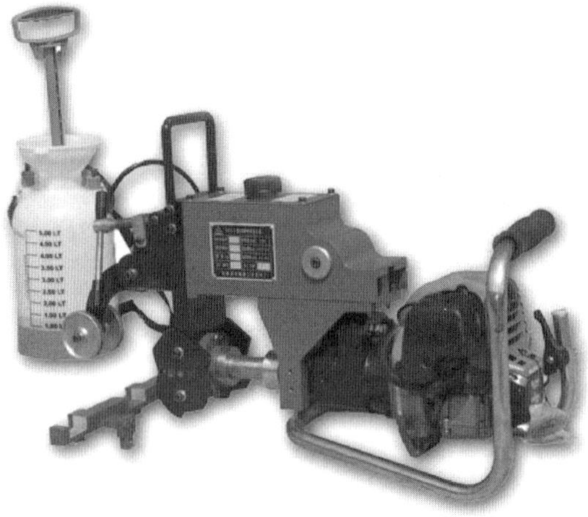

图 7-11 NZG-31 型内燃钢轨钻孔机

1．工作原理

内燃机通过离合器齿轮减速将动力传递给主轴，主轴带动钻头旋转，以进行钻削运动；同时扳动进给搬把，通过齿条使主轴进给运动，达到钻孔的目的。

2．使用方法与维护

1）作业前准备

（1）钻头的安装。

根据现场工作需要，安装 ϕ31空心钻头或 ϕ13.5 、ϕ9.8 麻花钻头。

（2）定位块的安装。

选择与其所给钢轨型号相同的定位块。

（3）注水桶的使用。

将手把对准注水桶口处的槽向下压至根部，逆时针旋转手把至打压装置旋出后，向注水

桶内加注冷却液（防止钻头及所钻钢轨孔生锈），加满冷却液后顺时针拧紧，然后逆时针旋转一个小角度，从注水桶口处的槽中拿出，往复压几下手把（向注水桶下加压），将水管插入钻孔机夹具处中的油管内，手握注水桶出水阀柄，拇指向下压水阀后，向前推即为打开状态。此时，向下压钻头芯，确定冷却液从钻头内流出后，才可以进行下一步操作。

（4）定位尺安装。

将标尺定位器向后拉出，把定位尺插入夹具体内，到第一个槽下。

（5）加注燃油和润滑油。

加注燃油：先旋松燃油箱盖，向内加入 90# 以上无铅汽油或乙醇汽油后，再拧紧燃油箱盖。

加注润滑油：先旋松润滑室油箱盖，夏季加注 20# 汽机油，冬季加注 −20# 汽机油，达到其刻度尺刻度线即可，不可少加或过量加注汽机油，拧紧油箱盖。用手指按汽油机化油器储藏泡几下，待化油器储藏泡中充满汽油后即可。

（6）启动汽油机。

在气温低于 10 °C 时，通常先将风门关闭（向上提），把油门加大到 1/4 处，迅速拉动启动盘，慢慢放回，待汽油机启动后，慢慢将风门开到最大（向下压），慢慢加大油门，空运转 30 s，检查传动部分是否灵活，有无异常杂音，螺杆连接是否松动，按动汽油机停止按钮，准备钻孔。

2）钻孔作业

（1）抬起夹具扳把，使卡轨机构张开，放在钢轨上，让定位块拐头内侧靠紧钢轨端面，调整卡轨调整螺母，直至下压夹具扳把时能牢固卡紧钢轨，使定位块上挡与钢轨轨头紧密接触，同时轨腭及轨底上弧面也随之靠紧，然后下压夹具扳把，装卡牢固后便可进行钻孔作业。

（2）先给注水筒打气加压，将水阀压下后向前推即为打开状态，然后启动汽油机，在各部件工作都无异常的情况下，扳动进给扳把均匀进给，钻头芯接触钢轨后，冷却液自动流出对钻头冷却，如没有冷却液流出，请检查注水筒，待故障排除后方可进行钻孔。

（3）钻孔时加力要均匀，切勿过猛，即将钻透时，要放慢进给速度。

3）钻孔作业后

（1）第一个孔钻完毕，将进给扳把向汽油机方向扳动，将钻头退回，关闭汽油机。

（2）将定位尺调到第二个槽内后，重复步骤待钻完后，再将定位尺调到第三个槽内，同样重复钻孔作业 1 ~ 3 步骤，即完成钻孔作业。

（3）将进水嘴向下压，拔出水管，把注水筒水阀向下压，向后拉水阀，松开水阀即停止注水，再抬起卡紧扳把松开卡轨机构，将钻孔机、注水筒移至限界外。

八、NQG-5Ⅲ型内燃切轨机

NQG-5Ⅲ型内燃切轨机适用于切割 43 ~ 75 kg/m 钢轨，是工务部门线路大修、维修及抢修作业必备的机具。它具有切割速度快、薄片砂轮利用率高、切割断面质量高、操作简便、便于移动、使用安全、适用范围广等特点。

1．基本结构与工作原理

基本结构由操纵杆、汽油机、摆臂、主轴薄片砂轮、夹具、切割臂、连接轴、手拉启动手柄组成，如图 7-12 所示。

图 7-12 NQG-5Ⅲ型内燃切轨机

工作原理：依据无齿锯切削原理，利用摆动机构，使转动的薄片砂轮轴线绕着钢轨轴线沿着一定轨迹往复摆动，薄片砂轮对钢轨进行切割。薄片砂轮回转平面与钢轨断面接触长度较小，从而减少薄片砂轮的磨耗，提高薄片砂轮的利用率及工作效率。

2．使用方法

（1）首先安装薄片砂轮，装片前要检查薄片砂轮是否有裂纹，是否受潮变形，两侧是否平直，表面不平易造成切口偏斜及夹片，装片后拧紧锁紧螺母，但扭力不宜过大以免压碎薄片砂轮。

（2）将切轨机摆臂装在钢轨上，拉出安装在卡具上的定位尺，此时定位杆端面指示的位置即是砂轮切割位置，根据需要移动切轨机至预先设定的切割位置。然后使卡具内面（凸面）与钢轨顶面、轨腭下部贴紧，旋紧紧固螺栓，再将切轨机切割臂通过连接轴与摆臂连接好后并拧紧，安装薄片砂轮，并拧紧螺母，使切轨机处于工作状态。

（3）一只手拉动操纵杆使切轨机处于钢轨上方，同时另一只手扶持另一操纵杆，以防薄片砂轮撞击钢轨。

（4）安装好切轨机后，手拉启动手柄即可启动内燃机。内燃机启动后，怠速运行不少于 30 s，检查机具各部是否正常，如有异常，停机排除。加大油门，观察薄片砂轮是否运转平稳，是否偏摆、跳动，各部是否正常。如发现异常，应停机更换砂轮或排除故障。切割前调整油门、风门，满足切割需要。

（5）切割时，薄片砂轮的进给主要靠切轨机的自重和操纵杆的摆动，因此双手扶持操纵杆时，不要向下猛施压力，应根据需要有节奏地摆动操纵杆。

（6）切割过程中，手握操纵杆要不停地往复摆动，不可停在某处。当发生夹片现象，应缓慢提升薄片砂轮，然后继续切割，如仍然发生夹片现象，应停机检查原因或更换薄片砂轮。重新切割时，薄片砂轮必须与原切口完全吻合，否则，应变换切割位置。

（7）切割过程中，如切口发生倾斜，应停机检查原因，排除故障或更换薄片砂轮，变换切割位置，重新切割。

（8）通常是先切钢轨顶部，再切腰部，后切底部，直至切断。

（9）当薄片砂轮磨耗到一定程度（砂轮直径约小于 300 mm）时，从钢轨一侧可能不能切断钢轨，此时需将砂轮摆到另一侧对切钢轨，直至切断。当砂轮磨耗后直径约小于 260 mm 时，由于砂轮线速度降低，砂轮将加速损耗，此时即使对切钢轨也可能发生不能完全切断现象，建议更换薄片砂轮，避免钢轨未切断，再更换砂轮造成新砂轮与原切口不吻合现象。

九、NGM-4.8 型内燃钢轨打磨机

NGM-4.8 型内燃钢轨打磨机适用于 43 ~ 75 kg/m 钢轨焊缝、不平整接头、轨侧肥边、轨面焊修等部分的打磨。具有作业效率高、磨削质量好、操作简便、上下道方便等优点，是工务大修、维修及抢修的必备工具。

1．基本结构与工作原理

工作原理：NGM-4.8 型内燃钢轨打磨机，以汽油机为动力，通过离心式离合器带动同步带轮，经过同步带把动力传递给主轴，带动砂轮进行回转运动，同时通过一个进给手轮来调整砂轮的进给量，如需要打磨钢轨侧及圆弧处，可通过旋转仿形手轮对钢轨进行轨形打磨，其基本结构如图 7-13 所示。

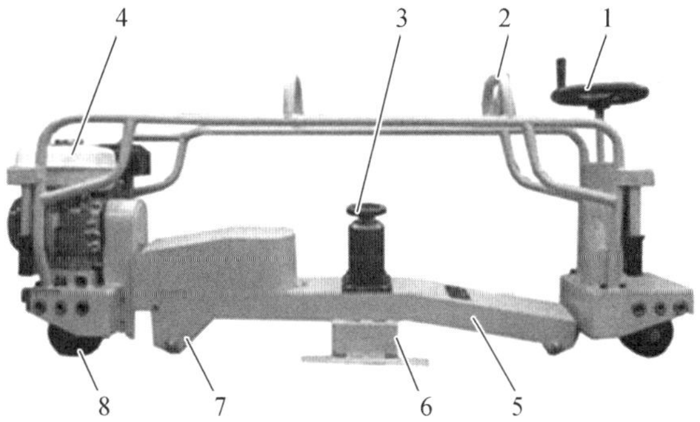

1—仿形手轮；2—仿形架；3—进给手轮；4—汽油机；5—机架；
6—螺栓紧固砂轮；7—导向轮；8—走行轮。

图 7-13 NGM-4.8 型内燃钢轨打磨机

2．使用安全措施及使用方法

1）使用安全措施

（1）检查汽油机的燃油量和机油量是否充足，如不足，先添加燃油和机油。

（2）作业前，先将进给手轮旋转到最上边，使砂轮远离钢轨面，然后将辅助支承架支承好，启动汽油机，空转 30 s，检查传动部分是否灵活、有无异常杂音、螺纹连接是否松动。

（3）钢轨打磨机由一人或两人操作，一手扶仿形手轮，一手扶持仿形架。

（4）打磨时操作人员必须穿戴适当的防护用品：眼镜、手套等。

（5）如打磨火星落到或接近易燃物，应采取防护措施，避免火情。

2）操作方法

（1）按上述准备好的工作，顺时针转动进给手轮时，砂轮下移。

（2）粗打磨：打磨应从轨面开始，打磨机沿钢轨往复移动，缓慢放下砂轮打磨凸起部位，待打磨至离轨面 1 mm，再旋转仿形手轮按上述方法打磨侧面。

（3）精打磨：在粗磨的基础上打磨机重新就位，准备打磨轨面。当打磨机就位后，放下砂轮，使之刚好触及焊缝附近不须打磨的轨面，从轨面开始打磨，然后旋转仿形手轮打磨侧面，打磨范围应达到焊缝两侧各 100 mm，为补偿砂轮磨损，应随时调整砂轮进给量。

（4）打磨完成后，必须逆时针旋转手轮，使砂轮上提，以便于进行下一个焊缝的打磨，减小油门，关闭汽油开关，使汽油机熄火，停止作业。

（5）下道前，将仿形架与机架垂直复位，确保运输安全。

任务三　大型养路机械

大型养路机械按照不同的用途，通常分为捣固、清筛、配砟、焊轨和打磨机械。

一、捣固车

1．DC-32Ⅱ型捣固车

DC-32Ⅱ型捣固车如图 7-14 所示，动力强劲，传动系统结构简单，动力学性能优越，最高连挂速度达到 120 km/h，自走行时能在 0 ~ 100 km/h 的行驶过程中，实现无级调速；该车能进行起道、拨道、抄平及钢轨两侧枕下道砟捣固作业；起拨道装置与车架采用单端铰接的方式连接，结构简单、省力，起道量大；电气系统的各种优化设计使得整车具有较高的作业精度和作业效率，作业效率为 1 000 ~ 1 300 m/h。

图 7-14　DC-32Ⅱ型捣固车

2．DCL-32 型连续走行捣固车

DCL-32 型连续走行捣固车采用主机与工作小车分离的结构，主机连续匀速向前运行，工作小车以钢轨为导向步进式作业，大大降低了操作人员的工作强度，延长了机器的使用寿命。该机能进行起道、拨道、抄平、线路捣固和枕端夯实作业。利用车上测量系统可以对作

业前、后线路的轨道几何参数进行测量及记录，并可通过控制系统按设定的轨道几何参数进行作业。作业控制可选择手动或自动模式。

3．CDC-16 型道岔捣固车

CDC-16 型道岔捣固车在道岔维修中采用科学的三线起道、四线捣固作业原理，有 4 个捣固装置，由滑移回转装置和伸缩旋转装置实现线路和道岔的起道、拨道、抄平、钢轨两侧枕下道砟和枕端道砟夯实作业。该机利用车上测量系统，可以对作业前、后线路的轨道几何参数进行测量优化记录，并可通过控制系统，实现按设定的轨道几何参数进行作业。

二、清筛机

1．QS-450 型全断面道砟清筛机

QS-45 型全断面道砟清筛机如图 7-15 所示，可在不拆除轨排的情况下，通过挖掘链运动将轨排下的道砟挖出，然后经由提升导槽送入混砟斗，再经输送带送入振动筛进行筛分。筛上物（清洁道砟）可回填到道床，筛下物（污土）由污土输送带抛到线路任一侧的路肩处，完成对线路的大修清筛作业。车架采用 H 型钢拼接，简化了结构和制造工艺；采用自定中心圆振动筛，筛网改用琴弦筛，筛分效率和筛分洁度都明显提高；筛分潮湿道床，不易堵塞筛网；回填砟斗下方增设分砟犁，道砟回填道床效果好，作业效率为 450 m^3/h。

图 7-15 QS-45 型全断面道砟清筛机

2．CQS-550 型道岔全断面道砟清筛机

CQS-550 型道岔全断面道砟清筛机独创的双开式挖掘机构具有世界领先水平，可保证在 90 min 内完成一组 12 号单开道岔（左开或者右开）的清筛作业。无论在左开道岔或右开道岔清筛时本机总是在直线上行驶，从而在渡线道岔上清筛时不侵入邻线限界。该机具有伸缩式底梁和挖掘链储存机构，因而在道岔清筛作业中不需拆接底梁和挖掘链，极大地缩短了辅助作业时间，减轻了劳动强度，提高了作业效率。

CQS-550 型道岔全断面道砟清筛机清筛后的道砟回填有三条途径：左侧回填输送机、右侧回填输送机、中间回填漏斗，各路径回填的道砟量能够通过道砟分配机构进行调节，做到均匀回填。本机设有全抛作业机构和新砟补充机构，在道岔区进行全抛作业后，由联合编组作业的物料输送车和本机的补砟机构及时回填新砟。筛出的污土通过筛下输送机和两条污土输送机抛出，末端的污土输送机能向左或向右回转和调整仰角，抛出的污土由物料运输车运走，符合环保要求，可有效防止道床的二次污染。

CQS-550 型道岔全断面道砟清筛机装设八路视频监视系统，两端司机室装设彩色显示屏，区间运行中显示前后线路状况；清筛作业中实现显示主要作业机构的运行状态，有利于安全、正确操作与调控。作业走行速度 0 ~ 800 m/h。

3．BS-550 型边坡清筛机

BS-550 型边坡清筛机具备高速自走行功能，可单独作业或配合大型养路机械联合作业。能整车作业走行及挖掘导槽，拢砟板的作用是在挖掘导槽入口处收集边坡的脏污道砟，隆起的道砟被高速运转的挖掘链带动，通过挖掘导槽落入混砟输送带，混砟输送带带面窄、效率高、输送角度大。脏污道砟通过混砟输送带送入筛分装置，筛分后的清洁道砟经落砟斗分配给两侧回填输送带，回填至挖掘区域后方；污土通过污土输送带、回转污土输送带抛弃至道路两旁或连挂的物料运输车上。整机技术性能先进、结构简单、质量可靠，具有较高的性价比。

BS-550 型边坡清筛机作业满足当今多种工地条件的要求，具有作业辅助时间短、不破坏原有道床结构、不影响邻线行车的特点。如果在两次大修周期中间插入一次边坡清筛作业，同样可以增加道床透水性，减少道床病害，延长大修周期，减轻劳动强度；如果配合枕底清筛作业，可以一次性清筛道床的整个断面，清筛工作更彻底、有效，并且可能分担枕底清筛机的部分工作量，加快清筛效率，作业效率为 550 m^3/h。

三、稳定车

WD-320 型轨道动力稳定车如图 7-16 所示，通过两个激振装置，强迫轨排及道床产生横向水平振动并向道床传递垂直静压力。使道砟流动重新排列，互相填充达到密实，实现轨道在振动状态下有控制地均匀下沉而不改变线路原有的几何形状和精度，以提高作业线路的横向阻力和道床的整体稳定性，可有效降低线路维修作业后列车限速运行的限定条件，作业效率为 0.2 ~ 2.5 km/h。

图 7-16　WD-320 型轨道动力稳定车

四、配砟整形车

1．双向配砟整形车

SPZ-200 型双向配砟整形车如图 7-17 所示，通过中犁、侧犁、翼犁等工作装置完成道床的配砟整形作业，使道床布砟均匀。道床断面按技术要求成形，清扫装置将作业时残留于轨枕和扣件上的道砟清扫并收集，再通过输送带移向道床边坡，以达到线路外观整齐美观的效果，作业效率为 0 ~ 12 km/h。

图 7-17　SPZ-200 型双向配砟整形车

2．单向配砟整形车

DPZ-440 型单向配砟整形车适用于既有线路施工。设计采用了两级减震转向架，提高了自行和连挂速度及道岔的通过能力；使运行安全性能得到保障；车架强度和刚度通过静加载实验，能够满足大列连挂高速走行的要求。

该机通过中犁、侧犁等工作装置完成道床的配砟整形作业，使道床布砟均匀，道床断面按技术要求成形；增加了局部集砟、补砟功能，清扫装置具有枕面、轨侧、垂直、精细四种，可有效将作业时残留于轨枕和扣件上的道砟清扫并收集至砟斗，当道床需要少量布砟回填作业时，再对道床回填，达到石砟的合理利用及线路外观整齐美观的效果。

新开发研制的侧犁、中犁装置具有控制简单、使用安全等特点。设计采用了先进的激光避障系统、道床断面激光扫描系统及 PC（工控机）作业控制系统，可对侧犁、中犁作业效果进行有效测量并显示。整形后的道床断面可与标准道床进行图形比较，自动计算出该段线路石砟量的盈亏情况并生产数据报表。整车全液压驱动，技术先进，安全可靠。

五、焊轨车

YHGQ-1200 型数控式气压焊轨车如图 7-18 所示，气压焊机为全自动数控焊轨机，具有工作边对中、保压推凸、保压正火等功能，焊接质量满足《钢轨焊接》标准 TB/T 1632—2005 的要求。其主要技术水平和性能指标达到或优于国外 K922、AMS60 等闪光焊作业车的水平，尤其适合高原铁路钢轨焊接作业。该车配有焊接 50、60、75 轨专用夹具，可根据需要更换夹具，实现不同轨型的单元焊、锁定焊、合拢锁定焊作业。该车既能进行新线、地铁、客运专线的钢轨焊接，又能在既有线的“天窗”内实现全天候焊接作业。

图 7-18　YHGQ-1200 型数控式气压焊轨车

六、打磨车

1. 钢轨打磨的目的

（1）通过打磨机或者打磨列车对钢轨头部滚动表面的打磨，以及消除钢轨表面不平顺、轨头表面缺陷及将轨头轮廓恢复到原始设计要求，从而实现减缓钢轨表面缺陷的发展。

（2）提高钢轨表面的平滑度，进一步达到改善旅客乘车舒适度、降低轮轨噪声、延长钢轨使用寿命的目的。

2. PGM-48 型打磨车的系统组成

PGM-48 型打磨车如图 7-19 所示，主要由以下几个部分组成：① 转向架；② 车架；③ 牵引装置；④ 打磨装置；⑤ 防火装置；⑥ 检测系统；⑦ 液压系统；⑧ 电气系统；⑨ 气动系统；⑩ 动力系统；⑪ 制动系统。

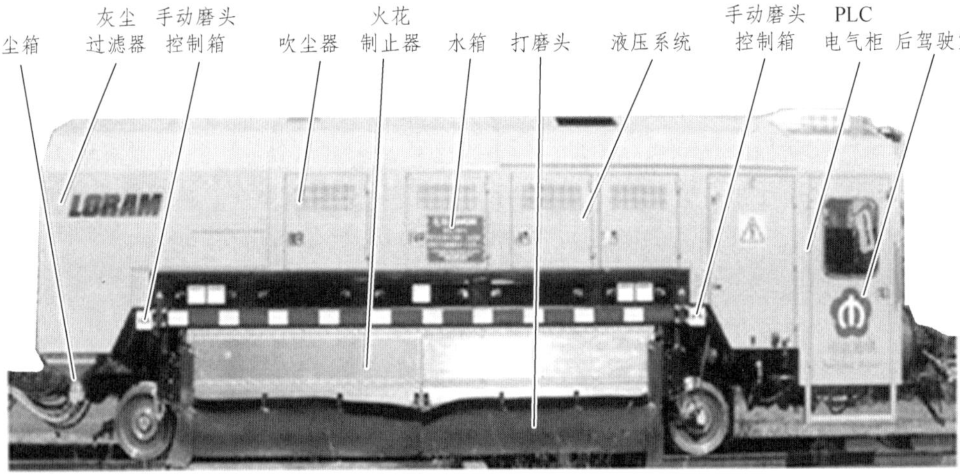

图 7-19　PGM-48 型打磨车

3. PGM-48 型打磨车作业模式

1）轮轨接触区打磨

（1）侧边打磨：把磨石放于钢轨轨距边角和外侧的位置，使钢轨头部保持“凸”形，增加打磨面积、提高打磨质量。

（2）钢轨头部打磨：为了移除轮轨接触区的波磨，将磨石放到钢轨头部中心位置进行打磨。

（3）形成钢轨新的外形：打磨钢轨的滚动表面，恢复钢轨头部表面的理论外形或者原始外形。

2）轨距边角打磨

（1）实现曲线半径在 2 000 ~ 4 000 m 范围内的钢轨打磨。

（2）切线或直线地段的钢轨打磨。

（3）伸缩接头低端的钢轨打磨：磨石布置到轨距边角相对较小的角度位置。

复习思考题

1. 液压起道器保养的注意事项有哪些？
2. 液压直轨器保养的注意事项有哪些？
3. 液压轨缝调节器保养应注意哪些事项？
4. 钢轨钻孔机钻孔作业程序是什么？
5. 内燃切轨机的使用方法是什么？

项目八　工务安全

◆ 学习情境描述

安全的铁路环境是构建和谐铁路的根本所在，“安全第一，预防为主”始终是中国铁路运输的永恒主题，这是国民经济长期稳定发展的需要，也是国家赋予铁路广大职工的神圣职责。历史的痕迹教育我们，铁路是一个庞大的联动运输体系，在这个联动体系下，稍有疏忽，事故将会迭出。为保证铁路安全，首先要贯彻“预防为主”的方针，从运输组织、科学管理、设备状态、职工业务素质、安全措施等方面开展工作，尽可能防止事故发生。

◆ 学习目标

（1）使学生掌握施工安全。

（2）了解施工防护方法。

（3）掌握线路故障的预防与处理。

（4）了解材料装卸与堆放安全。

（5）掌握工务作业人身安全。

◆ 思政案例（成渝铁路——中华人民共和国第一条铁路）

成渝铁路，中华人民共和国第一条铁路，1950 年 6 月开工建设，1952 年 7 月通车。

西南军政委员会动员 10 万军民参与成渝铁路建设。他们艰苦奋斗，不断革新施工办法，开展创模立功运动。在没有大型机械化设备、施工条件极端艰苦、路料运力极为匮乏的情况下，这支队伍仅用两年时间便建成全长 505 千米的成渝铁路。

成渝铁路的建设，开创了中华人民共和国铁路建设史上的新时期，为中华人民共和国铁路建设积累了宝贵经验。几十年来，成渝铁路也为四川乃至整个西南地区的经济发展做出了重要贡献。

二十大报告指出，全党同志务必不忘初心、牢记使命，务必谦虚谨慎、艰苦奋斗，务必敢于斗争、善于斗争，坚定历史自信，增强历史主动，谱写新时代中国特色社会主义更加绚丽的华章。

【本思政案例参考文献：中央政府门户网站. 成渝铁路：新中国第一条铁路见证蜀道变通途[EB/OL].（2019-06-15）】

任务一　行车安全

一、施工安全

1．线路施工负责人

（1）影响路基稳定的开挖路基、靠近线路开挖建筑物基坑、整治较大的路基病害、加固或改建桥隧建筑物、拆铺便线和临时架空结构、更换或铺设防水层、整修隧道衬砌等较复杂的工作，应由职务不低于专业中心主任的人员负责领导。

（2）需办理封锁手续，设置移动停车信号防护，并需限制列车速度的工作，应由职务不低于工程师（或工长）的人员领导。

（3）需办理慢行手续，设置减速信号防护以及慢行施工的工作人员职务，应由不低于工长的人员领导。

（4）需办理封锁手续，设置移动停车信号防护不限制列车运行速度的工作及在区间卸砂石料车，应由职务不低于工长的人员领导。

（5）一般养修作业和使用轻型车辆及小车时，可由工长指定的带班人员负责。

（6）特殊情况下，上述作业可由中心主任指派能胜任的人员担任。

2．施工负责人必须严格遵守下列规定

（1）指派的防护员，必须是经过专业考试合格的员工。

（2）施工前，施工负责人凭相关证件及凭证到车站控制室、信号楼、变电所等场所办理施工登记手续，并且应按审定的方案做好各项准备工作，除对施工人员进行安全教育外，并要确认信号备品、机具、材料齐全完好，封锁或慢行命令无差错，防护已设好，各项安全措施已落实，方可发布施工命令。

（3）施工中，应严格按审定的方案作业，随时掌握进度与质量，监督施工人员执行各项安全规定，消除不安全因素，并经常保持与防护员之间的联系。

（4）开通线路前，要认真进行质量检查，确认线路设备状态达到放行列车条件、材料机具无侵入限界，做好记录。正线必须做到人员、机具、材料全部撤出，无妨碍行车和设备安全的因素等，方可开通。

（5）基地线路，列车通过后，组织复查整修，确认线路已达到规定要求并做好记录后，方准收工。

3．施工规定

（1）在运营线施工或影响运营线安全的施工中，施工单位必须事前取得运营公司、工务中心审核批准且同安全保卫部签订《外单位作业安全、消防、治安内保协议》，经运营公司及对口专业管理单位安全培训合格，并与工务中心签订施工安全协议书，拟定施工安全方案经中心讨论同意后方准施工。

（2）凡未办理验交的线路、桥隧等设备，由施工单位负责巡查养护，保证行车安全。设备管理部门对施工单位的施工安全进行全程监督，发现质量不合格及施工安全隐患要责令施工单位立即纠正，危及行车安全时有权责令其停工。

（3）线路、道岔、桥隧施工时，影响信号、通信、供电、给排水、车站等设备的正常使用或其他专业设备影响本专业施工时，必须事前通知相关专业人员，明确施工方案并派员参加，配合施工。

（4）在有轨道电路区段施工时应严格执行下列规定：

① 使用的养路机具（如扒砟机、捣固机、捣固架等）及万能道尺、各种轻型车辆的车轴等，都必须有绝缘装置。

② 撬棍、起道机、拨道器及单轨小车手柄等，均要安装绝缘套管；取放工具，抬运钢轨、辙叉及金属料具，不得搭接两股钢轨及绝缘接头、引入线及轨距杆上。

③ 一号线、南延线为同一信号系统，在该线轨行区任何地段的两根邻近的钢轨严禁用导体搭接，杜绝发生红光带或粉红光带。

④ 二号线为另一类信号系统，在轨行区内除记轴器外其他部位两根临近的钢轨用导体搭接不会造成信号影响，但在使用金属导体时必须避让计轴器，在困难情况下必须保证距离计轴器（四周边缘）60 cm 以外的空间距离，避免出现红光带或紫光带。

⑤ 严禁在一号线及南延线轨行区施工中的任何轨道区段将两根钢轨同时用导体搭接，导致短路。

⑥ 二号线必须保证金属导体经过或临近计轴器四周边缘时，必须避让，以防造成信号故障。

（5）工务中心轨行区施工、巡检中发现遗留物的处理规定：

① 隧道线路、地面线路因施工或巡检中发现任何专业及施工单位遗留下的废弃物或者设备设施侵限物时，若只能临时处理时必须牢靠地放在安全处所。

② 高架线路地段因施工或巡检中发现任何专业及施工单位遗留下的废弃物或者设备设施侵限物时，若其他客观原因不能将遗留物或侵限物带回驻地的，必须将该物品移至地面线或隧道指定的安全处所，但必须安全牢靠存放，严禁将遗留物、废弃物、设备设施侵限物等物品丢弃到桥梁下方。

③ 对临时存放的遗留物或侵限物必须于当日报告工长和中心生产调度，后由工班或专业安排统一运回处理。

二、放行列车条件

（1）施工地段放行列车时，线路状态应达到表 8-1 规定的最低要求。

（2）线路大中修施工地段，开通线路后，列车限速应逐步提高。破底清筛道床地段，在线路不稳定或缺砟的情况下，列车运行应限速，限速的时间和速度由施工单位领导人决定。

（3）基地线路改道、更换铁垫板作业时，在一股钢轨上一处连续起下道钉或卸开扣件的数量：钢轨不得超过 7 个轨枕头；遇来车作业未完时，准许每隔两根轨枕有一个轨枕头不钉或不上。

（4）基地线路维修单根抽换轨枕时，应掌握好列车运行时间，来车前把新轨枕穿进去，来不及穿入时，允许每隔 6 根轨枕有 1 根轨枕不穿入。

表 8-1　放行列车条件

项目	列车减速	列车不减速
轨枕盒内及枕头道砟	不少于 1/3	填满；但大修整理作业及维修捣固作业扒开道床不在此限；而炎热天气应严格控制扒道床长度，午休时应全部回填；无缝线路应严格控制，按其作业轨温条件办理
轨枕	每隔六根可空一根	均匀不缺
轨底道砟	串实	捣固密实
道钉或扣件	（1）半径小于或等于 800 m 的曲线地段，接头两根轨枕扣件齐全有效。 （2）其他地段可每隔一根钉一根或每隔两根拧紧一根	每个枕木头（桥枕）里外侧各钉一个，混凝土轨枕扣件应上齐
接头螺栓	每个接头至少上紧 4 个（每端 2 个）	每个接头至少上紧 4 个（每端 2 个）
起道顺坡	不小于 1∶200	不小于 1∶200；收工时不小于 1∶400

三、施工防护

1．防护条件

（1）下列工作应办理封锁施工手续，设置移动停车信号防护或红闪灯；放行列车或单机时，限速 25 ~ 40 km/h，限速列车的时间、次数和速度由施工部门领导根据具体情况决定。

① 一次连续更换钢轨超过 100 m。

② 成段清筛或更换轨枕下的道砟（如有切实可行的加固措施，亦可采用慢行施工）。

③ 成组更换道岔或岔枕。

④ 无缝线路应力放散 300 m 以上（或利用滚筒调整应力）。

⑤ 起道量超过 100 mm，或整治冻害使用冻害垫板一次总厚度超过 40 mm。

⑥ 线路拨道，一次拨道量超过 100mm。

⑦ 抬高或降低桥梁。

⑧ 更换桥梁支座或支承垫石，支座垫砂浆厚度超过 50 mm。

⑨ 影响路基稳定的开挖路基，靠近线路开挖建筑物基坑，整治较大的路基病害，加固或改建桥隧建筑物，拆铺便线和临时架空结构，更换或铺设防水层，整修隧道衬砌等较复杂的工作。

（2）下列工作应办理封锁施工手续，或经车站值班员承认（或利用列车间隔时间施工），设置移动停车信号防护或红闪灯，放行列车或单机时不限速。

① 一次连续更换钢轨不超过 100 m。

② 在线路上焊接钢轨。

③ 连续更换两块以上夹板。

④ 更换道岔零、部件（尖轨、基本轨、辙叉、护轨、转辙连接杆）。

⑤ 拆开钢轨接头，成段整正轨缝。

⑥ 拨正支座，支座垫砂浆厚度在 50 mm 及以下时。

⑦ 更换桥上温度调节器。

⑧ 使用有碍行车的中小养路机械。

（3）下列工作应在车站与施工地点分别设专人防护，用对讲机联系（基地施工掌握列车运行情况，利用列车间隔施工），设停车手信号防护或红闪灯；放行列车或单机时不限速。

① 个别更换夹板。

② 使用弯轨器整直钢轨。

③ 使用有碍行车的轨缝调整器而不拆开接头调整轨缝。

④ 桥梁施工进行试顶需要起动梁身并回落原位时。

⑤ 利用小型爆破开挖侧沟或基坑时（限于不影响路基稳定的范围）。

⑥ 砍除危树，影响行车安全时。

2. 防护办法

（1）凡施工作业必须严格遵守请、销点制度。

（2）作业带班人员、巡检本人必须带对讲机，相互通报作业地点列车动态等作业期间情况。作业完毕，确认所有作业人员、工器具全部撤出作业地点，线路设备安全，方可销点。

（3）如遇特殊情况不能按时撤离时，必须事先与行调、车站值班员等相关部门和人员联系申请延迟封锁时间。

（4）正线夜间（包括轨道、隧道、桥梁、探伤、线路巡查等）施工作业须按作业令内容，在相关车站登记，办理手续，得到车站值班员同意，并用移动红闪灯进行防护，方可作业。作业人员未经相关部门同意，不得到作业令以外区间作业。

（5）基地内（不包括试车线）施工须经信号楼值班员承认，方可作业。作业时，现场防护与驻站防护要密切联系，注意车辆动态。

（6）基地内试车线施工须经信号楼值班员承认，并封锁其线路，方可作业。隧道内施工还需在离隧道口 50 m 放置移动停车信号牌（见附录 A）。

四、线路故障的预防与处理

故障处理必须本着“先通后复”的原则。任何时间、地段发生的故障必须用最快速度进行处理，不得以任何理由拖延时间。

1. 故障的报告、处理

原则上所有故障由报告者报总调中心和工务中心生产调度，由总调中心和工务中心生产调度协调安排维修人员对故障进行处理；如果可以直接报各工班的直接报工班处理（该报告程序应与维规和探伤规则的报告程序一致）。

（1）工班在接报后立即组织对故障进行处理，并将故障情况报中心生产调度备案。

（2）中心生产调度在接到直接故障报告后，立即指派相应人员赴现场进行处理，并将故障情况报中心主任、分管专业主任、总调中心备案，同时做好故障记录；需其他工班（中心、库）或其他专业配合作业的，一并向总调中心提出申请。

（3）中心生产调度在接到工班或总调中心发布的故障通知后，如通过检修或自身力量发现无法彻底处理的故障时，应立即再次报告中心领导，中心领导指派相应人员赶赴现场进行支援、修复并记录。

（4）在工班接到故障报告后，应立即对故障进行必要的处理，并在处理过程中做好相应的记录，将故障接报（时间、地点、设备名称）、处理过程等方面以文字形式上报中心调度，调度整理后上报中心领导。

（5）工班在故障处理完毕后，必须及时报告各用户，并向中心生产调度及总调中心报告处理情况及故障原因。

（6）工务中心应及时组织对故障进行分析总结，寻找预防措施。

2．线路故障的处理方法

（1）巡道人员发现故障时，应立即进行现场处理，如不能现场处理的故障，必须马上进行汇报并在故障地点设置停车信号或红闪灯进行防护。

（2）无缝线路长钢轨（含焊缝）折断时，应按规定设置停车信号防护。断轨处理后的列车放行条件为：

① 紧急处理：在运营时段内发生断轨，但轨缝小于 50 mm 时，利用抢修点采用急救器加固方案进行处理，同时焊接轨道电路，并在断缝两侧各 50 m 范围内上紧扣件。处理完毕，限速 5 km/h 放行列车。地面线和高架线再利用列车间隔进行监控。当断轨不继续扩展时，可按 15 ~ 25 km/h 提速。

② 临时处理：当断缝较大，不适宜上述紧急处理方法时，只有进行临时处理（插入短轨）。通过抢修点，锯去钢轨断裂部分，插入不短于 4.5 m 的同型钢轨，用接头夹板连接，用 10.9 级螺栓拧紧，焊接轨道电路，可按正常速度放行列车。

③ 永久性处理：以上“紧急处理”及“临时处理”均是在断轨发生后，为确保列车正常运营而采取封锁点所进行的应急抢修。当焊接钢轨的条件具备时，应利用夜间非运营时间进行永久性处理——焊接处理，在原设计锁定轨温 ± 5 °C 范围内焊接修复无缝线路。

④ 线路上焊接时轨温不应低于 0 °C。放行列车时，焊缝处温度应降至 300 °C 以下。

（3）无缝线路发生胀轨跑道时，应按下列方法处理：

① 基地线路，当线路方向显著不良时，应加强巡查或派人监视，必要时应设置减速或停车信号防护。

② 正线，当添乘发现无缝线路碎石道床轨向不良，列车摇晃严重，须立即通知车站、行调安排列车慢行或临时停运，并派人查看，进行紧急处理。处理后，确认线路稳定，方可根据具体情况适当提高限速或不限速恢复行车。

③ 维修作业中或作业后，发现线路方向、水平显著不良，有胀轨预兆时，应立即停止作业，必要时通知有关部门，设置减速或停车信号防护，迅速采取覆盖钢轨浇水降温等有效措施，防止跑道。

④ 当发生胀轨跑道后，须立即进行处理，视情况可采用浇水、拨道等方法。拨道时，曲线地段只能上挑，不宜下压，拨道后，补足道砟并夯实，限速 5 ~ 10 km/h 开通线路。

⑤ 困难条件下处理跑道，可用乙炔切断钢轨，松开扣件放散应力，然后用夹板和急救器加固，限速 5 km/h 开通线路。

（4）电气化线路。

① 在电气化线路上，禁止人员直接或间接地（通过任何物件，如棒条、导线、水流等）与接触网的各导线及其相连部件接触。当接触网的绝缘不良时，在回流线与钢轨的连接点上，都可能出现高电压，故应避免与支柱、支撑结构及其金属结构相接触，当接触网绝缘损坏时，严禁与之接触。

② 在电气化线路上进行下列作业，应遵守以下规定：

A. 起道高度单股不得超过 30 mm；隧道、桁架桥梁内不超过限界尺寸线。

B. 拨道作业线路中心位移不得超过 ± 30 mm；一侧拨道量年度累计不得大于 120 mm（并不得侵入限界）。

C. 起道或拨道量超出上述规定标准时，须事先通知接触网工区进行配合。

D. 爆破作业有碍接触网及行车安全时，则应采取先停电后作业。

③ 在非自动闭塞的电气化区段上更换钢轨时，应遵守下列规定：

A. 禁止在同一地点将两股钢轨同时拆下；

B. 换轨前应在被换钢轨两端轨节间安设一条纵向连接电线，连接电线用截面不小于 70 mm^2 的铜线做成，其每端用夹子紧夹到相邻的轨底上，如图 8-1 所示，该连接线要在换轨作业完毕后方可拆除。

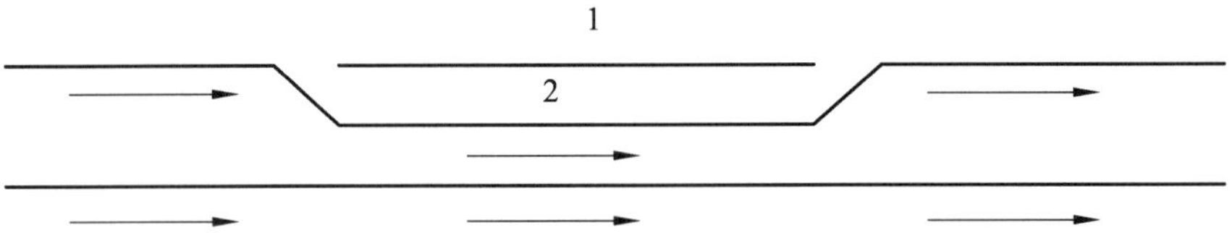

图 8-1 纵向连接电线

④ 在自动闭塞的电气化区段上更换钢轨时，应遵守下列规定：

A. 禁止在同一地点将两股钢轨同时拆下。

B. 换轨前要在被换钢轨两端的左右轨节间各安设一条横向连接电线（即轨道电路短路线），连接电线用截面不小于 70 mm^2 的铜线做成，用夹子紧夹到轨底上，如图 8-2 所示。

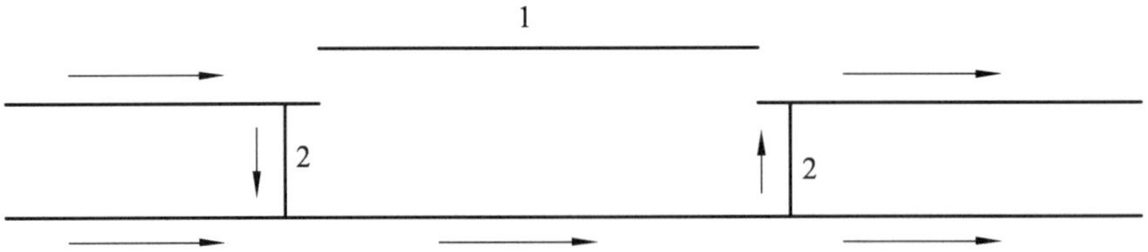

图 8-2 夹子紧夹轨底

C. 更换带有轨端绝缘的钢轨及在道岔上换轨时，均应有信号工在场配合。

D. 换轨如需拆开回流线时，必须有供电人员在场紧密配合并负责监护；在未设好可靠的分路电线之前，不得将回流线从钢轨上拆开，拆装回流线的工作均由供电人员负责完成。

E. 在站内更换钢轨或夹板时，其钢轨连接电线的连接方法，尚需考虑轨道电路和车站作业的要求。

F. 在电气化区段上，如需要在同一地点将两股钢轨同时拆下时，必须对该供电区段实行线路封闭，不准电力机车行驶。

⑤ 更换钢轨、道岔及其连接零部件，遇有下列情况之一时，须事先通知供电专业采取安全措施后，方准开始作业。

A. 更换带有回流线的钢轨时。

B. 更换牵引变电所岔线和通往岔线线路的钢轨及其主要连接零部件（如夹板、辙叉等）。

C. 在有接触网的线路上，于同一地点，同时更换两股钢轨及两股钢轨上的夹板。

D. 更换整组道岔。

E. 更换工作完毕，须经供电人员检查符合供电要求后，方准撤除安全措施。

⑥ 当线路养护维修需拉开钢轨调整轨缝时，要在拉开的轨缝间预先装设临时连接线，临时连接线的长度应使钢轨接头间可能拉开 200 mm 的需要。

⑦ 当抽换轨枕、找小坑、改轨距或进行其他养路作业时，对于电气化及信号装置的接地线及轨端连接线，必须保持其正常连接；如需临时拆除接触网接地线时，施工单位应与供电专业密切配合，采取相应的安全措施后方准开工。作业完毕后应及时恢复接地线，紧固螺栓并经供电部门检查合格，方可结束施工。如接地线需焊接时，由供电部门负责完成，但作业时禁止在钢轨上焊接。

⑧ 线路大中修及技术改造，需起道或拨道时，施工单位需事先与供电、信号灯等专业联系，相互协调配合，必要时上述单位应派人员到场监护；每次起道和拨道后，需测量支柱内侧与轨道中心的距离及接触网导线距轨面的高度，使其符合限界及《电气化线路电气安全规则》的规定。检查建筑接近限界时，接触网必须停电。

⑨ 在电气化区段清除危石、危树时，应有供电专业人员配合。

⑩ 在电气化区段通过或使用各种车辆、机具设备不得超过机车车辆限界，所有作业人员和工具与接触网必须保持 2 m 以上的距离。

⑪ 在进行隧道的检查、补漏、衬砌、油刷标志、刨冰及隧道口的粉刷装饰，使用高梯搭设脚手架与接触网间距不足 2 m 时，必须在接触网停电后作业。

⑫ 在距离接触网 5 m 范围内使用发电机、空压机、搅拌机的机电设备时，应有良好的接地装置；在可能带电部位，应有“高压危险”的明显标志，并有防护措施。

⑬ 在电气化区段，各种机械和车辆不准用水冲洗。

（5）道口。

① 对道口应加强养护维修，经常保持道口标志和护桩设备完好，铺面平整稳固，护轨轮缘槽尺寸符合规定。道口设备缺损或严重不良时，应及时进行补充、更换或修理。

② 在电气化线路上，车辆及其装载物通过时不得触动限界架、活动横板或吊链；装载高度超过 2 m 的货物上，不准坐人。

③ 笨重、巨大的物件和可能破坏线路设备、干扰行车的物体通过道口时，应采取安全和防护措施，并经有关部门许可，在有轨道电路的区段，还应经信号部门许可，并在其协助指导下方可通过。

（6）自动闭塞和有轨道电路区段。

① 养路机具、轻型车辆、万能道尺等，必须有绝缘装置。

② 撬棍、起道机、拨道机及单轨小车柄等，均要安装绝缘套管；取放工具、抬运钢轨、辙叉及金属料具，不得搭接两股钢轨及绝缘接头、引入线及轨距杆。

五、养路机械作业

1．大型养路机械作业

（1）各机械车驾驶员及操作司机，必须由经过技术培训、考试合格并持有大型线路机械司机证的人员担任，按所取得的相应岗位持证上岗。副司机应在司机指导监督下方能驾驶运行。

（2）大型养路机械应定期检修、定期探伤车轴，坚持经常保养，以保持良好的技术状态。大型养路机械出车前，各机械车司机应对车辆的走行、制动、油路、电路、工作装置等以及车内备品、信号用具进行全面检查，确认完好及齐全后方准出车。

（3）大型养路机械作业前，施工领导人应掌握施工地段的线路设备状态，摸清线路坡度、曲线、道口、桥梁、隧道及信号设备等位置及状况，制订出相应的安全措施及注意事项，下达各机械车执行。

（4）在电气化区段，押车人员不得登上车顶，停车检查时要避免与接触网支柱及其附近金属结构物接触。遇接触网断线或其他接触网损坏时，所有人员不得接近，并与其保持 10 m 以上的距离。

2．小型养路机械和轻型车辆及小车

（1）在线路上进行小型养路机械作业时，各种小型养路机械的操作人员，必须经过技术业务培训，并由经考试合格的员工担任。

（2）小型养路机械在上道作业前，施工负责人应确认设好防护，并采用无线通信等联系装置，未设防护，严禁上道，驻站和信号楼的防护员应加强与设调与基地控制室的联系，及时与带班人员联系，确保安全。

（3）使用小型养路机械（捣固机等）作业时，其下道架应有专人负责，并随主机移动，保持距离不得大于 15 m，若邻线来车时，应加强瞭望，注意来车，及时下道。

（4）下列小型养路机械须设有应急升降的安全防撞装置：

① 起道作业应采用矮型防撞液压或齿条起道机。

② 液压轨缝调整器应配有可使机体随时解体的安全防撞装置。

③ 直轨器应配有双回油阀。

（5）小型养路机械、起道机及防护用的对讲机等，应专管专用，加强日常检修和定期检验，使用前须确认性能良好方准上道作业，如在作业中发生机械故障，应停机下道检修。

（6）转移工地时，在钢轨上推行捣固机和其他机具时，应有足够的人员跟随，机具下道后，要放置稳固，不得侵入限界，并有防溜措施。

（7）线路维修作业应采用液压起（拨）道器或矮型起道机。

（8）使用轻型车辆或小车时，需得到车站值班员或信号楼对使用时间的承认，带班人员应了解车辆的运行情况，按规定设置防护，并保证能及时撤出线路。

（9）各种小车应放置在固定的安全地点并加锁，使用前应进行检查，确认状态良好方可使用。

（10）使用轻型车辆或小车时，必须具备下列条件：

① 须有经使用单位指定的使用负责人。

② 须有足够的人员能随时将轻型车辆或小车撤出线路以外。

③ 应备有防护信号、对讲机等防护用品。

④ 在有轨道电路的线路或道岔上运行时，车轴应绝缘。

⑤ 轻型车辆应有制动装置，牵引拖车时，连挂处应使用自锁插销，拖车必须有专人制动。

（11）轻型车辆及小车使用的防护办法：

① 正线使用轻型车辆及小车，防护员用红闪灯随车移动。

② 基地内使用轻型车辆及小车，必须与信号楼值班员办理承认手续，防护人员需在车辆前后 50 m 显示停车手信号，随车移动。

六、材料装卸与堆放

（1）在进行装载材料、工具时应稳固，不得偏载、超载和超出限界。在装载危险物品时，应有可靠的安全措施。

（2）在线路上装卸材料时，装卸车施工负责人应认真做好下列工作：

① 配备好足够的装卸车人员、工具和信号用品。

② 夜间作业时，应有足够的照明设备。

③ 事先与行调、信号楼、设调等进行联系，了解列车的到、开时间等情况。

④ 列车出发前，应向卸料人员和司机布置与讲清作业计划、卸车起讫里程与联络方法及安全注意事项等。

⑤ 多个车辆卸车时，每辆车上应指定一名员工担任组长，负责指挥卸车、开关车门、组织检查限界、清理等以及做好未卸完余料偏载时的整理工作。

⑥ 在卸车时必须注意不得损坏线路及信号等设备。

⑦ 对笨重材料（条石、片石、钢轨、混凝土枕等）禁止边走边卸。停车卸料时，车轮附近的材料要指定专人及时清理。每次卸车后开车前，要认真检查，确认车门关好、材料堆放稳固、不侵入限界，方可通知司机开车。

（3）靠近线路堆放材料、机具等，不得侵入建筑接近限界。线路用料如道砟、片石、沙子等按规定堆放，卸车后，施工负责人应组织人员全面检查堆放情况，不符合规定或堆放不稳固的应立即整理。

（4）组织卸料时，卸车负责人应该严格掌握卸车位置，在下列地点禁止卸车：

① 道口。

② 信号机导管处。

③ 线路两侧有大量堆积物地段。

④ 临线来车时，靠临线一侧。

⑤ 道岔区。

（5）靠近线路堆放材料、机具等，不得侵入建筑接近限界。每次卸车后，负责人应组织人员全面检查堆放情况，堆放不稳固的应立即整理。

（6）钢轨组在线路上放置时，应按照下列规定：

① 普通线路木枕地段，可放在道床肩上或枕木头上，直线地段可放在道心里。放在枕木头上，两端至少各钉两个道钉，中间适当用道钉卡住；放在道心时，两端应弯向中心并用道钉固定，中间适当用道钉卡住。

② 普通线路混凝土枕地段，一般应放在道床肩上，直线地段可放在道心里，两端用卡子卡在轨枕上或穿入木枕钉固，如钢轨组较长，中间应适当穿入木枕钉固。

③ 换出的钢轨一般应放在道床肩上或路肩上，凝土枕地段允许临时放在道心。

（7）无缝线路成段更换钢轨时，准备换入的长钢轨应放在道床肩上。在道口处，信号机附近应有保持稳定的措施，换出的长钢轨，应根据机具的回收条件，放在道床肩上或道心，但道口处、信号机附近不得存放。每根长钢轨的长度，一般不得大于 250 m，两根长钢轨的端部要相互错开，用卡子卡在轨枕上或穿入木枕钉固，中间适当穿入木枕用道钉卡住。对放在道床肩上或道心的长钢轨应派人巡检。

（8）路肩堆放的砂石料，使用单位应经常检查、清理，严禁侵入限界。在河沙、石砟等松散料堆上，严禁再卸片石等其他较笨重的材料。

七、动火施工管理

1．动火等级及外单位动火施工定义

（1）一级动火审批范围及审批办法。

加油站、危险品仓库、油罐车，以及储存过易燃易爆物品的容器及其连接在一起的辅助设备，各种变压设备，危险性较大的登高焊割，比较密封的容器、地下室等场所，与焊割作业有明显抵触的场所，现场堆有或储存大量易燃易爆物品的场所，都属于一级动火审批范围。一级动火的审批，必须由动火的部门、中心负责人签发书面申请报告，经安全保卫部、技术部等有关人员到场勘察，共同制定安全动火实施方案，交企业分管领导审批。对危险性特别大的动火项目，由企业向地铁公安消防部门提出报告，经审批同意后，方可动火作业。

（2）二级动火审批范围及审批办法。

具有一定危险性因素的禁火区域和场所，小型油箱、油桶等容器，登高的临时焊割作业，为二级动火审批范围。二级动火的审批，由动火作业的部门、中心负责人召集有关人员，制定安全动火实施方案，报企业安全保卫部审批。

（3）三级动火审批范围及审批办法。

凡属非固定的动火为三级动火范围。三级动火审批，由动火作业人员提出申请，经部门、中心负责人审批后自行发放动火作业证。

（4）外单位是指在地铁公司运营分公司管辖范围内作业的所有外部单位，包括委外维保、设施监管、零星技改工程、新建扩建工程单位以及在运营分公司管辖范围内作业（施工）的其他单位。

2．动火流程

（1）各专业因生产（工作）需要实施动火，必须按规定办理审批手续，提供动火申请报告，报告包括：施工方案、动火方案、动火作业安全保证书和焊工上岗证复印件等。

（2）根据动火不同等级，由分线专业工程师、专业工长填写《临时动火作业申请表》，办理相关手续。

（3）动火过程中，动火人严格按照安全操作规程进行，切实履行本岗位的安全防火职责。

（4）动火作业单位在动火现场必须指定专人负责安全。

（5）专业工长需指定专人在动火现场履行监督和防火的职责，确保动火现场的安全。

（6）专业工程师必须对动火申请报告进行初审，确定后报工务安调室。

（7）专业工程师必须对已审核批准的动火作业方案、上级要求是否正确实施进行现场检查、监督。

（8）所有动火完毕后，动火作业单位必须指定专人到现场查验，认定确无火灾隐患后，将《临时动火作业许可证》（副联）返还发证单位，视为动火工作结束。未按时返还许可证的，将视为动火未完毕。在此期间发生的任何问题，由专业工程师、专业工长、动火作业单位及动火直接责任人承担一切安全责任。

3．动火管理要求

（1）凡经批准临时动火、焊割作业时应做到“八不”“四要”“一清”。

（2）动火前“八不”：防火、灭火措施不落实不动火，周围的易燃杂物未清除不动火，附近难移动的易燃结构未经采取安全措施不动火，凡盛装过油类等易燃液体的容器、管道未经洗刷干净、排除残存油质的不动火，凡盛装过气体受热膨胀有爆炸危险的容器和管道不动火，凡储存有易燃易爆危险品的车间、仓库和场所未经排除易燃易爆危险的不动火，在高空进行焊割作业时下面的可燃物品未清理或未采取安全防护措施的不动火，未配备相应灭火器材的不动火。

（3）动火中“四要”：动火中要有现场安全负责人，现场安全负责人和动火人员发现不安全苗头时要立即停止动火，发生火灾爆炸事故时要及时扑救，动火人员要严格执行动火安全操作规程。

（4）动火后“一清”：动火人员和现场安全负责人在动火后，应彻底清理现场火种后才能离开现场。

（5）对动火过程中没有办理审批手续擅自动火、违反操作规程、没有采取防范措施的，以致引发火灾，中心将按照有关规定并配合安全保卫部进行调查，严肃处理。

（6）禁火区域、场所，一般不允许明火作业，地铁列车运营时间严禁在车站公共区域动火施工。如因生产工作需要动用明火作业，必须实行公司动火审批制度。

任务二 人身安全

一、基本要求

（1）单位的各级负责人，应经常对员工进行人身安全的思想教育，组织学习安全规章及有关安全操作技术，新员工未经安全技术教育，不得从事检修作业，作业时，应按规定使用劳动保护用品。

（2）对机具设备，要严格管理，经常检修，精心使用，动力机械必须由经过考试合格和领导批准后方可操作。

（3）对易燃、易爆及有毒物品，必须由专人保管，储藏时应与建筑物、烟火及水源隔离。搬运装卸及使用时，应慎防起火、爆炸和中毒等。

（4）野外作业，遇雷雨时，作业人员应放下手中的金属器具，迅速到安全处所躲避，严禁在大树下、电杆旁或涵洞内躲避。酷暑、严寒季节，应采取切实措施，防止中暑、冻伤等。

（5）基地检修人员在步行上下班时，应在路肩或路旁走行。在通过道口或横越线路时，应做到“一站、二看、三通过”，严禁来车时抢越。

二、施工作业

（1）在基地线内作业时，应设专人防护并按规定请点上道，作业中来车时，应及时下道避车，下道后要站在限界以外，面向列车尾部，防止车上的车门或坠落物等伤人。

（2）休息时不准坐钢轨、枕木头及道床边坡上，绕行停留车辆时其距离应不少于 5 m，并注意车辆动态。

（3）线路施工作业时，须在符合规定的施工负责人领导下进行，施工负责人应根据人员作业项目、天气等情况，具体布置安全注意事项。

（4）施工作业时，作业地段不宜安排过长，严禁指派任何人到作业范围以外的线路上进行作业。

（5）在线路上进行下列作业时应注意：

① 多人在一起作业时，相互间应保持一定安全距离，防止工具碰撞伤人。

② 起道——使用起道器应由操作熟练者担任，并不得兼做其他工作，来车时不得抢道。

③ 捣固——多人分组捣固时，其前后距离应不少于 3 根轨枕，作业人员前脚不得伸出轨枕边缘。

④ 拨道——使用撬棍拨道时，撬棍要插牢，听从指挥，统一行动，不准骑压或肩扛撬棍拨道。

⑤ 改道——打道钉要稳，新枕木要先钻孔，不准用捣镐打道钉，防止飞钉伤人，分组打道钉时，其距离应不少于 6 根轨枕。

（6）使用撬棍翻动钢轨时，应组织有经验人员操作，其他人员应远离撬棍和钢轨翻动方向，禁止用手翻动钢轨。

（7）剁除钢轨肥边时，要戴好护目眼镜，禁止面对面作业，并注意来往机车车辆。

（8）在电气化线路进行线、桥、隧和路基作业，应遵守下列事项：

① 在离接触网带电部分不到 2 m 的建筑物上作业时，接触网必须停电、挂地线，并按规定办理停电手续，得到许可后由供电部门派人安设临时接地线后，方能开始施工。

② 发现接触网断线及其部件损坏或在其上挂有线头、绳索等物时，均不准与之接触，在接触网检修人员未到达前，应对该处设置防护，人员应距断线接地处 10 m 以外。

③ 发现接触网支柱及接触网带电部分 5 m 范围以内的金属结构均须接地，在与接触网相连的支柱及金属结构上，若未装设接地线或接地线已损坏时，禁止与之接触，接地线应由供电部门负责装设。

④ 在距离接触网带电部分 2 ~ 4 m 的导线、支柱、房顶及其他建筑物上施工时，接触网必须停电，可不挂地线，并按规定办理停电手续，由接触网工或专门训练的人员在场监护。

⑤ 维修作业人员所携带的工具、材料等与牵引供电设备的带电部分需保持 2 m 以上距离。

三、运装卸作业

（1）搬运及装卸重物时，应尽量使用机械作业，人力操作时，要统一指挥、动作一致，夜间要有充足的照明，用滑行钢轨装卸钢轨及其他重型机械设备时，滑行钢轨应支撑牢固、坡度适当，滑行前方禁止站人，后方应有保险缆绳。

（2）装卸长钢轨，钢丝绳与挂钩、固定器等要连接牢固，人员不得站在移动前方和钢丝绳附近。装车时，轨端要平齐，伸出承轨横梁 0.5 ~ 1 m，未装妥加固、锁定设备，不得开车。运行中禁止在长轨上走动，并离开轨端 3 m 以外。卸轨时，撬棍不得插入长轨移动方向的横梁后面，前一根长轨通过木车后才能拨动后一根就位，严禁在悬空的长轨下作业，并注意防止长轨尾端落下时摆动伤人。

（3）运料列车在开车前，负责人应确认有关人员已上车坐稳，方准通知司机开车，在列车未停稳前，卸车人员不得打开车门及做其他影响安全的准备工作，开车门时，车上人员应离开车门附近，车下人员不得站在车门下面。

（4）搬运、装卸有毒和有害物品时，必须按规定穿戴防护用品。

（5）基地线路施工使用四轮小车上道运工具材料，必须与信号楼值班员联系，等到其承认方可上道作业。四轮小车严禁载人。

四、施工机械（具）使用

（1）机具应由专业小组或专人负责检修、保养及使用，经常保持状态良好，不得带“病”运行。

（2）改造或修理后的机具，需确认性能及各部件符合要求后方准使用。

（3）数台机械配合作业时，必须有明确的联系信号，其中任何一台机械的启动或停止，应及时通知相关机械的操作人员；在作业中机械发生故障停车或收拾机械时，应立即切断电路、风路；机械修理应在停机、断电后进行。

（4）露出机体的传动部分，如皮带、链轮、砂轮、风扇等，应有网罩或其他防护设施。在线桥旁操纵动力机械时，应在靠近线路一侧设安全栅栏。

（5）使用钢轨打磨机或钢轨切割机时，操作人员必须佩戴护目镜。任何人员不得站在砂轮转线下方，防止砂轮破碎机铁屑伤人。切割钢轨时，钢轨必须摆放稳固，操作机械人员手脚严禁放在钢轨下面，以防断轨伤人。

（6）使用任何电动机械时，人员必须佩戴绝缘防护用品，严格用电安全。

（7）平板车吊机作业应注意：

用平板车吊机装卸钢轨、尖轨、岔心、轨枕时，吊机操作人员必须由经过考试合格的人员担任。两台吊机同时作业时，必须相互联系，动作一致。

吊机吊物时，吊钩及吊起物体下方严禁站人。如吊起物体需人力稳固，稳固人员必须站在物体两头处，手只能扶物体上部，防止物件脱落伤人。

如装载较长物体，摆放需跨放两个车辆上时，伸入各车辆的长度应尽量均衡。每个车辆上需搭一个基承垫块，保证物体承力点在基承垫块上。长物件摆放应离吊机和车辆边缘 300 mm 以上，防止列车在曲线地段物件滑落。

任何材料都必须堆放稳固，随乘人员应坐稳扶牢，不准坐在堆放较高的物体上和车体连接之处，车未停稳时人员不能上下。装载路料、机具的平板车，不准搭乘人员，确因工作需要乘坐人员时，必须安装围栏及扶手。

复习思考题

1. 哪些工作应办理封锁施工手续，设置移动停车信号防护或红闪灯，放行列车或单机时，限速 25 ~ 40 km/h？

2. 在有轨道电路区段施工时应严格执行哪些规定？

3. 线路故障的处理方法是什么？

4. 轻型车辆及小车使用的防护办法是什么？

5. 试述进行起道、捣固、拨道、改道作业时人身安全应注意的事项。

项目九　技术管理

◆ 学习情境描述

由于我国既有铁路列车不断提速，铁路线路年通过总重持续增加，管理方式也随着铁路的发展不断加强。铁路工务线路技术管理对于铁路运输安全与畅通发挥着极其重要的作用。

◆ 学习目标

（1）使学生了解班组管理。
（2）掌握施工管理。
（3）掌握线路工程施工组织。
（4）了解工程概预算的编制方法。

◆ 思政案例（宝成铁路——第一条电气化铁路）

宝成铁路，第一条电气化铁路，1952 年 7 月动工，1958 年建成通车，1975 年 7 月完成电气化工程改造。

宝成铁路是一条连接中国西北地区和西南地区的交通动脉，是中国第一条电气化铁路，也是一条工程艰巨的铁路。这条铁路的建成，改变了“蜀道难”的局面，为西南地区经济建设与发展创造了重要条件。宝成铁路的建成，拉开了中国铁路现代化建设的序幕，从此，电气化铁路伴随着祖国经济建设和改革开放的步伐进入了高速发展期，短短二十余年间，就成为继俄罗斯、德国、日本等国之后第九个拥有一万千米电气化铁路的国家，这一成就的取得，与宝成铁路锻炼、培养了一大批建设骨干分不开。

二十大报告指出，加快实施创新驱动发展战略，增强自主创新能力。推进建设“交通强国”的过程中离不开创新。

【本思政案例参考文献：罗延荔. 成都市交通志[M]. 成都：四川人民出版社，1994.】

任务一　工务设备技术管理

工务设备技术管理根据线、桥、隧等基础设施的技术动态和运输需要，按各有关技术标准制订修理周期和更新改造计划并组织实施的技术组织工作。

工务设备主要有轨道、路基、桥梁、涵洞及隧道等，同时也包括为这些设施进行大修、维修所使用的各种机械、电器和土建设备。

技术管理是工务设备管理的重要内容。其任务是：掌握设备技术状态和发展规律，制订和贯彻各有关技术标准、作业标准，监督实施各有关技术规范和规章制度，推行标准化管理。根据实际运营情况和运输生产发展需要，本着“运营条件匹配，修理周期合理，线路、轨道结构等强，质量均衡”的原则，制订各个修程和技术改造规划；通过设备大修、维修的实施，使设备经常处于完好状态。积极采用新技术，推广先进经验，不断提高设备质量，延长设备使用寿命。

计算机管理系统，工务部门自20世纪80年代初便致力于应用微机进行设备管理。进入90年代，先后对计算机进行了更新，组织开发了工务设备管理软件包和大量单项应用软件，对线路设备台账、线路综合图、站场图、桥梁图等均实现了计算机管理。对各单项设备状况的检索、查询、补充、修改、汇总、分析、上报等都很准确便利。为了掌握沿线设备状态及其综合运营环境，对主要线路或重点区段进行影像管理。未来工务系统将进一步实现网络管理，对关键设备可进行动态监控。

工务设备台账反映线、桥、隧等基础设施技术状态的档案资料，根据每年的基建、技术改造、大修、维修等进展情况对各项设备的变动、变化要如实及时地进行修改、补充，自下而上逐级汇总上报。设备台账的组成主要有：设备变化总说明书；正线起讫里程表；钢轨类型、轨重、无缝线路、营业长度表；道岔表；曲线、坡度表；轨枕及扣件表；道床、道口表；跨区间或全区间无缝线路、提速道岔、监护道口表；工务人员统计表；工务组织机构表；正线钢轨使用情况表；线路运营情况表；桥隧建筑物汇总表；特大桥表；长隧道表；线路综合图；车站配线图；管理示意图等。

任务二　班组及施工管理

一、班组安全管理

1．班组长

班组长既是班组生产的指挥者，又是班组安全工作的组织者。日常生产任务的安排，施工质量的检查，安全措施的落实，班组成员的教育，工具备品的发放、使用和保管，班组活动的组织，安全质量记录的建立，现场资料的积累，等等，班组的管理工作包含了所有的企业管理工作。因此，对于班组长这样一个当家人，肩负的责任是十分重大的。班组长自身的素质对班组的安全生产乃至企业的安全生产都具有举足轻重的影响。

班组长应具有的基本条件和素质：

（1）具有一定的政治思想素质和文化素质。

（2）具有高度的责任感和安全防范意识。

（3）具有胜任本班组生产活动的安全技术业务水平。

（4）具有现场生产的组织能力和指挥能力，具有灵活机智的应变能力和施工协调能力。

班组长是开展班组管理和班组活动的带头人，首先要严格要求自己，做遵章守纪的模范，其次要带动一班人为安全生产做出显著的成绩。

班组长要尊重领导，主动地汇报工作，得到领导的关心和支持，要虚心接受业务部门的指导、监督和批评。班组长无论对本专业的还是对其他专业的兄弟班组都要建立友好协作关系，努力做好各项施工配合。班组长对部下要关心和体贴，要知人善任，根据职工的个人特点和擅长，更合理地安排工作。

2．班组管理的内容（仅就安全方面）

1）班组的安全教育

要开展安全预想活动，对本班次的生产作业项目进行认真的分析，提出有针对性的安全措施，然后组织班组成员进行班前安全教育和班后小结。有的班组只布置生产，不交代安全事项，或者是在布置完生产后加上四个字：注意安全，没有具体的实质性的内容。

2）班组的安全学习制度

要定期组织班组成员其中包括劳务工在内的安全技术和业务学习，一方面，学习贯彻上级的安全文件；另一方面，学习与本班组生产有关的安全知识和技术，这是使技术业务和安全知识直接与现场生产紧密结合的有效办法。通过加强班组学习，使班组成员牢固树立安全第一的思想，同时不断提高群体安全意识和群体防范能力。

3）班组的设备检查制度

要一丝不苟地按规定对运营设备进行定期检查，节假日前及不利气候条件要增加检查的频数。事实证明，许多设备故障并不可怕，只要发现故障，及时地处理，就消灭了事故的隐患，最可怕的是发现不了故障而酿成事故的发生。有两种不良现象必须杜绝：第一是没有按规定进行设备巡检；第二是走马观花，漏巡漏检，这些都是安全生产的大忌。

4）班组的施工管理

作业过程中要切实开展自控和互控活动，养成遵章作业的良好风气，严禁违章操作。要严字当头，不能讲好人主义。在人群密集的地段施工，更要提高安全意识，时刻保持清醒的头脑和对事故的警觉，做到不伤害他人，也不被他人伤害。

5）班组的事故管理

对于事故或违章违纪现象，要组织进行分析，做到四不放过（事件的原因不查清不放过，责任不明不放过，责任者不处理不放过，班组成员不吸取教训不放过）。

6）班组的现场管理

工务专业的施工，通常都是群体作业，现场管理非常重要，要做好人员的分工合作，做到忙而不乱，施工料具不能随手乱丢乱扔，邻线或本线有工程车辆运行时，作业人员要及时下道避车，并做到施工料具不侵入限界，作业结束，要做到工完料尽，保持生产现场的环境整洁。

7）班组的台账管理

班组台账管理有安全、生产、学习、质量四个方面。生产方面主要是施工日志，记载每个工作日的作业内容、作业地点、参与人员、安全措施及物料消耗等。安全台账记录班组的行车安全、人身安全、事故记录、个人违章违纪记录、安全先进事迹记录以及本班组与安全有关的重大事记。质量记录包括线路和道岔设备维修验收记录、设备巡检和月检记录、收工前的质量检查记录等。其中收工前的记录是十分关键的，一旦作业地段发生事故，收工前的质量记录就是事故分析最有效的现场原始资料。班组记录要逐日进行，才能保持其真实性，如果长久的事后补课，从内容上分析，一定会露出破绽，从而质量记录就失去了意义。

8）班组的信息管理

信息有两大类，第一类是安全生产的直接信息，第二类是通讯报道信息。班组既是信息处理的终端，又是采集信息的源头。班组要及时地传递上级的各项安全生产指令，同时又要迅速、准确地传递现场安全生产的动态信息，对于重大信息，特别是发现危及行车安全的设备故障，除了按常规向生产调度汇报以外，还要向行政领导直接报告，以便及时采取果断措施。班组在安全生产上的好人好事，以及值得交流的经验体会和动态也可以经常以通讯报道的形式开展信息交流活动。班组的一切质量记录，实际上也是一种信息，作为现代化的企业，计算机必须配置到班组。

二、施工管理

1．施工管理系统

2010 年 7 月之前，南京地铁仍然使用人工对讲办理施工作业。现在，已实现了无纸化办公，无须再与行调联系，直接使用软件办理施工作业。

2．施工计划

1）月计划

通过申请、核对、协调、编制、审核、签发、发放等若干环节制订出。

2）日补充计划

通过申请、编制、审核、发放等若干环节制订出。

3）临时补修计划

通过申请、编制、审核、发放等若干环节制订出。

3．施工作业令

凡编入运营分公司施工周计划、日补充计划的施工，都必须登记领取施工进场作业令，临时补修计划原则上也需要领取施工进场作业令，如图 9-1 所示，临时补修计划的作业令可以是传真件。

4．施工类别

（1）影响正线、辅助线行车的施工为 A 类：其中开行电客车、工程列车的施工为 A1 类；不开行电客车、工程列车的施工为 A2 类；车站范围内影响行车设备设施的作业为 A3 类。

（2）在小行基地（含试车线）的施工为 B 类：其中开行电客车、工程列车的施工（不含车辆段库内）为 B1 类；不开行电客车、工程列车但在小行基地线路限界内及影响接触网停电的施工为 B2 类（能随时撤下来不影响行车，能让电客车、工程列车安全通过的施工归为 B3 类）；不开行电客车、工程列车也不在小行基地线路限界内的施工，在小行基地试车线临时的电客车调试，不需要工程车配合的接触网练兵线上作业为 B3 类。

（3）在车站不影响行车的为 C 类，其中车站内大面积影响客运服务及需动火的作业为 C1 类，其他局部影响或不影响客运服务，但经采取措施影响不大且动用简单设备设施（如动用 220 V 及以下的电力、钻孔等，不违反安全规定）的施工为 C2 类。

5．施工负责人/联络人职责

（1）负责作业人员/设备的管理。

（2）办理请/销点手续。

施工作业令

YYZL/GL—行调—000

<table>
<tr><td colspan="2">作业代码</td><td colspan="2">C1-07-01</td><td colspan="2">作业令号</td><td colspan="3">[2010]运营字第（0407）-26号</td></tr>
<tr><td colspan="2">作业单位</td><td colspan="4"></td><td>主　站</td><td colspan="2"></td></tr>
<tr><td colspan="2">作业时间</td><td colspan="4">2010年4月7日次日
0:00~4:00</td><td>负责人</td><td colspan="2"></td></tr>
<tr><td colspan="2">作业地点</td><td colspan="4">××桥降压所</td><td>联系电话</td><td colspan="2"></td></tr>
<tr><td colspan="2">作业内容</td><td colspan="4">400 V Ⅰ段开关柜安装能源监管装置</td><td>作业人数</td><td colspan="2"></td></tr>
<tr><td colspan="2">安全防护措施以及工程车作业要求</td><td colspan="7">1. 现场防护；
2. 做好出清工作，在销点时报告出清情况；
3. 严禁越出作业区域作业</td></tr>
<tr><td colspan="2">封锁区间</td><td colspan="7">现场防护</td></tr>
<tr><td colspan="2">停电区间</td><td colspan="7">××桥站三类负荷停电，其他负荷停一路电源</td></tr>
<tr><td colspan="2">协作及其他</td><td colspan="7">供电中心配合</td></tr>
<tr><td colspan="2">发令人</td><td colspan="7"></td></tr>
<tr><td colspan="2">辅站及联络人</td><td colspan="7"></td></tr>
<tr><td colspan="2">完成情况</td><td colspan="7"></td></tr>
<tr><td rowspan="2">请点</td><td>时间</td><td></td><td rowspan="2">销点</td><td>时间</td><td></td><td rowspan="2">销令</td><td>时间</td><td></td></tr>
<tr><td>批准人</td><td></td><td>批准人</td><td></td><td>批准人</td><td></td></tr>
</table>

图 9-1　施工进场作业令示意

（3）作业过程的组织指挥。

（4）及时与车站、小行基地联系作业有关事项，必要时及时与地铁运行控制中心（OCC）联系。

（5）组织设置/撤销作业安全防护设施（接触网停电及挂地线应取得电调的许可）。

（6）出清作业区域/设备状态恢复正常。

6. 施工人员进出站规定

（1）施工负责人持作业令在作业令规定施工开始时间前 15 分钟到达主站；施工联络人及维修人员在作业令规定施工开始时间前 10 分钟到达辅站和相关车站；按规定程序办理施工作业手续。

（2）施工作业人员于关站前 10 分钟进站。因工作需要确需关站后进入的应与车站联系，车站根据联系的地点、时间，查验施工作业令和相关证件后开门放行。

① 施工过程如图 9-2 所示。

② 施工前准备如图 9-3 所示。

③ 施工请点如图 9-4 所示。

④ 施工销点如图 9-5 所示。

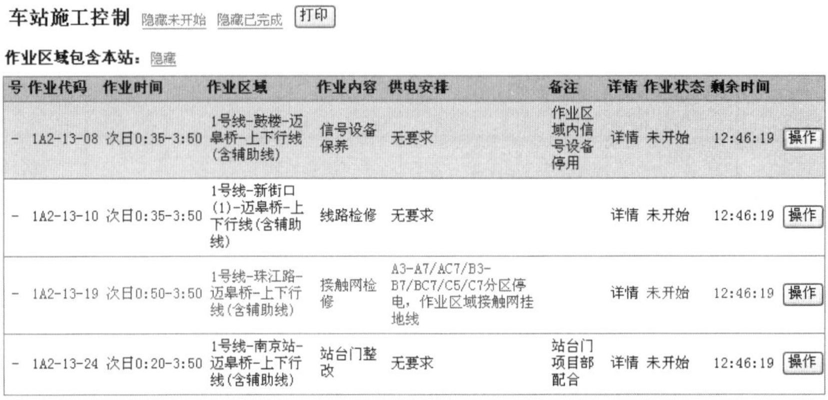

车站施工控制 隐藏未开始 隐藏已完成 打印

作业区域包含本站：隐藏

号	作业代码	作业时间	作业区域	作业内容	供电安排	备注	详情	作业状态	剩余时间	
-	1A2-13-08	次日0:35-3:50	1号线-鼓楼-迈皋桥-上下行线（含辅助线）	信号设备保养	无要求	作业区域内信号设备停用	详情	未开始	12:46:19	操作
-	1A2-13-10	次日0:35-3:50	1号线-新街口(1)-迈皋桥-上下行线（含辅助线）	线路检修	无要求		详情	未开始	12:46:19	操作
-	1A2-13-19	次日0:50-3:50	1号线-珠江路-迈皋桥-上下行线（含辅助线）	接触网检修	A3-A7/AC7/B3-B7/BC7/C5/C7分区停电，作业区域接触网挂地线		详情	未开始	12:46:19	操作
-	1A2-13-24	次日0:20-3:50	1号线-南京站-迈皋桥-上下行线（含辅助线）	站台门整改	无要求	站台门项目部配合	详情	未开始	12:46:19	操作

图 9-2　施工控制

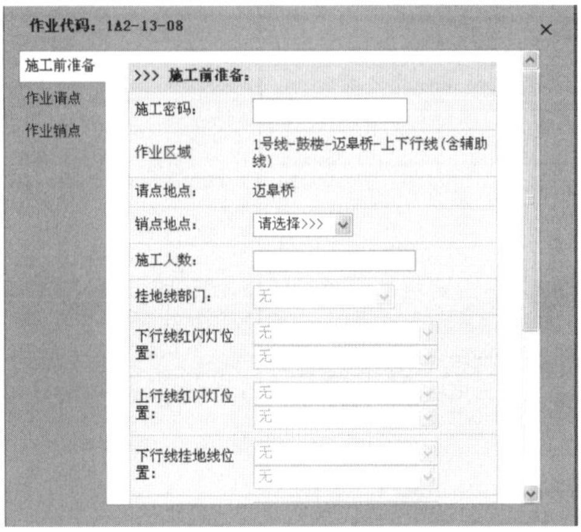

图 9-3　施工前准备

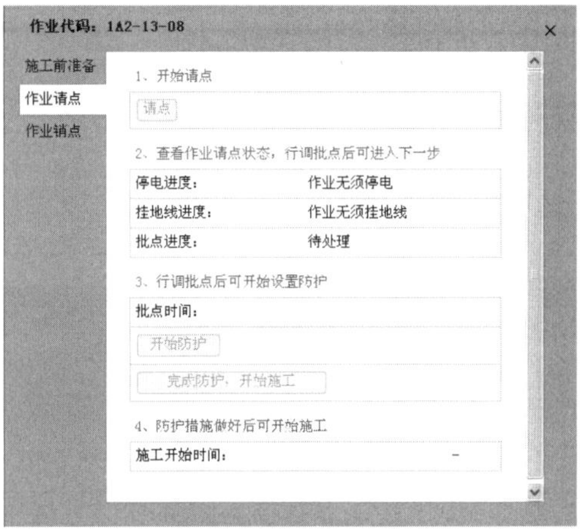

图 9-4　施工请点

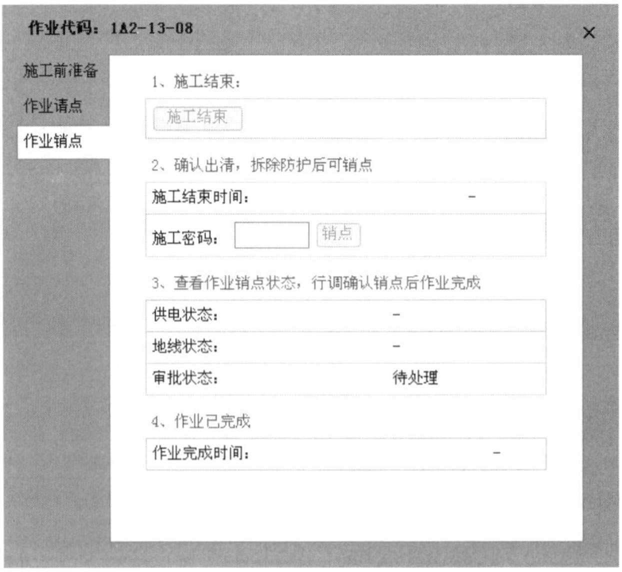

图 9-5　施工销点

任务三　工务施工组织

一、应力放散施工前准备工作

任何没有充分准备的施工是盲目的，施工前的调查、基础资料的收集、施工方案的比选，人员、机具、材料的筹备和组织，安全措施的制订，施工中的全局控制，各种突发事件的应对，都需要组织者的缜密考虑，准备不充分就无法正常组织施工生产，是不可能顺利完成施工任务的，也给安全生产留下诸多隐患。以下从技术准备、劳力组织、材料机具组织几个方面，逐项进行分析研究，充分预想可能出现的各种问题，为施工顺利进行奠定基础。

线路调查：施工前施工负责人（施工指挥员）、技术员、安全员等组成调查小组，按照任务要求和设计图纸对整个施工地段进行全面调查，项目涉及线路平纵断面、控制点以及桥、隧、涵、站台、道岔、轨道电路等。调查要细致全面。

技术资料：即有长轨的锁定轨温表、单元轨节表、焊头登记表、胶接绝缘表、位移观测桩表、作业区段两端车站的《车站行车工作细则》等应该掌握的技术资料。

气温调查：温度影响对放散施工是至关重要的，突然的升降温会给施工增加难度，施工时是升温过程还是降温过程，施工期有没有气温大幅度的变化，这些因素在施工前都应该考虑在内。

其他调查：施工驻地选取、职工工活安排；人员、机械设备运输、材料供应等各个方面都要进行研究。

二、施工方案选择

应力放散施工一般的方法有滚筒自由放散法、滚筒拉伸器组合法、滚筒撞轨器拉伸器组合法，要根据放散量的大小选取最适合的方法，放散量小时也可采用列车碾压就达到放散和调整应力的目的，无论什么办法都是为了均匀应力，使轨条的锁定轨温达到设计锁定轨温范围内。

现场施工时根据既有无缝线路不同情况，可采用一端放散、两端放散、中间放散三种形式。

一端放散（见图 9-6）：最常用的放散方式，一般以一个单元轨节为单位，长度为 1.5 km 以下，长度过长应力很难均匀。

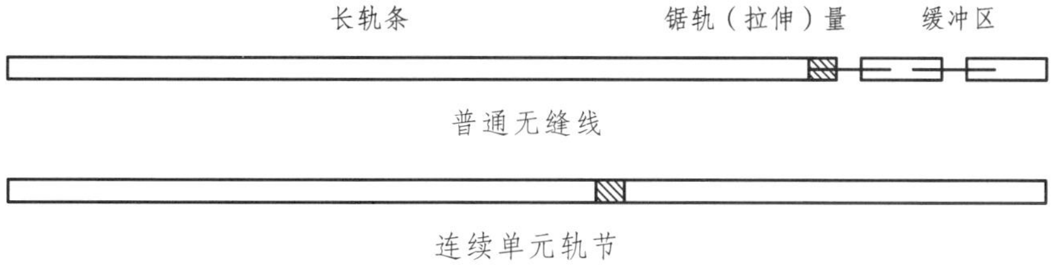

图 9-6　一端放散

两端放散（见图 9-7）：多应用在独立单元轨节，一般不采用，作业相对复杂，如两端有缓冲区，可同时整治爬行，对缓冲区轨缝进行调整，例如站内独立单元轨节，长度一般不超过 1 km，缓冲区轨缝超限时可以采用此办法。原锁定轨温不详时，使轨条完全处于自由状态，再按设计轨温锁定。

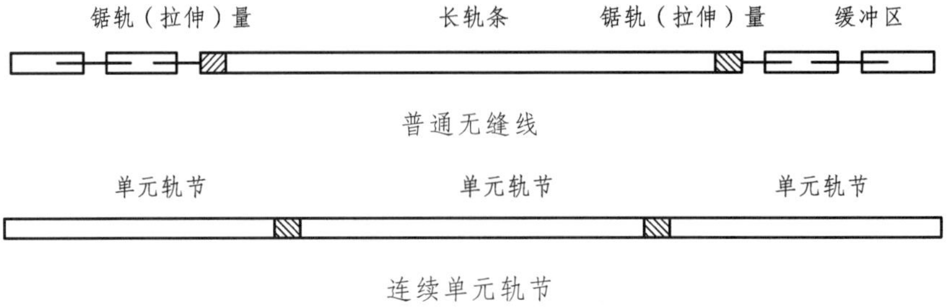

图 9-7 两端放散

中间放散（见图 9-8）：应用在区间无缝线路两个连续单元轨节或一个独立单元轨节超过 1.5 km 时，可同时放散两个单元轨节，在两单元轨节连接的焊头处断开，或在一个单元轨间中间断开，放散时锯掉伸长量，焊复或联入短轨。放散两单元轨节时，总长不超过 3 km 为宜。放缩时铝热焊头为四个，放伸时铝热焊头为两个。

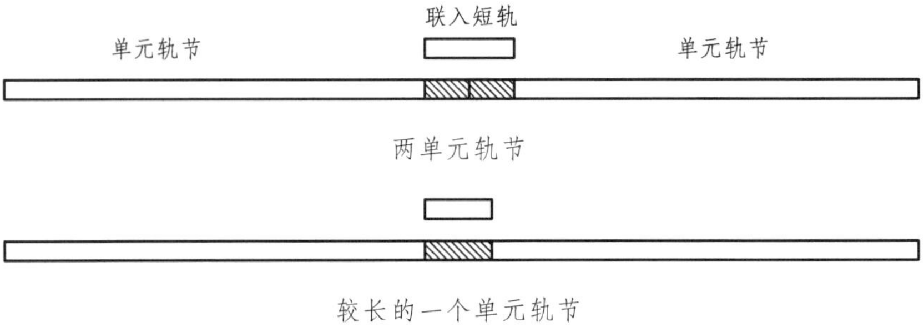

图 9-8 中间放散

如果在作业中同时改焊轨条中的伤损焊头或调整缓冲区轨缝要单独研究。施工方法要根据具体情况而定。

施工能力计算：施工方法的选择取决于施工能力，施工能力由机械设备、运输工具、劳力数量、人员素质等因素决定。

当前由于采用内燃螺栓扳手作业，大大加快了施工进度、提高了质量。一般工务的线路车间，能组织 50～60 人的松解扣件人员，按每组 6～7 人可分 8 组，每组两台扳手，计 16 台，按每 7 分钟松开 500 米，最多 30 分钟内可松解 2 000 米，在此时间内平行作业项目，轨道车进入区间，卸下铝热焊全部设备、钢轨拉伸器、准备联入的短轨，等等，由以上根据得出经验数据，安排应力放散的施工进度。

三、施工组织

我们以工务机械段一个换轨车间为例，进行一次应力放散施工组织设计。施工任务是全区间无缝线路，连续两单元轨节，夏季高温锁定，锁定轨温准确，秋季调整锁定轨温至设计锁定轨温范围，采取中间放散，中间联入两根短轨，要焊四个铝热焊头。两相邻单元轨条合计长度为 2.5 km，封锁时间 150 分钟（两个半小时），开通后首列限速 25 km/h，第二列限速 45 km/h，其后正常。

施工前开好“三会”：

（1）施工配合（协调）会：一般由车务部门组织召开，参加人员有车站、电力（供电中心）、铁通、车辆、工务等，共同研究施工方案，协商各单位施工配合方面的问题。会后形成会议纪要，各单位要认真执行。

（2）车间施工例（准备）会：施工负责人根据施工任务要在施工前召开工班长以上及相关人员参加的车间施工准备会，必要时邀请配合单位派员参加。主要的内容是“六定”：即“定人员、定地点、定任务、定质量、定检查、定责任”，布置的内容要细，安排工作要责任到人，到会人员要按分工抓好落实，会议内容要记录。

车间施工例会中有一项内容是配合单位的通知，这是一项非常重要的工作，一般由技术负责人负责通知联络：

① 将施工的时间和地点准确地通知给工务监控人员。营业线施工时工务单位要指派专人质量检查和安全监控，对施工现场全过程监督，施工单位作业前有关事宜要和接收单位沟通，施工方案应征得接收单位认可，设备接收单位的监控人员在施工作业中有权对施工提出建议，作业后经检查同意，签字才能开通线路。监督人员发现质量不合格及施工安全隐患时应责令施工单位立即纠正；发现危及行车安全时，必须果断采取限速或封锁线路措施，并责令其停工。

② 施工地段遇有供电、电务信号、通信、车务、车辆的特殊设备时，如偏载仪、红外探伤仪、道口感应器、限界检查仪、车号系统、地面接收（感应）设备，等等，都是事先通知设备所属单位，设备所属单位应派员在封锁前到达施工现场，将可能受施工影响的设备及时拆除或妥善处理，以免影响正常施工。

（3）班组（工区）班前点名会：班前点名会是“自控型”班组建设的重要内容，工（班）长要了解职工的出勤情况、精神状态、身体情况、劳保用品着装情况、工具准备情况，做到心中有数，将车间施工例会精神传达贯彻下去，布置每名职工的工作任务、施工中安全注意事项、作业时应达到的质量标准等事项。

（4）劳动力运用组织。

以换轨（大修）车间为例，劳动力组织见表 9-1，辅助人员未计入其中。

表 9-1　劳动力组织

序号	名称	人数	说　明
1	施工负责人	1	不得低于车间主任
	施工指挥	1	施工负责人或不低于车间副主任
2	技术负责人	1	轨温测量、短轨丈量技术方面全面负责
3	质量检查员	3	作业中质量控制，作业后质量检查
4	铝热焊	6	铝热焊按焊四个头准备
5	拉伸器人员	8	装卸使用拉伸器日常保养
6	撞轨人员	12	两个轨上撞轨器每处 6 人各小组配合撞轨
7	松紧扣件人员	48	8 组 16 台内燃扳手，备用 4 台

续表

序号	名称	人数	说　明
8	防护员	12	每组 1 个，地点标 2 个，远方 2 个
9	驻站电话员	1	如有必要两端站各设一人
10	机具维修	2	内燃扳手、发电机、锯轨机等维修
11	现场看守	2	工具材料看守
12	轨道车	4	2 司机 2 助手
13	汽车司机	6	4 台大客、一台工具车、一台指挥车
14	探伤人员	1	焊后探伤，做好探伤记录
15	其他	2	线路标记等
	合计	109	

四、机具材料组织

车间应安排专人（技术员或材料员）对机具材料准备按表 9-2 内容逐项落实。

表 9-2　机具材料组织

序号	名称	数量	说　明	负责人
1	内燃螺栓扳手	20 台	汽油机双套筒备用四台	扣件组各小组长
2	手动扳手	20 把	每组至少两把	
3	撬棍	10 根	每组一把（轨道电路区段加绝缘套管或使用短于 1.1 m 短撬棍）	
4	起道器	10 台	齿条式起道器，每组一台，备用 2 台	
5	铲胶垫的自制工具	30 个	每组 3 ~ 4 个	
6	放散滚筒	200 个	10 m 1 个	
7	套扣扳手	10 把	每组 1 个，备用 2 把	
8	道尺	11 个	每组一个，质量检查 3 个	
9	活口扳手	4 把	200 mm、450 mm 各两把，特殊电气设备或轨道设备拆解恢复	
10	耙子	10 把	作业后恢复道床	
11	钻孔机 30 mm	2 台	内燃（电动），备用一台，钻头充足备用。如有其他电气设备特殊孔径要备好钻头	拉伸撞轨组
12	钻孔机 10 mm	2 台		
13	锯轨机	2 台	内燃（电动），备用一台，锯片要充足	
14	钢轨拉伸器	2 套	备用一套	

续表

序号	名称	数量	说　明	负责人
15	撞轨器	2 台	撞卡和楔铁要有备用	
16	铝热焊设备	按焊头数准备	加热器、模具、A 字架、端磨机、仿形打磨机、角磨机、发电机、推凸器、秒表、温度计、大斧子等	焊轨组
17	氧气乙炔	1 套	事先检查氧气乙炔充足有备用	
18	液化气	1 罐	查验是否充足	
19	铝热焊药	4 套	坩埚、焊药，注意检查焊药火柴是否携带	
20	钢轨夹板	8 块	配套螺栓备用，胶接接头 4 块备用	备用
21	臌包夹板	4 块	备用	
22	断轨急救器	4 个	备用	
23	扣配件		各种扣配件都要有一定数量的备用，装在轨道车平板上，补件时使用	
24	验电器	1	（电力机车牵引区段）验证是否已停电	专人
25	铜导线		（70 平方铜导线电力机车牵引区段不停电施工时）	专人
	连接线		接头连接线长、短备用	
26	对讲机	15 台	14 个防护员、驻站、指挥、技术各一台	使用者
27	防护备品	12 套	红黄旗、防护喇叭、火炬、响墩、记录本、防护证、胸牌、信号灯、钟表、短路铜线等	防护员
	防护牌		地点标、移动停车信号、T 牌、慢行牌等	
28	扭矩扳手	1 个	质量检查	质量检查员
29	1 m 钢板尺	1 把	测量焊缝对正、打磨质量	
30	轨温计		技术、质检、焊轨人员使用	技术员
31	照明		隧道或夜间施工	各组
31	方枕器	2 台	液压方枕器	专人
32	黄马甲	120 个	上道人员必须穿着，防护员着橙色马甲	全员

五、施工流程

（1）施工计划提报：工务段线路车间，接到应力放散施工任务后要根据施工条件、施工能力等实际情况和技术科共同研究施工方案，提报施工计划。技术科拟好施工计划，后经主管领导批准。施工单位报批的施工计划应包括：施工设计文件（施工项目、作业内容、地点和时间、影响范围、施工方案及验收安排）、施工组织设计（施工组织及负责人、施工安全和质量的保障措施及防护办法、列车运行条件）及施工安全协议书等基本内容。得到批准后列入月份施工方案。施工车间根据施工实际向段材料科、设备科提报材料计划和设备计划（油脂等），人力不足时向人劳科提报劳力计划。

（2）施工前 1 ~ 2 h 施工人员要到达施工现场，施工负责人要根据天气情况、交通情况、交通工具的设备状态安排从驻地的出发时间，避免出现赶不到或迟到现场，造成人员忙乱仓促应对的不利局面。

（3）施工前 1 h，驻站联络员到车站登记等候调度命令，由车间副主任（安全专职）确认所有防护人员按施工例会研究的防护图确定的防护位置已就位，技术员确认各单位配合人员已到位。各工区工班长确认人员和机具到位情况，向施工负责人（现场指挥）报告。

（4）驻站电话员接到封锁调命令后用无线对讲机向施工负责人传达命令内容。

（5）电力牵引区段要确认停电命令，得到供电中心已挂好接地的通知，用验电器确认已停电，如无停电要在断轨处所提前夹好专用的铜导线。

（6）确认各单位配合人员已到达，所有影响施工的设备已拆除或不受影响，施工（负责人）指挥员下达开始施工的命令。

（7）开始松开扣件，本例施工是高温锁定低温放散，扣件先松开后断轨，所有螺栓扳手要先集中松开一股，各组松开一股后垫好滚筒，认真检查一遍有无扣件遗漏，通过各组防护员报告现场指挥，然后再松开另一股，一股全部松开后使用氧气乙炔断轨。断轨时要提前通知作业人员注意，以免造成人身伤害。

如果低温锁定高温放散时，在松解扣件前要先断轨（气割设备争取提前运到施工位置，避免占用封锁时间）。由于钢轨内有很大的温度力，使用氧气乙炔割轨时会发生边割边挤死的状况，应采用八字形切口，在轨底未切开前，在轨头或轨墙的缝中塞入平垫圈等，防止割到轨底时熔化的铁水不断粘连。断开后使用锯轨机按照预计放散量 + 预留焊缝宽度锯下钢轨，无齿锯锯口距水焊口不小于 100 mm。此时背向断轨处松开扣件，钢轨此时会向断口处伸长，断轨处要使用厚度 30 mm 的垫片顶住用于铝热焊填充缝。当达到伸长量停止松扣件，断轨两侧扣件锁定 30 ~ 50 m，再继续松未松完地段，全部松开后，垫好滚筒，使用撞轨器均匀应力，使各百米观测点达到位移量。

（8）拉伸撞轨：根据百米位移观测点确认放散量是否达到预计，如未达到，使用撞轨器配合拉伸器使放散量达到预计放散量。在作业中先上好拉伸器，在液压缸开始工作时再进行撞轨作业。如果拉伸器处的拉伸量已经达到了预计拉伸量，而中间观测点的位移量不够时，可松开拉伸器让钢轨缩回去，再拉伸，再撞，反复几次，个别地段甚至需要移设撞轨器位置，要让各百米观测点的位移量基本准确。撞轨器按 500 m 安设，安设时注意附近有没有胶接接头、臌包夹板等其他线路设备。

放散量计算公式：

$$\Delta L = 0.011\,8L(t_{设计} - t_{锁定})$$

（9）挟持锁定：各观测点位移量达到时，表示长轨应力基本均匀，经计算达到锁定轨温范围时，不要松开拉伸器防止钢轨收缩，从拉伸器处锁定该股线路，待断轨处两侧各锁定 50 m 左右后，松开拉伸器。

（10）插入短轨：最好采用与既有长轨同材质的钢轨，特殊情况下使用不同材质的钢轨时，要选择合适的焊药。钢轨长度在满足要求后，力求焊缝在两轨枕中间，避免方枕。焊轨要按照铝热焊工艺流程严格执行技术标准，放行列车时，焊缝温度要低于 300 °C。理论上 0 °C 以下不得焊轨，由于工期要求必须焊轨时，要采取预热和保温措施。

（11）锁定线路：各施工小组要听从指挥，按照施工指挥的统一指挥，锁定左股还是右股，焊口的远端还是近端。各作业小组在锁定完成后要将上下道抬运机具破坏的道床外形，按长轨道床标准恢复。

（12）料具装车：作业后组织人员料具装车，如次日连续作业设现场看守房，轻型机具运送到看守房。

（13）路开通：施工负责人（现场指挥）要严格执行放行列车条件。各种线路设备、轨道电路绝缘检查完毕，车站试验完毕。

放行列车：驻站电话员得到施工负责人的开通通知后，报行车调度，得到开通命令，用无线对讲机报告施工负责人，现场防护员要按照慢行位置插好慢行牌，并报驻站电话员，慢行已设立。

离开现场：各工区（小组）工长作业后，请示施工负责人后带领作业人员离开施工现场。驻站联络员待慢行结束后，请示施工负责人现场是否还有施工作业，如全部作业结束，施工负责人通知驻站电话员"现场作业完毕，人员已全部离开现场。"驻站联络员销记撤出防护。返回驻地前各施工小组组长要清点人数，严格执行同出同归作业制度。返回驻地后，车间要组织召开施工总结会，总结当天工作，找出不足，研究整改措施；班组（工区）要组织退班会，评议职工当天工作情况。

六、技术内业资料整理

施工之后，技术资料的整理是一项非常重要的基础工作。

技术人员要整理填记的基础资料主要有：

① 开竣工日期、施工勘测资料、工程进度及上级有关工程施工及技术方面的指示等。

② 施工方法、施工组织、机械使用情况。

③ 每日完成的主要工程数量。

④ 每日使用的主要材料(规格、数量、来源、质量)、试件编号及试验结果。

技术负责人填记内容包括：施工单位、施工日期、作业区段、作业时轨温、放散（缩）量、作业后锁定轨温等作为竣工基础资料。

任务四　工程概预算

一、工程概预算编制的基本思路（见图 9-9）

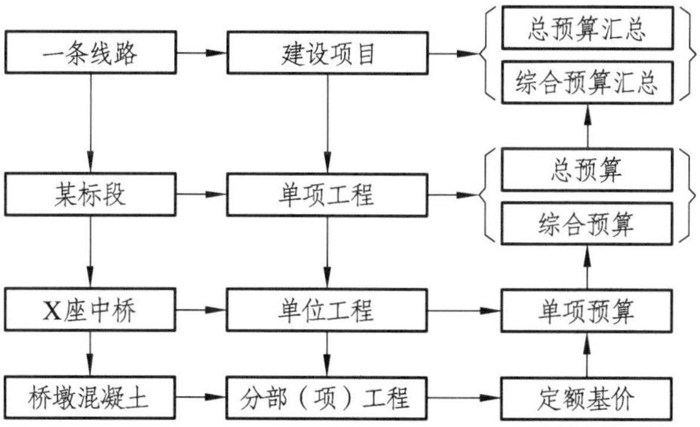

图 9-9　工程概预算编制的基本思路

二、编制范围及单元

1. 总概（预）算的编制范围

总概（预）算是用以反映整个建设项目投资规模和投资构成的文件，一般应按整个建设项目的范围进行编制。但遇到以下情况，应根据要求分别编制总概（预）算，并汇编该建设项目的总概（预）算汇总表。

（1）两端引入工程应单独编制总概（预）算。

（2）分期建设的项目，应按分期建设的工程范围，分别编制总概（预）算。

（3）一个建设项目，如由几个设计单位共同设计，则各设计单位按各自承担的设计范围编制总概（预）算。总概（预）算汇总表由建设项目总体设计单位负责汇编。

如有其他特殊情况，可按实际需要划分总概（预）算的编制范围。

2. 综合概算的编制范围

综合概算是具体反映一个总概算范围内的工程投资总额及其构成的文件，其编制范围应与相应的总概算一致。

3. 单项概（预）算的编制内容及单元

单项概（预）算是编制综合概（预）算、总概（预）算的基础，是详细反映各工程类别和重大、特殊工点的主要概（预）算费用的文件。

编制内容包括人工费、材料费、施工机械使用费、运杂费、价差、施工措施费、间接费、利润和税金。

编制单元应按总概（预）算的编制范围划分，并按工程类别分别编制。其中技术复杂的特大、大、中桥及高桥（墩高 50 m 及以上），3 000 m 及以上的单、双、多线隧道及地质复杂的隧道，大型房屋（如机车库、1 500 人及以上的站房等）以及投资较大、工程复杂的新技术工点等，应按工点分别编制单项概（预）算。

三、编制深度及要求

设计概（预）算的编制深度应与设计阶段及设计文件组成内容的深度相一致。

1. 单项概（预）算

应结合建设项目的具体情况、编制阶段、工程难易程度，确定其编制深度。

2. 综合概算

根据单项概（预）算，按编制办法“综合概（预）算章节表”的顺序进行汇编，没有费用的章，在输出综合概（预）算表时其章号及名称应保留，各节中的细目结合具体情况可以增减。一个建设项目有几个综合概（预）算时，应汇编综合概（预）算汇总表。

3. 总概（预）算

根据综合概（预）算，分章汇编。没有费用的章，在输出总概（预）算表时其章号及名称一律保留。一个建设项目有几个总概（预）算时，应汇编总概（预）算汇总表。

四、定额的采用

1．基本规定

根据不同设计阶段，各类工程（其中路基、桥涵、隧道、轨道及站场建筑设备简称“站前”工程，其余简称“站后”工程）的设计深度，以及工程定额体系的划分，对具体定额采用，原则上按以下规定执行：

（1）初步设计概算：“站前”工程采用预算定额；“站后”工程采用概算定额。

（2）施工图预算、投资检算：采用预算定额。

2．补充定额

对现行定额中的缺项部分，设计单位可参照现行定额的使用情况及编制说明和有关规定，根据调查、收集测定的资料自行补充单价分析，随同概算文件一并送审，同时报送部建设司工程定额所。在此基础上由工程定额所编制补充定额，供以后编制设计概算使用。

五、我国现行建筑安装工程费的构成

建筑安装工程费用项目组成如图 9-10 所示。

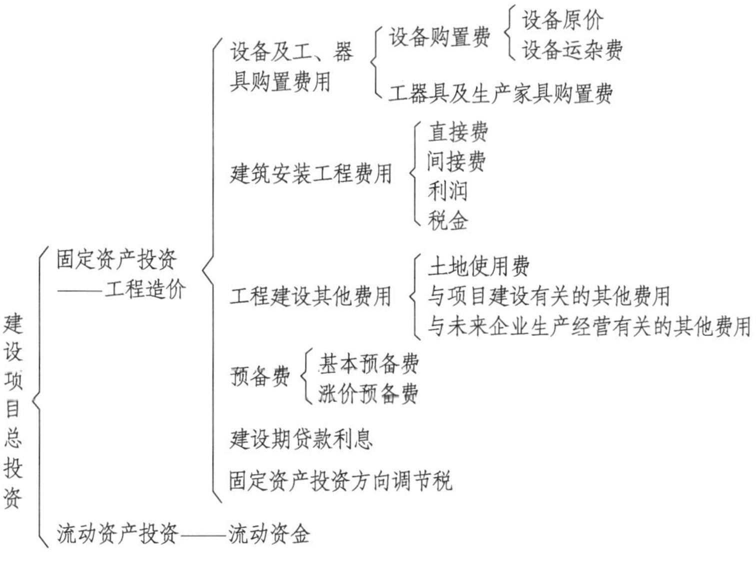

图 9-10　建筑安装工程费用项目组成

六、概（预）算的编制程序

（1）编制依据。

① 批准的建设项目的任务书和主管部门的有关规定及设计项目一览表。

② 施工设计文件：包括设计说明书、设计图表、工程数量或审查意见，设计过程中有关各方签订的涉及费用的协议、纪要。

③ 基本建设概（预）算编制办法。

④ 定额，包括消耗定额和费用定额。

⑤ 施工组织设计。

⑥ 施工调查资料，包括：地质、水文、气象、资源、津贴标准、政策性取费标准、土地征与租用及道路改移、设置交通道路的各种协议、既有线运行情况等。

⑦ 有关设计规划、施工技术规划、工程质量验收标准、安全操作规程。

（2）基础资料的收集与确定。

① 编制原则、方法和采用的定额。

② 工资：根据所在工资区和规定的综合工费标准作计费依据，增加的工资部分，计入价差。

③ 材料单价。

④ 水、电单价。

⑤ 砖、瓦、砂、石、水泥、木材、钢材等材料及成品、半成品、构件、机械设备的来源和供应范围、运输方法、运距、到发站、各种运输取费依据及规定等。

⑥ 施工组安排的工期、方法，确定冬、雨季施工增加费，夜间施工增加费以及特殊条件施工的有关费率。

⑦ 确定临时工程、现场管理费、企业管理费费率。

⑧ 确定工程数量。

（3）计算分部分项工程地区定额基价。

① 分部分项工程地区定额基价的计算方法可采用地区基价分析法或定额基价抽换法。

② 补充定额，做单价分析表。

指定额不配套或缺项时的补充，工料机消耗量为测算数量，工料机单价采用现行工料机基期价格，需随概算一并送审。

（4）人工、材料、机械台班数量表。

① 根据汇总工程量表中的分部分项工程，查定额得出工料机的定额数量。

② 用分部分项工程数量（与定额计量单位匹配）分别乘以相应的工料机定额数量，即得出分部分项工程所需的工天数、材料消耗数量及使用机械台班数量。

③ 将各分部分项工程的工天数、材料消耗数量及使用机械台班数量分别对应相加就可求出该单位工程所需的总劳力、各种材料消耗数量及各种机械台班数量。

计算工料机数量，其作用就是为分析平均运杂费，提供各种材料所占运量的比重，为计算各种材料、机械台班备用数量、编制施工计划提供实物量依据。

（5）分析运杂费。

① 综合平均运杂费单价计算法：

$$\text{运杂费}=\text{工程材料总重（t）}\times\text{综合平均运杂费单价（元/t）}$$

② 单项平均运杂费单价计算法：

$$\text{运杂费}=\sum[\text{某种(或类)材料总重量}(t)\times\text{该种(或类)材料平均运杂费单价(元/t)}]$$

③ 综合费率计算法：对一些难以估算重量的材料和设备采用。

（6）确定各类费用计算费率和标准。
（7）各项费用计算机汇总。

复习思考题

1. 工务设备台账的组成是什么?
2. 班组长应具有的基本条件和素质是什么?
3. 施工类别是如何划分的?
4. 工务施工组织包括哪些内容?
5. 建筑安装工程费用项目组成是什么?

参考文献

[1] 谷爱军. 铁路轨道[M]. 北京：中国铁道出版社，2005.
[2] 荣佑范. 铁路线路维修与大修[M]. 北京：中国铁道出版社，2011.
[3] 何奎元. 铁路轨道与修理[M]. 北京：中国铁道出版社，2009.
[4] 吴耀庭. 铁路曲线及其养护[M]. 北京：中国铁道出版社，2001.
[5] 铁道部劳卫司，铁道部运输局. 线路工[M]. 北京：中国铁道出版社，2004.
[6] 沈相迪. 铁路道岔养护[M]. 北京：中国铁道出版社，2001.
[7] 王午生，许玉德，郑其昌. 铁道与城市轨道交通[M]. 北京：中国铁道出版社，2003.
[8] 安宁. 城市轨道交通工程[M]. 北京：人民交通出版社，2008.
[9] 毛红梅. 地下铁道[M]. 北京：人民交通出版社，2008.
[10] 铁路职工岗位培训教材编审委员会. 铁路线路工[M]. 北京：中国铁道出版社，2010.
[11] 王培兴，李健. 工程力学[M]. 北京：机械工业出版社，2008.
[12] 武晓丽. 工程制图[M]. 北京：中国铁道出版社，2007.
[13] 王兆祥. 铁道工程测量[M]. 北京：中国铁道出版社，2010.
[14] 隋修志，高少强，王海彦. 隧道工程[M]. 北京：中国铁道出版社，2012.
[15] 石蝶，司宝华，何越磊. 城市轨道交通工务管理[M]. 北京：中国铁道出版社，2008.
[16] 许玉德，李海锋，戴月辉. 轨道交通工务管理[M]. 上海：同济大学出版社，2007.
[17] 何静. 城市轨道交通线路与站场设计[M]. 北京：中国铁道出版社，2011.
[18] 易思蓉. 城市轨道交通线路规划与设计[M]. 北京：科学出版社，2013.
[19] 孙章，蒲琪. 城市轨道交通概论[M]. 北京：人民交通出版社，2010.
[20] 谭复兴，邱薇华，方宇. 城市轨道交通概论[M]. 北京：中国铁道出版社，2013.
[20] 成都铁路局重庆培训基地. 工务安全与应急处理[M]. 北京：中国铁道出版社，2008.
[21] 徐光华. 施工与养路机械[M]. 北京：北京理工大学出版社，2010.
[22] 向群. 铁路工程施工组织管理与概预算[M]. 北京：中国铁道出版社，2007.
[23] 雷成伟. 大型养路机械工作装置故障应急预案[M]. 北京：中国铁道出版社，2011.

附录 A

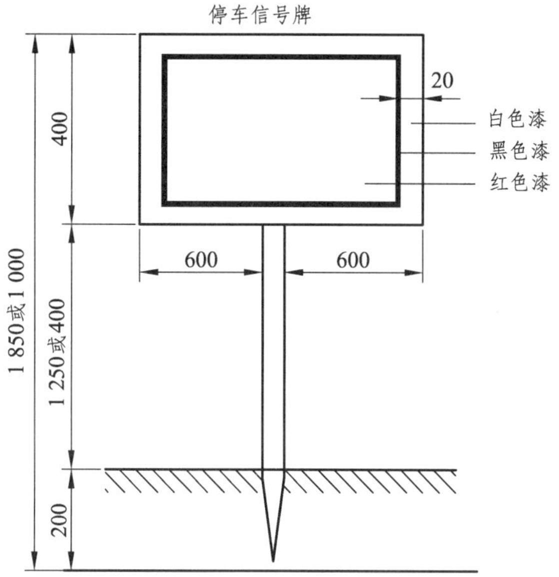

注：

① 本图尺寸单位为 mm。

② 本标志设在施工地点两端各 50 m 处的线路中心处，面向来车方向。司机望见此标志应提高警惕并不得越过此标志（封锁施工）。

附录 B

移动减速信号牌

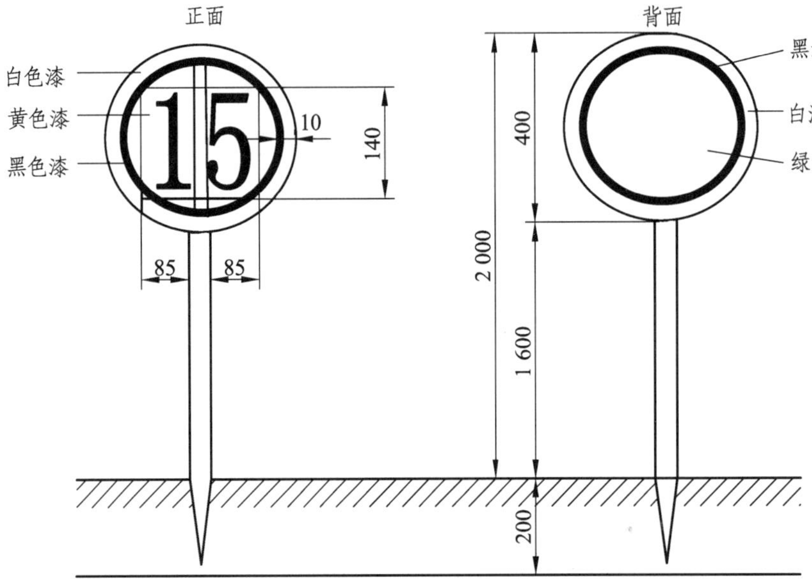

注：

① 本图尺寸单位为 mm。

② 本标志设在需要减速地点的两端各 50 m 处，正面面向来车方向，并不得侵入线路的限界。

③ 减速及防护地段终端信号牌应标明每小时限速千米数。

④ 正面表示列车应按此规定速度通过该地段，背面表示列车通过该限速地段的终点（不封锁施工）。